채무자를 위한 개인파산

이원구 저

publishing and culture
피앤씨미디어

머리말

이 책을 쓰기 위해서 올 겨울 새벽같이 사무실에 출근하여 자료와 씨름하였던 일이 엊그제 같은 데, 벌써 반팔 와이셔츠를 입고도 더위를 탓하게 되는 계절이 되었다. 당시 사무실 옷걸이에 걸어 놓았던 목도리가 아직까지 사무실 한 켠에 그대로 걸려 있는 것을 볼 때마다 세월이 빠름을 실감하게 된다.

지난 6년간 서울중앙지방법원 개인파산관재인으로 활동하면서 다양한 개인파산사건과 수많은 채무자를 만날 수 있는 기회를 갖게 되었다. 경제적 파탄에 이르게 된 채무자들을 만남으로써 그분들의 실패 경험을 들여다 볼 수 있게 되어 삶과 인생에 대하여 깊은 성찰을 할 수 있는 계기가 되었고, 이후 내 삶의 자양분이 될 것임은 분명하다. 그러나 한편 내가 채무자들을 위하여 어떤 기여를 했는지는 내 맘속에 항상 무거운 부담으로 남아있다. 이 책을 쓰게 된 계기는 얄팍한 내 법적, 실무적 지식이나마 개인파산을 신청하고자 하는 채무자에게 조금이나마 도움이 되는 책을 써 부담감을 덜고자 하는 심사였다.

당초 이 책을 쓰기로 마음먹었던 것은 채무자들에게 파산 및 면책신청서 작성에 도움을 주고, 파산절차의 진행과정과 파산관재인의 조사내용을 알려드리고 싶었기 때문이다. 그래서 이 책의 목차 순서와 달리 파산 및 면책신청서의 작성, 파산관재인의 조사, 파산 및 면책절차 부분을 먼저 써내려 갔고, 당연히 이 책의 많은 부분은 이 부분에 할애되어 있다. 특히 제5장 파산 및 면책신청서 작성 부분은 최대한 상세하게 기술하여 법률전문가가 아닌 채무자도 손쉽게 스스로 파산신청서를 작성할 수 있도록 자세한 기재례를 두어 설명하려고 노력하였다. 그러나 1:1 축척의 지도를 그릴 수 없는 것처럼 채무자들의 모든 상황을 포섭할 수 없다는 사실을 이내 실감할 수밖에 없었다는 것을 실토할 수밖에 없다. 부족하나마 이 부분이 경제적 파탄에 이르러 개인파산을 신청하고

자 하는 채무자들에게 조금이라도 도움이 되었으면 하는 마음이다. 제6장 파산관재인 조사 부분에서는 지난 6년간 서울중앙지방법원의 개인파산관재인을 하면서 개인적으로 경험한 파산관재인의 조사방법에 관하여 기술하였다. 파산관재인이 어떻게 채무자를 조사하고, 이에 대한 대응을 어떻게 해야 하는지에 대한 설명을 하고자 한 부분이므로 개인파산을 신청하려는 채무자는 물론 현재 파산절차에 있는 채무자들에게 도움이 될 것으로 믿는다. 제4장 파산 및 면책절차 부분은 파산면책절차를 개괄적으로 살펴볼 수 있도록 하였다. 개인파산절차의 흐름을 이해한다면 보다 현명하게 개인파산절차에 임할 수 있을 것이다.

제11장 면책불허가 사유와 재량면책 부분은 채무자들이 어떠한 경우에 면책이 불허가되고, 어떠한 경우에 재량면책이 될 수 있는지에 대하여 하급심 법원의 결정례와 이에 대한 해석을 곁들여 설명하였다. 채무자가 신청하는 개인파산절차는 결과적으로 채무를 탕감받기 위한 것이므로, 어떠한 사유가 면책불허가에 해당하는지 숙지할 필요가 있다. 다만, 하급심 결정례의 사안과 유사하다고 하더라도 반드시 면책이 불허되는 것이 아니고 또 반드시 면책 또는 재량면책이 되는 것이 아니므로, 채무자 자신이 놓인 상황을 살펴 파산신청 여부를 검토하는 데 참고자료로 활용하면 될 것이다.

그 외의 다른 부분은 책의 구성을 위하여 곁들여 놓은 것에 불과하다. 필요한 경우 일독만으로 충분히 이 책을 활용하는 것이 될 것이다. 다만, 이 책에는 현재의 실무와 다른 해석을 한 부분이 있는데, 재단채권과 비면책채권의 범위에 대한 문제, 면제재산의 범위에 대한 문제, 재도의 파산의 허용 여부에 대한 문제 등이 그것이다. 개인적인 견해를 피력한 부분이 있으나 아직까지 실무상 용인되지 않는 부분도 있으니 저자의 졸견 정도로 이해하면 될 것이다. 이 부분은 개인파산 사건에서만 제기되는 문제여서인지 학계에서나 실무에서 많은 논의나 고민이 축적되지 않은 부분이다. 이 글을 계기로 더 많은 논의가 진척되었으면 하는 바람을 더해본다.

이 책에서는 그 동안 많은 실무서에서 다루어지지 않았던 상속재산에 대한 파산, 상속인의 파산에 대하여 별도로 장을 두어 다루어 보았다. 특별한 학술상의 의미가 있는 것이 아니고 따로 장을 두어 보기 좋게 정리해 놓은 것에 그친 것이다. 배우자 재산에 대한 파산절차에서의 처리 부분도 기존에 논의되었던 부분을 정리한 것에 불과하다. 아직까지 실무에서조차 정리가 명확히 되어 있지 않은 부분이기 때문에 모든 문제에 정확한 해법을 제시하고 있는 것은 아니다. 배우자의 재산이 파산절차에서 어떻게 처리될 수 있는지 이해하는 수준에서 일독을 권한다.

책을 출판하려고 하니 더욱 상세한 해설과 정밀한 논리로 풍부한 사례를 들어 설명하면 좋았을 것이라는 아쉬움이 남지만 능력의 한계임을 실감하고 욕심을 버리기로 했다. 다만, 이 책이 빚의 굴레에 허덕이는 채무자에게 다소나마 그 경제적 시련을 막을 수 있는 따뜻한 목도리가 되었으면 하는 마음만은 남겨두고자 한다.

이 책을 쓰는 데 도움을 준 서울중앙지방법원 파산부 판사님들과 개인파산관재인 분들께 고마움을 전한다. 또 이 책에 수록할 자료 등을 준비하고 많은 논의를 같이 해준 나응렬 학형과 자료를 정리해 준 이희수 양에게도 감사의 마음을 전한다.

2016년 12월
저자

일러두기

이 책에서 “법”이라고 함은 「채무자 회생 및 파산에 관한 법률」을, “시행령”이라 함은 「채무자 회생 및 파산에 관한 법률 시행령」을 가리킨다.

이 책의 대부분의 내용은 ‘서울중앙지방법원 파산부 실무연구회’ 제4판 『개인파산·회생실무』를 참조하였다는 점을 밝힌다.

차 례

제1장 채무자 구제제도와 개인파산

제2장 채권의 공정한 추심에 관한 법률

제 3 장 채권자의 법적 조치 및 채무자의 대응

제 4 장 파산 및 면책절차

제 5 장 법원의 재판 및 불복방법

제 6 장 파산 및 면책신청서 작성

제 7 장 채권자에 대한 송달

제 8 장 파산관재인 조사

제 9 장 부인권

제10장 면제재산 및 재단포기

제11장 면책불허가 사유와 재량면책

제13장 상속재산의 파산

제14장 상속인의 파산

제15장 배우자의 재산에 대한 처리

제16장 파산자의 신분상 제한 및 복권

제17장 재도(再度)의 파산

제18장 Q&A

CHAPTER 01

채무자 구제제도와 개인파산

제 1 장

채무자 구제제도와 개인파산

제 1 절 개인파산제도의 의의

개인파산절차는 파산 및 면책신청에서부터 면책허가·불허가 결정까지의 일련의 재판과정을 말한다. 채무자가 자신의 재산으로 채무를 계속적·일반적으로 변제할 수 없는 객관적인 상태인 지급불능 상태에 있는 경우에 채권자 또는 채무자가 파산신청을 하고, 법원의 파산선고로 파산 및 면책절차(채권자가 파산신청을 하는 경우에는 채무자가 별도의 면책신청을 하여야 면책절차가 개시된다)가 개시된다. 파산선고 이후 채무자의 재산에 대한 조사·관리, 파산채권의 확정, 환가 및 배당절차 등 청산절차가 완료되면 파산절차는 종료되나, 면책결정을 받아 배당하고 남은 잔여채무가 면책되어야 개인파산절차가 마무리된다. 채권자의 신청으로 개시된 개인파산절차는 채무자의 재산에 대한 청산이 주요 목적이겠으나, 채무자의 신청으로 개시된 개인파산절차는 채무자의 재산에 대한 청산보다는 잔여채무의 면책이 신청인인 채무자의 주요 관심사가 된다(따라서 채권자가 신청한 개인파산절차는 청산형 도산절차의 성격이 짙은 반면, 채무자가 신청한 개인파산절차는 재건형 도산절차의 성격을 겸유하고 있다). 파산 및 면책절차를 통해 채무자의 재산을 공평하게 채권자에게 분배하고, 채무자의 잔여채무에 대한 책임을 소멸시켜 채무자에게 경제적 재기와 새로운 출발의 기회를 부여하는 데 개인파산제도의 의의가 있다.

제 2 절 파산원인 사실

개인파산을 신청하기 위해서는 채무자에게 파산원인 사실이 있어야 한다. 법은 파산원인 사실을 "채무자가 지급할 수 없는 때"(법 제305조 제1항)라고 규정하고 있고, 이를 지급불능 상태라고 보고 있다. 지급불능 상태는 변제능력이 부족하여 변제기가 도래한 채무를 일반적·계속적으로 변제할 수 없는 객관적인 상태를 의미하므로(대법원 2010. 9. 20. 선고 2010마868 결정), 단순히 일시적으로 채무가 보유재산액을 초과한 것을 의미하는 채무초과 상태는 지급불능 상태라고 할 수 없다. 따라서 채무자의 채무가 보유재산액을 초과하더라도 채무자의 신용, 노동력, 재산을 종합적으로 평가하여 장래에 지급능력이 있는 것으로 볼 수 있으면 지급불능 상태라고 할 수 없다.

채무자가 지급불능 상태에 있는지 여부는 채무자의 재산, 학력, 현재 수입, 채무의 액수, 연령, 장애 유무, 부양가족수 등에 따라 개별적으로 결정된다. 구체적으로 ① 채무를 변제할 재산이 있다고 인정되거나 현재 생계비 이상의 수입이 있는 경우, ② 고등교육을 받아 장차 일정한 생계비 이상의 소득이 있을 것으로 예상되는 경우, ③ 채무 총액이 소액으로서 특별한 사정이 없는 한 이를 변제할 수 있는 것으로 인정되는 등의 경우는 지급불능 상태라고 보기 어려울 것이다. 그러나 채무자가 다른 재산이 없는 상태에서 ① 고령으로 계속적인 소득활동을 할 수 없다고 인정되는 경우, ② 장애가 있어 일반적인 사람들과 같은 소득을 얻을 수 없다고 인정되는 경우, ③ 일정한 수입이 있는 경우라도 부양가족수에 따른 생계비를 고려할 때 변제능력이 없다고 평가될 경우는 지급불능 상태임이 쉽게 인정될 것이다.

그러나 어떤 상태가 지급불능 상태인지에 대해 일반적으로 규정하기 어렵다. 채무자의 개별적인 사정, 사회경제적 여건에 따라 달리 볼 수 있기 때문이다. 다만 지급불능 상태인지 여부를 엄격하게 해석·적용하게 되면 파산절차를 이용할 수 있는 채무자가 줄어들 수밖에 없어 제도 활성화에 지장을 초래할 수 있고, 채무자 구제에도 미흡하게 된다. 개인파산제도가 성실하지만 불운한 채무자에게 새로운 출발의 기회를 제공하는 절차라는 점에서 파산원인 사실인 지급불능 상태를 엄격히 볼 필요는 없을 것이다. 판례와 실무도 같다.

제 3 절 개인파산제도와 타 제도의 비교

개인파산절차는 파산선고 당시 채무자의 재산을 파산채권자에게 적정하고 공평한 만족을 얻도록 배당하고, 남은 잔존채무에 대한 채무자의 책임을 면제하는 청산·재건형 절차임에 반해, 법인파산절차는 법인인 채무자의 재산을 파산채권자에게 적정하고 공평한 만족을 얻도록 배당하는 질차만 있다는 점에서 순수한 청산형 절차이고, (개인)회생절차는 채무자의 장래수입을 변제재원으로 삼아 최장 (5)10년간 변제에 투입한 후 나머지 채무를 면책받는 재건형 절차라는 점에서 차이가 있다. 개인워크아웃제도는 법원이 아닌 신용회복위원회가 주관하고, 대상채권자의 제한이 있으며, 면제되는 채무자의 종류와 수액이 다르다는 점에서 차이가 있다. 구체적인 차이를 살펴보면 다음과 같다.

1. 신청권자

개인파산신청 또는 법인파산신청은 채권자 또는 채무자가 할 수 있다. 개인회생신청 또는 회생신청은 채무자만 할 수 있고, 개인워크아웃신청도 채무자만 할 수 있다. 파산제도는 청산형 절차의 성격이 있어 채무자의 재산에 대한 공평한 분배에 관해 이해관계를 갖고 있는 채권자에게도 신청권을 부여하고 있으나, 회생제도는 재건형 절차로 회생계획 또는 변제계획에 따라 일정기간 변제를 강제해야 한다는 점에서 채권자에게 신청권을 부여하고 있지 않다.

2. 신청요건

개인파산신청 요건은 파산원인 사실이다. 파산원인 사실이란, 채무자가 지급불능 상태에 있는 것을 의미하는데, 지급불능 상태는 변제자력의 결핍으로 인하여 변제기가 도래한 채무를 일반적·계속적으로 변제하는 것이 불가능한 상태를 말한다. 결국 채무자가 채무를 감당하지 못하는 상태 또는 갚을 수 없는 객관적인 상태를 말한다. 채무의 범위, 채무의 종류에 대한 제한은 없다. 법인파산의 신청요건은 법인의 지급불능 상태 또는 채무초과 상태이다. 채무초과 상태가 법인파산의 신청요건에 포함되어 있다는 사실이 개인파산과 다르다. 개인회생신청 요건은 파산원인 사실의 존재 또는 파산원인 사실이 생길 염려가 있는 상태이다. 개인파산신청은 파산원인이 있다는 사실에 국한되지만, 개인회생신청은 장래에 지급불능 상태에 놓일 수 있는 위험이 있는 상태까지 확장하고 있다. 이는 개인파산절차가 원칙적으로 청산형 절차임에 반해 개인회생절차는 재건형 절차라는 차이점에서 비롯된 것이다. 여기에 채무자가 급여소득자 또는 영업소득자로서 변제기간 동안의 예상 총변제액이 채무자의 재산을 청산하였을 때의 청산가치보다 높아야 하고, 무담보채무 5억원 이하, 담보부채무는 10억원 이하여야 한다는 제한이 있다. 개인워크아웃신청 요건은 연체 등 신용거래정보가 등록된 상태이다. 여기에 채무자가 2개 이상의 협약가입금융기관에 대한 총채무액이 5억원 이하이며 채무상환이 가능해야 한다는 제한이 있다.

3. 담당기관

개인파산절차, 법인파산절차, 개인회생절차 및 회생절차는 법원이 담당하나, 개인워크아웃절차는 신용회복위원회가 담당한다.

4. 채무조정의 정도

개인파산제도에서는 파산절차에서 배당된 채무를 제외한 잔여채무가 면책되고, 개인회생제도에서는 변제계획에 따라 3년~5년간 변제된 채무를 제외한 잔여채무가 면책되나, 개인워크아웃제도에서는 변제기간 8년 이내에 원금 상각채권이 아니면 이자채권만 감면된다.

5. 은행연합회 '연체 등' 정보의 해제 시기 및 특수기록정보 해제 시기

개인파산절차에서 '연체 등'의 정보는 면책결정 시에, '특수기록정보'는 면책결정 후 5년경과시에 삭제되고 개인회생절차에서 '연체 등'의 정보는 변제계획인가 시에, '특수기록정보'는 채무변제를 완료할 때 또는 개인회생인가 이후 최장 5년간 변제할 때에 삭제된다. 개인워크아웃절차에서 '연체 등'의 정보는 신용회복지원 확정시에, '특수기록정보'는 채무변제를 완료하거나 신용회복지원 확정 이후 2년 이상 변제할 때 삭제된다.

6. 심리절차의 개요

개인파산절차는 파산·면책신청→파산선고 및 파산관재인 선임→채권자집회, 채권자조사기일→파산재산 환가·배당→파산절차 종료→면책허부결정 등의 절차로 진행되고, 개인회생절차는 개인회생신청→변제계획안 제출→개시결정→개인회생채권자집회→개인회생채권자 이의진술→변제계획안 인가→변제계획안에 따른 변제→면책결정 등의 절차로 진행된다.

개인워크아웃절차는 개인워크아웃신청→채권금융기관 1차 심사→사무국에 신청→채권금융기관의 채권신고 및 의견제시→심의위원회 의결→채권금융기관의 동의→확정된 채무조정안에 따라 약정체결 등의 절차로 진행된다.

7. 재단의 관리·처분권

개인파산절차에서 파산재단의 관리·처분권한은 파산관재인에게 전속되나, 개인회생절차에서 회생재단의 관리·처분권은 채무자가 그대로 행사한다. 다만, 개인회생절차에서도 선임된 회생위원이 채무자의 재산 및 소득에 대한 조사를 함으로써 관여하게 된다. 개인워크아웃절차에서 채무자의 재산에 대한 관리·처분권은 채무자에게 그대로 존속한다.

8. 면책불허가 사유

개인회생절차에서 면책불허가 사유는 ① 면책결정 당시까지 채무자에 의하여 악의로 개인회생채권자목록에 기재되지 아니한 개인회생채권이 있는 경우와 ② 채무자가 이 법이 정한 채무자의 의무를 이행하지 아니한 경우로 한정되나, 개인파산절차에서 면책불허가 사유는 이외에도 여러 가지가 있다(면책불허가 사유에 대하여는 제11장 참조). 특히, 개인파산절차에서는 채무자의 과다한 낭비·도박 기타 사해행위가 면책불허가 사유이나, 개인회생절차에서는 면책불허가 사유에 해당되지 않는다. 이와 같은 차이는 회생절차는 파산절차와 달리 청산가치보다 높은 장래의 수입 등을 변제재원으로 삼고 있다는 점에서 채무자에게 일정한 혜택을 줌으로써 변제의욕을 고취하기 위한 정책적 반영으로 본다.

제 4 절 개인파산제도의 이점 및 고려사항

법정 채무자 구제제도 중의 하나인 개인파산제도는 1962년 구 파산법이 제정됨에 따라 법제도화되었다. 그러나 초기에는 개인파산에 대한 사회적 인식의 부족, 사회적 불명예에 대한 두려움 등의 이유로 잘 이용되지 않았다. 그런데 1997년 외환위기로 인해 기업 및 금융기관이 도산하는 등 사회적 위기상황에 이르자 정부가 소비자금융에 대한 제한을 완화하게 되었고, 이러한 사회적 현상은 그대로 개인부채의 급증으로 반영되었다. 이로 인해 과다한 신용채무를 갚을 수 없는 상태에 놓인 개인 채무자를 양산하게 되었고, 사회적으로 개인파산절차가 있다는 사실이 부각되는 계기가 되었다. 2005년경부터 개인파산절차를 이용하는 채무자가 점차적으로 증가함에 따라 개인파산절차를 통해 면책을 받을 수 있다는 사실이 일반 국민에게 알려지게 됨으로써 개인파산제도를 이용하는 채무자가 늘어나게 되었다.

개인파산은 파산선고 당시 채무자의 재산을 청산하고 남은 잔여채무가 면책된다는 점에서 3년 내지 5년의 기간 동안 생계비를 공제한 수입(가용소득)을 변제해야 하는 개인회생절차보다 채무자에게 이롭다. 특히, 파산선고 당시 재산이 없거나 소액의 재산[1]만을 갖고 있는 채무자에게는 청산절차조차 거치지

1 법은 개인파산절차에서도 채무자가 보유할 수 있는 재산인 면제재산에 대한 규정을 두고 있다. 면제재산이란 파산선고에도 불구하고 채무자가 자유롭게 향유할 수 있는 재산을 말하는 것으로, 기본적

않고 파산절차가 짧은 기간 내에 종료될 수 있다는 점에서 신속한 채무자 구제제도로 안착되고 있다. 그러나 이러한 혜택의 반대급부로 법은 개인회생절차를 우선적으로 취급하여 가용소득이 있는 채무자에게 개인파산절차의 이용을 제한하고 있고, 절차의 엄격성과 공정성을 확보하기 위해서 개인회생절차보다 폭넓은 면책불허가 사유를 두고 있다. 따라서 지급불능 상태에 놓인 채무자는 개인회생절차를 이용하는 것이 유리한지, 개인파산절차를 이용하는 것이 유리한지에 대하여 자신의 상황 등을 고려하여 현명하게 선택하여야 한다.

개인파산절차를 이용하고자 하는 채무자는 자신의 재산에 대한 파악은 물론, 파산관재인의 역할과 활동, 면책불허가 사유 및 자신에게 면책불허가 의심사유가 있는지 등을 종합적으로 검토한 후, 신청서 작성시부터 면책결정시까지 법이 정한 채무자의 의무상황을 숙지하고 성실히 개인파산절차에 임할 필요가 있다.

인 생활에 필요한 최소한의 재산으로 한정하고 있다. 면제재산의 범위와 관련해서는 제9장 제1절 참조.

CHAPTER 02

채권의 공정한 추심에 관한 법률

제 2 장

채권의 공정한 추심에 관한 법률

제 1 절 개 요

개인파산신청을 하는 많은 채무자들은 채권자들의 불법적인 채권추심행위로 인하여 심각한 고통을 받고 있다. 심지어 직장생활도 제대로 할 수 없을 정도의 잦은 추심행위로 인해 퇴사하거나, 불법적인 채권추심을 피하기 위해서 채무자의 주소지를 무단으로 옮기는 경우도 있다. 이와 같은 문제가 사회에 만연해지자 2005년에 「대부업 등의 등록 및 금융이용자 보호에 관한 법률」이 제정되기에 이르렀으나 이 법만으로 미등록 대부업자들의 불법적인 영업행위 및 부당한 채권추심행위가 근절되지 않게 되자, 채권추심자의 권리남용과 불법적인 채권추심행위로부터 채무자 등을 보호하기 위하여 2009년에 「채권의 공정한 추심에 관한 법률」이 제정되게 되었다.

이 장에서는 「채권의 공정한 추심에 관한 법률」이 규정하고 있는 채권추심자의 범위, 채권추심자의 의무 및 불법·부당한 채권추심행위와 그에 대한 벌칙을 해석한다. 이 법의 시행만으로는 불법적인 채권추심행위에 대한 구제방법의 한계가 있음은 사실이다. 그러나 현행 법령이 정하고 있는 불법적인 채권추심행위가 무엇인지에 대해 아는 것은 채무자 자신의 권리구제의 시발점인 것도 분명하다.

제 2 절 채권추심자

이 법이 정하고 있는 채권추심자는 「대부업 등의 등록 및 금융이용자 보호에 관한 법률」에 따른 대부업자, 대부중개업자, 대부업등록을 하지 아니하고 사실상 대부업을 영위하는 자, 여신금융기관 및 이들로부터 대부계약에 따라 채권을 양도받거나, 재양도받은 자(제2조 제1호 가목), 금전대여 채권자 및 그 금전대여 채권의 양수인 또는 재양수인(나목), 상법상의 금전채권의 양수인 또는 재양수인(다목) 및 채권추심을 위임받은 자(라목)와 실질적으로 채권추심을 하는 자(마목)를 모두 포함한다.

다만, 이 법은 채권추심인의 의무 및 금지규정을 두면서, 각 의무와 금지행위 유형에 따라 수범자인 채권추심자의 대상을 달리 정하고 있다는 점에 유의하여야 한다.

제 3 절 채권추심자의 의무

1. 채무확인서 교부의무(법 제5조)

채권추심자 중 대부업자, 대부중개업자 등은(제2조 제1호 가목) 채무자로부터 원금, 이자, 비용, 변제기 등 채무를 증명할 수 있는 서류의 교부를 요청받을 때 정당한 사유가 없는 한 이에 응하여야 한다(제1항).

이를 위반한 경우에는 2,000만원 이하의 과태료가 부과된다(법 제17조 제1항 제1호).

채권추심자는 대통령령이 정하는 채무확인서 교부비용을 채무자에게 청구할 수 있다(제2항). 대통령령이 정하는 금액은 1만원 범위 내이다(시행령 제1조의2).

2. 수임사실의 통보의무(법 제6조)

채권추심자 중 채권추심 위임을 받은 자 또는 실제로 채권추심을 하는 자(제2조 제1호 라목 및 그 자를 위하여 실제로 채권추심을 하는 자)는 ① 채권추심자의 성명·명칭 또는 연락처, ② 채권자의 성명·명칭, 채무금액, 채무불이행 기간 등 채무에 관한 사항, ③ 입금계좌번호, 계좌명 등 입금계좌 관련 사항에 대하여 채무자에게 서면 또는 전자문서로 통지하여야 한다(제1항).

이를 위반한 경우에는 1,000만원 이하의 과태료가 부과된다(법 제17조 제2항 제1호).

3. 비용명세서 교부의무(법 제13조의2)

채권추심자 중 대부업자 등(제2조 제1호 가목), 채권추심업자 등(라목) 또는 실제로 채권추심을 하는 자가 사업자인 경우 채무자 또는 관계인이 채권추심비용명세서를 요구할 경우, 이를 거부할 정당한 사유가 없으면 지체없이 이를 교부하여야 하고, 그 교부에 대한 비용을 청구해서는 안 된다.

이를 위반한 경우에는 1,000만원 이하의 과태료가 부과된다(법 제17조의 제2항 제7호).

제4절 금지행위 및 벌칙

1. 동일 채권에 관한 복수 채권추심위임 금지(법 제7조)

채권추심자는 동일한 채권에 대하여 동시에 2인 이상의 자에게 채권추심을 위임하여서는 안 된다. 채권추심자가 재추심위임을 한 경우에도 마찬가지이다. 여기서 채권추심자는 법이 정한 모든 채권추심자이다.

이를 위반한 경우에는 1,000만원 이하의 과태료가 부과된다(법 제17조 제2항 제2호).

2. 채무불이행정보 등록금지(법 제8조)

대부업자 등(제2조 제1호 가목), 채권추심위임을 받은 자(라목), 또는 실제로 채권추심을 하는 자는 채무자가 채무의 존재를 다투는 소를 제기하여 그 소송이 진행 중인 경우에는 채무불이행자로 등록하여서는 안 되고, 채무불이행자로 이미 등록된 때에는 위 채권추심자는 채무존재를 다투는 소가 제기되어 소송이 진행 중임을 안 날로부터 30일 이내에 채무불이행자 등록을 삭제하여야 한다.

본 규정은 법원에 채무존부에 대한 소송이 계속 중인 경우에 채무존부에 대한 사법적인 판단이 없는 상태에서 채무불이행자의 등록이라는 행정적 제재를 금지하고자 하는 규정이다. 법문상 채무자가 채무의 존재를 다투는 소를 제기한 경우로만 한정하고 있어, 채권추심자가 제기한 소에 채무자가 응소하여 적극적으로 다투는 경우는 제외되어 있다.

이를 위반한 경우에는 1,000만원 이하의 과태료가 부과된다(법 제17조 제2항 제3호).

3. 대리인 선임시 채무자에 대한 연락금지(법 제8조의2)

본 규정은 채무자가 채권추심에 대응하기 위하여 변호사 등을 대리인으로 선임한 경우에 채권추심자가 채무자를 직접적인 방법으로 연락하는 행위를 제한하는 규정이다. 채권의 권능을 제한하는 것이 아니라 추심행위 중 일부행위를 제한하는 것에 불과하고, 채무자에게 대리인이 선임되어 있어 대리인을 통해 채권추심을 진행하는 것이 채권추심자에게도 불이익하다고 볼 수 없을 뿐더러 채무자의 생활안정을 도모하기 위한 것으로 입법목적의 정당성이 인정된다. 이 규정은 2014. 1. 14. 신설되었다.

가. 채권추심자

「대부업 등의 등록 및 금융이용자 보호에 관한 법률」에 따른 여신금융기관(제1호), 「신용정보의 이용 및 보호에 관한 법률」에 따른 신용정보회사(제2호), 「자산유동화에 관한 법률」 제10조에 따른 자산관리자(제3호), 제2조 제1호 가목에 규정된 자를 제외한 일반 금전대여 채권자(제4호), 위 각 호에 규정된 자들을 위하여 고용되거나 같은 자들의 위임을 받아 채권추심을 하는 자(다만, 채권추심을 하는 자가 「대부업 등의 등록 및 금융이용자 보호에 관한 법률」에 따른 대부업자, 대부중개업자, 대부업의 등록을 하지 아니하고 사실상 대부업을 영위하는 자인 경우에는 제외한다)로 한정하고 있다.

나. 대리인 및 통지

「변호사법」에 따른 변호사·법무법인·법무법인(유) 또는 법무조합만이 대리인이 될 수 있다. 채무자 또는 대리인이 채권추심에 응하기 위하여 대리인이 선임되었다는 사실을 서면으로 통지하여야 한다.

다. 금지행위

채무자를 방문하거나 채무자에게 말·글·음향·영상 또는 물건을 도달하게 하는 행위는 금지된다. 다만 채무자와 대리인이 동의한 경우 또는 채권추심자가 대리인에게 연락할 수 없는 정당한 사유가 있는 경우는 예외로 한다.

라. 과태료

이를 위반한 경우에는 2,000만원 이하의 과태료가 부과된다(법 제17조 제1항 제2호).

4. 관계인에 대한 연락금지(법 제8조의3)

본 규정이 적용되는 채권추심자는 본 법이 정하고 있는 모든 채권추심자이다.

가. 관계인

본 규정에서 관계인이란, 채무자와 동거하거나 생계를 같이하는 자, 채무자의 친족, 채무자가 근무하는 장소에 함께 근무하는 자이다(법 제2조 제3호). 채무자와 동거하거나 생계를 같이하는 자, 또는 같은 장소에서 근무하는 자에는 제한이 없다. 채무자가 근무하는 회사의 영업주도 포함된다. 친족이란 8촌 이내의 혈족, 4촌 이내의 인척을 말한다.

나. 허용행위

채권추심자가 채권추심을 위하여 채무자의 소재, 연락처 또는 채무자의 소재를 알 수 있는 방법 등을 문의하는 행위는 허용된다. 다만 채권추심자가 관계인을 방문하거나 말·글·음향·영상 또는 물건을 도달하게 하는 경우에 ① 채권추심자의 성명·명칭·연락처, ② 채권자의 성명·명칭, ③ 방문 또는 말·글·음향·영상·물건을 도달하게 하는 목적을 밝혀야 하고, 관계인이 채무의 내용 또는 신용에 관한 사실을 알게 하면 안 된다. 즉, 본 규정은 채권추심자가 채무자의 관계인을 방문하거나 연락하는 행위를 원천적으로 금지하는 것은 아니다. 단지 관계인을 방문하는 목적이 채무자의 소재파악으로 제한되고, 그 경우에도 채권자 등의 정보를 제공해야 한다는 것이다.

다. 금지행위

채무자의 소재, 연락처 또는 채무자의 소재를 알 수 있는 방법 등을 문의하기 위한 목적이 아닌 다른 목적으로 관계인을 방문하거나 말·글·음향·영상 또는 물건을 도달하게 하는 행위는 금지된다.

라. 벌칙(과태료)

이를 위반한 경우에는 1년 이하의 징역 또는 1,000만원 이하의 벌금에 처한다(법 제15조 제3항 제1호).
채권추심자가 관계인을 방문하면서 채권추심자 등의 성명 등을 밝히지 않거나, 채무자의 채무내용 또는 신용에 관한 사실을 알게 한 때에는 2,000만원 이하의 과태료가 부과된다(법 제17조 제2항 제4호).

5. 소송행위 금지(법 제8조의4)

채권추심을 위한 채권양도는 무효이고, 채권추심의 위임을 받은 자는 자신의 명의로 소제기를 할 수 없다. 본 규정은 채권추심을 업으로 하는 자 및 그 자를 위하여 채권추심을 하는 자가 채권추심과 관련된 소송행위를 하는 것 자체를 형벌에 처할 수 있도록 하는 규정으로 신설된 것이다.

가. 채권추심자

본 규정이 적용되는 채권추심자는 채권추심업자 또는 채권추심업자를 위하여 고용, 도급, 위임 등 원인을 불문하고 채권추심을 하는 자이다.

나. 금지행위 및 벌칙

채권추심과 관련한 일체의 소송행위가 금지된다.

이를 위반한 경우 3년 이하의 징역 또는 3,000만원 이하의 벌금에 처한다(법 제15조 제2항 제1호).

6. 폭행, 협박 등 금지(제9조)

본 규정이 적용되는 채권추심자는 본 법이 정하고 있는 모든 채권추심자이다.

가. 폭행, 협박 등의 금지(제1호)

채권추심과 관련하여 채무자 또는 관계인을 폭행·협박·체포 또는 감금하거나 그에게 위계나 위력을 사용하는 행위는 금지된다. 채권추심자가 채권추심 과정에서 폭행, 협박 등을 한 경우 형법의 형량보다 가중하여 처벌하기 위한 규정이다.

폭행이란 사람의 신체에 대한 유형력을 행사하는 것을 말한다. 유형력의 행사는 사람의 신체에 대하여 가하여지면 되고, 반드시 신체에 직접 접촉하는 것을 요건으로 하지는 않는다.

협박이란 해악을 고지하여 상대방에게 공포심을 유발시키는 것을 말한다.

체포란 사람의 신체에 대하여 직접적·현실적으로 구속을 가하여 행동의 자유를 빼앗는 것을 말하고, 감금이란 일정한 장소에서 밖으로 나가지 못하게 하여 신체적 활동의 자유를 장소적으로 제한하는 것을 말한다.

위계란 타인의 부지 또는 착오를 이용하는 일체의 행위를 말한다. 위력이란 사람의 의사를 제압할 수 있는 유형·무형의 힘을 말한다.

> 이를 위반할 경우 5년 이하의 징역 5,000만원 이하의 벌금에 처한다(법 제15조 제1항).

나. 반복적 또는 야간 방문행위 금지(제2호)

채권추심과 관련하여 정당한 사유 없이 반복적으로 또는 야간(오후 9시부터 다음날 오전 8시까지)에 채무자나 관계인을 방문함으로써 공포심이나 불안감을 유발하여 사생활 또는 업무의 평온을 심하게 해치는 행위는 금지된다.

금지되는 행위는 채무자 또는 관계인을 정당한 사유 없이 야간 또는 반복적으로 방문하는 행위이다. 채권추심자가 야간 또는 반복적으로 방문하는 데 정당한 사유가 있으면 위 규정의 위반이 아니다.

'반복성'과 관련하여 채무자가 채권관계로 인한 분쟁 중 채권자의 휴대전화기에 7개월 동안 3회의 협박내용의 문자메시지를 발송한 사안에서 대법원은 "「정보통신망 이용촉진 및 정보보호에 관한 법률」에 규정된 '정보통신망을 통하여 공포심이나 불안감을 유발하는 문언을 반복적으로 상대방에게 도달하게 한 자'의 규정을 적용함에 있어 반복적이라고 평가하기 위해서는 각 행위 상호간에 일시·장소적으로 근접, 방법의 유사성, 기회의 동일, 범의의 계속 등 밀접한 관계가 있어 그 전체를 일련의 반복적인 행위로 평가할 수 있는 경우라야 한다. 따라서 그와 같이 평가할 수 없는 일회성 내지 비연속적인 단발성 행위가 수차 이루어진 것에 불과한 경우에는 그 문언의 구체적 내용 및 정도에 따라 협박죄나 경범죄처벌법상 불안감 조성행위 등 별개의 범죄로 처벌함은 별론으로 하더라도 위 법 위반죄로 처벌할 수 없다"(대법원 2008. 8. 21. 선고 2008도4351 판결)고 판시하였다. 본 규정의 반복성에 대한 판단도 마찬가지일 것이다.

공포심이나 불안감을 유발하여 사생활 또는 업무의 평온을 심하게 해치는 결과가 발생하여야 하므로 침해범으로 본다. 형사처벌의 대상이 되는 구성요건에 그 행위의 강도를 나타내는 '심하게'라는 표현을 사용한 것과 규정위반행위가 되기 위해서는 반복적 또는 야간에 한 채권추심행위로 인하여 공포심과 불안감이 유발되어야 하고, 나아가 사생활 또는 업무의 평온을 심하게 해쳐야 하는 2중의 인과관계가 있는 결과가 발생해야 처벌할 수 있도록 한 것은 죄형법정주의에 반할 소지가 있고 채무자에게 가혹하다.

다. 반복적 또는 야간 연락행위 금지(3호)

채권추심과 관련하여 정당한 사유 없이 반복적으로 또는 야간에 전화하는 등 말·글·음향·영상 또는 물건을 채무자나 관계인에게 도달하게 함으로써 공포심이나 불안감을 유발하여 사생활 또는 업무의 평온을 심하게 해치는 행위는 금지된다.

행위유형이 전화 등을 통한 연락이라는 점에서의 차이가 있을 뿐 제2호와 구성요건은 동일하다.

라. 허위사실 고지행위 금지(제4호)

채권추심과 관련하여 채무자 이외의 자(보증인도 포함한다)에게 채무에 관한 거짓 사실을 알리는 행위는 금지된다.

고지된 사실이 허위여야 하고, 허위에 대한 고의가 있어야 한다. 허위의 사실을 알게 하는 자는 채무자가 아닌 자이다. 과실범에 대한 처벌규정은 없다. 허위인지에 대하여 과실로 인식하지 못한 것에 정당한 사유가 있으면 본 규정이 적용되지 않는다. 또 고지된 사실이 채무와 관련된 것이 아닌 경우에도 본 규정이 적용되지 않는다.

마. 대체변제 강요행위 금지(제5호)

채권추심과 관련하여 채무자 또는 관계인에게 금전차용이나 그 밖의 이와 유사한 방법으로 채무의 변제자금을 마련할 것을 강요함으로써 공포심이나 불안감을 유발하여 사생할 또는 업무의 평온을 심하게 해치는 행위는 금지된다.

본 규정은 강요하는 행위 자체를 금지하는 것이므로, 채권추심자가 강요를 하였음에도 불구하고 금전차용 등이 이루어지지 않았다고 하더라도 본 규정의 적용에 아무런 문제가 없다. 그러나 강요행위로 인하여 채무자가 공포심이나 불안감을 유발하여 사생활 또는 업무의 평온을 심하게 해치는 결과가 발생하여야 한다. 침해범으로 본다.

바. 대위변제 요구행위 금지(제6호)

채권추심과 관련하여 채무를 변제할 법률상 의무가 없는 채무자 외의 사람에게 채무자를 대신하여 채무를 변제할 것을 요구함으로써 공포심이나 불안감을 유발하여 사생활 또는 업무의 평온을 심하게 해치는 행위는 금지된다.

공포심이나 불안감을 유발하여 사생활 또는 업무의 평온이 심하게 해치게 되는 자는 채무자가 아니라 채무를 변제할 법률상 의무가 없는 채무자 외의 사람이다. 본 규정도 침해범으로 본다. 대위변제를 하지 않았다고 하더라도 본 규정의 적용에 아무런 문제가 없다.

사. 채무 등을 공연히 알리는 행위 금지(제7호)

채권추심과 관련하여 채무자의 직장이나 거주지 등 채무자의 사생활 또는 업무와 관련된 장소에서 다수인이 모여 있는 가운데 채무자 외의 사람에게 채무자의 채무금액, 채무불이행기간 등 채무에 관한 사항을 공연히 알리는 행위는 금지된다.

2인 이상이 모인 장소라면 다수인이 모인 장소로 볼 것이다. 채무자 외에 사람에게 알리는 행위를 금지하고 있으나 채무자의 사생활 또는 업무와 관련된 공개된 장소에서 채무자에게 공연히 큰 소리로 채무와 관련된 사항을 알리는 행위라 하더라도 주변에 다수인이 주의집중하지 않고 들어도 알 수 있을 정도라면 본 규정이 적용된다고 보아야 한다. 형법상 명예훼손죄에서 '공연성'에 대하여 판례는 전파 가능성 여부에 따라 판단하는데, 본 규정에서는 다수인이 모인 장소에서 한 행위로 제한하고 있으므로, 단순히 전파 가능성이 있는 제3자에게 채무에 관한 사항을 알리는 행위만으로는 그 제3자가 타인에게 이를 알릴 가능성이 있다고 하더라도 본 규정 위반이라고 보기 어렵다.

> 제2호 내지 제7호를 위반할 경우 3년 이하의 징역 또는 3,000만원 이하의 벌금에 처한다(법 제15조 제2항 제2호).

7. 개인정보 누설 금지 등(법 제10조)

채권추심자가 채권발생이나 채권추심과 관련하여 알게 된 채무자 또는 관계인의 신용정보나 개인정보를 누설하거나 채권추심의 목적 외로 이용하는 행위는 금지된다(제1항). 다만, 채권추심자가 법률에 따라 신용정보나 개인정보를 제공하는 경우에는 예외로 한다(제2항).

개인정보란 「개인정보 보호법」 제2조 제1호의 개인정보로 성명, 주민등록번호 또는 영상 등을 통해 개인을 알아볼 수 있는 정보를 통칭한다. 신용정보란 「신용정보의 이용 및 보호에 관한 법률」 제2조 제1호의 신용정보로, 금융거래 등 상거래에 있어 거래 상대방 및 그 신용도 등을 파악할 수 있는 정보를 의미한다. 누설이란 비밀에 속하는 사실을 이를 모르는 사람에게 알리는 것을 말한다. 공연성을 요구하지 않으므로 한 사람에게 알려도 본 규정이 적용된다.

> 이를 위반한 경우 3년 이하의 징역 또는 3,000만원 이하의 벌금에 처한다(법 제15조 제2항 제3호).

8. 거짓 표시의 금지 등(법 제11조)

채권추심자가 채권추심과 관련하여 채무자 또는 관계인에게 1. 무효이거나 존재하지 아니하는 채권을 추심하는 의사를 표시하는 행위(제1호), 2. 법원, 검찰청, 그 밖의 국가기관에 의한 행위로 오인할 수 있는 말·글·음향·영상·물건, 그 밖의 표시를 사용하는 행위(제2호), 3. 채권추심에 관한 법률적 권한이나 지위를 거짓으로 표시하는 행위(제3호), 4. 채권추심에 관한 민사상 또는 형사상 법적인 절차가 진행되고 있지 아니함에도 그러한 절차가 진행되고 있다고 거짓으로 표시하는 행위(제4호), 5. 채권추심을 위하여 다른 사람이나 단체의 명칭을 무단으로 사용하는 행위(제5호)는 금지된다.

무효인 채권에는 민법 제103조 '선량한 풍속 기타 사회질서 위반'으로 무효가 된 채권이 포함된다. 대표적으로 도박채권 등이다. 부존재 채권은 채권 자체가 성립하지 아니한 채권을 말한다. 시효소멸된 채권은 본 호의 무효 또는 부존재 채권으로 보지 않는다. 채권추심에 관한 법률적 권한이나 지위를 거짓으로 표시한 행위로는 채권을 양수받지 않았음에도 채권양수인임을 사칭하는 행위 등이 있다.

> 위 제1호를 위반한 경우 3년 이하의 징역, 3,000만원 이하의 벌금에 처한다(법 제15조 제2항 제4호).
> 위 제2호를 위반한 경우 1년 이하의 징역, 1,000만원 이하의 벌금에 처한다(법 제15조 제3항 제2호).
> 그 외 각호를 위반한 경우 1,000만원 이하의 과태료를 부과한다(법 제17조 제2항 제5호).

9. 불공정행위 금지 등(법 제12조)

가. 곤란한 사정을 이용한 채권추심의사 표시행위(제1호)

채권추심자가 채권추심과 관련하여 혼인, 장례 등 채무자가 채권추심에 응하기 곤란한 사정을 이용하여 채무자 또는 관계인에게 채권추심의 의사를 표시하는 행위는 금지된다.

혼인, 장례 등은 채권추심에 응하기 곤란한 사정에 대한 예시규정이므로 이에 준하는 상황이 모두 포함된다. 예를 들어 제사, 약혼식, 상견례 등의 사정도 포함될 것이다. 채권추심의 의사를 채무자 또는 관계인에게 표시하기만 하면 본 규정이 적용된다.

> 이를 위반한 경우 2,000만원 이하의 과태료가 부과된다(법 제17조 제1항 제3호).

나. 관계인을 통한 소재파악 행위(제2호)

채권추심자가 채권추심과 관련하여 채무자의 연락두절 등 소재파악이 곤란한 경우가 아님에도 채무자의 관계인에게 채무자의 소재, 연락처 또는 소재를 알 수 있는 방법 등을 문의하는 행위는 금지된다.

법 제8조의3 제1항은 "채권추심자는 채권추심을 위하여 관계인에게 채무자의 소재, 연락처 또는 소재를 알 수 있는 방법 등을 문의" 할 수 있도록 하고 있다. 그러나 본 규정에 의하여 채무자와 연락두절 등의 불가피한 사정이 있는 경우에 한하여 허용된다고 보아야 할 것이다.

> 이를 위반한 경우 2,000만원 이하의 과태료가 부과된다(법 제17조 제1항 제3호).

다. 통신비용을 부담케 하는 행위(제3호)

채권추심자가 채권추심과 관련하여 정당한 사유 없이 수화자부담전화료 등 통신비용을 채무자에게 발생하게 하는 행위는 금지된다.

> 이를 위반한 경우 500만원 이하의 과태료가 부과된다(법 제17조 제3항).

라. 개인회생절차에서 중지명령, 금지행위 위반행위(제3호의2)

채권추심자가 채권추심과 관련하여 개인회생절차에서 법원의 중시명령(법 제593조 제1항 제4호), 금지규정(법 제600조 제1항 제3호)을 알면서 이를 위반하여 반복적으로 채무변제를 요구하는 행위는 금지된다.

「채무자 회생 및 파산에 관한 법률」에는 위 규정 위반에 대하여 특별히 과태료 부과 규정을 두지 않고 있다. 본 규정에 의하여 과태료 부과의 제재가 이루어지는 것이다. 법원의 명령, 법규 위반을 알면서 한 행위에 대하여 반복성의 요건을 둘 필요는 없을 것이다.

> 이를 위반한 경우 500만원 이하의 과태료가 부과된다(법 제17조 제3항).

마. 면책결정 위반 변제요구행위(제4호)

채권추심자가 채권추심과 관련하여 채무자가 회생절차, 개인회생절차, 개인파산절차를 통해 전부 또는 일부가 면책되었음을 알면서 이를 위반하여 반복적으로 채무변제를 요구하는 행위는 금지된다.

위 제3호의2와 마찬가지로 면책사실을 알면서 한 행위에 대하여 반복성의 요건을 두는 것은 불합리하다.

이를 위반한 경우 500만원 이하의 과태료가 부과된다(법 제17조 제3항).

바. 제3자에게 알 수 있는 방법으로 채무변제 요구행위(제5호)

채권추심자가 채권추심과 관련하여 엽서에 의한 채무변제 요구 등 채무자 외의 자가 채무사실을 알 수 있게 한 행위는 금지된다.

엽서는 제3자가 우연히 그 내용을 확인할 수 있는 방법의 예시에 불과하다.

이를 위반한 경우 500만원 이하의 과태료가 부과된다(법 제17조 제3항).

10. 부당한 비용청구 금지(법 제13조)

채권추심자는 채무자 또는 관계인에게 지급할 의무가 없거나 실제로 사용된 금액을 초과한 채권추심비용을 청구할 수 없다(제1항). 채권추심의 비용의 범위는 대통령[1]으로 정한다(제2항).

이를 위반한 경우에는 1,000만원 이하의 과태료가 부과된다(법 제17조 제2항 제6호).

제 5 절 손해배상책임

채권추심자가 이 법을 위반하여 채무자 또는 관계인에게 손해를 입힌 경우에는 그 손해를 배상하여야 한다(제14조 본문). 다만 채권추심자가 사업자(제2조 제1호 가목 및 라목에 규정된 자 및 그 자를 위하여 고용, 도급, 위임 등에 따라 채권추심을 하는 자를 말한다)인 경우에는 사업자가 자신에게 고의 또는 과실이 없

1 채권의 공정한 추심에 관한 법률 시행령 제2조에 채권추심자가 채무자 또는 관계인에게 청구할 수 있는 채권추심비용은 1. 채권자와 채무자가 채무이행과 관련하여 채무자 또는 관계인이 부담하기로 변제기 전에 합의한 비용, 2. 법 제5조에 따른 채무확인서의 교부와 관련하여 제1조의 2에서 정한 금액(1만원)의 범위에서 채권추심자가 실제로 지출한 비용, 3. 그 밖에 채무자가 부담하는 것이 적절하다고 인정되는 비용이라고 규정하고 있다.

음을 입증한 때에는 손해배상책임을 부담하지 않는다(제14조 단서).

본 규정 본문은 일반 불법행위책임에 대한 규정으로 확인적 의미밖에 없다. 그러나 단서 규정은 채권추심사업자의 사용자책임을 규정하는 것임에도 무과실인 경우에는 면책되도록 규정함으로써 민법상의 사용자책임을 중간책임(실질적으로 무과실책임으로 운영되는)으로 보는 민법 제756조 사용자의 배상책임 규정보다 완화된 책임을 인정하고 있다. 채권추심사업자를 일반사업자와 달리 보호해야 할 이유가 있지 않는 이상, 민법 제756조 규정과 같이 "사용자가 피용자의 선임 및 그 사무감독에 상당한 주의를 한 때 또는 상당한 주의를 하여도 손해가 있을 경우"에 한하여 면책되는 규정으로 변경되어야 한다고 본다.

제6절 불법적인 채권추심에 대한 대응

채권추심자가 이 법이 정한 의무를 위반하였거나 금지규정을 위반한 때에는 채무자는 형사고소 또는 해당 채권추심자의 감독기관이나 특별시장·광역시장·도지사에게 과태료부과를 요구하는 진정을 할 수 있다. 그 외 손해가 발생한 경우에는 민사상 손해배상청구를 할 수 있음은 물론이다.

CHAPTER 03

채권자의 법적 조치 및 채무자의 대응

제1절 채권의 권능
제2절 파산·면책신청 전
제3절 파산·면책신청 후 파산선고 전
제4절 파산선고 후 파산절차종료까지
제5절 파산절차종료 후 면책결정 확정 전까지
제6절 면책결정 확정 후

제 3 장

채권자의 법적 조치 및 채무자의 대응

제 1 절 채권의 권능

채권자란 채권을 가지고 있는 자를 말한다. 따라서 채권자가 어떠한 법적 조치를 취할 수 있는지는 채권이 갖고 있는 효력(권능)이 무엇인지에 대하여 먼저 알아야 한다. 채권자가 할 수 있는 법적 조치는 채권자의 권능에 의한 것이 아니라, 채권의 권능에 의하여 실현되는 것이기 때문이다. 채권의 효력(권능)에 대하여 대체적으로 청구력, 급부보유력, 소제기 권능, 집행권능이 있음에는 별다른 이론이 없다. 청구력이란 재판 외로 채권실현을 요청할 수 있는 권능을 말한다. 급부보유력이란 채무자의 급부가 있는 경우 이를 적법하게 보유할 수 있는 권능이다. 소제기 권능이란 채무자가 채무의 내용을 좇은 이행을 하지 않을 때 법원에 재판을 구할 수 있는 권능이고, 집행력이란 국가권력을 이용하여 강제적으로 채권을 실현할 수 있는 권능을 말한다.

쉽게 말하면, 타인에게 돈을 빌려 준 사람은 갚을 시기가 되면 타인에게 그 돈을 달라고 할 수 있고(청구력), 그래서 돈을 빌린 타인이 돈을 갚으면 이를 적법하게 수령할 수 있다(급부보유력). 그런데 타인이 돈을 갚을 시기가 지났음에도 돈을 갚지 않으면 법원에 소를 제기할 수 있고(소제기 권능), 승소판결이 확정되면 타인의 재산에 대하여 강제집행을 할 수 있다(집행권능)는 것이다.

따라서 채권이 적법하게 발생하였다면, 채권자가 채무자를 상대로 한 채권의 행사를 막을 수 없는 것이 원칙이다. 그러나 우리 법제는 아무리 채권자라고 하더라도 무제한적인 채권행사를 용인하고 있는 것은 아니다. 「공정한 채권추심에 관한 법률」에서 채권행사의 방법과 수단을 제한하고 있다. 또 「민사집행법」에 압류금지 재산을 규정함으로써 채권의 집행권능을 제한하기도 한다. 「채무자 회생 및 파산에 관한 법률」에서도 채권의 권능을 일정부분 제한하는 다수의 규정을 두고 있다. 우선 면책결정에 의하여 채권의 소제기 권능과 집행권능을 제한하고 있는 것이 대표적이라 할 것이다.

이 장에서는 채권자의 법적 조치와 이에 대한 채무자의 대응에 대하여 파산·면책절차 진행과 관련하여 살펴보도록 한다. 채권자의 채권행사와 채권행사의 일환인 보전처분(가압류, 가처분), 그리고 강제집행에 대한 채무자의 대응과 함께 파산·면책절차에서의 채권행사가 어떻게 제한되는지를 살펴보는데 주안점을 두었다.

제2절 파산·면책신청 전

파산·면책신청 전에 적법하게 발생한 채권자의 채권행사를 막을 수 없다. 다만, 그 방법과 수단이 「공정한 채권추심에 관한 법률」에 위반한 경우에는 형사고소 또는 관리·감독기관에 대한 진정 등을 통해서 그 시정을 요구할 수 있고 손해가 발생하였다면 손해배상 소송을 통해 권리구제를 도모할 수 있다. 채권이 적법하게 성립되지 않았거나, 시효완성 등으로 소멸한 경우에는 개별 사건에서 이를 다투는 방법으로 대응할 수밖에 없다.

가압류·가처분 등 보전처분에 대하여는 이의신청, 취소신청, 집행취소신청 등의 방법으로 다툴 수 있겠으나, 「채무자 회생 및 파산에 관한 법률」과는 직접적인 관련이 없으므로 여기서 그 구체적인 방법에 대하여는 다루지 않는다.

제 3 절 파산·면책신청 후 파산선고 전

법은 제323조 제1항에서 "법원은 파산선고 전이라도 이해관계인의 신청에 의하거나 직권으로 채무자의 재산에 관하여 가압류·가처분 그 밖에 필요한 보전처분을 할 수 있다"라고 규정하고 있다. 그 밖에 필요한 보전처분에 파산채권자가 파산신청 전에 한 강제집행의 중지를 명하는 보전처분이 가능하다고 보는 것이 대체적인 실무의 경향이다. 따라서 채무자는 파산신청 후 파산선고 전까지 사이에 파산채권자가 한 강제집행의 중지를 명하는 보전처분을 해 줄 것을 법원에 신청할 수 있다.

또 채무자가 파산신청과 함께 면제재산신청을 한 경우, 면제재산의 대상이 되는 재산에 대한 채권자의 강제집행, 가압류 또는 가처분을 중지, 금지시키기 위해 보전처분신청을 할 수 있다(법 제383조 제8항). 중지, 금지명령신청서는 양식 1, 2－각호 참조.

제 4 절 파산선고 후 파산절차종료까지

1. 파산선고 후 파산채권자의 강제집행·보전처분 금지

법은 파산선고 후 파산채권자의 강제집행·보전처분의 금지와 관련한 명문의 규정을 두지 않고 있다. 그러나 파산채권은 파산절차에 의하여 행사할 수밖에 없고(법 제424조), 파산절차는 채무자에 대한 포괄적인 강제집행 절차로서 이와 별도의 개별적 강제집행을 허용할 이유가 없으므로 허용되지 않는다고 새겨야 할 것이다. 대법원 판례(대법원 2007. 7. 12. 선고 2006마1277 판결)도 같다. 따라서 이를 간과하고 한 강제집행·보전처분은 무효이다.[1] 무효인 강제집행·보

1 대법원은 "채무자 회생 및 파산에 관한 법률 제557조 제1항 전단은 '면책신청이 있고, 파산폐지결정의 확정 또는 파산종결결정이 있는 때에는 면책신청에 관한 재판이 확정될 때까지 채무자의 재산에 대하여 파산채권에 기한 강제집행·가압류 또는 가처분을 할 수 없다'고 규정하고 있으므로, 만일 집행법원이 위와 같은 면책절차 중의 집행신청임에도 간과하고 강제집행을 개시한 다음 이를 발견한

전처분의 외관제거의 문제는 다음 제6절 제1항 참조.

2. 파산선고 전의 강제집행·보전처분의 효력

가. 파산재단에 대한 강제집행·보전처분의 효력

법은 제348조 제1항에서 "파산채권에 기하여 파산재단에 속하는 재산에 행하여진 강제집행·가압류 또는 가처분은 파산재단에 대하여 그 효력을 잃는다"라고 규정함으로써 파산선고 전에 파산재단에 한 강제집행·보전처분은 파산선고로 인해 실효된다는 명문의 규정을 두고 있다. 재단채권에 기한 강제집행·보전처분도 마찬가지로 본다. 다만, 파산선고 전에 파산재단에 속하는 재산에 대한 「국세징수법」 또는 「지방세기본법」에 의하여 징수할 수 있는 청구권(국세징수의 예에 의하여 징수할 수 있는 청구권으로서 그 징수우선순위가 일반 파산채권보다 우선하는 것을 포함한다)에 기한 체납처분은 실효되지 않는다고 본다(법 제349조 제1항).

여기서 '실효'된다는 의미는 기왕의 강제집행·보전처분의 효력을 잃는다는 것이지, 채권의 권능인 집행력이 소멸하였다는 의미는 아니다. 집행력의 소멸은 면책결정이 확정되어야 발생한다. 따라서 면책기각, 면책불허가, 면책취소결정이 되면 채권자는 다시 채무자의 재산에 대한 강제집행을 할 수 있다.

나. 파산재단 외의 채무자의 재산에 대한 강제집행 등

(1) 신득재산에 대한 강제집행 등

신득재산(新得財産)이란 파산선고 후에 채무자가 취득한 재산을 말한다. 파산선고 전에 생긴 원인으로 장래에 행사할 청구권도 파산재단에 속하므로(법 제382조 제2항), 파산선고 전 피상속인의 사망에 의하여 파산선고 후에 취득한 상속재산은 신득재산이 아니고 파산재단에 속하는 재산이 된다(다만, 상속재산과 채무자의 고유재산은 분리·관리되어야 하는 바 이 부분에 대하여는 제14장 제3절 참조). 그러나 파산선고 후 피상속인의 사망에 따른 상속재산은 신득재산으로 볼 것이다.

때에는 이미 한 집행절차를 직권으로 취소하여야 하고, 이는 그 후 면책불허가결정이 확정되었다고 하더라도 마찬가지다"(대법원 2013. 7. 16.자 2013마967 결정)라고 판시하였다.

신득재산에 대하여 파산채권자가 파산선고 후에 새로운 강제집행을 할 수 있는지가 문제된다. 법은 "면책신청이 있고, 파산폐지결정 또는 파산종결결정이 있는 때에는 면책신청에 관한 재판이 확정될 때까지 채무자의 재산에 대하여 파산채권에 기한 강제집행·가압류 또는 가처분을 할 수 없고, 채무자의 재산에 대하여 파산선고 전에 이미 행하여지고 있던 강제집행·가압류 또는 가처분은 중지되고, 면책결정이 확정된 때에는 그 효력을 잃는다"라고 규정하고 있어, 파산절차 종료시부터 면책결정 확정시까지의 신득재산에 대한 강제집행 및 보전처분의 금지 및 중지에 대한 규정을 두고 있을 뿐, 파산선고 후 파산종료시까지 채권자가 채무자의 신득재산에 대한 강제집행 및 보전처분을 금지하는 규정은 없다. 실제로 문제될 수 있는 것은 파산선고 후 파산종료시까지 사이에 개별 파산채권자가 채무자의 신득재산에 대한 강제집행을 완료하여 채권의 만족을 얻을 수 있게 할 것이냐의 문제인데, 파산·면책제도의 취지상 인정되기 어려울 것이다.

(2) 채무자의 임금채권에 대한 강제집행 등

파산선고 전의 채무자의 임금채권이 압류된 경우, 압류 후 파산선고 전까지의 압류의 효력이 미치는 급여는 법 제348조 제1항에 의하여 실효되어 면제재산범위를 초과하는 임금채권에 한해서 파산재단에 포함될 것이고, 파산선고 후 압류의 효력이 미치는 급여는 면책결정 후 실효되어 채무자가 보유할 수 있을 것이다.

다. 담보권 실행에 의한 경매

별제권은 파산절차에 의하지 아니하고 행사할 수 있으므로(법 제412조), 파산선고 전·후를 불문하고 담보권 실행을 위한 임의경매절차는 진행될 수 있다.

제 5 절 파산절차종료 후 면책결정 확정 전까지

채무자의 재산에 대한 강제집행·가압류 또는 가처분은 중지되고 새로운 강제집행 등도 허용되지 않는다.

제6절 면책결정 확정 후

채무자에 대한 면책결정이 확정되면, 면책결정의 효력에 의하여 채권의 소제기 권능 및 집행권능은 모두 소멸한다(단, 추후 면책결정이 취소된 경우에는 다시 부활한다). 또한 파산선고 전, 파산선고 후에 한 강제집행·가압류 또는 가처분은 실효 또는 무효가 된다. 그런데 면책을 받은 후에도 기존의 강제집행·가압류 또는 가처분의 외관이 남아 있는 경우도 있고, 파산채권자가 채무자의 면책사실을 모르고 소제기 또는 집행절차를 진행하는 경우가 있다. 이 경우에 채무자의 대응에 대하여 검토한다.

1. 집행의 외관제거

파산·면책절차를 거친 후에도 채무자가 재산을 소유하는 경우가 있을 수 있다. 대표적으로 채무자의 재산에 대하여 파산관재인이 재단포기를 하여 자유재산으로 인정된 재산이거나, 파산재단에 속하는 재산에 대한 평가액 상당을 파산재단에 편입하는 화해를 한 경우에 그 재산 자체가 남아 있는 경우 등이다. 이 경우 면책결정 후에도 채무자의 재산에 집행외관, 즉 압류결정, 가압류결정 등이 남아 있을 때에는 채무자가 직접 그 외관을 제거하여야 재산권을 온전하게 행사할 수 있다.

이 경우 채무자는 면책결정정본과 확정증명원을 첨부한 집행해제신청서를 집행법원에 제출(양식 3-1, 2)하여 등기, 등록 또는 제3채무자에게 송달된 집행의 외관을 제거하여야 한다.

2. 파산채권자의 청구 또는 소제기에 대한 대응

파산채권자가 채무자가 면책된 사실을 모르거나, 알면서도 채무자에게 채무변제를 요구한 경우에는 채무자는 법원에 면책효력확인의 소 등을 제기할 수 있다(양식 4-1, 2). 나아가 채권자가 법원에 소를 제기한 경우에는 파산·면책된 사실이 기재된 답변서를 법원에 제출하면 파산채권자의 청구는 각하된다. 소를 제기한 파산채권자의 채권이 채권자목록에 기재되지 아니한 때에는 채무자가 악의로 채권자목록에 기재하지 않았는지에 대하여 다투어질 수 있다. 자세한 내용은 제12장 제3절 참조.

3. 파산채권자의 강제집행에 대한 대응

파산채권자가 채무자가 면책된 사실을 모르거나, 알면서 채무자의 재산에 대한 강제집행을 한 경우에는 법원에 청구이의의 소(양식 5-1)를 제기하고, 집행정지신청(양식 5-2)을 하여 강제집행을 정지시킨 후 청구이의 승소확정 판결문을 집행법원에 제출하여 강제집행을 중단시키면 된다.

CHAPTER 04

파산 및 면책절차

제 4 장

파산 및 면책절차

제 1 절 개 요

법인파산신청과 달리 채무자가 신청한 개인파산신청은 청산을 주된 목적으로 하는 것이 아니라 새로운 출발을 위한 면책을 받는 것을 궁극적인 목적으로 하기 때문에 현행법은 채무자가 반대의 의사표시를 한 경우를 제외하고 파산신청과 동시에 면책신청을 한 것으로 의제하고 있다(법 제556조 제3항). 따라서 대부분의 개인파산사건에서는 파산절차와 면책절차가 동시에 진행되고, 법원은 폐지결정이나 종결결정으로 파산절차가 종료된 다음에 면책허부에 관한 결정을 하고 있다.[1]

이 장에서는 신청단계에서부터 면책결정까지의 파산·면책절차를 살펴보도록 한다. 새로운 개인파산실무가 도입되기 전까지는 대부분의 파산신청 사건이 동시폐지됨으로써 채무자가 실질적으로 절차에 참여하지 않고서도 면책결

1 채무자의 재산에 대한 경매절차가 진행되어 파산절차가 지연될 수밖에 없는 사건에서 별다른 면책불허가 사유가 발견되지 않은 경우, 파산 폐지, 종결결정에 앞서 면책결정을 하는 것이 채무자에게 새로운 출발의 기회를 신속하게 제공할 수 있고, 법의 취지에도 부합된다는 의견이 대두되고 있다. 면책 허부에 대한 결정을 청산절차 종료 후에 해야 한다는 규정이 없으므로, 융통성 있는 운영이 필요하다.

정을 받아 왔다. 그러나 새로운 개인파산실무가 도입된 후에는 대부분의 파산신청 사건에 대하여 파산선고와 함께 파산관재인이 선임되고, 파산관재인의 조사와 채권자집회를 거쳐야만 파산절차가 종료되게 됨으로써 채무자는 파산절차에 조사의 대상으로, 집회 참여자로 절차에 참여할 수밖에 없게 되었다. 따라서 현행 실무운영방식 아래서는 채무자가 파산 및 면책절차가 어떻게 진행되는지 이해할 필요성이 높아지게 되었다.

파산·면책절차는 아래 4가지 절차유형(track)으로 진행된다.

- 1 track(동시폐지 사건): 파산 및 면책신청 → 서면심사 → (보정명령, 채무자심문) → 파산선고·파산절차폐지(동시폐지) → 면책결정
- 2 track(이시폐지 사건 중 청산절차가 없는 간단한 사건): 파산 및 면책신청 → 서면심사 → (보정명령·채무자심문) → 예납명령 → 파산선고·파산관재인 선임 → 파산관재인 조사 → 제1회 채권자집회 → 파산절차폐지 결정(이시폐지) → 면책결정
- 3 track(이시폐지 사건 중 청산절차는 없으나 복잡한 사건): 파산 및 면책신청 → 서면심사 → (보정명령·채무자심문) → 예납명령 → 파산선고·파산관재인 선임 → 파산관재인 조사 → 제1회 채권자집회 → 파산관재인 조사 → 속행 채권자집회 → 파산관재인 조사 ··· → 속행 채권자집회 → 파산절차폐지 결정(이시폐지) → 면책결정·면책불허가 결정
- 4 track(이시폐지 사건 중 청산절차가 있는 사건): 파산 및 면책신청 → 서면심사 → (보정명령·채무자심문) → 예납명령 → 파산선고·파산관재인 선임 → 파산관재인 조사 → 제1회 채권자집회 → 채권조사 → 환가·배당절차 → 파산관재인 임무종료 및 계산보고집회 → 파산절차 종결결정 → (재량)면책결정·면책불허가 결정

1 track은 가장 신속하게 진행되는 절차로 파산선고와 동시에 파산절차가 폐지되는 사건이다. 채권자의 이의신청이 없는 경우에는 의견청취기일의 진행 없이 절차가 종료되므로, 파산신청시로부터 약 6개월 정도(법원 및 재판부마다 다를 수 있다) 지나면 채무자는 면책결정을 받게 된다.

2 track은 채무자에게 청산할 재산이 없는 사건으로, 채권자의 이의가 없고, 면책불허가 의심사유도 없는 사건이다. 제1회 채권자집회로 파산절차는 폐

지되며, 파산신청시로부터 약 8개월 정도(법원 및 재판부마다 다를 수 있다) 지나면 면책결정을 받게 된다.

3 track은 채무자에게 청산할 재산이 없지만 이의채권자가 있는 사건, 채무자 및 가족의 협조 불응으로 조사가 원활히 진행되지 않은 사건, 면책불허가 의심사유가 있는 사건, 경매진행 중인 사건(경매절차에서 채무자에게 잉여금이 배당되는 경우는 4 track 절차로 진행된다), 형사절차가 진행 중인 사건들이다. 파산관재인의 조사가 완료될 때까지 채권자집회는 속행된다. 조사가 연장되는 만큼 파산절차도 지연된다. 조사가 완료되었으나 배당할 만한 재원이 발견되지 않은 경우에 파산관재인이 속행 채권자집회에 이를 보고하고 파산절차는 폐지된다. 폐지 이후에 법원이 면책결정 또는 면책불허가 결정을 하게 된다.

4 track은 채무자에게 청산할 재산이 있는 사건이다. 파산절차를 통해 청산과정을 거쳐야 하므로, 청산절차가 완료될 때까지 파산절차는 속행된다. 파산재단을 형성하기 위하여 부인권을 행사해야 할 사건, 파산관재인이 소송계속 중인 사건을 수계해야 하는 사건 등 양상이 다양하고 복잡하며 시간이 많이 소요된다. 파산재단을 형성한 후에는 채권조사절차와 배당절차를 거쳐야 하므로 파산절차가 장기화될 수 있다. 배당절차가 종료되면 파산관재인 임무종료 및 계산보고집회가 열리고 파산절차는 종결된다. 파산절차가 종결된 후에 법원이 (재량)면책결정 또는 면책불허가 결정을 하게 된다. 다만, 청산할 재산이 있으나 재단채권의 변제액에도 미치지 못하면 파산관재인은 재단채권에 수시 변제하고 별도의 채권조사기일을 진행하지 않고 파산절차가 폐지될 수 있다.

파산 및 면책절차의 대략적인 흐름은 다음과 같다.

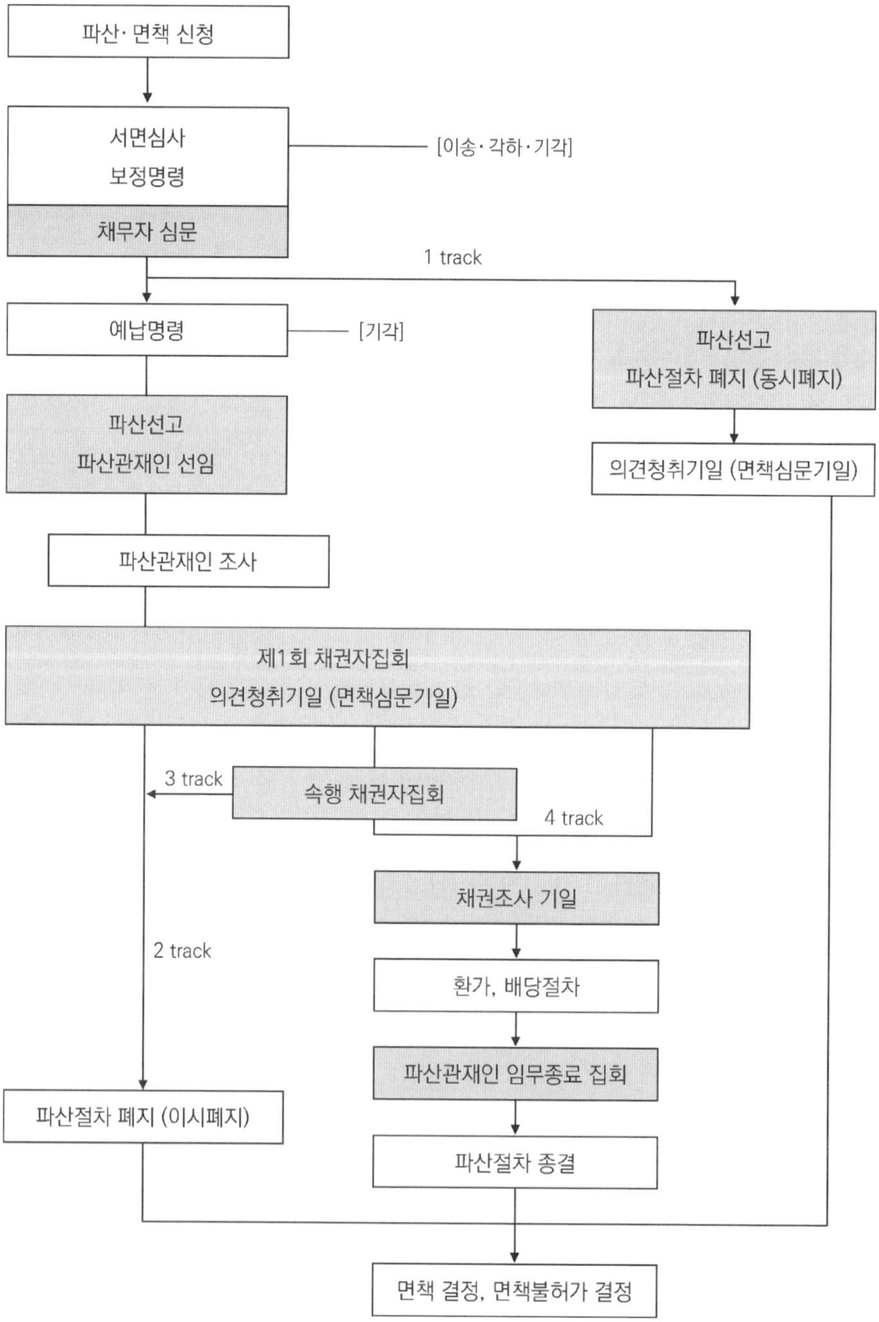

【파산 및 면책절차의 흐름도】

제2절 파산 및 면책신청

1. 파산 및 면책신청

가. 신청권자

개인파산신청은 채권자 또는 채무자가 할 수 있다(법 제294조 제1항). 자연인은 행위능력의 유·무와 관계없이 파산신청을 할 수 있으므로, 미성년자·피성년후견인·피한정후견인도 파산신청을 할 수 있다.

채권자가 파산신청한 경우, 채무자는 파산신청일로부터 파산선고가 확정된 날 이후 1월 이내에 면책신청을 하여야 한다(법 제556조 제1항). 채무자가 책임 없는 사유로 위 기간을 준수하지 못한 때에는 그 사유가 종료된 후 30일 이내에 면책신청을 하여야 한다(법 제556조 제2항). 면책신청을 할 때 또는 법 제556조 제3항에 의하여 면책신청이 있는 것으로 의제된 때에는 채권자목록도 함께 제출하여야 한다. 다만, 신청과 동시에 채권자목록을 제출할 수 없는 때에는 그 사유를 소명하고 그 후 지체없이 채권자목록을 제출하여야 한다(법 제556조 제6항). 채무자가 채권자목록을 제출하지 아니한 경우에 법원은 채권자목록을 제출하라는 보정명령을 하고 채무자가 이를 이행하지 아니한 경우에는 파산신청을 기각할 수 있다.

나. 관 할

파산사건은 채무자의 주소지를 관할하는 지방법원 본원에서 관할한다(법 제3조 제1항). 다만 서울에는 서울중앙, 동부, 남부, 북부, 서부의 지방법원 본원이 있지만 서울중앙지방법원에서 관할한다(법 제3조 제9항).

채무자의 주소지는 일반적으로 주민등록상의 주소지를 의미하나, 집요한 채권추심에서 벗어나기 위해 주민등록상의 주소지가 아닌 다른 곳에서 생활하는 등 실제 거주지와 주민등록상의 주소지가 다른 경우에는 실제 채무자가 거주하는 주소지에 관할이 있다. 실제 거주하는 주소지에 대한 소명자료인 임대차계약서, 거주사실확인서, 고시원 입실증 등을 신청서에 첨부하여 신청서를 제출한 법원에 관할이 있음을 밝혀야 한다. 이를 해태할 경우 법원은 실제 거주지를 소명하라는 보정명령을 할 수 있다. 채무자가 이를 이행하지 아니한 경우에는 파산신청이 기각될 수 있다.

법인에 대한 회생사건 또는 파산사건이 법원에 계속 중일 때에는 그 법인의 대표자는 회생사건 또는 파산사건이 계속 중인 법원에 파산신청을 할 수 있다(법 제3조 제5항). 개인사업자인 개인, 즉 영업소를 가지고 있는 개인이 파산신청을 하는 경우에는 그 영업소 소재지를 관할하는 고등법원 소재지의 지방법원 본원에 파산신청을 할 수 있다(법 제3조 제6항). 따라서 인천, 경기, 강원 지역에 영업소를 가진 개인은 서울중앙지방법원에 파산신청을 할 수 있다.

주채무자와 보증인, 채무자와 동일한 채무를 부담하는 자 또는 부부 중의 일방에 대한 회생사건·파산사건 또는 개인회생사건이 법원에 계속 중인 때에는 계속 중인 법원에 파산신청을 할 수 있다(법 제3조 제7항).

면책사건은 파산사건의 관할에 전속한다(법 제556조 제1항).

다. 비 용

(1) 인 지

채무자가 파산 및 면책신청을 할 때에는 2,000원의 인지를 붙여야 한다(민사접수서류에 붙일 인지액 및 그 편철방법 등에 관한 예규).

(2) 송달료

파산사건은 10회분(3,700원) + (채권자수×3회분)과 면책사건 송달료 10회분(3,700원) + (채권자수×3회분)을 은행에 납부한 다음, 송달료 납부서를 신청서에 붙여 제출하여야 한다(송달료규칙의 시행에 따른 업무처리요령).

(3) 예납금

법원은 파산·면책신청서를 검토한 후 파산관재인의 선임이 필요하다고 판단하면 예납명령을 할 수 있다. 조사업무의 난이도, 채무자의 경제적 사정, 부인청구 등 법적 조치의 가능성을 고려하되, 원칙적으로 30만원으로 하고 예외적으로 증감하고 있다. 예납금을 납부하지 않는 경우 파산신청이 기각될 수 있다.

2. 신청에 대한 법원의 심리

가. 보정명령

법원은 파산신청서 및 첨부서류에 미비된 사항이 있으면 보정명령을 할 수 있다. 채무자가 보정명령에 응하지 않거나, 파산원인 사실에 대한 소명이 부족하다고 판단되면 파산신청을 기각할 수 있다(법 제309조 제1항 제5호).

다만, 법원이 채무자의 보정불응을 이유로 파산신청을 기각하기 위해서는 그 사유가 법령이 정한 신청서 기재사항을 누락하였다거나, 첨부서류를 제출하지 아니하였음은 물론, 불응에 정당한 사유가 없는 경우에 한한다. 법원의 보정명령이 법령에서 요구하는 내용이 아니거나. 소명이 다소 부족하다고 하더라도 재보정명령을 하거나 심문기일을 열어 시정할 기회를 제공하지 아니하고 한 기각결정은 부적법하다(대법원 2011. 7. 28. 선고 2011마958 판결).

나. 심 문

(1) 심문기일의 지정

법원은 제출된 파산신청서를 검토하여 채무자에 대한 심문이 필요하다고 판단되면 파산선고 전에 심문기일을 지정할 수 있다. 특히, 파산신청이 파산절차의 남용에 해당한다고 인정되는 때에는 필수적으로 심문기일을 지정하도록 하고 있다(법 제309조 제2항).

심문기일이 지정되면 법원은 채무자에게 심문기일결정 등본을 송달하여 소환하고, 채권자목록에 기재된 채권자들에게는 의견청취서를 발송한다

(2) 심문기일의 진행

채무자는 심문기일에 출석하여야 한다. 부득이하게 출석할 수 없는 사유가 있는 경우 그 사유를 기재한 기일변경신청서를 법원에 제출하여야 한다. 심문기일에 재판장은 파산신청서와 함께 첨부된 채무자의 진술서, 재산목록, 현재의 상황, 수입 및 지출에 관한 목록, 기타 첨부서류, 보정서, 채권자 의견조회 결과를 토대로 채무자에게 은닉재산이 있는지, 변제에 사용될 재산이 있는지, 채무자의 실제 거주지가 어디인지, 파탄원인이 무엇인지 등에 대하여 직접 심문한다. 면책불허가 사유가 파산신청의 남용에도 해당하므로 파산신청을 기각

한 것이 정당하다고 보는 대법원 판례(대법원 2001. 1. 25.자 2010마1555 결정)에 따라 면책불허가 의심사유가 있는 경우에도 이에 대한 심문이 진행될 수 있다.

심문기일이 진행된 후 법원은 파산신청 기각사유가 있는지, 동시폐지가 적당한지 등에 대하여 판단하게 된다.

다. 예납명령

법원은 파산신청서를 검토하거나, 심문기일을 진행한 후 파산관재인이 선임되어 파산 및 면책절차가 진행되어야 할 사건에 대하여 파산관재인이 선임비용 명목으로 예납명령을 한다(법 제303조). 채무자가 예납명령을 기간 내에 이행하지 않을 때에는 파산신청을 기각할 수 있다.

라. 법원의 결정

(1) 기각결정

파산신청에 각하·기각사유가 있는 때에는 법원은 각하·기각결정을 한다. 각하·기각사유 및 불복방법에 대하여는 제5장 제2절 참조.

(2) 동시폐지 결정

법원은 파산신청서의 재산목록 등의 자료와 심문기일 진행결과 등을 종합하여 파산재단으로 될 만한 재산이 파산관재인 보수 등 파산절차 비용에 못 미칠 것이 예상되는 때에는 파산선고와 동시에 파산폐지(이른바 동시폐지, 법 제317조 제1항) 결정을 할 수 있다. 서울중앙지방법은 대부분의 사건에서 동시폐지를 자제[2]하고 파산관재인을 선임하는 것을 권장하고 있는데, 예외적으로 채무자가 기초생활수급자인 사건, 채무자가 고령·질병·신체장애 등으로 소득활동이 불가능할 것으로 보이는 사건, 채무가 오래 전에 발생하였고 그 사이 정상적인 경제활동을 한 것으로 보이지 않는 사건, 소송구조지정변호사가 신청대리한 사건, 서울시가 운영하고 있는 서울금융복지상담센터를 거쳐 신청된 사건 등에

2 동시폐지 결정을 자제하는 것은, 동시폐지결정 이후 채권자 의견청취기간 내에 채권자의 이의신청에 의하여 은닉재산이 발견된 경우 파산절차는 이미 폐지되어 이를 환가하여 파산재단을 형성할 수 없는 문제가 발생할 수 있기 때문이다. 이를 해소하기 위해서 동시폐지 예상 사건에 대하여는 파산선고 전 심문기일을 지정하고, 채권자의 의견을 청취한 후, 채권자에게 별다른 의견이 없는 경우에 동시폐지결정을 하는 것을 고려해 볼 필요가 있다.

대하여는 신청자료를 검토한 후 동시폐지 결정을 하고 있다.

제 3 절 파산선고

법원은 파산원인 사실이 인정될 때 결정으로 파산선고를 한다(법 제308조). 파산선고는 기일에 법정에서 한다. 일반적으로 개인파산 사건은 다수의 채무자가 같은 파산선고기일에 참석하여 동시에 파산이 선고된다. 파산선고기일에는 파산선고와 동시에 선임될 파산관재인도 참석하나 채권자는 참석하지 않는다. 채권자에게 파산선고기일에 대한 통지가 되지 않기 때문이다. 재판장이 참석한 채무자를 호명하고, 파산이 선고된 사실과 파산관재인이 선임된 사실을 고지함과 동시에 파산선고결정문에 기재된 결정내용을 고지한다. 아울러 파산선고 당일부터는 채무자의 재산에 대한 관리·처분권이 파산관재인에게 법률상 이전된다는 사실과 파산선고 당시의 채무자 재산에 대한 임의적인 처분이 금지된다는 사실을 고지한다. 파산선고 이후부터는 파산선고는 취하되지 않으므로 파산선고 전에 파산신청을 취하하고자 하는 채무자가 있는지를 확인한다.

파산선고 당일, 채무자는 법원으로부터 파산선고결정문을 교부받고, 선임된 파산관재인으로부터 「파산관재인의 채무자에 대한 자료제출요청서 및 안내서류」를 교부받는다. 자료제출요청서 및 안내서류의 내용에 대하여는 제8장 제3절 참조.

1. 파산선고와 동시에 하는 결정

파산선고와 동시에 파산관재인이 선임되므로(법 제312조 제1항 전단) 파산선고결정문에 파산관재인 선임사실이 기재된다. 또 법원은 파산선고와 동시에 채권신고의 기간, 제1회 채권자집회기일, 채권조사기일을 정하여야 하므로(법 제312조 제1항). 각 집회기일도 기재되어 있다. 제1회 채권자집회기일은 파산선고결정문에 기재되어 있으므로 채무자에게 별도의 통지가 되지 않는다. 파산재단이 형성되지 않는 개인파산 사건이 많아 파산채권자가 채권신고를 하였음에도 배당을 받지 못하게 될 수 있으므로 '채권신고기간 및 채권조사기일은 추후 지정'하고 파산재단이 형성되어 파산채권자에게 배당할 수 있는 경우에 한하여 채권조사기일이 지정된다.

제1회 채권자집회, 파산폐지에 대한 의견청취, 파산관재인의 임무종료에 따른 계산보고, 채무자에 대한 의견청취기일은 통상적으로 파산선고일로부터 1달 보름 내지 2달 후에 지정된다.

2. 파산관재인의 조사

파산선고 후 제1회 채권자집회기일 전에 파산관재인 조사가 진행된다. 면담조사가 원칙이므로 통상적으로 파산관재인 사무실에서 직접 대면조사가 진행된다. 파산관재인은 파산신청서와 「파산관재인의 채무자에 대한 자료제출요청서」에 따라 제출된 자료를 검토한 후 추가 조사할 대상을 선별하고 조사방법에 대하여 검토하여 면담을 준비하게 된다. 따라서 채무자는 면담일 전에 「파산관재인의 채무자에 대한 자료제출요청서」의 자료를 파산관재인에게 제출하는 것이 바람직하다. 파산관재인 조사의 구체적인 내용에 대하여는 제8장 참조.

3. 파산선고의 효과

가. 채무자의 재산에 미치는 효과

파산선고로 인하여 파산선고 당시 채무자가 가진 모든 재산은 파산재단에 속하고(법 제382조 제1항), 채무자가 파산선고 전에 생긴 원인으로 장래에 행사할 청구권도 마찬가지로 파산재단에 속하게 된다(법 제382조 제2항). 다만 면제재산은 제외된다. 면제재산의 범위에 대하여는 제10장 제1절 참조.

파산재단에 대한 관리·처분권도 법률상 당연히 파산관재인에 이전되고(법 제384조), 파산관재인은 파산재단에 대한 관리·처분권의 행사의 일환으로 파산재단에 관한 소송에서 당사자로서 소송행위를 한다(법 제359조). 면제재산은 파산재단에 포함되지 아니하므로 면제재산에 대한 관리·처분권 및 소송수행권은 파산선고에도 불구하고 채무자에게 그대로 남아 있게 된다.

(1) 파산선고 후 채무자의 법률행위에 대한 효력

파산선고 후 채무자가 파산재단에 속하는 재산에 대하여 한 법률행위에 대해서 상대방은 파산채권자에게 대항할 수 없다(법 제329조 제1항). 또, 파산선고 후 채무자의 법률행위에 의하지 아니하고 파산재단에 속하는 재산에 대한 권리를 취득한 상대방도 마찬가지이다(법 제330조 제1항). 파산선고 당일에 한 법률행위 또는 권리취득은 파산선고 후에 한 것으로 추정된다(법 제329·330조 각 제2항). 여기서 파산채권자는 파산관재인으로 보고, 상대방의 선·악의를 불문하고 대항할 수 없다고 본다.

부동산 또는 선박에 관하여 파산산고 전에 생긴 채무의 이행으로서 파산선고 후에 한 등기 또는 가등기는 파산채권자에게 대항할 수 없으나, 등기권리자가 파산선고 사실을 알지 못하는 경우에는 그렇지 않다(법 제331조 제1항). 권리의 설정·이전 또는 변경에 등록 또는 가등록이 필요한 경우에도 마찬가지이다(법 제331조 제2항). 파산선고 후에 파산선고 사실을 알지 못하고 한 채무자에 대한 변제는 파산채권자에게 대항할 수 있으나(법 제332조 제1항), 파산선고 사실을 알고 한 경우에는 파산재단이 받은 이익의 한도 안에서만 파산채권자에게 대항할 수 있다(법 제332조 제2항). 파산선고 공고 전인 경우 상대방의 선의는 추정되고, 공고 후에는 악의로 추정된다.

예를 들어, 파산선고 공고 후 채무자가 지정하는 채무자의 자녀의 통장으로 파산채무자의 채무자(상대방)가 차용금을 변제한 경우, 파산선고 공고로 상대방의 악의가 추정되고, 파산재단이 받은 이익이 없으므로, 파산관재인에게 대항할 수 없게 된다. 따라서 파산관재인이 상대방을 상대로 여전히 금전지급 청구를 할 수 있고, 상대방은 금전지급의 의무에서 벗어날 수 없다.

(2) 기존의 법률관계에 대한 효과

대리권은 대리인의 파산으로 소멸하고(민법 제127조 제2항), 위임계약은 당연히 종료된다(민법 제690조). 채무자가 주식회사 또는 유한회사의 이사인 경우 당연 퇴임된다. 사용자가 파산한 경우에는 근로자 또는 파산관재인은 고용계약을 해지할 수 있다(민법 제663조 제1항).

임차인이 파산선고를 받은 때에는 임대차기간의 약정이 있는 때에도 임대인 또는 파산관재인은 계약해지 통보를 할 수 있다(법 제635조). 이 경우에는 각 당사자는 상대방에게 계약해지로 인한 손해배상을 청구할 수 없다(민법 제637조 제2항). 임대인이 파산선고를 받을 때에는 임차인이 대항요건을 갖춘 경우 파산관재인은 계약해지를 할 수 없다(법 제340조 제4항). 임차인이 대항요건을 갖추지 못한 경우에는 파산관재인이 임대차계약을 해지할 수 있다.

파산선고 당시 쌍방 미이행쌍무계약이 있는 때에는 파산관재인은 계약의 이행 또는 해제에 관한 선택권을 갖게 된다(법 제335조 제1항). 이행을 선택한 경우 상대방의 반대급부청구권은 재단채권이 된다(법 제473조 제7호). 반대로 해제를 선택한 경우에는 상대방의 손해배상청구권은 파산채권이 되고(법 제337조 제1항), 상대방의 기존 급부물 또는 그 가액은 환취권 또는 재단채권이 된다(법 제337조 제2항).

(3) 소송에 대한 효과

파산선고 당시 소송계속 중인 '파산재단'에 대한 소송은 중단된다(민사소송법 제239조). 사해행위취소소송의 경우에는 채무자를 피고로 하는 소송이 아니지만 파산재단 형성에 직접적인 영향이 있기 때문에 중단된다(법 제406조 제1항). 채권자대위소송도 마찬가지이다(대법원 2013. 3. 28. 선고 2012다100746 판결). 행정소송도 파산재단에 직접 영향을 미치는 소송은 중단된다.

그러나 파산재단에 관계없는 소송, 신분관계에 관한 소송, 면제재산에 관한 소송은 중단되지 않는다. 대표적으로 이혼소송은 중단되지 않는다.

나. 통신비밀 등의 제한

파산관재인은 채무자에게 보내는 우편물이나 전보 그 밖의 우송물을 열어 볼 수 있다(법 제484조 제2항). 파산선고 후 채무자에 대한 우편물은 파산관재인 사무실로 우송되므로, 급히 필요한 우편물이 있는 경우 채무자는 파산관재인 사무실에 연락하여 우편물 수령을 요구하여야 한다.

다. 채권자에게 미치는 효과

파산선고에 의하여 파산채권자는 개별적인 권리행사가 금지되고(법 제424조), 이미 한 강제집행·보전처분은 실효된다(법 제348조 제1항). 다만 채권자가 한 강제집행의 속행이 효율적이라고 판단한 때 파산관재인은 그 절차의 속행을 구할 수 있다.

제 4 절 채권자집회 등

1. 파산절차의 진행

가. 제1회 채권자집회

파산관재인은 채무자에 대한 조사를 한 후 파산선고결정문에 기재된 면책조사보고서 제출기간(통상적으로 제1회 채권자집회기일로부터 1주일 전까지이다. 파산관재인의 보고서제출기한은 파산선고결정문에 기재되어 있다) 내에 파산관재인 보고서(부록8 참조)를 법원에 제출한다. 파산관재인이 추가로 조사할 사항이 있는 사건이거나, 환가 및 배당절차를 진행할 필요가 있는 사건 등에 대하여는 제1회 채권자집회기일에서 업무를 종료할 수 없으므로 파산절차 속행의 의견을 개진하는데, 이 경우 법원은 특별한 사정이 없는 한 파산선고시 지정된 파산폐지에 관한 의견청취집회, 파산관재인의 임무종료에 따른 계산보고집회를 취소하고 제1회 채권자집회기일만 진행한 후 속행하여 제2회 채권자집회기일을 지정한다. 파산관재인이 조사하였으나 파산재단을 형성할 만한 재산이 발견되지 않았고, 면책불허가 사유가 발견되지 않은 사건은 제1회 채권자집회기일과 함께 파산폐지에 관한 의견청취집회, 파산관재인의 임무종료에 따른 계산보고집회가 동시에 진행된다.

제1회 채권자집회로 파산관재인의 업무가 종료되는 사건은 모든 파산채권자에게 송달이 완료되고 이의신청기간 내에 이의신청한 채권자가 없는 사건으로, 법원에서 추가로 조사가 필요하다고 판단되는 사건이 아닌 한 파산절차는 종료되고 추후 파산절차 폐지결정과 면책허부에 관한 결정만 남게 된다(제1회 채권자집회로 종료되는 대부분의 사건은 면책결정이 된다). 그러나 제1회 채권자집회 때까지 파산선고결정문이 송달되지 않은 채권자가 있으면 채권자에게 송달되는 것을 기다려 이의신청기간이 지났는지를 보아야 하므로, 파산절차 폐지결정 및 면책결정은 채권자에게 송달되고 이의신청기간이 도과한 후에야 이루어지게 된다. 제1회 채권자집회 이후에 채권자에게 송달되고, 채권자가 이의신청을 하였다면 채권자집회가 속행될 수 있다. 따라서 채무자는 채권자목록에 기재된 파산채권자에게 파산선고결정문 등이 신속하고 정확하게 송달될 수 있도록 채권자 주소를 정확히 기재하여야 하며, 법원의 주소보정명령에 신속하게 응하여야 한다. 채권자에 대한 송달 및 보정명령에 대한 부분은 제7장 참조.

채권자집회기일이 속행되는 사건들은, 채무자 및 가족들의 협조불응으로 조사가 미흡한 사건, 파산재단의 형성 및 환가·배당절차가 진행될 수 있는 사건, 다수의 채권자에게 송달되지 않은 사건으로 나누어 볼 수 있다.

조사가 미흡한 사건에는 채무자가 조사에 협조하지 않아 소명자료의 제출이 미진한 사건, 채무자의 부모·배우자·자녀들의 협조를 받지 못하여 법원에 문서송부촉탁신청(문서제출명령)을 하였는데, 발급기관에서 회신이 늦어져 제1회 채권자집회기일까지 조사가 완료되지 아니한 사건, 사안 자체가 복잡하여 파산관재인의 보다 엄밀한 조사가 필요한 사건, 면책불허가 의심 사유가 있는 사건 등이 있다. 파산재단의 형성 및 환가·배당절차가 진행될 수 있는 사건에는 부인청구의 대상이 있는 사건, 경매절차 진행 중인 사건, 채무자의 재산에 대한 환가절차가 진행되어야 할 사건, 화해계약을 체결할 필요가 있는 사건 등이다. 다수의 채권자에게 송달되지 않은 사건에 대하여는 파산관재인의 조사과정에서 파악되지 않은 사실이 채권자의 이의신청에 의하여 발견될 수 있으므로 대부분의 채권자에게 송달될 때까지 파산절차는 속행된다.

제1회 채권자집회는 법정에서 재판장의 주재하에 채무자, 채권자 및 파산관재인이 참석하여 진행된다. 최근 채권자가 채권자집회에 참석하는 사례가 증가하고 있으나, 많은 편은 아니다. 제1회 채권자집회기일에 종료되는 사건은 재판장 또는 파산관재인이 조사의 요지를 진술하고, 재판장이 조사가 충실하게 진행되었음을 고지한 후 파산폐지결정 및 면책허부결정이 추후 채무자의 주소지에 송달됨을 고지한다. 속행되는 사건에 대하여는 조사요지의 고지와 함께 추가로 조사할 사항에 대한 요지도 고지되며, 파산폐지에 관한 의견청취집회, 파산관재인의 임무종료에 따른 계산보고집회에 대한 취소결정과 제2회 채권자집회기일이 지정된다. 제2회 채권자집회기일은 별도의 서면으로 채무자에게 통지되지 아니하므로 채무자는 제2회 채권자집회기일의 날짜와 장소를 숙지하여야 한다.

제1회 채권자집회기일에 채권자들이 참석한 경우에 법원은 참석한 채권자들을 확인한 후 조서에 기재하고, 채권자들로부터 면책에 대한 의견을 듣는다.

나. 제1회 채권자집회 이후의 절차

제1회 채권자집회 이후에도 파산관재인은 채무자 및 관계인에 대한 추가조사를 진행한다. 추가조사를 통해 미흡한 부분이 해소되면 파산관재인은 제2차 채권자집회기일 전에 조사내용, 파산절차 진행에 대한 의견 및 면책에 관한 의견을 기재한 조사보고서를 법원에 제출한다(부록 10 참조).

제2회 채권자집회기일도 제1회 채권자집회기일과 동일한 방식으로 진행되며, 폐지가 가능한 사건은 제2회 채권자집회와 파산폐지에 관한 의견청취집회, 파산관재인의 임무종료에 따른 계산보고집회도 함께 진행한 후 파산절차는 종료되나, 추가조사나 환가절차가 필요한 사건은 다시 속행된다.

다. 배당재원이 있는 사건의 절차

파산관재인이 환가하여 파산재단을 형성한 후 재단채권을 변제하고 채권자에게 배당할 재원이 있는 사건에 한하여 파산관재인이 법원에 채권조사기일 지정신청을 하고 법원에서 채권조사기일이 진행된다. 채권조사기일이 지정된 사건은 배당이 완료될 때까지 파산절차는 종료되지 않는다.

채권조사기일 전에 법원은 파산채권자에게 채권신고기간을 정하여 채권신고를 할 것을 통지하여야 한다. 파산관재인은 신고된 채권에 대하여 시부인표를 작성하여 법원에 제출하여야 하며. 제출된 시부인표에 대하여 파산채권자는 이의할 수 있다. 채권자가 이의한 경우 채권조사확정재판절차를 통해 파산채권이 확정되고, 이의신청이 없는 경우에는 채권조사기일에 파산관재인의 시부인만으로 파산채권이 확정된다. 파산관재인은 확정된 채권자표에 의하여 배당기일에 배당을 하게 된다. 배당절차를 마친 후 파산관재인 임무종료 및 계산보고집회가 진행되면 파산절차는 종료된다.

2. 면책절차의 진행

가. 면책심문 및 이의신청기간 지정

법은 "면책을 신청한 자에 대한 파산선고가 있는 때에는 법원은 기일을 정하여 채무자를 심문할 수 있다"(법 제558조 제1항)고 규정하고 있다. 이를 '채무자 면책심문'이라고 한다. 파산선고 전에 하는 채무자 심문이 파산신청의 적부를 판단하기 위한 것이라면, 파산선고 이후의 채무자 면책심문은 면책 여부를 판단하기 위한 것이라는 점에서 차이가 있다. 현행법이 채무자 면책심문을 임의적 절차로 규정하고 있기 때문에 서울중앙지방법원에서는 면책심문기일을 별도로 지정하지 아니하고, 이의신청기간을 지정하는 방식으로 진행하고 있다.

이의신청기간 내에 파산채권자 등이 이의한 때에는 법원은 의견청취기일을 지정하여 이의신청인의 의견을 들어야 한다(법 제563조). 이의신청기간은 파산선고결정문에 기재하고, 채권자들에게 통지한다.

나. 의견청취기일

제1회 채권자집회기일과 같은 일시에 의견청취기일이 미리 지정되고, 이의신청기간 내에 파산채권자가 이의한 경우에는 제1회 채권자집회기일과 함께 의견청취기일을 진행한다. 법원은 의견청취기일 진행결과 및 파산·면책신청서, 관재인조사보고서, 채권자의 이의신청서, 채무자의 반론서 등을 검토하여 면책허부에 대한 결정을 하게 된다. 그러나 파산절차가 종결 또는 폐지된 후 채권자의 이의신청이 있는 경우와 같이 의견청취기일을 별도로 지정할 필요가 있는 경우에는 파산절차가 종료되었다고 하더라도 채권자의 이의진술권을 보장하기 위하여 의견청취기일을 별도로 지정하여 채권자가 이의진술을 할 수 있는 기회를 주는 것이 실무이다.

다. 면책신청 취하와 당사자 사망시 처리

채무자가 파산절차를 계속 진행하는 것이 불리하다고 판단하는 경우, 예를 들어 부인권행사 대상행위가 발견되어 특수관계인에 대한 부인의 청구 등이 진행될 예정인 사건, 명백한 면책불허가 사유가 발견된 사건 등에서 채무자가 간혹 파산선고 이후에 파산 및 면책신청을 취하하는 경우가 있다. 이 때 파산신청은 이미 파산선고가 되었기 때문에 취하되지 않고 면책절차만 취하된다. 면책취하로 인하여 채무자는 면책결정을 받을 수 없기 때문에 복권이 이루어지기 전까지는 파산자로서의 불이익을 감수하여야 함을 유념해야 한다. 파산자의 신분상 제한에 대하여는 제16장 제1절 참조.

파산선고 후 채무자가 사망한 때에는 파산절차는 상속재산에 대한 파산으로서 속행되나, 면책절차는 채무자 사망으로 종료된다. 상속재산에 대한 파산에 대하여는 제13장 참조.

제5절 파산사건의 종료

1. 배당실시 후 파산종결

채권조사절차를 통해 배당할 채권이 확정되고 배당재원이 확보되면 파산관재인은 파산채권자에게 배당순위, 배당비율에 따른 배당을 실시하게 된다(법 제505조 이하). 개인파산 사건은 배당재원이 5억원 이하인 사건이 대부분이므로 간이파산절차로 진행되고, 간이파산 특칙에 의하여 최후 배당 1회만 실시된다. 배당이 완료되면 파산관재인은 법원에 임무종료에 의한 계산보고집회 소집신청을 하고, 법원은 위 신청에 따라 채권자집회기일을 지정하여 채권자에게 그 기일을 통지한다. 계산보고를 위한 채권자집회가 종결된 때에는 법원은 파산종결 결정을 하고 그 주문 및 이유를 공고함으로써 파산절차는 종결된다(법 제530조).

2. 이시폐지

파산선고 후에 파산관재인의 조사결과 배당에 적당한 재원이 확보되지 아니하고 파산재단으로써 비용을 충당하기 부족한 경우 법원은 파산절차 폐지결정을 한다. 이를 동시폐지와 구별하기 위하여 실무에서는 이시폐지라고 한다.

3. 동의폐지

동의폐지는 채권신고기간 내에 채권을 신고한 파산채권자 전원의 동의 아래 채무자의 신청에 의하여 파산절차를 폐지하는 것을 말한다(법 제538조). 동의폐지되면, 따로 면책결정을 하지 아니하고. 잔존채무는 그대로 남게 되나, 채무자의 파산자로서의 신분상 제한은 당연복권되어 소멸된다.

4. 파산절차 종료의 효과

파산절차가 종료되면 파산재단에 속하는 재산에 대한 처분권이 채무자로 복귀된다. 따라서 파산종료 이후에 잔여재산이 있으면 채무자는 자유롭게 처분할 수 있다. 파산절차 종료로 파산관재인의 업무는 종료된다. 파산선고로 인하여 중단된 파산재단에 관한 소송으로 파산관재인 또는 상대방에 의하여 수계되지 않은 것은 채무자가 당연히 수계한다(민사소송법 제239조). 파산절차가 종료되면 원칙적으로 채권자는 자유로이 권리를 행사할 수 있으나, 면책결정이 확정되면 채권자의 권리행사는 제한되므로, 파산절차 종료에 의하여 자유로운 채권행사는 결과적으로 면책이 불허가된 경우에야 가능하다.

제 6 절 면책결정

1. 법원의 결정

법원은 채무자에게 법이 정한 면책불허가 사유가 없는 경우에 면책허가결정을 하여야 한다. 면책허가결정은 파산절차가 종료된 후, 면책절차에서 제출된 채무자의 신청서, 첨부서류, 파산관재인의 보고서, 채권자의 이의신청서 및 채무자의 반론서 등을 검토한 후 결정하게 된다.

2. 면책허가결정의 효력

면책허가결정이 확정되면 파산채권자의 채무 전부에 대하여 책임이 면제된다(법 제566조 본문). 면책된 채권은 소송상의 소제기 권능[3]뿐만 아니라 임의 변제 청구권능도 상실된다고 본다. 다만, 채무자가 면책결정 후에 자발적으로 채무를 변제하는 것은 유효한 변제가 된다. 채무자가 면책된 사실을 알면서 면책된 채권에 기하여 강제집행·가압류 또는 가처분의 방법으로 채권추심행위를 하는 자는 500만원의 과태료가 부과된다(법 제660조 제3항).

3 면책의 효력에 대하여 대법원은 "채무자 회생 및 파산에 관한 법률 제556조 본문은 면책을 받은 채무자는 파산절차에 의한 배당을 제외하고 파산채권자에 대한 채무의 전부에 관하여 그 책임이 면제된다고 규정하고 있다. 여기서 면책이라 함은 채무 자체는 존속하지만 파산채무자에 대하여 이행을 강제할 수 없다는 의미이다. 따라서 파산채무자에 대한 면책결정이 확정되면, 면책된 채권은 통상의 채권이 가지는 소 제기 권능을 상실하게 된다"(대법원 2015. 9. 10. 선고 2015다28173 판결)고 판시하였다.

CHAPTER 05

법원의 재판 및 불복방법

제 5 장

법원의 재판 및 불복방법

제 1 절 개 요

파산·면책절차에서 법원으로부터 불이익한 재판을 받을 수 있으므로 채무자는 법원의 결정의 종류, 그 사유 및 불복의 방법에 대하여 알아두어야 한다. 이 장에서는 채무자의 파산·면책신청에 대한 법원의 결정의 종류와 그 사유, 그리고 이에 대한 불복방법에 대하여 다룬다.

제 2 절 파산신청에 대한 법원의 재판 및 불복방법

1. 파산신청에 대한 법원의 재판

가. 각하결정 및 각하사유

현행법은 파산신청에 대한 각하사유를 규정하지 않고 있다. 절차법의 일반원칙상 신청요건이 흠결된 경우에 각하결정을 하고 있다. 채무자가 파산신청 후 사망하였으나 상속인들이 파산절차 속행신청을 하지 않았을 때(파산선고 후의 당사자 사망의 경우는 제13장 참조), 채무자가 종전에 면책신청기간의 도과로 인하여 면책결정을 받지 못한 때, 면책기각결정 또는 면책불허가결정을 받아 확정된 후, 동일한 파산원인으로 한 파산신청을 할 때에 각하결정을 하고 있다(재도(再度)의 파산에 대하여는 제17장 참조).

파산신청시에 이미 (개인)회생개시결정이 있었던 때에는 파산신청이 금지(법 제58조 제1항 제1호 및 제600조 제1항 제1호)되므로 각하결정을 할 수 있다. 그러나 현행법 제309조 제1항 제2호에서 (개인)회생절차가 계속되어 있고 그 절차에 의함이 채권자 일반의 이익에 부합하는 때에는 명문의 기각사유를 규정하고 있어 별도의 각하사유로 보는 것이 타당한지 의문이다.

나. 기각결정 및 기각사유

현행법은 제309조에서 일반적인 파산신청 기각사유(제1항)와 필수적으로 심문절차를 거쳐야 하는 기각사유(제2항)를 나누어 규정하고 있다. 이에 해당하는 경우에 법원은 파산신청을 기각할 수 있다.

제309조(기각사유) ① 법원은 다음 각호의 어느 하나에 해당하는 때에는 파산신청을 기각할 수 있다.
1. 신청인이 절차의 비용을 미리 납부하지 아니한 때
2. 법원에 회생절차 또는 개인회생절차가 계속되어 있고 그 절차에 의함이 채권자 일반의 이익에 부합하는 때
3. 채무자에게 파산원인이 존재하지 아니한 때
4. 신청인이 소재불명인 때
5. 그 밖에 신청이 성실하지 아니한 때

② 법원은 채무자에게 파산원인이 존재하는 경우에도 파산신청이 파산절차의 남용에 해당한다고 인정되는 때에는 심문을 거쳐 파산신청을 기각할 수 있다.

(1) 신청인이 절차비용을 미리 납부하지 아니한 때(제1호)

이 규정에서의 '절차비용'에는 인지대, 송달료, 예납금 등이 포함된다.

예납금액과 납부기간을 지정한 법원의 예납명령에 채무자가 기간을 도과

하여 예납금을 납부하지 않으면 법원은 파산신청을 기각할 수 있다. 이 경우 채무자는 예납을 하고, 즉시항고를 제기하여야 한다. 즉시항고 기간을 도과하면 그 기각결정은 확정되므로, 파산신청을 다시 할 수밖에 없다.

(2) 법원에 회생절차 또는 개인회생절차가 계속되어 있고 그 절차를 이용함이 채권자 일반의 이익에 부합할 때(제2호)

(개인)회생절차에서도 채무자의 재산에 대한 청산가치를 평가하고 있고, 변제계획(회생계획)에 따른 변제액이 청산가치를 상회할 경우에만 인가결정을 하므로, (개인)회생절차를 이용함이 채권자 일반의 이익에 부합하는 경우가 많을 것이다. 그러나 개인파산절차에서 변제계획에 대한 심리가 이루어지기 어렵기 때문에 (개인)회생절차를 이용함이 채권자 일반의 이익에 부합하는지 판단하기 어려울 뿐만 아니라, 섣불리 이 사유만으로 개인파산신청이 기각되었는데 그 후 (개인)회생절차가 폐지되면 채무자는 다시 파산신청을 하여야 하기 때문에 채무자의 이익, 절차경제를 위하여 우선 파산절차를 중단하였다가 (개인)회생절차가 폐지되면 파산절차를 속행하고, (개인)회생절차에서 회생계획이나 변제계획이 인가되면 절차실효(법 제256조 제1항, 제615조 제3항)로 보아 종국으로 처리하는 것이 실무이다.

(3) 채무자에게 파산원인이 존재하지 아니한 때(제3호)

법은 보통파산원인으로 채무자가 "지급을 할 수 없을 때"(법 제305조 제1항)라고 하면서, 채무자가 "지급을 정지한 때"에 "지급을 할 수 없는 것으로 추정한다"(법 제305조 제2항)고 규정하고 있다.

'지급을 할 수 없을 때'에 대하여 대법원은 "채무자가 변제능력이 부족하여 즉시 변제하여야 할 채무를 일반적·계속적으로 변제할 수 없는 객관적 상태"라고 보고 있다.

개인파산 사건에서 채무자가 지급불능 상태에 있는지에 대하여 명확히 판단하는 것은 쉽지 않다. 지급불능 상태에 있는 것이 명확하지 않다고 하여 함부로 파산신청을 기각한다면 파산신청의 관문을 높이는 것이 되어 파산제도의 취지가 몰각될 수 있기 때문에 파산기각 사유로 삼고 있는 파산원인의 부존재 사유는 엄격하게 해석하여야 할 것이다. 대법원은 "채무자가 현재 보유하고 있는 자산보다 부채가 많음에도 불구하고 지급불능 상태가 아니라고 판단하기 위하여는, 채무자의 연령, 직업 및 경력, 자격 또는 기술, 노동능력 등을 고려하여 채무자가 향후 구체적으로 얻을 수 있는 장래 소득을 산정하고, 이러한 장래 소득에서 채무자가 필수적으로 지출하여야 하는 생계비 등을 공제하여 가용소득을 산출한 다음, 채무자의 보유자산 및 가용소득으로 즉시 변제하여야 할 채무의 대부분을 계속적으로 변제할 수 있는 객관적인 상태에 있다고 평가되어야 한다. 이와 같이 부채 초과상태에 있는 채무자의 변제능력에 관하여 구체적·객관적인 평가과정을 거치지 아니하고, 단지 채무자가 젊고 건강하다거나 장래 소득으로 채무를 일부라도 변제할 수 있을 것으로 보인다는 등의 추상적·주관적인 사정에 근거하여 함부로 지급불능 상태에 있지 않다고 단정하여서는 아니된다"(대법원 2009. 5. 28.자 2008마1904, 1905 결정)라고 판시하였는데, 같은 취지라 할 것이다.

(4) 신청인이 소재불명일 때(제4호)

신청채무자가 소재불명일 때에는 파산절차를 진행할 수 없으므로 파산신청을 기각할 수밖에 없다.

(5) 신청이 성실하지 아니한 때(제5호)

이 규정은 파산신청 및 파산절차 진행에 적정성을 보장하기 위한 규정으로 해석하고 있다. 파산선고 전에 심문기일이 지정되었음에도 채무자가 2회 이상 불출석한 때에 법원은 이 규정을 적용하여 파산신청을 기각하고 있다.

또, 법 제302조에 정한 신청서 기재사항을 누락하였거나, 첨부서류를 제출하지 아니하여, 법원이 이에 대한 보정을 명하였음에도 정당한 사유 없이 이를 시정하지 아니할 때에도 법원은 파산신청을 기각할 수 있다. 다만, 법령상 요구되는 내용 이외의 것에 대한 신청서 기재누락이나 첨부서류 미제출만으로 파산신청을 기각할 수 없다. 법원의 보정요구 사항이 법령에서 요구하는 범위를 넘어선 경우에도 같다. 나아가 법원의 보정요구에 일단 응하였다면 그 내용이 다소 부족하였다고 하더라도 추가보정을 명하거나, 심문기일을 지정하여 시정할 기회를 제공하지 않았다면 그 사유만으로 파산신청을 기각할 수 없다.

(6) 파산신청이 파산절차의 남용에 해당한다고 인정되는 때(제2항)

제1항 제2호, 제3호의 사유와 유사하다. 다만, 제3호의 사유는 지급불능

상태에 대한 판단의 문제라면, 이 규정은 지급불능 상태임은 분명하나 (개인)회생신청을 할 수 있음에도 파산신청을 한 것인지에 대한 판단의 문제라는 점에서 차이가 있다. 또 제2호는 회생절차 또는 개인회생절차가 법원에 계속되어 있을 것을 전제로 한다는 점에서 이를 전제하지 않는 본 규정과 차이가 있다.

채무자가 현재 지급불능 상태이지만 계속적으로 또는 반복적으로 일정한 소득을 얻고 있고, 생계비 등을 공제한 가용소득이 채무의 상당부분을 변제할 수 있기 때문에 (개인)회생절차를 통해 충분히 회생을 도모할 수 있음에도 개인파산신청을 한 경우, 위 규정을 적용하여 파산신청을 기각할 수 있다. 다만, 법원이 이 규정을 적용하여 파산신청을 기각하기 위해서는 필수적으로 선고 전 심문기일을 지정하여 심문절차를 거쳐야 한다.

만일, 채무자가 회생절차를 통해 회생할 수밖에 없는 상태에서 채권자들의 부동의로 회생계획이 인가되지 않아 폐지되어 부득이 파산신청을 한 것이라면, 위 규정을 적용할 수는 없을 것이다. 그러나 다른 사유로 회생절차가 인가 전 폐지된 경우에는 그 사유에 따라 이 규정이 적용될 수 있다. 재도의 파산을 인정하는 견해에서는 파산자인 채무자가 한 재도의 파산신청이 파산신청의 남용에 해당한다면 이를 기각하는 것으로 해결하면 족하고, 종전의 개인파산절차에서 면책결정을 받지 못한 사유가 해소되었거나, 사정변경의 사유가 있었다면 이를 심리하여 재도의 파산을 허용할 수 있도록 하는 것이 채무자 구제 및 개인파산제도의 취지와 더 부합한다고 보고 있다.

2. 각하·기각결정에 대한 불복

파산신청에 대한 법원의 각하, 기각결정에 대하여 채무자는 송달받은 날로부터 1주일 이내에 서면으로 즉시항고할 수 있다(법 제316조 제1항 및 제33조; 민사소송법 제444조, 제445조)(즉시항고장은 양식 6-각호 참조).

각하사유에 대한 불복사유를 찾긴 쉽지 않다. 기각사유 중 절차비용 미납(제1항 제1호), 파산원인의 부존재(제1항 제3호), 신청이 성실하지 아니한 때(제1항 제5호), 남용(제2항)의 사유에 대하여는 개별 사건에 따라 불복사유가 있을 수 있다.

가. 절차비용 미납(제1호)

즉시항고 기간 내에 예납금을 납부하고 즉시항고를 하면, 원결정을 한 법원이 원결정을 취소하고 파산절차를 진행한다. 이를 재도의 고안이라고 한다.

나. 파산원인의 부존재(제3호)

대법원은 “부채 초과 상태에 있는 채무자에 대한 변제능력에 관하여 구체적·객관적 평가과정을 거치지 아니하고 단순히 채무자가 젊고 건강하다거나 장래 소득으로 채무 일부라도 변제할 수 있을 것이라고 보인다는 추상적·주관적 근거로 함부로 지급불능 상태에 있지 않다고 단정해서는 아니 된다”(대법원 2009. 5. 28.자 2008마1904, 1905 결정)라고 판시하였다.

따라서 법원이 위 규정위반을 이유로 파산신청을 기각하면서 채무자의 장래 소득에 대한 구체적 검토가 없었다면 즉시항고 사유가 될 것이다.

다. 신청이 성실하지 아니한 때(제5호)

(1) 법령이 요구하는 내용 외의 것에 대한 보정명령

친족의 재산란에 기재된 재산목록과 채권자에 대한 부채증빙자료는 법 제302조 제1항 및 「채무자 회생 및 파산에 관한 규칙」 제72조에 정한 파산신청시의 첨부서류에 해당하지 않는다고 보아 위 사항에 관한 법원의 보정명령을 완전하게 이행하지 못하였다는 이유만으로 파산신청을 기각할 수 없다(대법원 2008. 9. 25.자 200마1070 결정)라고 판시한 사례가 있다.

(2) 법원의 보정명령에 응하였으나 부족한 경우 추가보정요구나 심문을 거치지 않은 경우

1심 법원이 파산신청 당시 채무자가 아파트의 처분사실을 누락한 사실을 알고도 이에 대한 보정요구나 심문을 통하여 채무자가 이를 시정할 기회를 제공하지 아니한 채 파산신청을 기각하였고, 원심에 이르러 채무자가 아파트 처분사실 및 그 경위를 설명하고 그에 대한 소명자료를 제출하였는데도 원심이 다시 신청불성실을 이유로 항고를 기각한 사안에서 ‘신청이 성실하지 아니한 때’에 해당하지 않는다(대법원 2012. 4. 13.자 2012마271, 272 결정)라고 판시한 사례가 있다.

라. 남용(제2항)

채무자가가 현재 과일도매상에서 배달업무에 종사하면서 월 76만원 가량의 소득을 얻고 있을 뿐, 계속적이고 일정한 소득을 얻는다고 보기 어려운 점, 위 소득액은 어머니를 부양하고 있는 채무자가 개인회생절차를 신청할 경우 소득에서 공제하는 평균적인 2인 가족 최저생계비(국민기초생활보장법에 정한 최저생계비에 50% 정도 가산)에도 미치지 못하는 점, 장애인인 어머니를 부양함에 따라 추가적인 지출이 예상되는 등 채무자의 가용소득으로 수행 가능한 변제계획을 작성하기 어려운 것으로 보이는 점, 이와 같이 개인회생절차를 이용하기 어려운 채무자가 파산절차도 이용할 수 없다고 한다면 개인회생절차를 이용하여 채무를 감면받을 수 있는 고소득 채무자에 비하여 소득이 적어 열악한 지위에 있는 채무자가 오히려 도산절차를 통한 갱생을 전혀 도모할 수 없게 되는 불리한 결과를 초래하는 점 등의 이유로 채무자의 이 사건 파산신청은 파산신청의 남용으로 볼 수 없다(대법원 2009. 5. 28.자 2008마1904, 1905 결정)라고 판시한 사례가 있다.

제 3 절 면책신청에 대한 법원의 재판 및 불복방법

1. 면책신청에 대한 법원의 재판

가. 각하결정 및 각하사유

채권자가 파산신청을 한 경우, 채무자는 파산신청일로부터 파산선고가 확정된 날 이후 1월 이내에 면책신청을 할 수 있고(법 제556조 제1항), 채무자가 책임 없는 사유로 위 기간을 지키지 못한 때에는 그 사유가 종료된 후 30일 내에 면책신청을 하여야 하므로(제2항), 이 기간을 도과하여 채무자가 면책신청을 한 경우에 그 면책신청은 각하될 수 있다. 여기서 파산선고가 확정된 날이란 파산선고결정이 송달된 날 또는 공고가 있을 때부터 14일이 지난 날이 된다.

채무자가 파산신청을 한 경우에는 파산신청과 동시에 면책신청을 한 것으로 보고 있으므로(법 제556조 제3항) 위 사유로 각하되는 경우는 없다.

나. 기각결정 및 기각사유

현행법은 제559조 제1항에서 면책신청의 기각사유를 규정하고 있다. 이에 해당하는 경우 법원은 기각결정을 할 수 있다.

> 제559조(면책신청의 기각사유) ① 법원은 다음 각호의 어느 하나에 해당하는 때에는 면책신청을 기각할 수 있다.
> 1. 채무자가 신청권자의 자격을 갖추지 아니한 때
> 2. 채무자에 대한 파산절차의 신청이 기각된 때
> 3. 채무자가 절차의 비용을 예납하지 아니한 때
> 4. 그 밖에 신청이 성실하지 아니한 때

(1) 채무자가 신청권자의 자격을 갖추지 아니한 때(제1호)

법인이 면책신청한 경우, 동의파산폐지신청 기각결정이 확정되기 전에 채무자가 면책신청한 경우, 상속재산 파산사건에서 상속인이 면책신청한 경우 등이다.

(2) 채무자에 대한 파산절차의 신청이 기각된 때(제2호)

파산절차가 기각된 경우에 면책절차를 유지할 필요가 없기 때문에 기각사유로 규정한 것이다. 다만, 파산신청이 기각되었으나 채무자의 즉시항고가 받아들여져 파산절차가 진행될 수 있으므로, 파산절차 기각결정이 확정된 후에 면책신청을 기각하여야 할 것이다.

(3) 채무자가 절차비용을 예납하지 아니한 때(제3호)

이 규정이 적용될 수 있는 사례는 채권자가 개인파산신청을 하였는데 채무자가 면책신청을 하면서 송달료 등을 기간 내에 납부하지 않은 경우인데 실무에 다루어지는 예는 거의 없다.

(4) 그 밖에 신청이 성실하지 아니한 때(제4호)

채무자가 면책심문기일 또는 의견청취기일에 정당한 사유 없이 불출석한 경우 위 규정이 적용되어 면책신청을 기각할 수 있다. 실무에서는 채무자가 의견청취기일에 2회 이상 불출석하고, 파산관재인의 조사에 협조하지 않는 경우 이 규정을 적용하여 면책기각결정을 하는 예가 더러 있다.

다. 면책불허가결정 및 면책불허가 사유

면책불허가 사유에 대한 상세한 설명은 제11장 참조.

2. 각하·기각·면책불허가결정에 대한 불복

면책신청 각하·기각결정에 불복하는 채무자는 면책신청 기각결정정본을 송달받은 날로부터 1주일 이내에 서면으로 즉시항고를 하여야 한다(법 제559조 제3항, 제33조; 민사소송법 제444조 제1항).

면책불허가결정에 대하여 채무자는 결성정본을 송달받은 날부터 1주일 이내에 서면으로 즉시항고를 하여야 한다. 즉시항고기간이 도과하면 항고장은 각하된다. 항고심에서 채무자는 새로운 사실과 증거를 제출할 수 있다(즉시항고장 양식 7, 8-1, 2참조).[1]

---

1 대법원은 "'채무자 회생 및 파산에 관한 법률'(이하 '법'이라고 한다) 제33조에 의하면, 면책을 비롯한 파산절차는 위 법에 특별한 규정이 없는 한 '민사소송법'의 규정을 준용하도록 하고 있고, '민사소송법' 제443조에 의해 항고법원의 소송절차에 준용되는 민사항소심은 속심제로서 소송절차는 속심제를 취하고 있는 이상 제1심의 면책불허가결정에 대한 채무자의 즉시항고를 심리하는 항고심에서의 새로운 사실과 증거의 제출은 항고심에서 심문을 연 때에는 그 심문종결시까지 심문을 열지 아니한 때에는 결정의 고지시까지 가능하다 할 것이므로, 항고심법원으로서는 그때까지 제출한 자료를 토대로 제1심결정 혹은 항고이유의 당부를 판단하여야 할 것이다"(대법원 2010. 7. 30.자 2010마539 결정)라고 판시하였다.

제4절 면책취소신청에 대한 법원의 재판 및 불복방법

1. 면책취소결정 및 취소사유

현행법은 제569조에 면책취소 사유를 규정하고 있다. 이에 해당하는 경우 법원은 면책취소결정을 할 수 있다.

> 제569조(면책의 취소) ① 채무자가 제650조의 규정에 의한 사기파산으로 유죄의 확정판결을 받은 때에는 법원은 파산채권자의 신청에 의하거나 직권으로 면책취소의 결정을 할 수 있다. 채무자가 부정한 방법으로 면책을 받은 경우 파산채권자가 면책 후 1년 이내에 면책의 취소를 신청한 때에도 또한 같다.

가. 사기파산죄의 유죄판결이 확정된 때(제1항 전문)

채무자가 법 제650조에 규정하고 있는 사기파산죄의 유죄판결이 확정된 경우에 한하여 법원은 파산채권자의 신청이나 직권으로 면책취소 결정을 할 수 있다.

나. 부정한 방법으로 면책을 받은 경우(제1항 후문)

법은 '부정한 방법'이 무엇인지에 대하여 구체적인 행위유형을 예시하지 않고 단순히 '부정한 방법'이라는 일반규정만 두고 있다. 면책취소가 확정되면 면책결정이 번복되므로 부정한 방법에 대한 해석은 엄격하여야 하기 때문에 사소한 착오나 허위기재, 재산목록, 채권자목록의 누락만으로 위 규정을 적용하여 면책취소할 수 없을 것이다. 부정한 방법에 의하지 아니할 경우에 면책불허가가 되었을 정도에 이르는 행위여야 한다.

부정한 방법을 이유로 면책을 취소하기 위해서는 면책결정 확정일로부터 1년 이내에만 가능하고, 법원은 면책취소의 재판을 하기 전에 채무자의 의견을 반드시 들어야 한다(법 제570조).

2. 면책취소결정의 효력

면책취소결정도 확정되어야 효력이 발생한다. 면책취소결정이 확정되면, 모든 채권자의 권리는 회복되고 채무자의 책임은 부활한다. 면책허가결정으로 인한 당연복권의 효력은 장래에 향하여만 효력을 잃게 되므로(법 제574조 제2항), 면책 후 취소 전의 신분상의 효과에는 아무런 영향을 미치지 않는다.

3. 면책취소결정에 대한 불복

면책취소결정에 대하여도 채무자는 즉시항고를 할 수 있다(법 제569조 제2항).

CHAPTER 06

파산 및 면책신청서 작성

제1절 신청서 작성의 중요성
제2절 필수적 기재사항 및 첨부서류
제3절 신청서 작성 전의 준비
제4절 파산 및 면책신청서 작성
제5절 진술서 [양식 1-1] 작성
제6절 채권자목록 [양식 1-2] 작성
제7절 채권자의 주소 [양식 1-3] 작성
제8절 재산목록 [양식 1-4] 작성
제9절 현재의 생활상황 [양식 1-5] 작성
제10절 수입 및 지출에 관한 목록 [양식 1-6] 작성
제11절 신청서 제출

제 6 장

파산 및 면책신청서 작성

제 1 절 신청서 작성의 중요성

파산을 신청한 채무자는 자신에게 파산원인 사실이 있다는 것을 파산신청서에 밝혀야 한다. 법원이 제공하는 파산신청서 양식에는 채무자에게 파산원인 사실이 있는지를 확인하기 위하여 파산신청서와 함께 첨부자료로 진술서, 채권자목록, 재산목록, 현재의 상황과 수입 및 지출에 관한 목록을 제출하도록 하고 있다. 따라서 파산신청서를 정확하게 작성하는 것은 채무자에게 파산원인이 있는지에 대하여 법원이 수월하게 심리할 수 있도록 하는데 도움이 될 뿐만 아니라 법원으로부터 불필요한 보정명령을 받지 않고 파산선고를 받을 수 있다는 점에서 채무자에게도 유리하다.

그런데, 법원에 제출되고 있는 많은 파산 및 면책신청서는 그 내용이 부실한 경우가 많다. 파탄원인이 무엇인지조차 명확하지 않은 신청서에서부터 채권자목록조차 제대로 기재되지 않은 신청서까지 그 양상도 다양하다. 신청서의 부실은 법원의 보정명령을 남발하게 하여 파산절차를 지연시킬 뿐만 아니라 파산채권자를 비롯한 이해관계인의 불신을 낳게 한다. 이는 결과적으로 파산절차에 대한 국민의 신뢰를 저하시켜 파산제도가 채무자의 새로운 출발을 위한 제도로서 성공적으로 안착하는데 불리한 환경을 조성하게 된다.

또한, 신청서가 내실화되고 정확성이 담보되게 되면, 법원은 신청서의 기재를 믿고 파산선고와 동시에 파산폐지를 할 수 있는 사건이 많아지게 될 것이다. 동시폐지로 사건이 처리되면 채무자는 예납금을 납부하지 않아도 되는 경제적 이익 외에도 신속한 면책결정을 받을 수 있는 이점을 갖게 된다.

서울중앙지방법원은 2012. 2.부터 대부분의 사건에 파산관재인을 선임하여 조사하게 하는 새로운 개인파산실무를 도입하여 시행하고 있다. 만일 신청서의 적정성이 제고되고 개인파산에 대한 사회적 여건이 우호적 환경으로 변화된다면, 현행 실무에서도 보다 많은 사건에서 동시폐지로 파산절차가 종료되어질 수 있을 것이다.

이 장에서는 파산신청서의 작성방법을 각 항목마다 항목의 취지 및 기재방법 그리고 기재례를 두어 설명하였다. 그렇다고 하더라도 개별 사건의 다양한 사례를 모두 포섭할 수 없음은 분명하다. 다만, 파산신청서 작성례의 취지에 따라 자신의 상황에 맞추어 성실하게 검토하면 채무자가 직접 파산신청서를 작성할 수 있게끔 하기 위하여 되도록 상세히 설명하였으므로 참조하기 바란다.

제 2 절 필수적 기재사항 및 첨부서류

법은 파산신청서에 필수적으로 기재해야 할 사항 및 첨부서류를 정하고 있다.

법 제302조(신청서) ① 파산신청은 다음 각호의 사항을 기재한 서면으로 하여야 한다.

1. 신청인 및 그 법정대리인의 성명 및 주소
2. 채무자가 개인인 경우에는 채무자의 성명·주민등록번호 및 주소
3. 채무자가 개인이 아닌 경우에는 채무자의 상호, 주된 사무소 또는 영업소의 소재지, 대표자의 성명
4. 신청의 취지

5. 신청의 원인
6. 채무자의 사업목적과 업무의 현황
7. 채무자의 발행주식 또는 출자지분의 총수, 자본의 액과 자산, 부채 그 밖에 재산상태
8. 채무자의 재산에 관한 다른 절차 또는 처분으로서 신청인이 알고 있는 것
9. 채권자가 파산신청을 하는 때에는 그가 가진 채권액과 원인
10. 주주·지분권자가 파산신청을 하는 때에는 그가 가진 주식 또는 출자지분의 수 또는 액

② 제1항의 규정에 의한 서면에는 다음 각호의 서류를 첨부하여야 한다. 다만, 신청과 동시에 첨부할 수 없는 경우에는 그 사유를 소명하고 그 후에 지체 없이 제출하여야 한다.

1. 채권자 목록
2. 재산 목록
3. 채무자의 수입 및 지출에 대한 목록
4. 그 밖에 대법원 규칙[1]이 정하는 서류

파산신청서에 필요적 기재사항이 누락되었거나, 첨부서류가 편철되지 아니한 경우 법원은 보정명령을 할 수 있고, 보정명령에 불응하면 파산신청을 기각할 수 있다.

---

1 「채무자 회생 및 파산에 관한 규칙」 제72조(파산신청서에 첨부할 서류) ① 법 제302조 제2항 제4호에 규정된 '그 밖에 대법원규칙에서 정하는 서류'는 다음 각 호의 서류를 말한다. <개정 2014.10.2>

1. 채무자가 개인인 경우에는 호적등본, 주민등록등본, 진술서, 그 밖의 소명자료
2. 채무자가 개인이 아닌 경우에는 법인등기사항증명서, 정관, 파산신청에 관한 이사회 회의록, 그 밖의 소명자료

② 제1항 제1호의 진술서에는 다음 각 호의 사항을 기재하여야 한다.

1. 채무자에 관하여 법원에 회생절차 또는 개인회생절차가 계속되어 있는 경우 당해 사건이 계속되어 있는 법원 및 사건의 표시
2. 채무자가 개인인 경우에는 법 제564조에 의한 면책허가결정 또는 법 제624조에 의한 면책결정을 받은 적이 있는지 여부 및 있는 경우 그 결정의 확정일자

제 3 절 신청서 작성 전의 준비

1. 파산 및 면책신청서 양식

파산 및 면책 신청서류는 전국 각 지방법원의 본원 민사신청과에 상세한 기재례와 함께 비치되어 있다. 다만 서울지역의 경우에는 5개의 지방법원(중앙·동·남·북·서부지방법원)이 있으나 서울중앙지방법원 파산과에만 비치되어 있음에 유의해야 한다.

또는, 법원 홈페이지(http://scourt.go.kr)에 들어가 대국민 서비스→전자민원센터→양식모음→개인파산/면책을 클릭하여 다운받거나, 전국 각 지방법원(서울지역의 경우에는 서울중앙지방법원) 홈페이지에 접속하여 양식모음→개인파산/면책을 클릭한 후 다운받아 사용하면 된다.

2. 파산 및 면책신청비용

파산신청과 면책신청은 동시에 또는 별도 신청이 가능하다. 그러나 채무자가 개인파산신청을 하는 것은 자신의 채무를 탕감받기 위한 것이므로 면책신청을 파산신청과 동시에 하지 않을 이유는 없다. 그러나 채권자가 채무자에 대한 개인파산신청을 하는 경우에는 굳이 면책을 신청할 이유가 없기 때문에 채권자는 파산신청만 하고 그 비용만 납부하면 된다.

채무자가 파산신청을 한 경우에는 채무자가 반대의 의사표시를 한 경우를 제외하고, 파산신청과 동시에 면책신청을 한 것으로 본다(법 제556조 제3항).

파산 및 면책신청시 신청수수료, 송달료 외에 파산절차 진행을 위한 예납금을 납부하여야 하는 경우가 있다. 예납금도 광의의 신청비용으로 볼 수 있으나, 모든 사건에 법원이 예납명령을 하는 것은 아니고, 동시폐지가 될 수 없는 사건, 즉 파산관재인이 선임되는 사건에 한해서 통상적으로 30만원 이하의 예납명령을 한다. 채무자는 위 예납금 납부명령에서 정하여진 금액을 각 법원 구내은행에 납부한 후 '예납금 납부서'를 교부받아 법원에 제출하면 된다.

법 제303조(파산절차비용의 예납) 파산신청을 하는 때에는 법원이 상당하다고 인정하는 금액을 파산절차의 비용으로 미리 납부하여야 한다.

서울중앙지방법원은 2012. 2.경부터 개인파산·면책절차에 있어서 새로운 실무방식을 채택하여 원칙적으로 모든 개인파산·면책 사건에 파산관재인을 선임하는 방식으로 개인파산절차를 운영하고 있다. 이러한 경향은 현재 전국의 각급 법원(광주, 대구, 전주, 춘천, 대전, 부산, 인천, 수원, 의정부 등)으로 확대되고 있으므로 대부분의 사건은 예납명령이 발령될 것을 예상하여야 한다.

다만, 채무자가 기초생활수급대상자이거나 고령, 질병, 신체장애 등으로 현재 소득활동이 불가능하고, 오랜 기간 정상적인 수입이 없는 등의 사정이 있는 경우에 예외적으로 예납명령 없이 동시폐지하는 경우도 있다.

개인파산 사건에서 예납금의 산정은 「개인파산 및 면책신청사건의 처리에 관한 예규」 별표 1 개인파산 예납기준표에 따라 시행한다.

파산재단의 규모, 부인권 대상 행위의 존부와 수, 파산절차의 예상 소요기간, 재단형성의 난이도, 채권자의 수 등을 참작하여 예납금을 가감할 수 있고, 증액할 경우에도 특별한 사정이 없는 한 500만원을 넘을 수 없다(위 예규 제2조의4).

특히, 채무자가 최근에 이혼하였고 배우자에게 재산이 있는 사건, 채무자가 운영하는 사업장이 최근 폐업하였고 채무액이 다액인 사건, 채무자에게 다액의 재산이 있거나 최근에 이를 처분한 사건 등에는 파산관재인이 조사할 사항이 많고, 환가업무를 진행할 필요가 있을 수 있어 예납금이 증액될 가능성이 높다.

예납금은 파산절차 비용에 사용되는 것이므로, 대부분은 파산관재인의 업무비용으로 사용될 것이다. 일부 채무자는 예납금을 납부하였다는 사정만으로 파산관재인을 마치 자신의 대리인처럼 생각하는 경우가 있는데, 파산관재인은 법이 정한 관재업무를 수행하는 자로서 채무자 및 채권자들로부터 독립하여 중립적인 입장에서 신의성실 원칙에 따라 직무를 수행하는 것일 뿐이다.

(1) 파산 및 면책신청을 동시에 하는 경우

신청수수료: 2,000원

송달료: 파산송달료 37,000원+(채권자수×3,700원×3)

면책송달료 37,000원+(채권자수×3,700원×3)

– 송달료규칙의 시행에 따른 업무처리요령

(2) 파산신청만 하는 경우

신청수수료: 1,000원(단, 채권자가 파산신청시에는 30,000원)

송달료: 파산송달료 37,000원+(채권자수×3,700원×3)

채권자가 파산신청을 할 때에는 신청시에 채권자 수를 특정할 수 없으므로, 일단 기본 파산송달료 37,000원을 납부하고 이후 채무자가 채권자목록을 제출하면 그 채권자 수에 따라 파산송달료를 추납하여야 한다.

신청수수료는 각 법원 구내 은행 또는 우체국에 납부한 후, 그 인지를 구입하여 파산 및 면책신청서 표지에 풀로 붙인다.

송달료는 각 법원 구내은행에 납부한 후 '송달료 납부서'를 교부받아 파산 및 면책신청서 뒷면에 풀로 붙여 제출한다.

신청인이 신청비용을 납부하지 않은 경우에 법원은 파산·면책신청을 기각할 수 있다(법 제309조 제1호, 제559조 제1항 제3호).

예납금을 납부할 수 없는 경우에는 예납금납부 면제신청을 하거나(양식 10), 예납금 납부연기신청을 할 수 있다(양식 9). 결과적으로 예납금을 납부하지 않아 파산·면책신청이 기각된 경우, 채무자는 지체없이 위 예납금을 납부한 후 위 기각결정에 대한 즉시항고를 제기하여야 한다(양식 6-1).

제 4 절 파산 및 면책신청서 작성

1. 표지 작성

표지작성은 의무사항이 아니다. 따라서 표지를 작성하지 않고 파산 및 면책신청서를 제출하였다고 하여 신청기각 등의 불이익을 받지 않는다. 다만, 인지를 붙이고, 법원의 접수인이 날인될 수 있는 여백이 있는 표지를 붙여 신청서를 제출하는 것이 깔끔하고 바람직하다.

통상적으로 표지에는 굵은 글씨로 파산 및 면책신청서를 기재하고, 신청인이 채무자인 경우에는 '신청인(채무자)'이라고 기재한 후, 제출날짜 및 신청인 이름과 함께 도장을 날인한다. 여기에 수입인지를 붙일 수 있는 칸을 만들고 아울러 파산사건 번호, 면책사건 번호, 배당순위 번호 및 재판부를 표기할 수 있는 표를 만든 다음 제일 아래에 관할법원을 기재한다.

2. 신청서 작성

가. 신청인란의 기재

(1) 신청인

신청인이 채무자인 경우에는 '신청인(채무자)', 신청인이 채권자인 경우에는 '신청인(채권자)'이라고 기재한다.

(2) 성 명

신청인 본인의 이름과 주민등록번호를 기재한다. 개명을 하였을 경우에는 개명 후 이름과 함께 괄호 안에 (개명전 성명 : ○○○)을 기재하는 것이 좋다. 주민등록번호는 파산 및 면책결정문에 기재되어 신청인을 특정하는 주요한 역할을 하게 되므로 본인의 주민등록번호와 정확히 일치되어 있는지 확인하여야 한다. 나중에 주민등록번호가 잘못 기재된 것을 발견할 경우에는 지체 없이 법원에 정정신청을 하여 바로잡아야 한다.

신청인이 미성년자이거나, 성년피후견인인 경우에는 신청인의 성명을 기재하여야 함은 물론이거니와 그 법정대리인(미성년자인 경우 친권자인 부모, 성년

피후견인인 경우에는 성년후견인)의 성명 및 주소도 함께 기재하여야 한다.

(3) 주소 및 거소

주소는 "생활의 근거되는 곳"을 말하고(민법 제18조 제1항) 대체적으로 주민등록지와 동일한데, 주민등록지란 30일 이상 거주할 목적으로 일정한 장소에 주소 또는 거소를 가진 자가 주민등록법에 의하여 등록한 장소(주민등록법 제6조, 제10조)를 의미하는 공법상의 용어로서 민법상의 주소와 다르지만, 반증이 없는 한 주소로 추정되므로 채무자는 주민등록초본(또는 등본)상의 최종 주소를 주소란에 기재하면 된다.

만일 주민등록초본상의 최종 주소가 '등록말소'된 경우에는 주소란에 '등록말소'라고 기재하거나 공란으로 두면 족하다. 주소지와 거소지가 같은 경우에는 주소란에 주소지를 적고 거소란에 '상동(上同)' 또는 '위와 같음'이라고 적으면 되나, 주소지와 거소지가 다른 경우에는 주민등록초본(또는 등본)상의 주소를 주소란에 기재하고 거소란에 채무자가 현재 거주하는 장소를 반드시 기재하여야 한다.

거소란 사람이 일정기간 계속하여 거주하는 장소를 말하고, 민법은 주소를 알 수 없으면 거소를 주소로 본다(민법 제19조)고 규정하고 있지만, 주민등록상의 주소지와 거소지가 다른 경우에는 주소란에는 주민등록상의 주소지를, 거소란에는 현재 거주하는 장소를 기재하고, 신청서에 첨부된 진술서 등에 그 이유를 기재하는 것이 바람직하다. 특히 주소지와 거소지의 관할법원이 다른 경우에 법원은 관할편취를 의심하여 파산선고 전 심문기일에 채무자를 상대로 실제 거주지가 어디인지에 대하여 심문할 수 있으므로, 미리 진술서 등에서 주소 미변경사유를 기재해 두고, 현재 거주지를 확인할 수 있는 거주사실 확인원, 고시원 입실증 등의 소명자료를 첨부하여 제출함으로써 불필요한 절차를 피할 수 있다.

예를 들어, 채무자가 현재 고시원 등에 거주하고 생활하고 있으나, 주민등록상의 예전 주소지가 변경되지 않은 경우에는, 주소지는 위 주민등록상의 최종 주소지를, 거소지는 현재 거주하고 있는 고시원의 주소지를 기재하고 입실증을 첨부자료로 제출하면서 주소지와 거소지가 다른 이유를 경위서 등에 설명하는 것이 좋다.

(4) 송달장소

법원 또는 파산관재인이 발급하는 각종 문서를 주소지 또는 거소지 외에 다른 장소에서 송달받고자 하는 채무자는 송달장소, 송달영수인 란에 송달장소 및 송달영수인을 별도로 기재하여야 한다.

신청대리인이 선임된 경우에는 신청대리인 사무실을 송달장소로, 신청대리인을 송달영수인으로 기재하면 된다.

(5) 등록기준지

2005. 3. 31. 민법 개정 전에는 친족법상의 가(家)의 소재지를 호적이라고 하고, 호적에 기재된 주소를 가(家)의 구성원인 호주와 가족의 입장에서 '본적'이라고 하였으나 민법의 개정으로 가(家)제도가 폐지됨에 따라 본적의 개념도 사라지게 되었다. 2008년부터는 본적 대신에 '등록기준지'라는 용어를 신설하여 사용하고 있다.

채무자는 가족관계증명서, 혼인관계증명서를 발급받아 위 증명서에 기재되어 있는 등록기준지를 파산신청서에 등록기준지란에 기재하면 된다.

법원은 파산선고를 받은 채무자가 전부면책을 받지 못하거나 면책결정이 취소된 경우 또는 면책신청이 각하되거나 기각된 경우에는 채무자의 신원증명업무를 관장하는 등록기준지 시·구·읍·면장에게 파산선고 사실을 통지하여야 하므로 신청서에 등록기준지를 기재하도록 하고 있는 것이다(신원조회시 파산선고 사실이 나타나게 되는 것이지, 가족관계등록부에 기재되는 것은 아니다).

(6) 연락처

휴대전화, 집전화, e-mail 란 옆의 괄호 안에 기재하면 된다. 사용하는 집전화, e-mail이 없으면 공란으로 남겨 두어도 된다. 연락처는 파산·면책절차 중에 법원 또는 파산관재인이 연락을 취할 때 필요하므로 연락처가 없는 경우에는 연락을 받을 수 있는 다른 연락처라도 기재하여야 한다.

(7) 채권자가 파산신청을 하는 경우

신청인(채권자)으로 기재한 후, 등록기준지를 제외한 인적사항을 기재하고, 채무자란을 만들어 채무자의 성명, 주민등록번호, 주소를 기재한다. 채무자의 등록기준지를 알지 못할 경우에는 법원을 통해 관할 구청 또는 동사무소에 채무자의 등록기준지에 대한 사실조회 신청을 한 후 회신된 내용에 따라 등록기준지를 기재한 정정신청서를 제출한다.

나. 신청취지란의 기재

(1) 채무자가 신청한 경우

> 신 청 취 지
>
> 1. 신청인에 대하여 파산을 선고한다.
> 2. 채무자를 면책한다. 라는 결정을 구합니다.

라고 기재한다.

채무자가 기초생활수급대상자이거나, 고령·질병·신체장애 등으로 현재 소득활동이 불가능하고, 장기간 수입이 없는 등 예외적인 경우 동시폐지가 될 수 있으므로, 이러한 경우에는

> 신 청 취 지
>
> 1. 신청인에 대한 파산선고를 한다.
> 2. 이 사건 파산절차를 폐지한다.
> 3. 채무자를 면책한다. 라는 결정을 구합니다.

라고 기재한다. 동시폐지를 구하는 경우에는 파산선고 후에 채권자목록을 추가하지 못할 수 있으므로 채권자목록에 누락된 채권자가 없는지를 확인해야 한다.

(2) 채권자가 신청한 경우

> 신 청 취 지
>
> 1. 채무자에 대하여 파산을 선고한다. 라는 결정을 구합니다.

라고 기재한다.

신청취지는 신청인이 재판을 통해 구하는 핵심적인 내용을 간명하게 기재

하는 것을 말한다. 따라서 신청취지는 결정주문과 대응하게 되고, 개인파산에 있어서 채무자는 파산선고 및 면책결정을 구하는 신청취지를, 채권자는 채무자에 대한 파산선고를 구하는 신청취지를 기재한다.

2012. 2.경 새로운 개인파산실무를 운영하면서, 원칙적으로 모든 사건에 파산관재인을 선임하도록 하고 있으므로, 종전 신청취지 2 '이 사건 파산절차는 폐지한다'는 삭제하고 신청취지를 기재하고 있다.

신청취지에 파산절차 폐지 부분의 기재 유무와 관계없이 법원이 직권으로 판단하므로, '파산절차를 폐지한다'는 2항의 신청취지 기재 여부는 중요하지 않다.

다. 신청이유란의 기재

(1) 채무자가 신청한 경우

신 청 이 유

1. 신청인에게는 별첨한 진술서 기재와 같이 지급하여야 할 채무가 존재합니다.
2. 그런데, 위 진술서 기재와 같이 신청인의 현재 자산, 수입의 상황 하에서는 채무를 지급할 수 없는 상태에 있습니다.
3. 따라서 신청인에 대하여 파산을 선고하며, 채무자를 면책한다는 결정을 구합니다.

라고 기재한다.

다만, 신청취지에 동시폐지를 구하는 2항을 기재한 경우에는,

신 청 이 유

1. 신청인에게는 별첨한 진술서 기재와 같이 지급하여야 할 채무가 존재합니다.
2. 그런데 위 진술서 기재와 같이 신청인의 현재 자산, 수입의 상황 하에서는 채무를 지급할 수 없는 상태에 있습니다. <u>또한 파산재단을 구성할 만한 재산이 거의 없어 파산절차비용을 충당하기에 부족합니다.</u>
3. 따라서 신청인에 대하여 파산을 선고하고, <u>이 사건 파산절차를 폐지하며</u>, 채무자를 면책한다. 라는 결정을 구합니다.

라고 기재한다.

(2) 채권자가 신청한 경우

신 청 이 유

1. 신청인은 채무자에 대하여 별첨 소명자료와 같은 금 ○○,○○○,○○○원의 채권이 있습니다.
2. 이하, 채무자의 지급불능 상태에 대한 진술 기재.

라고 기재한다.

신청이유는 신청취지를 이유 있게 하는 사실 및 법률관계를 말한다. 법 제305조(보통파산원인)는 "① 채무자가 지급을 할 수 없는 때에는 법원은 신청에 의하여 결정으로 파산을 선고한다"라고 규정하고 있으므로, 채무자의 지급불능 상태에 대한 진술 및 자료가 첨부되어 있어야 한다.

채무자가 파산신청을 하는 경우에 위 법원 양식에 기재된 대로 사용하면 되고, 달리 첨삭·변경할 이유는 없다. 다만, 채권자가 파산신청을 하는 경우에는 제1항에 위와 같이 채무자에 대한 채권이 존재하는 사실과 함께, 채무자가 지급할 수 없을 때, 즉 지급불능 상태에 있음을 진술 및 소명하여야 한다.

채권자가 채무자를 상대로 재산명시신청을 한 경우에는 그 재산명시조서를 첨부하여야 하고, 재산명시조서가 작성되어 있지 않거나, 재산명시절차를 진행하지 못한 경우에는 적어도 전국 금융기관에 대한 사실조회를 신청하여 채무자의 재산이 없다는 사실을 소명하여야 한다.

라. 첨부서류

(1) 채무자가 신청한 경우

첨 부 서 류

1. 가족관계증명서, 혼인관계증명서(이혼내역 포함) 각 1부
2. 주소변동내역이 포함된 주민등록등본 1부

3. 진술서(채권자목록, 재산목록, 현재의 생활 상황, 수입 및 지출에 관한 목록 포함) 1부
4. 신청서 및 첨부서류 일체의 부본 1부

라고 기재한다.

가족관계증명서, 혼인관계증명서(이혼내역 포함), 주소변동 내역이 포함되어 있는 주민등록등본은 가까운 구청, 동·읍·면사무소(주민센터) 또는 인터넷 발급신청을 통해 발급받아 제출한다.

(2) 채권자가 신청한 경우

첨 부 서 류

1. 채무자의 주민등록등본 및 가족관계증명서, 혼인관계증명서(단 혼인관계증명서는 최근 2년 이내 이혼한 경우) 각 1부
2. 채무자에 대한 채권 소명자료
3. 채무자의 지급불능상태 소명자료(재산명시조서 등)

라고 기재한다.

채무자의 주민등록등본, 가족관계증명서, 혼인관계증명서(단, 혼인관계증명서는 최근 2년 이내 이혼한 경우)는 채권자가 가지고 있을 경우가 극히 드물기 때문에 파산신청서 제출과 함께 법원을 통해 관할구청에 사실조회 신청을 해두는 것이 좋다.

채무자에 대한 채권소명자료로는 판결문, 결정문, 약속어음 공정증서 등 집행권원이 있는 경우 그 서류, 집행권원을 증명하는 서류가 없는 경우에는 차용증, 현금보관증, 인증서 등의 서류이다. 차용증, 현금보관증 등의 처분문서조차 없는 경우 채무자에 대한 채권이 있다는 것을 소명할 수 있는 금융자료와 함께 채권발생 사유 및 차용증서를 교부받지 못하였거나, 첨부하지 못하는 사유에 대하여 구체적이고 상세한 진술이 있어야 한다.

채무자의 지급불능 상태에 대한 소명자료로, 재산명시조서가 있는 경우에는 재산명시조서를, 없는 경우에는 법원을 통해 전국 금융기관 등에 사실조회

신청을 하여야 한다.

마. 휴대전화를 통한 정보수신 신청서

(1) 채무자가 신청한 경우

> 휴대전화를 통한 정보수신 신청서
>
> 위 사건에 관한 파산선고결정, 면책결정 등 정보를 예납의무자가 납부한 송달료 잔액 범위 내에서 휴대전화를 통하여 알려주실 것을 신청합니다.
>
> ▣ **휴대전화 번호:**
>
> 신청인 채무자 (날인 또는 서명)
>
> ※ 파산선고 및 이의기간지정 결정(또는 면책심문기일 결정), 면책결정이 있으면 신속하게 위 휴대전화로 문자메시지가 발송됩니다. 문자메시지 서비스 이용금액은 메시지 1건당 17원씩 납부된 송달료에서 지급됩니다(송달료가 부족하면 문자메시지가 발송되지 않습니다). 추후 서비스 대상 정보, 이용금액 등이 변동될 수 있습니다.

라고 기재한다.

(2) 채권자가 신청한 경우

> 휴대전화를 통한 정보수신 신청서
>
> 위 사건에 관한 파산선고결정, 면책결정 등 정보를 예납의무자가 납부한 송달료 잔액 범위 내에서 휴대전화를 통하여 알려주실 것을 신청합니다.
>
> ▣ **휴대전화 번호:**
>
> 신청인 채무자 (날인 또는 서명)
>
> ※ 파산선고 및 이의기간지정 결정(또는 면책심문기일 결정), 면책결정이 있으면 신속하게 위 휴대전화로 문자메시지가 발송됩니다. 문자메시지 서비스 이용금액은 메시지 1건당 17원씩 납부된 송달료에서 지급됩니다(송달료가 부족하면 문자메시지가 발송되지 않습니다). 추후 서비스 대상 정보, 이용금액 등이 변동될 수 있습니다.

라고 기재한다.

휴대전화 번호를 기재하고 성명을 기재한 후 날인 또는 서명을 하면 된다.

바. 신청서 작성일 및 서명 날인

신청서의 작성일자를 기재한 후 신청인의 성명을 기재하고 날인 또는 서명하면 된다.

사. 관할법원의 기재

법 제3조(관할법원) … ② 개인회생사건은 채무자의 보통재판적 소재지를 관할하는 지방법원본원의 관할에 전속한다.
…
⑨ 제1항 내지 제3항, 제8항의 규정에 의하여 서울동부지방법원·서울남부지방법원·서울북부지방법원 또는 서울서부지방법원의 관할에 속하는 사건은 서울중앙지방법원의 관할에 전속한다.

구체적인 관할법원에 대하여는 제4장 제2절 참조.

제 5 절 진술서 [양식 1-1] 작성

1. 모두(冒頭)문

법원 양식에는 아래와 같이 모두문이 기재되어 있다.

신청인은 다음과 같은 내용을 사실대로 진술합니다.
또 본인의 현재의 채무, 자산, 생활의 상황 및 수입·지출 등은, 별지 「채권자목록」, 「재산목록」, 「현재의 생활상황」, 「수입 및 지출에 관한 목록」의 각 기재와 같습니다.
위 각 서류에 사실과 다른 내용이 있을 경우 면책불허가될 수 있음을 잘 알고 있습니다.

밑줄 친 글씨로 인쇄되어 기재된 것과 같이 법은 "채무자가 허위의 채권자목록 그 밖의 신청서류를 제출하거나 법원에 대하여 그 재산상태에 관하여 허위의 진술을 한 때"(법 제563조 제1항 제3호)를 면책불허가 사유로 삼고 있으므로 채무자는 본인이 직접 파산·면책신청서를 작성할 때는 물론, 신청대리인이 작성할 때에도 신청서 내용을 꼼꼼히 살펴 사실과 다른 내용이 있는 지를 확인하고 있다면, 신청서 제출 전에 이를 시정하여야 한다.

2. 과거 경력(제1항)

1. **본인의 과거 경력은 다음과 같습니다.**

(1) **최종 학력**

년 월 일 학교 (졸업, 중퇴)

(2) **과거 경력**(최근의 것부터 기재하여 주십시오)

년 월 일부터 년 월 일까지(자영, 근무)

업종________________직장명________________직위________________

년 월 일부터 년 월 일까지(자영, 근무)

업종________________직장명________________직위________________

학력은 최종학력만 기재한다(최근 신청서 양식에는 학력 표기란이 삭제됨).

〈기재례〉

(1) **최종 학력**

2000년 3월 2일 한양대학교 (**졸업**, 중퇴)

과거 경력은 최근의 것부터 순차적으로 기재한다. 업종명은 한국표준산업분류표를 참조하거나 사업자등록증, 폐업사실증명원에 기재되어 있는 업종명을 기재하면 된다. 사업자였던 경우에는 폐업사실증명(세무서 발급)에 기재된 업종명, 개업일과 폐업일을 참조하여 기간을 기재하고, 직장인이었던 경우에는 소득금액증명서(세무서 발급)를 참조하여 직장명과 직위 그리고 기간을 기재한다.

법원 양식에는 경력란에 최근의 것으로부터 두 가지 경력을 기재하게 되어 있으나, 최소한 파탄시기 이후 경력부터 현재 경력까지 모든 경력을 기재하여야 한다. 이 경우 필요하다면 경력란을 추가하여 작성한다.

전업주부 등 특별한 경력이 없는 경우에는 공란으로 두고, 서류상의 기재와 실제가 다른 경우에도 서류상에 기재된 경력과 함께 실제경력을 같이 기재한다.

〈기재례1〉 사업장을 운영하다가 현재 직장에 근무하는 경우

(2) 과거 경력(최근의 것부터 기재하여 주십시오)

2012년 9월 일부터 현재까지(자영, 근무)

업종 운수업 직장명 남창흥업 직위 임시직

2005년 10월 14일부터 2011년 6월 30일까지(자영, 근무)

업종 안경 소매업 직장명 ○○안경원 직위 대표

〈기재례2〉 서류상의 경력과 실제 경력이 다른 경우

(2) 과거 경력(최근의 것부터 기재하여 주십시오)

2009년 5월 2일부터 2010년 4월 30일까지(자영, 근무)

업종 건설 직장명 ○○종합건설(주) 직위 대표이사

실제 경력 : 2008년 7월 일부터 2013년 2월 23일까지(자영, 근무)

업종 건설 직장명 ○○종합건설(주) 직위 일용직

3. 현재까지의 생활상황(제2항)

2. 본인의 현재까지의 생활상황 등은 다음과 같습니다.

(1) 채무의 지급이 곤란할 정도로 경제사정이 어려워진 이후에 일부 채권자에게만 변제한 경험 (있음, 없음) (변제한 채권자의 성명, 변제시기, 금액을 전부 기재하여 주십시오)

____

____

(2) 사기죄, 사기파산죄, 과태파산죄로 고소되거나 형사재판을 받은 경험 (있음, 없음)

____

(3) ㈎ 과거에 파산신청을 하였다가 취하하거나 기각당한 경험 (있음, 없음)

년 월 일 ( )지방법원에 파산신청을 하였는데 (취하함, 기각당함)

㈏ 과거에 파산선고를 받은 경험 (있음, 없음)

년 월 일 ( )지방법원에서 파산선고를 받음

㈐ 그 파산선고에 이어서 면책을 받은 경험 (있음, 없음)

년 월 일 ( )지방법원에서 면책결정을 받았고, 년 월 일 위 결정이 확정

(3) ㈎ 개인회생절차를 이용한 경험 (있음, 없음)(개인회생절차 중이면 기각될 수 있음)

년 월 일 ( )지방법원에서 인가결정을 받음(사건번호:)

년 월 일 ( )지방법원에서 폐지결정을 받음

(폐지사유:)

☆ 폐지사유(예를 들어 소득 감소, 가족 의료비 증가 등)에 관한 소명자료를 첨부하여 주십시오.

(나) 그 개인회생절차에서 면책을 받은 경험 (□있음 □없음)

년 월 일 ( )지방법원에서 면책결정을 받았고, 년 월 일 위 결정이 확정됨

(5) 슬롯머신, 경마, 경륜, 포커 등 도박행위를 한 경험 (□있음 □없음)

▷ 어떤 도박을 하였는지 ( )

▷ 도박을 한 시기 (년 월 일부터 년 월 일까지)

▷ 도박을 한 횟수 및 금액 1개월 평균 ( )회, 평균 ( )원 정도

(6) 과거 자신의 월수입의 반 이상이 소요되는 호텔, 콘도, 골프장, 고급 음식점에 다닌 경험 (□있음 □없음)

▷ 어떤 곳에 갔는지 ( )

▷ 간 시기 (년 월 일부터 년 월 일까지)

▷ 간 횟수 및 사용금액 1개월 평균 ( )회 정도, 평균 ( )원 정도

(7) 과거 2년간 국내·해외여행 경험 (□있음 □없음)

▷ 여행 횟수 및 사용 금액 합계 ( ) 회 정도, 총액 ( ) 원 정도

(8) 과거 2년간 500만원 이상의 물건을 구입한 경험 (□있음 □없음)

(물건의 품명, 구입시기, 가격 등을 전부 기재하여 주십시오)

---

(9) 과거 물건을 할부나 월부로 구입하고 대금을 전부 지급하지 않은 상태에서 처분(매각, 입질 등)을 한 경험 (□있음 □없음) (물건의 품명, 구입시기, 가격, 처분시기 및 방법을 전부 기재하여 주십시오)

---

(10) 이번 항목은 개인 영업을 경영한 경험이 있는 분만 기재하여 주십시오.

▷ 영업 중 상업장부의 기재

□ 정확히 기장하였다. □ 부정확하게 기장하였다. □ 기장하지 아니하였다.

▷ 영업 중에 도산을 면하기 위하여 상품을 부당하게 염가로 매각한 사실 (□있음 □없음)

(언제 무엇을 매입원가의 몇 %로 할인판매를 하였는지를 기재하여 주십시오)

채무자는 법원에서 제공한 진술서의 서식에 맞추어 빈칸에 해당 사항을 기재하고, 각 질문사항에 대하여 (있음, 없음)란에 ○표시 또는 (□있음 □없음)란의 □ 안에 V표시를 한 후, 만약 '있음' 란에 ○표시 또는 있음 란에 ☑를 한 경우에는 해당 빈칸에 그 구체적인 내용을 기재하면 된다. 빈칸이 부족할 경우에는 해당 란에 "별지 기재와 같음"이라고 기재하고, 별지에 그 구체적인 사유를 기재한 후 첨부한다.

(1) 채무의 지급이 곤란할 정도로 경제사정이 어려워진 이후에 일부 채권자에게만 변제한 경험 (있음, 없음) (변제한 채권자의 성명, 변제시기, 금액을 전부 기재하여 주십시오)

____

____

이 항은 채무자가 지급불능 이후에 편파변제 행위를 하였는지 여부를 파악하기 위한 것이다. 편파변제 행위는 면책불허가 사유에 해당하지 아니하나, 부인권 행사의 대상이 될 수 있으므로, 만일 지급불능 시점 이후에 일부 채권자에게 채무를 변제하였다면 이를 기재한다.

그러나 채무가 있지 않음에도 제3자에게 재산을 양도한 것은 재산의 은닉행위에 해당하여 면책불허가 사유가 될 수 있으므로, 위 란을 기재할 경우에는 채무의 존재를 확인할 수 있는 판결문 또는 차용증 등 소명자료와 함께 변제내역을 확인할 수 있는 금융자료를 첨부하는 것이 바람직하다.

〈기재례〉 편파변제를 한 경우

2012. 3. 12. 채권자 홍길동에게 금 1,000만원을 변제함(첨부 차용증, 은행계좌 참조).

(2) 사기죄, 사기파산죄, 과태파산죄로 고소되거나 형사재판을 받은 경험 (있음, 없음)

____

____

이 항은 채무자가 사기죄 등으로 형사확정판결을 받은 경우, 그 피해자인 채권자의 채권은 비면책채권이 될 수 있으므로 이를 파악하고, 채무자가 도산범죄 경험이 있는지 여부를 파악하여 조사과정에서 참작하기 위한 것이다.

고소사건이 수사단계인 경우에는 수사기관의 사건번호(2015형제○○○○)로, 재판 중인 경우에는 법원의 사건번호(2015고단○○○○)로 기재하면 되고, 확정된 경우에는 최종심 사건번호만 기재하면 된다.

〈기재례 1〉 수사단계인 경우

서울서초경찰서 2015형제○○○○호로 사기죄 혐의로 수사 중임.
서울중앙검찰청 2015형제○○○○호로 사기파산죄 혐의로 수사 중임.

〈기재례 2〉 재판단계 또는 확정된 경우

서울중앙지방법원 2015고단○○○○호로 사기죄로 기소되어 재판 중임.
서울서부지방법원 2013고합○○○○호로 사기죄 확정됨.

(3) ㈎ 과거에 파산신청을 하였다가 취하하거나 기각당한 경험 (있음, 없음)
년 월 일 ( )지방법원에 파산신청을 하였는데 (취하함, 기각당함)
㈏ 과거에 파산선고를 받은 경험 (있음, 없음)
년 월 일 ( )지방법원에서 파산선고를 받음
㈐ 그 파산선고에 이어서 면책을 받은 경험 (있음, 없음)
년 월 일 ( )지방법원에서 면책결정을 받았고, 년 월 일 위 결정이 확정

(가)항은 채무자가 과거 파산신청을 한 경험이 있는 지 여부를 파악하여(파산관재인 보고서 필요적 기재사항임), 만일 과거 파산신청이 기각되었다면 그 기각 사유가 해소되었는지[2]를 조사하기 위한 것이다.

---

2 법 제309조(기각사유) ① 법원은 다음 각호의 어느 하나에 해당하는 때에는 파산신청을 기각할 수 있다.
1. 신청인 절차비용을 미리 납부하지 아니한 때
2. 법원에 회생절차 또는 개인회생절차가 계속되어 있고, 그 절차에 의함이 채권자 일반의 이익에 부합하는 때
3. 채무자에게 파산원인이 존재하지 아니한 때,
4. 신청인이 소재불명일 때
② 법원은 채무자에게 파산원인이 존재하는 경우에도 파산신청이 파산절차의 남용에 해당하다고 인정되는 때에는 심문을 거쳐 파신신청을 기각할 수 있다.

(나)항은 채무자가 과거 파산선고를 받았는지를 파악하기 위한 것이다.

(다)항은 파선선고를 받고 면책결정을 받은 경험이 있는지를 파악하는 항목으로 면책결정이 확정일로부터 7년이 경과하지 아니한 경우에는 원칙적으로 새로이 면책허가를 할 수 없기 때문에 그 기간의 경과 여부를 확인하기 위한 것이다. 따라서 7년 전에 이미 면책결정을 받은 채무자는 기재란 옆에 파산·면책 사건번호를 기재하고 면책결정 확정증명원을 파산법원으로부터 발급받아 신청서에 첨부하는 것이 좋다.

파산선고만 받고 면책각하·기각 또는 면책불허가 결정이 확정된 경우에는, 재차 파산신청이 가능한지에 대한 견해의 대립이 있다.

대법원은 "면책신청기간을 도과하여 면책신청이 각하된 자가 면책결정을 받기 위한 목적으로 하는 재도의 파산신청은 구 파산법 제339조 제5항에 제한적으로 정한 면책신청 추완 규정을 면탈하게 하는 것이어서 허용될 수 없다"(대법원 2006. 12. 21.자 2006마877 결정)고 하였고, 또 "파산결정을 받았으나 면책기각결정을 받아 위 결정이 확정된 후 오로지 면책을 받기 위하여 동일한 파산원인으로 재차 파산신청을 하는 이른바 재도의 파산은 허용될 수 없다"(대법원 2009. 11. 6.자 2009마1583 결정), "파산결정을 받았으나 면책불허가결정을 받아 그 결정이 확정된 후에는 동일한 파산에 대한 재차 면책신청이나 오로지 면책을 받기 위하여 동일한 파산원인으로 재차 파산신청을 하는 이른바 재도의 파산신청은 허용되지 않는다"고 하여 재도의 파산에 대한 부정설의 입장을 취하고 있다.

법에 면책신청 기간 및 면책신청 추완 규정(법 제556조)을 두고 있고, 면책신청이 기각된 채무자는 동일한 파산원인에 관하여 다시 면책신청을 할 수 없도록 규정(법 제559조 제2항)하고 있어 실무상으로는 재도의 파산을 허용하지 않고 있다.

따라서 과거 파산선고된 동일한 파산원인으로 동일하거나 유사한 채무에 대한 재도의 파산신청은 허용되지 않아 부적법 각하되므로 이러한 채무자의 파산신청은 무익한 행위가 될 것이다. 다만, 과거 파산선고와 다른 파산원인에 의하여 새로운 채무가 발생하여 이에 대한 파산신청을 하는 경우에는 재도의 파산신청이라 할 수 없으므로 허용될 것이다.

〈기재례〉

㈎ 과거에 파산신청을 하였다가 취하하거나 기각당한 경험 (있음, 없음)

2005년 3월 15일 (서울중앙)지방법원에 파산신청을 하였는데 (취하함, **기각당함**)

㈏ 과거에 파산선고를 받은 경험 (있음, 없음)

2009년 2월 6일 (수원)지방법원에서 파산선고를 받음(사건번호: 2008하단○○○).

㈐ 그 파산선고에 이어서 면책을 받은 경험 (있음, 없음)

2008년 10월 23일 (의정부)지방법원에서 면책결정을 받았고, 2008년 11월 29일 위 결정이 확정됨(사건번호: 2008하면○○○○, 확정증명원 첨부).

(4) ㈎ 개인회생절차를 이용한 경험 (있음, 없음)(개인회생절차 중이면 기각될 수 있음)

년 월 일 ( )지방법원에서 인가결정을 받음(사건번호:)

년 월 일 ( )지방법원에서 폐지결정을 받음

(폐지사유:)

☆ 폐지사유(예를 들어 소득 감소, 가족 의료비 증가 등)에 관한 소명자료를 첨부하여 주십시오.

㈏ 그 개인회생절차에서 면책을 받은 경험 (□있음 □없음)

년 월 일 ( )지방법원에서 면책결정을 받았고, 년 월 일 위 결정이 확정됨

(가)항은 채무자가 개인회생절차를 이용 중이거나 과거에 이용하였는지를 파악하기 위한 항목이다. 개인회생절차 이용 중이라면 파산신청 기각사유(법 제309조 제1항 제2호)에 해당될 수 있으므로 별도로 파산신청을 하는 것은 무익하다.

회생절차 폐지사유[3]는 해당 사유를 간결하게 기재하고, 그 소명자료를 첨

3 법 제620조(변제계획인가 전 개인회생절차 폐지) ① 법원은 다음 각호의 어느 하나에 해당하는 때에는 이해관계인의 신청에 의하거나 직권으로 개인회생절차폐지의 결정을 하여야 한다.

1. 개인회생절차의 개시결정 당시 제595조 제1호·5호에 해당한 사실이 명백히 밝혀진 때
2. 채무자가 제출한 변제계획안이 인가할 수 없는 때

② 법원은 다음 각호 어느 하나에 해당하는 때에는 직권으로 개인회생절차폐지의 결정을 할 수 있다.

1. 제595조 제1호에 해당하는 때
2. 채무자가 정당한 사유 없이 제61조 제2항의 규정에 의한 출석 또는 설명을 하지 아니하거나 허위의 설명을 한 때

법 제621조(변제계획인가 후 개인회생절차의 폐지) ① 법원은 다음 각호의 어느 하나에 해당하는 때에는 이해관계인의 신청에 의하거나 직권으로 개인회생절차폐지의 경정을 하여야 한다.

1. 면책불허가결정이 확정된 때
2. 채무자가 인가된 변제계획을 이행할 수 없음이 면백할 때, 다만, 채무자가 제624조 제2항의 규정에 의한 면책결정을 받은 때에는 그러하지 아니하다.

부하여야 한다.

(나)항은 채무자가 과거 개인회생절차에서 면책을 받았는지를 파악하기 위한 항목으로 면책결정이 확정일로부터 5년이 경과하지 아니한 경우에는 원칙적으로 새로이 면책허가를 할 수 없기 때문에 그 기간의 경과 여부를 확인하기 위한 것이다. 따라서 5년 전에 이미 개인회생절차에서 면책결정을 받은 채무자는 기재란 옆에 회생사건번호를 기재하고 면책결정 확정증명원을 법원으로부터 발급받아 신청서에 첨부하는 것이 좋다.

〈기재례〉

(4) ㈎ 개인회생절차를 이용한 경험 (있음, 없음)(개인회생절차 중이면 기각될 수 있음)

2015년 8월 20일 (춘천)지방법원에서 인가결정을 받음(사건번호: 2015회단○○○).

2014년 3월 5일 (광주)지방법원에서 폐지결정을 받음.

(폐지사유: 직장에서 퇴직함)(퇴직확인서 첨부)

☆ 폐지사유(예를 들어 소득 감소, 가족 의료비 증가 등)에 관한 소명자료를 첨부하여 주십시오.

㈏ 그 개인회생절차에서 면책을 받은 경험 (☑있음 □없음)

2010년 9월 16일 (서울중앙)지방법원에서 면책결정을 받았고, 2015 년 9월 25일 위 결정이 확정됨(사건번호: 2010회면○○○○, 확정증명원 첨부).

(5) 슬롯머신, 경마, 경륜, 포커 등 도박행위를 한 경험 (□있음 □없음)

▷ 어떤 도박을 하였는지 ( )

▷ 도박을 한 시기 (년 월 일부터 년 월 일까지)

▷ 도박을 한 횟수 및 금액 1개월 평균 ( )회, 평균 ( )원 정도

법은 채무자가 과다한 낭비·도박 그 밖의 사행행위를 하여 현저히 재산을 감소시키거나 과대한 채무를 부담한 사실이 있을 때(법 제564조 제1항 제6호)를 면책불허가 사유로 삼고 있다.

이 항은 과거 도박행위로 채무자의 재산을 감소시키거나 다액의 채무를

---

3. 채무자가 재산 및 소득의 은닉 그 밖의 부정한 방법으로 인가된 변제계획을 수행하지 아니하는 때
② 제1항 규정에 의한 개인회생절차의 폐지는 이미 행한 변제와 이 법의 규정에 의하여 생긴 효력에 영향을 미치지 아니한다.

부담하게 되었는지를 파악하기 위한 것이다. 그런데, 도박행위를 하였다는 사정만으로 면책불허가 사유로 삼을 수는 없고, 도박행위가 재산을 현저하게 감소시키거나, 과대한 채무를 부담하는 결과의 직접적인 원인이 되어야 한다. 여기서 '현저', '과대'에 해당하는 지 여부는 채무자의 사회적 지위, 직업, 영업상태, 생활수준, 재산상태 등을 종합하여 파악하게 된다.

채무자가 특별한 재산 또는 별다른 수입이 없는 상태에서, 카지노 비용 명목으로 대부분의 채무를 부담하게 된 것이라면 파산신청을 하더라도 면책이 불허가될 가능성이 높아 파산신청의 실익이 크지 않을 것이다. 그러나 도박채무가 일부 있기는 하지만, 다른 원인으로 인한 채무도 있고, 도박 당시 도박채무를 변제할 만한 재산 또는 수입이 있는 경우에는 단순히 그 사유만으로 낭비로 보아 면책불허가 사유로 삼을 수 없거나, 여타의 사정을 고려하여 재량면책될 가능성도 있으므로 섣불리 면책불허가를 예단하고 파산신청을 하지 않을 이유는 없다. 도박행위를 한 경험이 있는 채무자는 파산신청서에 위 항목에 그 내역을 사실대로 기재하고 경위서에 도박행위를 한 이유, 금액, 사정, 총채무액에 도박채무액의 비중 등에 대하여 그 구체적인 경위를 기재해 두는 것이 좋다.

〈기재례〉

(5) 슬롯머신, 경마, 경륜, 포커 등 도박행위를 한 경험 (☑있음 □없음)
- ▷ 어떤 도박을 하였는지 (경마)
- ▷ 도박을 한 시기 (2012년 3월부터 2013년 2월까지)
- ▷ 도박을 한 횟수 및 금액 1개월 평균 (2)회, 평균 (100만)원 정도

(6) 과거 자신의 월수입의 반 이상이 소요되는 호텔, 콘도, 골프장, 고급 음식점에 다닌 경험 (□있음 □없음)
- ▷ 어떤 곳에 갔는지 ( )
- ▷ 간 시기 (년 월 일부터 년 월 일까지)
- ▷ 간 횟수 및 사용금액 1개월 평균 ( )회 정도, 평균 ( )원 정도

이 항도 과거 채무자가 과다한 낭비로 채무자의 재산을 감소시키거나 다액의 채무를 부담하게 되었는지를 파악하기 위한 것이다.

'낭비'란 채무자의 사회적 지위, 직업, 영업상태, 생활수준, 수지상황, 자산

상태 등에 비추어 사회통념을 벗어난 과다한 소비적 지출행위를 말한다.

대법원은 채무자가 파산신청 당시 105,609,890원 상당의 채무를 부담하고 있었는데, 그 중 채무자가 2000년경부터 2003년경까지 사이에 고급음식점이나 유흥주점에서 식대 내지 주대 등으로 부담하게 된 채무가 2,500만원 이상에 달하였고, 채무자는 이 기간 동안 여러 차례 직장을 옮기면서 회사 영업사원으로 근무하였으나 그 계속근무연수가 1년을 넘지 아니하고, 원두커피 배달전문점을 운영하기도 하였으나 경영난을 겪어 개업한지 6개월만에 폐업한 사안에서 위 규정의 '낭비'에 해당한다고 본 사례가 있다(대법원 2004. 4. 13.자 2004마86 결정).

그러나, 낭비 개념이 모호하므로 면책불허가 사유에서 배제하여야 한다는 견해가 있고, 실무에서도 낭비만으로 면책을 불허가 하는 것에 부정적인 입장도 있다. 따라서 다소간의 낭비행위가 있다고 하여 파산신청에 소극적일 필요는 없다. 신청서에는 월수입 반 이상의 여가 또는 소비행위에 대하여만 기재하도록 하고 있으므로, 이에 해당하는 경우에는 사실대로 기재하고 경위서에 낭비행위를 한 구체적인 경위를 기재해 두는 것이 좋다.

〈기재례〉

(6) 과거 자신의 월수입의 반 이상이 소요되는 호텔, 콘도, 골프장, 고급 음식점에 다닌 경험 (☑있음 □없음)

▷ 어떤 곳에 갔는지 (골프장)

▷ 간 시기 (2010년 3월부터 2010년 9월까지)

▷ 간 횟수 및 사용금액 1개월 평균 (5)회 정도, 평균 (100만)원 정도

(7) 과거 2년간 국내·해외여행 경험 (□있음 □없음)

▷ 여행 횟수 및 사용 금액 합계 ( ) 회 정도, 총액 ( ) 원 정도

이 항도 과거 채무자가 과다한 낭비로 채무자의 재산을 감소시키거나 다액의 채무를 부담하게 되었는지를 파악하기 위한 것이다.

해외여행 경험은 여권 또는 출입국사실확인서(구청, 동사무소, 또는 출입국관리사무소에서 발급한다. 과거 서울중앙지방법원 파산관재인은 출입국사실확인서의 제출을 요구하였으나 최근에는 위 자료의 제출을 의무적으로 강제하지 않고 있다)를 발급받아 최근 2년간의 출입국 내역을 확인하고 사업상 목적 또는 친지 방문 목

적으로 출국한 사정 외에 관광목적으로 출입국한 횟수 및 소요비용을 기재하면 된다.

〈기재례〉

(7) 과거 2년간 국내·해외여행 경험 (☑있음 □없음)

▷ 여행 횟수 및 사용 금액　합계 (3)회 정도, 총액 (700만)원 정도

(8) 과거 2년간 500만원 이상의 물건을 구입한 경험 (□있음 □없음)
(물건의 품명, 구입시기, 가격 등을 전부 기재하여 주십시오)

____

____

이 항도 과거 채무자가 과도한 낭비로 채무자의 재산을 감소시키거나 다액의 채무를 부담하게 되었는지를 파악하기 위한 것으로 구입한 물품이 있는 경우 그 내역을 구체적으로 기재하여야 한다. 500만원 이상의 물건을 구입하였다고 하더라도 사업목적 또는 생계목적으로 구입한 것이라면 이를 두고 낭비라고 보기 어려울 것이다.

〈기재례〉

(8) 과거 2년간 500만원 이상의 물건을 구입한 경험 (☑있음 □없음)
(물건의 품명, 구입시기, 가격 등을 전부 기재하여 주십시오)
2015. 3. 25. 중고 봉고1톤 트럭을 950만원에 구입함(자동차등록원부 첨부).

(9) 과거 물건을 할부나 월부로 구입하고 대금을 전부 지급하지 않은 상태에서 처분(매각, 입질 등)을 한 경험 (□있음 □없음) (물건의 품명, 구입시기, 가격, 처분시기 및 방법을 전부 기재하여 주십시오)

____

____

이 항은 채무자가 할부 또는 월부로 물건을 구입하는 행위, 즉 신용거래행위가 있고, 그 신용거래에 따른 할부금을 전부 납입하지 아니한 채 그 물건을 처분한 경험이 있는 지를 파악하고자 하는 것이다.

법은 파산선고를 지연시킬 목적으로 신용거래로 상품을 구입하여 현저히 불이익한 조건으로 이를 처분한 행위에 대하여 과태파산죄로 규정하면서(법 제651조 제1항 제1호) 면책불허가 사유(법 제564조 제1항 제1호)로 삼고 있다.

그러나 이 규정이 적용되기 위하여는 단순히 현저히 불이익한 조건으로 처분한 것뿐만 아니라 파산선고를 지연시킬 목적이 있어야 하는 바, 처분행위가 파산신청 시점과 근접하지 않으면 과거의 할부거래 사실만으로 면책불허가 사유로 삼기에는 어려울 것이다.

〈기재례〉

(9) 과거 물건을 할부나 월부로 구입하고 대금을 전부 지급하지 않은 상태에서 처분(매각, 입질 등)을 한 경험 (☑있음 □없음) (물건의 품명, 구입시기, 가격, 처분시기 및 방법을 전부 기재하여 주십시오)

2015. 4. 13. 제네시스 차량(23고3432)을 3,400만원에 할부로 구입하여 2015. 5. 11. 채권자 김○○에게 채무변제 명목으로 양도함(자동차등록원부 첨부). 채권자 김○○은 사채업자로서 강압적으로 위 차량매입 및 처분을 요구하였기에 어쩔 수 없이 위 거래를 할 수밖에 없었음을 참작하여 주시기 바랍니다.

---

(10) **이번 항목은 개인 영업을 경영한 경험이 있는 분만 기재하여 주십시오.**

▷ 영업 중 상업장부의 기재

□ 정확히 기장하였다. □ 부정확하게 기장하였다. □ 기장하지 아니하였다.

▷ 영업 중에 도산을 면하기 위하여 상품을 부당하게 염가로 매각한 사실 (□있음 □없음)

(언제 무엇을 매입원가의 몇 %로 할인판매를 하였는지를 기재하여 주십시오)

법은 채무자가 파산선고 전후를 불문하고 자기 또는 타인의 이익을 도모하거나 채권자를 해할 목적으로 법률의 규정에 의하여 작성하여야 하는 상업장부를 작성하지 아니하거나, 그 상업장부에 재산의 현황을 알 수 있는 정도의 기재를 하지 아니하거나 그 상업장부에 부실한 기재를 하거나, 그 상업장부를 은닉 또는 손괴한 행위에 대하여 사기파산죄로 규정하고 있고(법 제650조 제1항 제3호) 이에 해당할 때에는 면책불허가 사유로 삼고 있다(법 제564조 제1항 제1호).

그러나 위 규정이 적용되기 위해서는 자기 또는 타인의 이익을 도모하거나 채권자를 해할 목적이 있어야 하므로, 무지 또는 무능으로 상업장부를 작성하지 아니하는 경우에는 이 규정이 적용될 수 없고, 자본금액이 1천만원에 미달하는 소상인은 법률상 상업장부 작성의무가 없으므로(상법 제9조) 마찬가지로 위 규정이 적용될 수 없다.

개인파산 사건에서 위 규정이 적용되어 사기파산죄, 과태파산죄로 처벌되거나, 면책불허가가 된 사례를 찾아보기 어렵다.

또, 채무자가 파산선고 전후를 불문하고 자기 또는 타인의 이익을 도모하거나 채권자를 해할 목적으로 파산재단에 속하는 재산을 은닉 또는 손괴하거나 채권자에게 불이익한 처분을 하는 행위에 대하여 사기파산죄로 규정하고 있고(법 제650조 제1항 제1호) 이에 해당할 때에는 면책불허가 사유로 삼고 있다(법 제564조 제1항 제1호). 따라서 현저히 부당한 염가로 매각한 경우에는 위 규정이 적용될 소지가 있으나 파산채권자를 해할 목적에 대한 확정적 인식 또는 적극적인 의욕이 있어야 위 규정이 적용될 수 있는 것으로, 단순히 사업계속을 목적으로 시장가격보다 약간 저렴하게 상품을 매각한 것만으로 위 규정을 적용하여 면책불허가 사유로 삼기에는 부족하다(또한, 염가매각행위가 있다고 하더라도 채권자의 강압적인 요구에 의하여 어쩔 수 없이 염가매각을 할 수밖에 없었던 사정 등 참작할 만한 사정이 있고, 파산신청서에 이 부분을 성실히 기재하였다면 재량면책의 여지도 있다).

〈기재례 1〉 소상인인 경우

(10) **이번 항목은 개인 영업을 경영한 경험이 있는 분만 기재하여 주십시오.**

▷ 영업 중 상업장부의 기재

□ 정확히 기장하였다. □ 부정확하게 기장하였다. ☑ 기장하지 아니하였다. (자본금 1,000만원 이하의 소상인)

〈기재례 2〉 무지 또는 무능으로 작성하지 아니한 경우

(10) **이번 항목은 개인 영업을 경영한 경험이 있는 분만 기재하여 주십시오.**

▷ 영업 중 상업장부의 기재

□ 정확히 기장하였다. □ 부정확하게 기장하였다. ☑ 기장하지 아니하였다. (상업장부를 작성하여야 하는지 알지 못해 작성하지 못하였습니다)

〈기재례 3〉

▷ 영업 중에 도산을 면하기 위하여 상품을 부당하게 염가로 매각한 사실 (☑있음 □없음)

(언제 무엇을 매입원가의 몇 %로 할인판매를 하였는지를 기재하여 주십시오)

2015. 4.경 컴퓨터 5대를 150만원에 매입하여 30% 할인하여 고객들에게 105만원에 판매함(매출장 첨부).

4. 채권자와의 상황(제3항)

3. 채권자와의 상황은 다음과 같습니다.

(1) 채권자와 채무지급방법에 관하여 교섭한 경험 (□있음 □없음)

▷ 그 결과 합의가 성립된 채권자수 (　　　)명

▷ 합의에 기하여 지급한 기간 (　　년　　월　　일부터　　년　　월　　일까지)

▷ 매월 지급한 총액　　1개월 평균 (　　　)원 정도

▷ 지급 내역 (누구에게 얼마를 지급하였는지를 기재하여 주십시오)

---

(2) 소송 · 지급명령 · 압류 · 가압류 등을 받은 경험 (□있음 □없음)

▷ (　　)지방법원 (　　)지원　사건번호 (　　　　호)　상대방(　　　)

▷ (　　)지방법원 (　　)지원　사건번호 (　　　　호)　상대방(　　　)

채무자는 법원에서 제공한 진술서의 서식에 맞추어 빈칸에 해당 사항을 기재하고, 각 질문사항에 대하여 (□있음 □없음)란의 □ 안에 V표시를 한 후, 만약 있음 란에 ☑를 한 경우에는 해당 빈칸에 그 구체적인 내용을 기재한다. 빈칸이 부족할 경우에는 해당 란에 '별지 기재와 같음'이라고 기재하고, 별지에 그 구체적인 사유를 기재한 후 첨부한다.

(1) 채권자와 채무지급방법에 관하여 교섭한 경험 (□있음 □없음)

▷ 그 결과 합의가 성립된 채권자수 (　　　)명

▷ 합의에 기하여 지급한 기간 (　　년　　월　　일부터　　년　　월　　일까지)

▷ 매월 지급한 총액　　1개월 평균 (　　　)원 정도

▷ 지급 내역 (누구에게 얼마를 지급하였는지를 기재하여 주십시오)

이 항은 채무자가 채권자와 교섭하여 편파변제 행위를 하였는지 여부를 파악하기 위한 것이다. 편파변제행위는 면책불허가 사유에 해당하지 아니하나, 부인권 행사의 대상이 될 수 있다.

채무자가 개별 채권자와 채무지급방법에 대한 교섭을 한 경우뿐만 아니라 신용회복위원회에 개인워크아웃 신청을 한 경우에도 이 항에 기재한다.

〈기재례〉 개인워크아웃 신청을 한 경험이 있는 경우

(1) 채권자와 채무지급방법에 관하여 교섭한 경험 (☑있음 □없음)

▷ 그 결과 합의가 성립된 채권자수 (3)명

▷ 합의에 기하여 지급한 기간 (2009년 2월 1일부터 2013년 1월 31일까지)

▷ 매월 지급한 총액 1개월 평균 (50만)원 정도

▷ 지급 내역 (누구에게 얼마를 지급하였는지를 기재하여 주십시오)

2009. 1. 1. 신용회복위원회에 개인워크아웃을 신청하여 매달 50만원을 지급함(신용회복신청서 첨부).

- 합의가 성립된 채권자 수에는 신용회복 협약가입 금융기관 중 파산채권자 목록에 있는 금융기관의 수를 기재한다.

(2) 소송·지급명령·압류·가압류 등을 받은 경험 (□있음 □없음)

▷ ( )지방법원 ( )지원 사건번호 (호) 상대방( )

▷ ( )지방법원 ( )지원 사건번호 (호) 상대방( )

소송·지급명령·압류·가압류 등을 받은 경험이 있는 경우에는 그 건만큼 추가하여 각 기재하고, 과거는 물론 현재 진행 중인 소송사건도 마찬가지로 기재한다. 법원에서 송달받은 소장, 지급명령, 가압류 결정문, 판결문, 이행권고결정문 등의 사본을 신청서에 첨부한다.

현재 채무자를 상대로 소송 중인 사건이 있는 경우, 그 법원에 채무자가 파산선고된 사실이 고지되어야 하고, 사해행위 취소소송 등이 제기된 경우에는 파산관재인이 그 소송을 수계할 수도 있으므로, 과거는 물론 현재 계속 중인 소송사건도 기재하여야 한다.

〈기재례〉

(2) 소송·지급명령·압류·가압류 등을 받은 경험 (□있음 □없음)

▷ (서울중앙)지방법원 (　　)지원 사건번호 (2015가단 23456호) 상대방(신용보증기금)

▷ (서울)지방법원 (서부)지원 사건번호 (2014카단123456호) 상대방(신○○)

5. 파산신청에 이르게 된 사정(제4항)

4. 파산신청에 이르게 된 사정(채무 증대의 경위 및 지급이 불가능하게 된 사정)

(1) 많은 채무(연대보증에 의한 채무나 신용카드 이용에 의한 채무를 포함한다)를 지게 된 이유는 다음과 같습니다(두 가지 이상 선택 가능).

□ 생활비 부족(부양가족수 :　　), (부족한 생활비 : 주거비, 의료비, 교육비, 기타)

□ 주택구입자금 차용(주택 구입 시기 :　　), (주택 처분 시기 :　　)

(구입한 주택의 명세 :　　)

□ 낭비 등(음식·음주, 투자·투기, 상품 구입, 도박 등)

□ 사업의 경영 파탄 (다단계 사업 포함)

(사업 시기 : 년 월 일부터 년 월 일까지)

(사업 종류 :　　)

□ 타인(친족, 지인, 회사 등)의 채무 보증

□ 사기 피해를 당함 (기망을 한 사람 및 채무자와의 관계 :　　,　　)

(피해액수:　원)

□ 그 밖의 사유 :

(2) 지급이 불가능하게 된 계기는 다음과 같습니다(두 가지 이상 선택 가능)

□ 변제해야 할 원리금이 불어나 수입을 초과하게 됨

□ 실직함

□ 경영 사정 악화로 사업 폐업함

□ 급여 또는 사업 소득이 감소됨

□ 병에 걸려 입원함

□ 그 밖의 사유 :

(3) 지급이 불가능하게 된 시점 :　　년　월　일

(4) 구체적 사정

시기(연월일)	채권자, 차용(보증) 액수, 차용한 돈의 사용처, 지급이 불가능하게 된 사정 등

(언제, 어떠한 사정하에 누구로부터 얼마를 차용하여 어디에 사용하였는지, 언제 어떠한 사정하에 무엇을 구입하였는지, 어떠한 사정하에 지급이 불가능하게 되었는지를 오래된 것부터 시간 순서에 따라 기재하여 주십시오. 별지를 사용하여도 됩니다.)

채무자는 법원에서 제공한 진술서의 서식에 맞추어 해당 □ 안에 ☑ 표시를 한다(중복선택 가능). 채무증대 경위에 대한 구체적 사정은 위 서식의 표를 작성하는 것과 별도로 대부분 경위서(또는 '진술서' 등 제목 불문)를 작성한 후 진술서에 첨부한다.

(1) 많은 채무(연대보증에 의한 채무나 신용카드 이용에 의한 채무를 포함한다)를 지게 된 이유는 다음과 같습니다(두 가지 이상 선택 가능).

□ 생활비 부족 (부양가족수 :), (부족한 생활비 : 주거비, 의료비, 교육비, 기타)

□ 주택구입자금 차용 (주택 구입 시기 :), (주택 처분 시기 :)
구입한 주택의 명세 :)

□ 낭비 등(음식·음주, 투자·투기, 상품 구입, 도박 등)

□ 사업의 경영 파탄 (다단계 사업 포함) (사업 시기 : 년 월 일부터 년 월 일까지)

(사업 종류 :)

□ 타인(친족, 지인, 회사 등)의 채무 보증

□ 사기 피해를 당함 (기망을 한 사람 및 채무자와의 관계 : ,)
(피해액수: 원)

□ 그 밖의 사유 :

이 항은 채무자의 파탄원인을 파악하기 위한 것이다. 법원에서 제공하는 진술서 양식에는 생활비, 주택구입자금, 낭비, 경영파탄, 채무보증, 사기피해 등의 사유에 대한 해당 란을 두고 있으나, 그 밖의 사유가 있는 경우에는 □ 그 밖의 사유 란에 V표시를 한 후 채무부담 사유를 기재하면 된다.

□ 생활비 부족란은 진술서 [양식 1－6] 수입 및 지출에 관한 목록 1. 가계수지표와 관련 있다. 가계수지표에는 신청일이 속한 달의 직전 달의 지출내역을 기재하도록 하고 있는 바, 그 지출항목과 부족한 생활비내역이 유사해야 함을 주의해야 한다.

위 1. (5), (6)항을 체크한 채무자는 □낭비 등(음식·음주, 투자·투기, 상품구입, 도박 등)의 란에 체크하여야 한다. 그 외 과도한 소비행위로 인하여 채무를 부담하게 된 경우, 또는 부동산·주식 투자로 인한 손해를 본 경우(채무자가 거주용 주택을 구입하기 위한 자금을 차용한 경우에는 □주택구입자금 차용란에 체크하면 되나, 투자용으로 주택을 구입한 경우에는 □주택구입자금 차용란과 위 □낭비 등의 란에도 중복으로 체크하여야 한다)에도 체크한다.

채무자가 개인사업자로서 사업상의 채무를 부담하게 된 경우 □사업의 경영파탄란에 체크한다. 사업시기와 사업종류는 사업자등록증, 폐업사실증명원(세무서 발급)에 개업일, 폐업일을 참조하여 기재하면 되고, 사업종류는 업종란을 참조하여 기재하면 된다. 복수의 사업을 영위한 채무자의 경우에는 경영파탄에 이른 주된 사업장의 사업시기 및 사업의 종류를 기재하면 족하다. 채무부담의 원인이 된 주된 사업을 구별하기 어려운 경우에는 복수의 사업장 중 가장 이른 시점에 개업한 사업장의 개업일과, 가장 늦게 폐업한 사업장의 폐업일을 사업 시기에 기재하고 사업종류를 각 기재하면 된다(사업파탄 경위는 '채무부담 경위서'에 사업현황을 자세히 진술하면 된다).

채무자가 법인의 대표이사 또는 임원으로서 법인채무를 (연대)보증하였거나, 배우자의 채무를 (연대)보증하여 과다한 채무를 부담하게 된 경우, □타인의 채무보증란에 체크한다.

〈기재례〉

(1) 많은 채무(연대보증에 의한 채무나 신용카드 이용에 의한 채무를 포함한다)를 지게 된 이유는 다음과 같습니다(두 가지 이상 선택 가능).

☑ 생활비 부족 (부양가족수 : 3), (부족한 생활비 : 주거비, 의료비, 교육비, 기타)
☑ 주택구입자금 차용 (주택 구입 시기 :), (주택 처분 시기 :)
(구입한 주택의 명세 :)
☑ 낭비 등(음식·음주, 투자·투기, 상품 구입, 도박 등)
☑ 사업의 경영 파탄 (다단계 사업 포함)
(사업 시기 : 1999년 11월 10일부터 2014년 3월 17일까지)
(사업 종류 : 인쇄업)
☑ 타인(친족, 지인, 회사 등)의 채무 보증
☑ 사기 피해를 당함 (기망을 한 사람 및 채무자와의 관계 : 지인) (피해액수 : 2억원)
☑ 그 밖의 사유 : 지인 김○○과 자전거 판매업인 □□□를 동업하였는데, 동업자인 김○○이 운영자금을 횡령함.

---

(2) 지급이 불가능하게 된 계기는 다음과 같습니다(두 가지 이상 선택 가능).
□ 변제해야 할 원리금이 불어나 수입을 초과하게 됨
□ 실직함
□ 경영 사정 악화로 사업 폐업함
□ 급여 또는 사업 소득이 감소됨
□ 병에 걸려 입원함
□ 그 밖의 사유 :

지급이 불가능하게 된 원인이 되었던 사유에 해당하는 란에 체크하면 된다. 법원이 제공한 진술서 외의 사유로 지급이 불가능하게 된 경우에는 □그 밖의 사유 란에 ☑하고 그 이유를 기재하면 된다.

---

(3) 지급이 불가능하게 된 시점 : 년 월 일

이 항은 지급불능 시점을 파악하기 위한 것이다. 법은 제391조 제2항, 제3항에서 채무자가 지급정지 이후에 한 일정한 행위에 대하여 부인권 행사의 대상으로 삼고 있다. 지급정지란 지급불능을 추정할 수 있는 사실로서 변제자력의 결핍으로 인하여 변제기가 도래한 채무를 일반적·계속적으로 변제하는 것이 불가능함을 명시적·묵시적으로 외부에 표시하는 것을 말한다. 따라서 지급

불능 시점은 법 제391조 제2항, 제3항의 부인권 행사(소위 위기부인)의 요건 사실에 해당할 뿐만 아니라 일부 면책불허가 사유의 기산일이 된다. 그러나 법원 또는 파산관재인은 채무자가 진술서에 기재한 지급이 불능한 시점에 구속받지 않고 직권으로 채무자의 지급불능 시점을 판단하므로, 위 항에 기재한 채무자의 시점은 단순히 채무자가 인식하는 지급불능 시점을 확인하는 차원으로서의 의미만 지닌다.

대체로, 사업장을 운영한 개인사업자인 채무자의 지급불능 시점은 사업장 폐업일을 기준으로 하면 되고, 직장에서 근무하였던 근로자인 채무자는 직장에서 퇴사한 시점을 기준으로 삼으면 된다. 그 밖의 사유로 지급불능이 된 채무자는 그 지급이 불가능하게 된 계기가 된 사건의 발생시를 기준으로 삼으면 된다.

(4) 구체적 사정

시기(연월일)	채권자, 차용(보증) 액수, 차용한 돈의 사용처, 지급이 불가능하게 된 사정 등

(언제, 어떠한 사정하에 누구로부터 얼마를 차용하여 어디에 사용하였는지, 언제 어떠한 사정하에 무엇을 구입하였는지, 어떠한 사정하에 지급이 불가능하게 되었는지를 오래된 것부터 시간 순서에 따라 기재하여 주십시오. 별지를 사용하여도 됩니다.)

법원에서 제공하는 진술서 양식에는 채무자가 파산신청에 이르게 된 구체적인 사정을 표에 기재하도록 하면서, 채무자가 언제, 어떠한 사정으로 누구로부터 얼마를 차용하였는지, 언제 어떠한 사정으로 무엇을 구입하였는지, 어떠한 사정으로 지급이 불가능하게 되었는지는 시간 순서에 따라 기재하고, 별지를 사용할 수 있도록 하고 있다.

채무자는 위 표에 법원이 요구하는 사항, 즉 신청서 채권자목록에 기재된 채권자들로부터 채무가 발생한 사유, 그 차용금 또는 물품대금의 사용처, 지급이 불가능하게 된 사정을 일목요연하게 기재하고, 구체적인 사항은 별지를 이용하여 설명하는 것이 바람직하다.

채무발생은 그 시기, 채권자, 차용금의 사용처 순서로 기재하면 된다.

(가) 차용금 채무(은행 대출금 포함)는 차용시기, 채권자, 차용금의 사용처를 기재하는 것에 별다른 무리가 없을 것이다. 동일한 채권자로부터 수회 돈을 차용(대출)한 경우에는 발생원인이 오래된 것부터 순차적으로 모두 기재하는 것이 원칙이나 그 금액이 많지 않고, 횟수가 많아 순차적으로 기재하는 것이 번거롭다면 아래 계속적 거래관계로 인한 채무 기재방식으로 기재해도 된다.

〈기재례〉

시기 (연월일)	채권자, 차용(보증) 액수, 차용한 돈의 사용처, 지급이 불가능하게 된 사정 등
2011. 2. 3.	(주)국민은행, 230,000,000원, 주택구입자금으로 사용함.
2013. 2. 5.	이○○, 30,000,000원, 사업장 물품구입대금 등으로 사용함.

(나) 계속적 거래관계에서 발생한 채무, 즉 거래처의 물품대금 채무, 신용카드 대금채무 등은 채무발생 시기를 한 시기로 특정하기 어렵다. 이 경우에는 채무발생의 시기와 종기로 기재하는 방식 또는 연체가 발생한 시기를 채무발생 시기로 하여 기재하는 방식을 사용하고, 채무액은 파산신청시 연체채무 총액을 기재하면 된다.

〈기재례〉

시기 (연월일)	채권자, 차용(보증) 액수, 차용한 돈의 사용처, 지급이 불가능하게 된 사정 등
2011. 2. ~ 2014. 1.	(주)삼성카드, 3,245,000원, 의료비, 생활비 등으로 사용함.
2014. 5.	(주)신한카드, 1,245,000원, 생활비 등으로 사용함.
2009. 2. ~ 2015. 4.	(주)○○유통, 560,000,000원, 사업장 물품대금.

(다) 보증채무는 보증계약 체결시 또는 보증사고 발생일을 시기란에 기재하면 된다.

〈기재례〉

시기 (연월일)	채권자, 차용(보증) 액수, 차용한 돈의 사용처, 지급이 불가능하게 된 사정 등
2014. 5. 1.	(주)국민은행, 150,000,000원, 연대보증금.

(라) 할부금 등의 채무는 할부계약 체결시 또는 할부금 연체시를 시기란에 기재하면 된다.

〈기재례〉

시기 (연월일)	채권자, 차용(보증) 액수, 차용한 돈의 사용처, 지급이 불가능하게 된 사정 등
2013. 9. 3.	(주)○○○캐피탈, 20,000,000원, 자동차구입대금(연체된 할부금임)으로 사용함.

(마) 임차보증금 지급채무는 임대차계약 체결시 또는 임대차계약 만료시를 시기란에 기재하면 된다.

〈기재례〉

시기 (연월일)	채권자, 차용(보증) 액수, 차용한 돈의 사용처, 지급이 불가능하게 된 사정 등
2014. 7. 4.	신○○, 70,000,000원, 기존 임차보증금 변제, 나머지 1,000만원은 생활비로 사용함.

지급이 불가능하게 된 사정은 해당 채무가 개별적으로 지급이 불가능하게 된 사정을 기재하는 것이 원칙이나 앞의 (2), (3)항을 참작하여 일괄적으로 기재해도 된다.

〈기재례〉

시기 (연월일)	채권자, 차용(보증) 액수, 차용한 돈의 사용처, 지급이 불가능하게 된 사정 등
2015. 3.	경영사정의 악화로 사업장을 폐업함에 따라 지급이 불가능하게 됨.

대부분의 채무자는 별지를 사용하여 진술서 방식으로 채무부담 경위를 기술한다. 별지는 단순히 별지라고 기재해도 좋고, '진술서', '채무부담 경위서' 또

는 '많은 채무를 지게 된 이유' 등 어떠한 제목을 사용해도 상관없다.

그러나 채무부담 경위를 기술하는 것은 많은 채무를 부담하게 된 구체적인 경위를 법원, 파산관재인, 채권자들에게 설명하여 불가피하게 채무를 부담할 수밖에 없었던 사정을 설득하고자 하는 것이므로, 너무 장황하지 않게 구체적으로 채무를 부담하게 된 사유 및 이를 갚지 못하게 된 이유를 기재하는 것이 좋다.

간혹, 채무부담 경위와는 별개로 채무자의 살아온 얘기만 장황하게 늘어놓는 진술서, 채무를 부담하게 된 이유는 전혀 기재되어 있지 않고 신변잡기적인 사건만을 늘어놓는 진술서를 작성하는 경우가 있다. 법원이 불성실한 신청으로 볼 수 있으므로 지양하는 것이 좋다. 다만, 채무자의 어려웠던 성장과정, 성실하게 생활하였으나 불운하여 채무를 부담할 수밖에 없었던 사정, 질환 등으로 고정적인 수입을 얻을 수 없게 된 사정 등은 적극적으로 기술하는 것이 좋다.

〈기재례 1〉 사업자인 채무자

진 술 서

(4) 채무자가 파탄에 이르게 된 원인

채무자가 파탄에 이르게 된 경위는 아래와 같습니다.

1. 주식회사 ○○○○ 설립

(주)○○○○(이하, 채무자 회사라고 함)은 2002년 8월경 채무자가 소프트웨어 개발 및 공급, 컴퓨터부품 및 정밀기기, 하드웨어를 주 사업목적으로 설립한 이래, 공공기간 홈페이지 및 인터넷 사이트를 전문적으로 제작해 주는 업무를 영위하여 왔습니다. 2011년까지 지속적인 성장을 계속하여, 직원 20~30명 규모의 회사로 발전하였습니다.

2. 신규 사업의 실패

채무자는 2011년 7월경 주식회사 □□□□로부터 하청을 받아 '한국게임물등급위원회'의 인터넷 사이트를 개발하는 사업(개발비 3억원, 개발기간 6개월)을 수행하게 되었습니다.

채무자 회사는 좋은 기회를 발판삼아 한 단계 도약하고자 모든 임직원이 하나가 되어 개발 사업에 심혈을 기울였습니다. 발주업체인 '한국게임물등급위원회'가 인정할 정도로 열심히 개발 업무를 수행하였습니다. 하지만, 하청을 준 주식회사 □□□□은 자신들의 모든 업무를 채무자 회사에게 떠넘기며 업무를 미루었고, 한국게임물등급위원회의 사업담당자가 갑자기 바뀌면서 모든 사업이 원점으로 되돌아갔습니다. 당시의 불합리한 상황에 대하여 채무자 회사는 강력히 항의하였지만, 전혀 받아들여지지 않고 일은 점점 어려워졌습니다. 그러다 보니 사업이 매우 어려워져 자금난을 겪게 되었고, 1억 5,000만원 정도의 적자가 발생하게 되었습니다. 즉 3억원 규모의 사업에 4억 5,000만원을 투입하여 수행한 것입니다.

3. 하청업체와의 법적 분쟁

주식회사 □□□□가 갑자기 이 사업을 포기하게 되면서 모든 것이 물거품이 되었습니다. 설상가상으로 투입되어 있던 채무자 회사의 개발자들을 회유하여 다른 사업에 투입시키는 꼼수를 쓰기 시작하였습니다. 그 사업은 본 사업에 비해 3~4배 큰 사업이었으며 특히 고급 언어 프로그램을 다루는 개발자가 필요한 분야였기 때문에 개발자를 구하기 매우 어려운 상황에서 채무자 회사 소속 개발자들을 회유하여 다른 사업에 투입해 버린 것입니다. 그런 상황에서 주식회사 □□□□는 본 사업을 포기하게 된 원인이 채무자 회사에 있다고 하면서 소송을 제기하였습니다. 당시 채무자 회사는 본 사업의 계약금 1억 5,000만원만 받은 상태에서 추가적으로 3억원의 자체 자금을 투입하여 개발을 완료한 상태였기 때문에 법적 대응을 할 금전적 여력이 없는 상태였습니다. 한국게임물등급위원회의 담당자들이 채무자 회사는 역할을 충실히 다했다고 증언도 해주었지만, 결국 패소하게 되어, 이미 받은 계약금 1억 5,000만원과 약 4,000만원 정도의 손해배상까지 하게 되었습니다. 결국 총 5억원 정도의 손실이 발생하게 된 것입니다.

4. 고객들과의 거래단절

주식회사 □□□□는 자금을 회수하는 과정에서 채무자 회사의 고객인 공공기관에 대한 매출채권에 가압류신청을 하였고, 이 여파로 인해 더 이상 공공기간을 상대로 사업을 할 수 없었습니다. 다른 고객들도 2012년 중반부터 채무자 회사와 일을 하는 것을 꺼려하였고, 고객 수는 급속도로 줄어들게 되었습니다.

5. 결론

이러한 이유로, 금융기관 부채는 증대되었으며 부채를 해결할 방법이 없어, 결국 경제적 파탄상태에 이르게 되었습니다. 현재 채무자 회사는 서울중앙지방법원 2014하합○○호로 법인 파산을 신청하여 파산선고를 기다리는 중입니다. 처음에는 원대한 꿈을 가지고 시작한 사업이 번창하리라고 믿으며 밤낮없이 일하여 원청사마저도 열심히 일하는 것을 인정할 정도로 많은 업무를 성실히 처리하였으나, 직원의 배신과 신규 사업의 실패로 열심히 일궈놓은 사업이 한순간에 걷잡을 수 없이 되어버려 심적으로 고통을 받고 있습니다. 그 사업 실패에 대한 대가로 대표이사인 채무자마저 많은 빚을 떠안게 되었습니다. 그러나 이번 기회로 한 가정의 가장으로서 막대한 책임을 한순간에 포기할 수 없기에 한 번 더 재기를 할 수 있는 기회를 부디 주셨으면 하는 마음에 본 신청에 이른 것입니다.

〈기재례 2〉 음식점을 운영한 채무자

진 술 서

1. 성장과정

채무자는 ○○○은 19○○년 경기도 평택에서 태어났습니다. 아버지는 채무자가 어릴 적에 가족을 버리고 집을 나가셨고, 어머니 홀로 채무자와 언니를 키우며 고단한 생활을 해야 했습니다. 채무자는 대전에서 초등학교를 졸업하고 서울로 올라와서 중학교를 마친 후 작은 공장 등을 전전하면서 생계를 유지하였습니다. 그러다가 1965년경 회사원인 남편을 만나 소박하게 가정을 꾸렸습니다. 어려운 살림살이지만 주부로서 아이 셋을 키우며 만화가게, 한복 집 허드렛일, 식당 일 등을 하면서 가정에 보탬이 되고자 힘들지만 성실하게 일하면서 살아왔습니다. 채무자는 60년 정도 성당을 꾸준히 다니면서 시간을 쪼개어 봉사활동을 할 정도로 사람의 본분을 잃지 않고 살아왔습니다.

2. 채무를 부담하게 된 사정

가. 가정의 우환(배우자의 사망)

아이 셋이 커가면서 직장 월급만으로는 생활하기 어려워지자 남편은 회사를 그만두고 여기저기 돈이 될 만한 사업에 손을 대었지만 그때마다 결과는 좋지 않았고 급기야 한 푼 두 푼 어렵게 모은 돈으로 적금을 들어 장만한 작은 보금자리마저도 다른 이에게 처분해야 했습니다. 남편은 이를 만회하고자 동분서주하다가 199○. ○. ○○. 새벽에 갑작스런 교통사고를 당해 중앙대학교 용산병원 응급실에 유언 한마디 없이 떠나게 되었고, 남은 저희 가족들은 큰 충격과 고통에 빠지게 되었습니다. 특히 몇 차례 사업의 실패로 인한 남편의 채무가 쌓여 가까운 지인들을 통해 빚 독촉이 지속되자 결국 자식들과 함께 한정승인을 신청하기에 이르렀습니다.

나. 식단운영으로 인한 채무발생

가장을 잃은 이후 어떻게든 살아야 했기 때문에 199○. ○.경부터 지금까지 생계를 위해 보증금 500만원에 월세 30만원의 소자본으로 지은 지 40년이 넘은 건물 2층에서 '□□갈비'를 시작하게 되었습니다. 하지만 'IMF' 여파로 인해 수년간 장사가 잘 되지 않았고, 허름한 시설과 비교해 현대식 식당들이 주변 곳곳에 생겨나 어려운 상황은 최근까지 나아지지 않았습니다. 그 사이에 장사가 안 되는 상황을 타개하기 위하여 몇 차례 업종변경과 시설개선 등을 시도하면서 자금이 모자라 조금씩 은행빚을 지게 되었습니다. 장사가 잘 되지 않으니 수입이 없어 신용카드 현금서비스를 받아 돌려 막기를 하고 사채까지 빌려서 변제를 해 보았으나 상황은 더욱 악화만 될 뿐 되돌리기에는 역부족이었습니다. 그러는 동안 이자는 눈덩이처럼 불어나 생활은 더욱 궁핍해졌습니다. 그런 상황 속에서도 그나마 고맙게 채무자의 어려운 사정을 아시고 건물주께서는 지난 17년간 단 한 번도 월세를 올리지 않아 주셨습니다. 그렇다고 근본적인 문제가 해결된 것은 아니기 때문에 사정을 달라지지 않았고, 200○년에는 생활하던 월세집을 정리하고 가게 한쪽 구석에 임시로 칸막이를 치고 작은 방을 만들어 지금까지 8년째 홀로 기거하며 생활해 왔습니다.

다. 명의도용으로 인한 피해

그런데 작년 여름쯤 국민카드에서 사용한 적도 없는 금액이 청구되어, 알아봤더니 중국에 'IP근거지'를 둔 금융사기단에게 1,600만원이 넘는 큰 금액의 명의도용피해를 당하게 되었습니다. 아들과 함께 경찰수사를 의뢰하고, 중국에서 결제되었다는 증거서류도 제출하며 이의제기를 해 보았지만 국민카드측에서는 수용불가하다며 변제할 것을 요구하고 있습니다(첨부1, 사건사고사실확인원). 설상가상으로 지금까지 홀로 기거하며 운영하고 있는 식당건물이 매매되었고, 곧 새로운 주인이 건물을 철거하고 대형병원을 지을 예정이라고 합니다. 신청인의 경우 건물이 철거되면 별다른 보상도 받지 못할 상황으로 조만간 아무런 대책 없이 길거리로 내몰려야 할 처지에 놓이게 되었습니다. 이러한 일련의 사건들을 겪으면서 극심한 정신적 충격과 스트레스를 받게 되었습니다.

라. 현재의 상황

올해 채무자의 나이 7○세 고령으로 최근 무릎과 다리, 어깨에 퇴행성관절염이 발생해 4개월째 약을 먹고 있으나 물리치료를 받아도 차도가 없어 몇 걸음 걷는 것조차 쉽지 않아 더 이상 혼자 힘으로 육체노동을 할 수 없는 지경에 이르렀습니다. 고혈압과 어지럼증, 혈전약 복용 등 그간 만성적인 질환까지 더해져 극심한 고통 또한 겪고 있습니다. 그러다 작은 아들과 딸의 도움으로 마지막 희망이라는 생각에 파산을 진행하게 되었습니다. 그런데 두 자식들은 본인들이 나서서 파산절차도 알아보고 서류 준비해 주는 것에도 적극적인데, 큰 아들은 본인에게 피해가 갈까봐 협조를 거부하고 있어 섭섭한 마음이 쌓이며 우울증으로 인해 방에서 나오는 것조차 힘들고 빚 독촉이 이어지면서 다른 사람과 만나는 것조차 두려운 대인기피증까지 생겨 지금은 오직 기도의 힘에만 의지하고 있는 형편입니다.

3. 파산을 신청하면서

이 나이에 법의 도움을 받아 채무변제를 하지 않겠다는 것도 너무 염치 없지만, 채무로 인한 압박감에서 벗어나 하루라도 마음 편히 누어봤으면 하는 것이 채무자의 작은 소망입니다. 앞으로 얼마나 더 살 수 있을 지는 잘 모르겠지만 자식들에게 짐을 남겨 놓고 싶지도 않고, 자식들에게 부담을 주고 싶지도 않습니다. 채권자들에게 피해를 드려 너무 죄송한 마음뿐이지만 제 능력으로는 이 많은 채무를 갚을 길이 없는 것이 현실입니다. 당장 내일을 걱정해야만 하는 까마득한 현실에 삶의 의지조차 잃어갈 지경에 하루라도 빨리 채무를 해결하고 남은 인생 손주들을 보면서 편안하게 살고 싶은 마음이 간절합니다. 부디 채무자의 이러한 사정을 살펴 파산 및 면책을 받을 수 있도록 너그러이 선처해 주시길 간절히 부탁드립니다.

6. 지급불능 이후 차용 또는 채무부담(제5항)

5. 지급이 불가능하게 된 시기 이후에 차용하거나 채무가 발생한 사실 (있음, 없음)

시기(연월일)	차용(채무 발생) 원인, 금액, 조건 등

법은 제564조 제1항 제2호에서 "채무자가 파산선고 1년 전에 파산의 원인인 사실이 있음에도 불구하고 그 사실이 없는 것으로 믿게 하기 위하여 그 사실을 속이거나 감추고 신용거래로 재산을 취득한 사실"이 있는 경우에 면책불허가 사유로 삼고 있다. 이 항은 지급불능 시점 이후에 채무자가 신규 차용행위가 있었는지를 파악하기 위한 것이다. 다만, 지급불능 이후의 신규 차입행위가 있다고 하더라도 무조건 면책불허가 사유에 해당하는 것이 아니므로, 차용행위가 있었다면 이를 사실대로 기재하고 불가피하게 차용행위를 할 수밖에 없는 사정은 별지 진술서 등에 기재하면 된다.

제 6 절 채권자목록 [양식 1-2] 작성

채무자는 파산채권자의 성명 및 주소, 파산채권의 발생일, 파산채권의 액 및 원인을 기재한 채권자목록을 면책신청서에 첨부하여 제출하여야 한다(법 제556조 제6항).

채권자목록은 면책을 받게 될 채권을 특정해 주고, 채권자에게 파산절차에 참여하여 이의신청을 할 기회를 제공하는 자료가 된다는 점에서 정확히 기재할 필요가 있다.

또, 법은 채무자가 악의로 채권자목록에 기재하지 아니한 청구권을 비면책채권으로 규정하고 있으므로(법 제566조 제7호), 채무자가 면책결정 이전에 '채권의 존재 사실을 알면서' 이를 채권자목록에 기재하지 않았다면 과실이 있는지 여부를 불문하고 그 채권은 비면책채권이 된다는 점을 유의하여야 한다.

파산신청시에 법에서 정하고 있는 채권자목록상의 기재사항을 정확히 기재할 수 없는 경우에도 파산절차에서 사실조회 신청, 자료제출명령 신청 등의 절차를 통해 채권자를 파악할 수 있는 방법도 있으므로 다소 부족하더라도 일단 채무자가 알고 있는 채권자 전부를 기재하여 제출하여야 한다.

일부 채무자는 개인채권자를 포함시킬 경우에 개인채권자가 이의를 하여 절차가 지연될 우려가 있고, 파산·면책을 받더라도 개인채권자에 대한 채무는 변제하겠다고 하여 은행 등 기관채권자만 채권자목록에 기재하고 개인채권자를 일부러 누락하는 경우가 있다. 그러나 이 경우 파산채권자 목록에서 빠진 채권은 면책되지 않을 수 있고, 고의로 일부 채권을 누락하였다고 인정되면 면책불허가 사유가 될 수 있음(법 제564조 제1항 제3호)은 물론 채권자 공평의 원칙에도 반하므로 지양되어야 한다.

파산신청 이후에 채권자를 추가해야 할 경우에는 새로운 채권자가 포함된 채권자목록 전체를 다시 제출하여야 한다. 일부 채권자는 파산재단이 형성되고 채권자에게 배당할 재원이 확보된 후에 비로소 채권자를 추가하는 경우가 있으나 바람직하지 않다. 간혹, 법인의 대표이사였던 채무자가 법인의 채무를 자신의 채무라고 오인하여 법인의 채권자를 채권자목록에 기재하는 사례가 있는데 이러한 우를 범하지 않도록 주의한다.

1. 채권자명

법인과 개인을 구분하여 채권자의 성명이나 법인의 명칭을 정확히 기재하여야 한다.

법인채권자인 경우 법인등기부등본상의 법인명을 채권자란에 정확히 기재하고, 개인채권자인 경우 가명, 예명, 통칭명 등이 아닌 주민등록증에 기재된 성명을 그대로 기재하여야 한다(개명한 경우에는 개명한 성명을 기재하고 괄호 안에 개명 전 성명을 기재한다).

채무자가 채권자의 가명, 예명 또는 통칭으로 부르는 이름(예: 순이엄마, 영주댁 등)만 알고 있는 경우에는 일단 알고 있는 이름을 채권자란에 기재한 후, 파산·면책 신청시 또는 파산절차 진행 중에 채무자가 알고 있는 채권자의 주민등록번호(구청), 전화번호(통신사), 계좌번호(금융기관)를 특정하여 사실조회(또는 자료제출명령 신청, 양식 11-각호 참조) 등을 통해 채권자의 성명을 알아낸 후 채권자목록을 보정하여야 한다(양식 12).

채권이 양도된 경우에는 양수한 채권자명을 채권자란에 기재한다. 채권이 양도된 경우에 채무자에게 대항하기 위해서는 양수인이 채권양도 사실을 통지하여야 하는 바, 채권양수도 통지서를 받은 채무자는 그 통지서상의 양수인의 성명을 기재하면 된다. 그러나 「자산유동화에 관한 법률」에서는 예외적으로 송달불능시에 채권양도통지의 효력이 발생하도록 하고 있으므로 이러한 경우에는 양수인의 독촉장 등 최고서에 기재된 채권자를, 또는 양도한 채권자인 금융기관에서 채권양수도 사실을 확인한 후 채권을 양수받은 기관에서 부채증명원(확인서) 등을 교부받아 그 채권자를 기재하여야 한다.

채무자가 보험회사로부터 약관대출(보험증권 대출, 보험계약 대출)을 받은 경우라도 약관대출은 소비대차의 성질을 가지는 것이 아니므로 보험회사를 채권자목록에 기재해서는 안 된다.

일부 채무자는 채권추심을 위임받은 신용정보회사 등의 채권추심업체를 채권자목록에 기재하는 경우가 있는데, 채권추심업체가 채권을 양수한 경우가 아니면 채권자목록에 기재해서는 안 된다.

조세채권, 국민연금보험료, 건강보험료 등은 비면책채권이므로 채권자목록에 기재하지 않는다. 다만, 국민연금보험료, 건강보험료는 조세채권이 아니기 때문에 비면책채권에 해당하지 않는다고 보아 위 국민연금보험료, 건강보험료도 채권자목록에 기재해야 한다는 견해도 있다.

임대인이 파산한 경우 임차보증금반환채권을 갖고 있는 임차인을 채권자목록에 누락하지 않아야 한다.

2. 차용 또는 구입일자

구체적 사정의 기재방식을 참조하기 바란다. 채권이 양도된 경우에는 '차용 또는 구입일자'란에 차용 또는 구입일자를 기재하고 양도일자를 그 옆에 괄호에 기재한다. 차용일자 또는 구입일자는 파산에 이르게 된 경위 및 면책불허가 사유를 파악하는 데 필요하다.

3. 발생원인

금원차용(은행대출, 사채 포함)은 ①, 물품구입(신용카드에 의한 구입도 포함[4])은 ②, 보증(피보증인 기재)은 ③, 그 외의 사유는 ④로 표시한다.

4. 최초채권액

단발성 차용 또는 구입행위는 그 최초의 채권액을 기재하면 된다. 그러나 계속적 거래관계에서 발생한 채권의 경우 그 최초 채권액을 기재하는 것은 무의미하다. 따라서 이 경우에는 어쩔 수 없이 파산(면책)신청시의 채권 원리금 총액을 기재할 수밖에 없다. 보증채권의 경우에는 보증사고 발생시의 채권액을 기재한다.

최초채권액의 기재는 개인채권자에게 차용한 경우 차용증, 현금영수증, 금융자료 등을 토대로 차용원금을 기재하면 되고, 기관채권자인 경우 부채증명서(확인서)에 기재된 차용원금란을 참조하여 기재한다.

5. 사용처

구체적인 사용용도와 구입물품을 간략히 기재한다. 예를 들어 생활비, 사업장 운영자금, 창업자금, 병원입원비(의료비), 주택구입, 자동차구입, 채무변제 등이다.

6. 보증인

채무자를 위해 보증을 해 준 사람이 있으면 그 보증인도 '보증인'란에 정확

---

4 신용카드로 현금서비스, 리볼빙서비스를 받은 경우에는 ①번을 함께 써준다.

히 기재하여야 한다. 보증으로 인한 구상채무는 보증한 채무의 바로 다음에 기재하되 '순번'란에는 보증한 채권의 순번에 가지번호를 붙여 표시하고 '잔존채권액·잔존원금/잔존 이자·지연손해금'란에는 '미정'이라고 기재한다. 최근 대법원은 보증인란에 기재되지 아니한 보증인에 대한 구상채무는 비면책채권이라고 판시한 바 있으므로, 보증인을 빠짐없이 기재하는 것에도 유의하여야 한다.

7. 잔존채권액·잔존원금

파산신청(면책신청) 당시까지의 채무자가 갚지 못하고 있는 채무의 원금과 이자를 각 채권자별로 구분하여 기재하고, 하단 '합계'란에는 채무원리금의 총액을 기재하며, '잔존원금', '잔존이자·지연손해금'란에는 각각의 합계액을 기재한다.

기관채권자가 발급하는 부채증명서(확인서)에는 잔존원금 또는 지연이자 또는 지연손해금란을 두고 있으므로 이를 참작하여 기재 하되, 수수료·법정비용 등은 제외한다. 개인채권자의 경우에는 채무자가 금융자료 등을 토대로 정산하여 기재할 수밖에 없다.

〈기재례〉

순번	채권자명	차용 또는 구입일자	발생원인	최초 채권액	사용처	보증인	잔존채권액	
							잔존원금	잔존이자·지연손해금
1	○○카드(주)	01.1.7.~05.1.31.	②	6,000,000	생활비		5,234,567	789,456
2	○○카드(주)	03.4.5.	①,②	4,235,600	생활비 채무변제		3,967,000	268,600
3	○○은행(주)	02.5.8.	①	10,000,000	사업자금	김○○	10,000,000	2,456,789
3-1	김○○	02.5.8.	①	10,000,000			미정	미정
4	○○유동화회사(주)	01.3.2. (04.5.3.)	①	23,500,000	사업자금		19,543,000	3,957,000
5	서○○	04.5.23.	④	1,000,000	채무변제		10,000,000	
6(×)	○○신용정보(주)	03.2.1.	①	20,000,000	사업자금		4,300,000	미정

※ 채권의 '발생원인'란에는 아래 해당 번호를 기재함
① 금원차용(은행대출,사채 포함), ② 물품구입(신용카드에 의한 구입 포함), ③ 보증(피보증인 기재), ④ 기타

합계	잔존원금	잔존이자·지연손해금
55,805,312	48,333,467	7,471,854

순번 1 : 신용카드 채권으로 계속적 거래관계 채권의 기재방식대로 신용카드 계약일로부터 최후 사용일을 차용 또는 구입일자에 기재함. 최초 채권액란에는 파산(면책)신청시의 채권액 전액을 기재함.

순번 2 : 신용카드 채권이나, 차용 또는 구입일자란에 연체시기를 기재함. 채무자가 이 카드로 현금서비스를 받거나, 물품 또는 용역을 제공받은 사실이 있어 발생원인란에는 ①, ②를 같이 기재함. 최초 채권액란의 기재는 순번 1과 마찬가지임.

순번 3 : 채무자가 ○○은행으로 사업자금을 차용하면서 김○○이 보증을 해준 사례, 최초 채권액은 대출채무액 또는 보증사고 발생 금액을 기재하고 보증인란에 김○○을 기재함.

순번 3-1 : 채권자명에 보증인 성명을 기재하고, 잔존원금/잔존이자·지연손해금 란에는 각 '미정'이라고 기재함.

순번 4 : 채권이 ○○유동화회사로 양도된 사안. 차용 또는 구입일자에 대출일자를 기재하고 괄호 안에 양도일자를 기재함.

순번 5 : 임차인에게 지급할 임차보증금 채무가 있는 경우, 차용일자 또는 구입일자란에 최초 임대차계약 체결일을 기재함(임대차계약이 갱신되었고 임차보증금이 증액된 경우에는 갱신계약 체결일을 차용일자 또는 구입일자란에 기재하고, 최초 채권액을 증액된 임차보증금액을 기재해도 무방함).

순번 6 : 채권자가 채권추심업체를 채권자명에 기재한 사례로, 채권추심위임만을 받은 채권추심업체를 채권자명에 기재해서는 안 됨을 표시한 것임. 채무자는 추심 위임한 원 채권자를 기재하여야 함.

제7절 채권자의 주소 [양식 1-3] 작성

법원이 제공하는 진술서 양식에는 채권자의 주소(양식 1-3)를 기재하도록 되어 있다. 채무자가 기재하여야 할 채권자의 주소에는 '순번', '채권자명', '주소', '전화번호', '팩스', '비고(우편번호)'로 구성되어 있다.

법원은 파산채권자에게 파산선고결정 주문 등을 기재한 서면을 송달하여야 하므로(법 제313조 제2항), 채무자는 신청일 당시의 채권자의 주소를 번지까지 정확하게 기재하여야 한다.

1. 채권자의 주소 등의 기재

채권자가 법인인 경우에는 법인등기부등본을 발급(인터넷 발급 가능)받아 그 본점 소재지 또는 거래지점 소재지를 기재한다. 채권자가 개인인 경우에는 채무자가 알고 있는 채권자의 최근 주소지를 기재한다. 채무자가 채권자의 최근 주소지를 명확히 알지 못한 경우에는 일단 채무자가 알고 있는 기존의 주소지를 기재하고, 송달불능으로 인하여 법원에서 보정명령이 나오면 이를 가지고 채권자의 주민등록초본을 발급받아 주소를 보정한다.

채권자에게 송달불능이 될 경우에 법원이 신청서에 기재된 채권자의 연락처로 면책심문기일에 출석할 것을 유선으로 통지하거나, 채권자 이의신청기간을 통지할 수 있으므로 가급적이면 채권자의 연락처(전화번호)를 기재하는 것이 좋다.

채무자가 채권자의 종전 주소조차 알 수 없는 경우에는 주소란에 '미정' 또는 '추후 보정 예정'이라고 기재해 둔다.

2. 채권자의 주소 등을 알지 못하는 경우

가. 채권자의 종전 주소는 알고 있으나 최근 주소를 알지 못하는 경우

채무자가 채권자 주소란에 종전 주소를 기재하였으나, 법원의 서류가 채권자의 이사불명 등의 이유로 송달불능이 되면 법원은 보정명령을 하게 된다. 채무자는 위 보정명령서를 가지고 동사무소(주민센터) 등에서 채권자의 주민등록초본을 발급받아 주소를 보정하면 된다.

나. 채권자의 종전 주소조차 알지 못하는 경우

(1) 채권자의 주민등록번호를 알고 있는 경우

법원에 채권자의 성명, 주민등록번호를 특정하고 해당 구청을 조회할 곳으로 지정하여 채권자의 주소지에 대한 사실조회 신청을 한 후 회신내용에 따라 주소를 보정한다.

(2) 채권자의 전화번호를 알고 있는 경우

법원에 채권자의 성명, 전화번호를 특정하고 각 통신사를 조회할 곳으로 지정하여 채권자의 주소지, 채권자의 주민등록번호에 대한 통신정보제공명령 신청을 한 후 회신내용에 따라 주소를 보정한다.

(3) 채권자의 금융계좌를 알고 있는 경우

법원에 채권자의 성명, 금융계좌를 특정하고 금융기관을 조회할 곳으로 지정하여 채권자의 주소지 또는 채권자의 주민등록번호에 대한 금융정보제공명령 신청을 한 후 회신내용에 따라 주소를 보정한다.

(4) 채권자에 대한 아무런 정보도 없는 경우

법은 송달하여야 하는 장소를 알기 어려울 때 송달에 갈음하는 공고를 할 수 있도록 하고 있다(법 제10조).

채무자는 '채권자와의 관계 및 채무를 부담하게 된 경위, 채권자와 연락이 두절된 사유와 그 기간, 채권자로부터 최근에 채무이행을 독촉받은 사실이 있다면 그 시기 등 채권자의 인적사항을 알지 못하는 사유'를 적은 '경위서'를 별지로 첨부하여 송달에 갈음하는 공고 결정신청을 구하는 방법을 사용할 수밖에 없다(양식 13).

순번	채권자명	주소	전화번호	팩스	비고 (우편번호)	공고갈음 신청 또는 면책동의
1	○○카드 (주)	서울 중구 ○○동 ○○-○○	02)111-2222	02)221- 2345		
2	○○카드 (주)	서울 종로구 ○○동 ○○-○○	02)333-4444	02)323- 3456		
3	○○은행 (주)	서울 강남구 ○○동 ○○-○○	02)555-6666	02)454- 9898		
3-1	김○○	미정	미정	미정	미정	○
4	○○유동화 회사(주)	서울 서초구○○동 ○○-○○	02)564-9897			
5	서○○	경기 성남시 ○○동 ○○-○○	010-0000-0000			

순번 3-1 : 보증인 김○○에 대한 인적사항을 전혀 알지 못하는 경우, 공고갈음신청란에 ○표를 한 후 '경위서'를 별지로 첨부한다.

제 8 절 재산목록 [양식 1-4] 작성

법은 채무자가 법원에 대하여 그 재산상태에 관하여 허위진술을 할 때 면책불허가를 할 수 있도록 규정하고 있다(법 제564조 제1항 제3호). 채무자가 진술서에 첨부한 재산목록상의 재산은 파산관재인의 핵심적인 조사사항이고, 파산관재인의 조사과정에서 채무자가 재산목록에 재산을 허위로 기재한 사실이 발견되면, 법원으로부터 면책불허가 결정을 받을 수 있다. 따라서 채무자는 이 부분을 세심히 살펴 정확하게 기재하여야 한다.

대부분의 채무자는 신청대리인을 통해 신청서를 작성한다. 신청대리인이 채무자의 위임을 받아 신청서를 작성하였다고 하더라도 신청서를 법원에 접수하기 전에는 적어도 자신의 파산·면책신청서가 어떻게 작성되었는지 확인하고, 잘못된 부분이 있으면 고쳐야 한다. 간혹 파산관재인 조사과정에서야 처음으로 자신 명의의 신청서를 보았다고 하면서, 채무자는 신청대리인에게 정확히 자신의 재산을 밝혔는데, 신청대리인이 실수로 그 부분을 기재하지 않았다고 진술하는 경우가 있는데, 허위의 신청서 작성에 따른 불이익은 결과적으로 채무자 본인에게 돌아 갈 수밖에 없음을 명심해야 한다.

나아가 채무자가 재산을 은닉 또는 손괴하거나 채권자에게 불이익하게 처분한 경우에는 사기파산죄로 처벌(법 제650조 제1호)될 수 있음을 유념해야 한다.

※ 먼저, 다음 재산목록 요약표에 해당 재산이 있는지 V하고, 「□ 있음」에 V한 경우에는 아래 해당 항목에서 자세히 기재바랍니다. <u>이 양식을 파일형태로 이용할 경우 아래 표 중 에 「□ 있음」에 V한 부분만 출력하여 제출하여도 됩니다. 따라서 모두 「□ 없음」에 V한 경우에는 아래 표 다음 부분을 생략할 수 있습니다 (실제로는 재산 처분이 있었음에도 불구하고 '지급불가능 시점의 1년 이전부터 현재까지 재산 처분 여부'의 '없음'에 V해 놓고는 부동산등기부등본 등 소명자료를 뒷부분에 편철해놓는 경우가 있는데 이와 같이 재산목록 요약표와 소명자료 또는 진술서의 기재내용이 서로 불일치한 경우에는 허위진술 내지 불성실한 신청으로 간주되어 불이익한 처분을 받을 수 있습니다).</u>

재산목록 요약표

1. 현금	□없음□있음	6. 매출금	□없음□있음	11. 지급불가능 시점의 1년 이전부터 현재까지 재산 처분 여부	□없음□있음
2. 예금	□없음□있음	7. 퇴직금	□없음□있음	12. 최근 2년간 받은 임차보증금	□없음□있음
3. 보험	□없음□있음	8. 부동산	□없음□있음	13. 이혼재산분할	□없음□있음
4. 임차보증금	□없음□있음	9. 자동차·오도바이	□없음□있음	14. 상속재산	□없음□있음
5. 대여금	□없음□있음	10. 기타 재산 (주식, 특허권, 귀금속 등)	□없음□있음	15. 친족의 재산	□없음□있음
파산관재인 선임 희망 여부		**□ 희망 □ 불희망**			

■ 현 금

1. 현금 : 금액 (원)

채무자가 보유하고 있는 현금액을 기재하면 된다. 현행법령은 채무자 및 그 피부양자의 생활에 필요한 6월간의 생계비에 사용할 900만원 이하의 금액에 대하여 채무자가 면제재산 신청을 함으로써 파산선고에도 불구하고 자유재산으로 인정하여 소유할 수 있도록 하고 있다(법 제383조 제2항 제2호, 시행령 제16조 제2항).

채무자가 900만원 이하의 현금을 보유하고 있는 경우에는 이 항에 그 금액을 기재하고 법원에 면제재산 신청을 하는 것을 고려할 만하다.

■ 예 금

2. 예금
□없음 □있음 □과거 6개월간의 통장사본 제출 또는 거래내역서 제출
□제출한 자료 없음
금융기관명( ) 계좌번호( ) 잔고 (원)
금융기관명( ) 계좌번호( ) 잔고 (원)
☆ 은행 이외의 금융기관에 대한 것도 포함합니다.
☆ 예금잔고가 소액이라도 반드시 기재하고 파산신청시의 잔고(정기예금분을 포함)와 최종 금융거래일로부터 과거 6개월간의 입출금이 기장된 통장 사본 또는 예금거래내역서를 첨부하여 주십시오.

예금채권(정기예금 채권 포함)이 있는 경우 □란에 ☑하고 과거 6개월간의 통장사본 또는 거래내역서를 제출한다. 파산선고시 파산관재인이 교부하는 자료제출 요청 항목에는 과거 5년부터 현재까지의 채무자의 은행통장 거래내역이 포함되어 있으므로 파산신청시에 미리 채무자의 과거 5년간의 은행통장 거래내역을 발급받아 놓고 그 내역서를 근거로 위 항목을 기재하는 것이 좋다. 150만원 이하의 예금채권은 압류금지채권으로 당연 면제재산에 해당한다.

150만원을 초과하는 소액의 예금채권이 있다면 면제재산 신청 여부도 고려해 볼 수 있다(양식 14－3).

〈기재례〉

2. 예금

□없음 ☑있음 ☑과거6개월간의 통장사본 제출 또는 거래내역서 제출

□제출한 자료 없음

금융기관명(국민은행) 계좌번호(000-00-0000000) 잔고 (234,000원)

금융기관명(삼화저축은행) 계좌번호(000-11-111111) 잔고 (876,000원)

■ 보 험

3. 보험(생명보험, 화재보험, 자동차보험 등)

□없음 □있음 □보험회사 작성의 증명서 제출

□제출한 자료 없음

보험회사명( ) 증권번호( ) 해약반환금 (원)

보험회사명( ) 증권번호( ) 해약반환금 (원)

☆ 파산신청 당시에 가입하고 있는 보험은 해약반환금이 없는 경우에도 반드시 전부 기재하여 주십시오.

☆ 보험증권사본과 파산신청시의 해약반환금 예상액(없는 경우에는 없다는 사실)을 기재한 보험회사 작성의 증명서를 첨부하여 주십시오.

채무자는 생명보험협회·손해보험협회에서 '채무자의 생존자 보험가입내역 조회'서를 발급받은 다음 그 조회서에 기재되어 있는 각 보험회사로부터 보험 증권 번호가 기재되어 있는 해약환급금 내역서(각 보험회사마다 자료명이 다름)를 발급받아 그 내역을 기재한다. '채무자 생존자 보험가입내역 조회'서에는 이미 해시·실효된 보험내역이 포함되어 있으므로, 이미 해지·실효된 보험은 보험사로부터 해지·실효 증명서를 발급받아 두고, 위 항에는 해지·실효된 보험내역은 기재하지 아니한다.

'채무자의 생존자 보험가입내역 조회'와 각 보험사의 해약환급금 내역서는 파산관재인 자료요청 항목에 포함되어 있으므로 신청시부터 미리 발급받아 두는 것이 좋다.

가입보험내역이 많은 경우, 단체보험, 자동차보험, 화재보험 등은 굳이 기재할 필요는 없다.

채무자가 보험사로부터 약관대출을 받은 경우 보험사가 발행하는 해약환급금 내역서에 약관대출금을 공제한 실 지급할 금액이 기재되어 있는지 확인하고, 해약반환금란에는 실 지급가능 금액을 기재한다.

〈기재례〉

3. 보험(생명보험, 화재보험, 자동차보험 등)
☐없음 ☑있음 ☑보험회사 작성의 증명서 제출
☐제출한 자료 없음
보험회사명(교보생명보험) 증권번호(000-00000) 해약반환금 (3,425,000원)
보험회사명(AIG손해보험) 증권번호(****-*****) 해약반환금 (175,000원)
(각 해약환급금 증명서 첨부)

■ 임차보증금

4. 임차보증금
☐없음 ☐있음 ☐임대차계약서사본 제출 ☐기타 반환예상액 관련자료 제출
☐제출한 자료 없음
임차물건( ), 임차보증금 (원), 반환예상금 (원)

☆ 반환예상금란에는 채무자가 파산신청일을 기준으로 임대인에게 임차물건을 명도할 경우 임대인으로부터 반환 받을 수 있는 임차보증금의 예상액을 기재하여 주십시오.

☆ 임대차계약서의 사본 등 임차보증금 중 반환예상액을 알 수 있는 자료를 첨부하여 주십시오.

☆ 상가 임대차의 경우에는 권리금이 있으면 반드시 권리금 액수를 기재해 주시기 바랍니다.

채무자가 임차인이고, 임차보증금이 있는 경우에는 위 항에 기재한다. 임차물건란에는 현 거주지 등기부등본상의 표제부 또는 임대차계약서상의 임차물건란을 참조하여 기재하면 된다. 임차보증금이 있으나, 미납 월세 및 공과금이 있으면 이를 공제한 금액을 반환예상금에 기재한다.

상가임대차의 경우에는 별도의 예상 권리금란을 만들고 예상 권리금 액수를 기재한다.

확정일자부 임대차계약서가 있으면 임대차계약서 사본을 제출하고, 임대차계약서를 분실한 경우에는 알선한 중개사무소에서 사본을 교부받거나, 임대인에게 부탁하여 사본을 교부받는다. 이도 여의치 않은 경우에는 확정일자를 발급받은 동사무소(주민센터)에서 확정일자 확인원을 발급받아 제출한다.

반환예상금은, 임차보증금 중 미납월세, 미납관리비, 미납공과금 등을 공제한 금액이다. 미납관리비·공과금 내역은 관리사무소에서 발급받고, 나머지 미납월세 부분은 임대인으로부터 미납임대료 정산내역서를 교부받아 첨부하여 제출한다. 현 거주지 등기부등본, 임대차계약서 등도 모두 파산관재인 요청자료에 포함되므로 미리 발급받아 두는 것이 좋다.

〈기재례〉

4. 임차보증금

□없음　　□있음 ☑임대차계약서사본 제출 ☑기타 반환예상액 관련자료 제출
　　　　　　　　　□제출한 자료 없음

임차물건(서울 구로구 고척동 00호 지하 202호), 임차보증금 (34,000,000원), 반환예상금 (25,000,000원)

(임대차계약서, 임대인 임차보증금정산서 첨부)

■ 대여금 등

5. 대여금·구상금·손해배상금·계금 등

□없음　　□있음 □계약서사본 제출 □대여금 등을 알 수 있는 기타자료 제출
　　　　　□변제받는 것이 어려운 이유를 기재한 진술서 및 소명자료 제출
　　　　　□제출한 자료 없음

채무자명(　　　) 채권금액 (　　　　) 회수가능금액 (　　　　원)

채무자명(　　　) 채권금액 (　　　　) 회수가능금액 (　　　　원)

☆ 계약서의 사본 등 대여금 등을 알 수 있는 자료를 첨부하고, 변제 받는 것이 어려운 경우에는 그 사유를 기재한 진술서 및 소명자료를 첨부하여 주십시오 (회수가 어렵다고 하더라도 반드시 기재하시고, 대여금뿐만 아니라 구상금, 손해배상금, 계금 등 어떠한 명목으로라도 제3자로부터 받아야 할 돈이 있으면 기재하시기 바랍니다).

이 항은 채무자가 제3자에게 대여금 등의 채권을 보유하고 있는지를 파악하기 위한 것이다.

대여금이 있는 경우에는 금전소비대차계약서, 차용증, 현금보관증 등 계약 내용을 알 수 있는 처분문서를 첨부한다(판결문이 있는 경우에는 그 판결문을 첨부한다). 처분문서가 없는 경우에는 송금내역을 확인할 수 있는 금융계좌를 제출하고, 금융자료조차 없는 경우에는 □제출할 자료 없음란에 ☑한다.

구상금이란 타인을 대신하여 채무를 변제한 사람이 그 타인에 대하여 갖게 되는 상환청구권으로 실현되는 돈을 말한다. 통상적으로 연대보증인이 주채무자의 채무를 변제하고 주채무자에게 갖게 되는 상환청구권인 구상권으로 실현될 수 있는 돈을 말하는 것으로, 채무자가 보증인으로 주채무자의 채무를 변제한 경우에는 이 항에 구상금 내역을 기재하여야 한다.

자료로는 계약서(연대보증의 날인이 된 것)·연대보증계약서·변제확인서 등이 있고(판결문이 있는 경우에는 그 판결문을 첨부한다), 지급요청서(주채무자에게 구상금 지급을 요청한 경우)를 첨부하거나, 주채무자에게 송금한 금융계좌를 첨부하여 제출한다.

손해배상금에는 채무불이행으로 인한 손해배상금도 있을 수 있으나, 제3자의 불법행위에 의한 손해배상금이 대부분일 것이므로, 불법행위자로부터 화해계약을 체결하였다면 그 합의서를, 판결을 받아 손해배상금이 확정되었다면 그 판결문 및 확정증명원을 제출한다. 제3자의 보험사고로 인하여 채무자가 보험금 청구권을 갖고 있는 경우에도 이 항에 기재한다.

채무자가 낙찰계를 들고 있고, 순번이 아직 돌아오지 않은 경우에도 이 항에 그 예상 계금을 기재한다. 이혼으로 의한 재산분여청구권이 있으면 이 항에 기재한다.

회수가능금액란에는 채무자가 예상하는 회수가능금액을 기재하면 된다. 그러나 회수 가능한 채권을 보유하고 파산신청에 이른 채무자는 극히 드물다.

〈기재례 1〉 대여금이 있는 경우

5. 대여금·구상금·손해배상금·계금 등

□없음 ☑있음 ☑계약서사본 제출 ☑대여금 등을 알 수 있는 기타 자료 제출
☑변제받는 것이 어려운 이유를 기재한 진술시 및 소명자료 제출

□제출한 자료 없음

채무자명(김○○) 채권금액 (30,000,000원) 회수가능금액 (0원)

(차용증, 은행거래내역서, 진술서 첨부)

〈기재례 2〉 구상금이 있는 경우

5. 대여금·구상금·손해배상금·계금 등

□없음 ☑있음 ☑계약서사본 제출 ☑대여금 등을 알 수 있는 기타 자료 제출

☑변제받는 것이 어려운 이유를 기재한 진술서 및 소명자료 제출

□제출한 자료 없음

채무자명((주)○○건설) 채권금액 (40,000,000원) 회수가능금액 (0원)

(계약서, 은행거래내역 첨부, 주채무자 (주)○○건설은 2015. 3. 4. 폐업한 상태이고, 회사사무실은 폐쇄되어, 현재 연락조차 되지 않는 상태임. 폐업사실증명서 첨부)

〈기재례 3〉 손해배상금이 있는 경우

5. 대여금·구상금·손해배상금·계금 등

□없음 ☑있음 □계약서사본 제출 ☑대여금 등을 알 수 있는 기타자료 제출

☑변제받는 것이 어려운 이유를 기재한 진술서 및 소명자료 제출

□제출한 자료 없음

채무자명(신○○) 채권금액 (35,000,000원) 회수가능금액 (미정 원)

(판결문 첨부)

〈기재례 4〉 보험금이 있는 경우

5. 대여금·구상금·손해배상금·계금 등

□없음 ☑있음 □계약서사본 제출 ☑대여금 등을 알 수 있는 기타 자료 제출

□변제받는 것이 어려운 이유를 기재한 진술서 및 소명자료 제출

□제출한 자료 없음

채무자명(○○손해보험(주)) 채권금액 (7,000,000원) 회수가능금액 (70,000,000원)

(보험금지급 합의서 첨부)

〈기재례 5〉 계금이 있는 경우

5. 대여금·구상금·손해배상금·계금 등

□없음 ☑있음 □계약서사본 제출 ☑대여금 등을 알 수 있는 기타 자료 제출

□변제받는 것이 어려운 이유를 기재한 진술서 및 소명자료 제출

□제출한 자료 없음

채무자명(장○○) 채권금액 (15,000,000원) 회수가능금액 (약 15,000,000원)

(계금송금 은행거래내역서 첨부)

■ 매출금

6. 매출금(개인사업을 경영한 사실이 있는 분은 현재까지 회수하지 못한 매출금 채권)
□없음 □있음 □영업장부사본 제출 □매출금을 알 수 있는 기타자료 제출
□변제받은 것이 곤란한 경우 그 사유를 기재한 진술서 및 소명자료 제출
□제출한 자료 없음
채무자명( ) 채권금액 (원) 회수가능금액 (원)
채무자명( ) 채권금액 (원) 회수가능금액 (원)
☆ 영업장부의 사본 등 매출금을 알 수 있는 자료를 첨부하고, 변제 받는 것이 곤란한 경우에는 그 사유를 기재한 진술서 및 소명자료를 첨부하여 주십시오.

개인사업을 경영한 경험이 있는 채무자는 파산(면책)신청시까지 회수하지 못한 매출금 채권을 이 항에 기재한다. 주식회사 등 법인사업자의 매출금 채권은 법인의 채권이므로 채무자가 1인주주로서 실질적으로 개인회사처럼 운영하였다고 하더라도 그 매출채권을 기재하지 않는다.

자료로는 영업장부 사본을, 영업장부 사본이 없으면 매출원장 등 세무자료를 첨부하고, 회수가 불가능한 사정이 있으면 이를 간략히 적거나 진술서에 기재하고 소명자료를 첨부한다.

〈기재례〉 영업장부 사본을 첨부하고 회수 불가능한 사정을 간략히 기재한 예

6. 매출금(개인사업을 경영한 사실이 있는 분은 현재까지 회수하지 못한 매출금 채권)
□없음 ☑있음 ☑영업장부사본 제출 ☑매출금을 알 수 있는 기타 자료 제출
□변제받은 것이 곤란한 경우 그 사유를 기재한 진술서 및 소명자료 제출
□제출한 자료 없음
채무자명(○○상사(주)) 채권금액 (2,000,000원) 회수가능금액 (미정 원)
(영업장부사본, 매출원장사본 첨부. ○○상사(주)는 현재 서울중앙지방법원에 2015회합○○○호로 법인회생신청을 하여 2015. 4. 3. 회생개시결정을 받은 상태임. 위 회생사건에서 변제계획안의 인가 여부에 따라 회수 가능한 금액이 확정될 수 있음. 나의사건 검색 결과 첨부)

■ 퇴직금

7. 퇴직금

□없음 □있음 □사용자 작성의 증명서 제출

□퇴직금채권담보차용의 경우 차용에 관한 자료 제출

□제출한 자료 없음

근무처명( ) 퇴직금예상액 (원)

☆ 파산신청시에 퇴직하는 경우에 지급 받을 수 있는 퇴직금예상액(퇴직금이 없는 경우에는 그 취지)을 기재한 사용자 작성의 증명서를 첨부하여 주십시오. 만일 퇴직금채권을 담보로 하여 돈을 차용하였기 때문에 취업규칙상의 퇴직금보다 적은 액수를 지급 받게 되는 경우에는 차용에 관한 자료를 첨부하여 주십시오.

채무자가 파산선고 전에 생긴 원인으로 장래에 행사할 청구권은 파산재단에 속하므로(법 제382조 제2항) 파산선고시까지의 퇴직금은 파산재단에 포함된다. 다만, 퇴직금의 1/2에 해당하는 금액은 압류할 수 없고(민사집행법 제246조 제1항 제5호), 압류가 금지된 채권은 당연면제재산에 해당하므로 파산선고시 예상 퇴직금의 1/2만이 파산재단에 속하게 된다.

이 항은 파산신청시(파산선고시를 정확히 예상할 수 없으므로 파산신청시를 기준으로 하였다)의 채무자의 예상 퇴직금을 파악하기 위한 것이다. 만일 파산신청 이전에 채무자가 직장에서 퇴직하여 이미 퇴직금을 수령하여 금융기관에 예치하였다면, 1. 예금 항목에 기재하고 따로 이 항목에는 기재하지 않는다(퇴직금이 예치된 예금채권에 대하여 그 금액의 1/2에 해당하는 부분이 압류금지 채권에 해당하는지에 대하여는 실무에서 다투어지고 있다).

퇴직채권을 담보로 금전을 차용하여 취업규칙상의 퇴직금보다 적은 액수를 지급받게 되는 경우 퇴직금 예상액에 담보액을 공제한 금액을 기재한다.

퇴직금의 예상금액은 사용자 작성의 증명서 등으로, 퇴직금을 담보로 제공하였다면 그 담보제공계약서 등을 첨부한다.

〈기재례〉 퇴직금 중 일부를 담보로 제공한 예

7. 퇴직금

□없음 ☑있음 ☑사용자 작성의 증명서 제출
☑퇴직금채권담보차용의 경우 차용에 관한 자료 제출
□제출한 자료 없음

근무처명(주식회사○○○○유통) 퇴직금예상액 (7,000,000원)

(증명서 첨부. 취업규칙상의 퇴직금은 30,000,000원이나 이 중 230,000,000원은 2011. 3. 담보를 제공하여 미리 지급받았으므로 퇴직예상금은 위와 같음. 담보제공 계약서, 금전지급 확인서 첨부)

■ 부동산

8. 부동산(토지와 건물)

□없음 □있음 □등기부등본 제출 □재산세과세증명서 제출 □시가확인서 제출
□피담보채권의 잔액증명서 제출
□경매절차 진행상태에 대한 자료 제출 □배당표 제출
□제출한 자료 없음

종류(토지 · 건물) 소재지 ( )
시 가 (원) 등기된 담보권의 피담보채권 잔액(원)
종류(토지 · 건물) 소재지 ( )
시 가 (원) 등기된 담보권의 피담보채권 잔액(원)

☆ 등기부등본 등과 재산세과세증명서, 인근 중개업소나 인터넷에서 확인한 적어도 2곳 이상의 시가확인서 등 시가증명자료를 첨부하여 주십시오.

☆ 저당권 등 등기된 담보권에 대하여는 은행 등 담보권자가 작성한 피담보채권의 잔액증명서 등의 증명자료를 첨부하여 주십시오(가압류나 압류는 등기된 담보권이 아니므로 그 가액을 표시할 때는 가압류나 압류임을 명시하여 주시기 바랍니다).

☆ 경매진행 중일 경우에는 경매절차의 진행상태를 알 수 있는 자료를, 배당이 완료된 경우에는 배당표를 제출하여 주십시오.

이 항은 채무자가 파산(면책)신청시에 소유하고 있는 부동산 내역을 파악하기 위한 것이다.

채무자 명의로 되어 있는 부동산은 타인이 채무자 명의로 신탁한 부동산

이라고 하더라도 모두 기재한다. 채무자가 신탁법에 의하여 신탁한 부동산도 기재하고(다만, 신탁법에 의하여 신탁된 부동산은 파산재단에 포함되지 않을 수 있다), 신탁원인 및 신탁사유를 별지 진술서나, 괄호 안에 기재한다.

피상속인이 사망하였으나 상속인 명의로 변경하지 않아 망자 명의로 남아 있는 상속 부동산이 있으면 채무자의 상속지분과 함께 그 부동산을 기재한다(14항은 상속한 사실 및 처분내역을 기재하는 것으로 현재 상속재산이 있는 경우에는 그 내역을 이 항에도 기재한다).

채무자가 명의신탁한 재산도 이 항에 기재하여야 한다.

토지 소재지는 등기부등본의 표제부를 참조하여 기재하고, 피담보채권 잔액은 금융기관으로부터 발급받은 피담보채무 잔액증명서상의 금액을 참조한다. 부동산에 가압류 또는 압류가 되어 있는 경우에는 등기부등본 상의 갑구에 기재된 압류 채권금액을 참조하여 기재한다.

채무자 명의의 부동산이 경매진행 중이라면, 대법원 경매정보 사이트에서 경매사건 검색결과를 출력하여 첨부하고, 배당기일까지 진행된 경우에는 집행법원에서 배당표, 사건별수불내역서를 발급받아 첨부한다.

시가증명 자료로는 아파트, 다세대주택, 연립주택, 다가구주택 등은 국토교통부 실거래가 공개시스템을 이용하여 최근 거래내역 사례 2~3건을 출력하여 첨부하거나, 인근 중개업소 2곳 이상의 시가확인서를 첨부한다. 단독주택 등은 소재지 구청, 읍·면사무소에서 개별주택가격확인원을 발급받아 첨부한다. 토지 등은 개별공시지가 확인원(인터넷 발급 가능) 또는 인근 중개업소 2곳 이상의 시가확인서를 첨부한다.

해당 부동산이 경매진행 중인 경우에는 경매법원에서 부동산감정평가서를 발급받아 첨부하면 정확하다.

평균시가는 인근 중개업소 2곳 이상의 시가확인서상의 산술평균가액, 국토교통부 실거래가 최근 2 내지 3건의 산술평균가액, 개별공시지가 확인원의 ㎡당 공시지가×면적으로 산정된 금액(또는 산정한 금액에서 30% 할증한 금액), 개별주택가격확인원상의 금액 및 감정평가금액을 기재하면 된다.

〈기재례〉

8. 부동산(토지와 건물)

□없음 ☑있음 ☑등기부등본 제출 ☑재산세과세증명서 제출 ☑시가확인서 제출
☑피담보채권의 잔액증명서 제출
☑경매절차 진행상태에 대한 자료 제출 ☑배당표 제출
□제출한 자료 없음

(1) 종류(토지·건물) 소재지 (경기 화성시 ○○대로 ○○길 21 1202-1103호(○○아파트))

시 가 (350,000,000원) 등기된 담보권의 피담보채권 잔액(320,000,000원)

(등기부등본, 재산세과세증명서, 국토교통부 실거래가, 잔액증명서 첨부)

(2) 종류(**토지**·건물) 소재지 (전남 순천시 ○○○면 ○○ 산 27-1)

시 가 (3,000,000원) 등기된 담보권의 피담보채권 잔액(원)

- 2014. 11. 2. 강서세무서 압류, 채권자 ○○○ 2014. 12. 12. 청구금액 15.000.000원 가압류

(등기부등본, 재산세과세증명서, 개별공시지가확인원 첨부)

(3) 종류(**토지**·건물) 소재지 (경기 평택시 ○○로 ○○길 21 공장용지)

시 가 (820,000,000원) 등기된 담보권의 피담보채권 잔액(740,000,000원)

- 2015. 2. 2. ○○○은행(주)에 담보신탁(○○은행(주)에서 대출을 받기 위해서 ○○은행(주)의 요구로 담보신탁계약 체결함)

(등기부등본, 재산세과세증명서, 개별공시지가확인원. 잔액증명서 첨부)

(4) 종류(**토지**·건물) 소재지 (경기 수원시 ○○구 ○○동 산 27-1 지분 2/11)

시 가 (2,000,000원) 등기된 담보권의 피담보채권 잔액(원)

- 망부 김○○으로부터 상속받은 부동산임.

(등기부등본, 개별공시지가확인원. 가족관계증명서, 제적등본 첨부)

(5) 종류(토지·**건물**) 소재지 (경기 화성시 ○○대로 ○○길 21 1202-1103호(○○아파트))

시 가 (350,000,000원) 등기된 담보권의 피담보채권 잔액(320,000,000원)

(등기부등본, 감정평가서. 경매사건 검색결과 첨부)

(1)은 담보권이 설정된 아파트의 기재례임.

(2)는 압류·가압류 등기가 되어 있는 임야의 기재례임.

(3)은 담보신탁된 공장용지의 기재례임.

(4)는 망부 명의로 되어 있는 상속 임야지분의 기재례임.

(5)는 현재 경매진행 중인 아파트의 기재례임.

■ 자동차

9. 자동차(오토바이를 포함한다)
☐없음 ☐있음 ☐자동차등록원부 제출 ☐시가증명자료 제출
☐피담보채권의 잔액증명서 제출
☐제출한 자료 없음
차종 및 연식( ) 등록번호( ) 시가 (원)
등록된 담보권의 피담보채권 잔액(원)
☆ 자동차등록원부와 시가 증명자료를 첨부하여 주십시오.

채무자가 자동차 등 차량을 소유하고 있으면 이 항에 기재한다. 파산관재인의 자료제출 요청서에도 '채무자의 과거 5년간 자동차등록원부'를 제출하도록 하고 있으므로, 파산신청 준비시에 미리 과거 5년간 채무자가 소유하고 있었던 자동차등록원부를 발급받아 두는 것이 좋다.

차종 및 연식란에는 자동차등록원부상의 차명·연식을 기재하고, 등록번호란에는 자동차등록번호를 기재한다.

시가증명 자료로는 인터넷 중고차매매 사이트에서 채무자 소유의 차량과 동일한 차종의 비슷한 연식, 주행거리의 차량의 중고매매가 2곳 이상을 출력하여 첨부한다.

시가는 위 2곳 이상의 중고차량 가격의 산술평균가액으로 산정한다.

자동차를 할부로 구매하여 할부회사가 차량에 근저당권을 설정한 경우에는 자동차등록원부 갑·을구 모두 포함된 자동차등록원부를 첨부하고, 해당 할부회사로부터 피담보채권 잔액증명서를 발급받아 첨부한다.

채무자가 현재 해당 차량을 운행하고 있지 않더라도(소위 대포차량으로 매도한 경우), 위 항목에 차량을 기재하여야 한다.

오토바이의 경우에도 마찬가지이다.

〈기재례〉

9. 자동차(오토바이를 포함한다)
☐없음 ☑있음 ☑자동차등록원부 제출 ☑시가증명 자료 제출
☑피담보채권의 잔액증명서 제출
☐제출한 자료 없음

차종 및 연식(쏘나타, 2005년식)　　등록번호(37저○○○○)　　　시가 (480만원)
등록된 담보권의 피담보채권 잔액(300만원)
(자동차등록원부(갑·을구 포함), 중고차매매가격(2곳), 할부대출 잔액증명원 첨부)

■ 기타 재산

10. 기타 재산적 가치가 있는 중요 재산권(주식, 회원권, 특허권, 귀금속, 미술품 등)
품목명(　　　　　　　　　　　　)　　　　시가 (　　　　　　　　　　원)
품목명(　　　　　　　　　　　　)　　　　시가 (　　　　　　　　　　원)

채무자가 소유하고 있는 주식, 골프장 회원권, 콘도 회원권, 귀금속, 미술품 기타 재산적 가치가 있는 중요재산을 기재하는 항목이다.

주식증권이 발행된 경우에는 주식증권을 참조하여 품목명에 기재하고, 주식증권이 발생되지 아니한 경우에는 주식발행 회사명과 주식 수 등을 기재한다.

채무자가 실질적인 1인주주로서 주식회사를 운영한 경우에는, 이 항의 채무자 소유의 주식을 기재하여야 하는 것에 유념해야 한다.

상장주식의 경우에는 최근 한달간의 주가의 산술평균치를 산정하여 기재하면 되나, 비상장주식의 경우에는 시장가가 형성되지 않을 수 있으므로 일단 보유주식수×액면가를 합산한 금액을 기재하거나 비상장주식 거래시세를 반영하여 기재하면 된다.

골프장 회원권, 콘도 회원권이 회원권 거래소에서 거래되는 경우에는 그 자료를, 회원권 거래소에서 거래되지 않는 경우에는 인터넷 회원권 거래 자료를 첨부한다.

기타 미술품 등 중요한 재산에 대하여는 전문가의 시세확인서 등을 첨부한다.

〈기재례〉

10. 기타 재산적 가치가 있는 중요 재산권(주식, 회원권, 특허권, 귀금속, 미술품 등)
품목명(○○통상(주)발행 주식 15,000주)　　　시가 (0원)
- 채무자가 1인주주로서 운영하던 회사로, 현재 자본잠식으로 폐업 중임
(법인등기부등본, 주주명부, 폐업사실확인원 첨부)

품목명(○○콘도 회원권) 시가 (250만원)
(콘도 회원권 증권, ○○회원권 거래현황 첨부)

■ 지급불가능 시점 이후 1,000만원 이상의 재산처분내역

11. 진술서 4.(3) 기재 지급 불가능 시점의 1년 이전부터 현재까지 사이에 처분한 1,000만원 이상의 재산(다만, 여러 재산을 처분한 경우 그 합계액이 1,000만원 이상이면 모두 기재하여야 하고, 부동산은 1,000만원 미만이라도 기재하여야 한다.)

□없음 □있음 □처분시기와 대가를 증명할 수 있는 등기부등본 제출
□ 계약서사본 제출 ☑영수증사본 제출
□처분대가의 사용처를 증명할 수 있는 자료 제출 ☑배당표 제출
□제출한 자료 없음

☆ 처분의 시기, 대가 및 대가의 사용처를 상세히 기재하여 주시기 바랍니다. 그리고 여기서 말하는 재산의 처분에는 보험의 해약, 정기예금 등의 해약, 퇴직에 따른 퇴직금수령 등도 포함합니다. 주거이전에 따른 임차보증금의 수령에 관하여는 다음의 12항에 기재하여 주시기 바랍니다.

☆ 특히 부동산이나 하나의 재산의 가액이 1,000만원 이상의 재산을 처분한 경우에는 처분시기와 대가를 증명할 수 있는 등기부등본, 계약서사본, 영수증사본과 처분대가의 사용처를 증명할 수 있는 자료를 첨부하시기 바랍니다(경매로 처분된 경우에는 배당표를 제출하여 주십시오).

채무자는 지급불능 시점으로부터 1년 전부터 위기시임을 인식하고, 소유재산을 처분하거나 은닉하려는 시도를 하게 된다. 이 항은 위기시에 채무자가 처분한 재산 내역을 파악하기 위한 것이다. 또 법은 지급정지가 있은 후 1년 이내에 대통령령이 정하는 특수관계인(8촌 이내의 혈족, 4촌 이내의 인척 등)에게 한 담보제공, 변제, 비본지 변제 행위와 무상행위를 부인권의 대상으로 삼고 있으므로(법 제391조 제3호·제4호, 제392조 제2항·제3항) 처분재산의 사용처를 파악하고자 하는 것이다.

여러 재산을 처분한 경우에 그 처분재산의 합계액이 1,000만원 이상이면,

각 재산의 처분가액이 1,000만원에 미치지 않는다고 하더라도 처분내역을 기재하여야 하고, 처분재산이 부동산인 경우에는 그 매도대금이 1,000만원 이하인 경우는 물론 증여 등으로 그 매각대금이 없는 경우, 부동산이 경매로 매각되어 채무자에게 지급받을 잉여금이 없는 경우에도 기재하여야 한다.

보험을 해약하여 보험해약금을 수령하였거나, 정기예금을 해약하여 예금을 수령한 경우 및 퇴직금을 수령한 경우에도 그 합계액이 1,000만원 이상이면 기재하여야 한다. ☆에는 특히 부동산이나 하나의 재산의 가액이 1,000만원 이상의 재산을 처분한 경우에만 그 소명자료의 첨부를 요청하고 있으나, 어차피 파산관재인 조사시에 이 항에 기재된 재산처분 내역에 대한 조사가 이루어지게 되므로 이 항에 기재된 처분재산에 대해서는 미리 소명자료를 제출하는 것이 바람직하다.

〈기재례〉

11. 진술서 4.(3) 기재 지급 불가능 시점의 1년 이전부터 현재까지 사이에 처분한 1,000만원 이상의 재산(다만, 여러 재산을 처분한 경우 그 합계액이 1,000만원 이상이면 모두 기재하여야 하고, 부동산은 1,000만원 미만이라도 기재하여야 한다.)

□없음 ☑있음 ☑처분시기와 대가를 증명할 수 있는 등기부등본 제출
☑ 계약서사본 제출 ☑영수증사본 제출
☑처분대가의 사용처를 증명할 수 있는 자료 제출 ☑배당표 제출
□제출한 자료 없음

(1) 서울 중랑구 목동 ○○○-○○○ 및 그 지상 건물을 2014. 5. 4. 김○○에게 430,000,000원에 매도함(등기부등본 첨부). 매각대금 중 400,000,000원은 ○○은행 담보대출금 변제(대출금변제 확인서 첨부), 20,000,000원은 2014. 5. 20. 현 거주지 임차보증금 지급(임대차계약서, 통장사본 첨부), 나머지 10,000,000만원은 중개수수료, 이사비 및 생활비 등으로 사용함(중개수수료 납부서, 이사비 견적서, 통장사본 첨부).

(2) ○○생명보험 암건강생활보험 해지환급금 12,300,000원 2015. 5. 1. 해지함(해지환급금 영수증 첨부). 해지환급금 중 500만원은 2015. 5. 3. 채권자 정○○의 차용금 변제(차용증, 통장거래내역서 첨부), 700만원은 2015. 5. 10. 현 거주지 임차보증금 지급(임대차계약서, 통장거래내역 첨부), 나머지 30만원은 생활비로 사용함.

(3) 서울 중랑구 상봉동 ○○ ○○팰리스 ○○호는 2014. 1. 2. 경매개시결정. 2015. 4. 5. 매각됨(등기부등본 첨부). 소유자 배당금 없음(배당표, 사건별수불내역서 첨부).

(1)은 토지 및 건물을 처분하고 대출금 및 현거주지 임차보증금으로 사용한 기재례임.
(2)는 보험해약환급금을 수령하고 채무변제 및 현거주지 임차보증금으로 사용한 기재례임.
(3)은 오피스텔이 경매로 매각되고 채무자에 배당금이 없는 경우의 기재례임.

■ 최근 2년간 임차보증금 수령

12. 최근 2년 이내에 주거이전에 따른 임차보증금을 수령한 사실
□없음 □있음 □임대차계약서사본 제출 □임차보증금 사용처 증명자료 제출
□제출한 자료 없음

____
____
____

☆ 임대차계약서사본과 수령한 임차보증금의 사용처를 증명할 수 있는 자료를 첨부하시기 바랍니다.

파산상태에 이른 채무자의 거의 유일한 재산은 임차보증금인 경우가 많다. 이 항은 파산(면책)시로부터 2년간 주거를 이전하면서 전 거주지의 임차보증금의 사용처를 파악하기 위한 것이다.

최근 2년간 주거이전을 하지 않은 채무자는 현 거주지 임차보증금이 있다고 하더라도 이 항에 기재할 필요가 없다. 대부분의 임대차계약은 중개업자의 알선으로 이루어지고 임대차계약서 3부가 작성되어 각 1부는 임대인과 임차인이 보관하고 나머지 1부는 중개업자가 보관하고 있다. 따라서 채무자가 임대차계약서를 분실한 경우에는 중개업자로부터 임대차계약서 사본을 교부받거나, 임대인으로부터 그 사본을 교부받아 첨부하여야 한다.

최근에는 확정일자를 발급하는 동사무소에서도 임대차계약 내역확인서를 발급해 주므로 임대차계약서 사본을 첨부할 수 없는 경우에는 위 확인서를 발급받아 첨부하여야 한다.

채무자의 주민등록초본상에 최근 2년간 주소이전 내역이 기재되어 있음에도 이 항에 기재가 없으면, 부실기재의 의심을 받을 수 있으므로 임차보증금을 수령받지 못한 경우 그 사유를 기재하는 것이 바람직하다(따라서 채무자가 이 항을 기재할 때에는 채무자의 주민등록증 초본상의 주소이전 내역을 살펴보아야 한다).

〈기재례 1〉

12. 최근 2년 이내에 주거이전에 따른 임차보증금을 수령한 사실

□없음 ☑있음 ☑임대차계약서사본 제출 ☑임차보증금 사용처 증명자료 제출 □제출한 자료 없음

2015. 11. 2. 임차보증금 3,400만원 수령(임대차계약서, 통장사본 첨부). 위 돈은 현거지 임차보증금으로 사용됨(임대차계약서, 통장사본 첨부).

2014. 2. 22. 임차보증금 6,000만원 수령(임대차계약서, 통장사본 첨부). 위 임차보증금 중 3,000만원은 2014. 2. 23. 채권자 김○○의 차용금 변제(현금영수증, 통장사본 첨부) 나머지 3,000만원은 2014. 4. 30. 현 거주지 임차보증금으로 지급(임대차계약서, 통장사본 첨부).

〈기재례 2〉

12. 최근 2년 이내에 주거이전에 따른 임차보증금을 수령한 사실

☑없음 □있음 □임대차계약서사본 제출 □임차보증금 사용처 증명자료 제출 □제출한 자료 없음

전 거주지 임차보증금 2,500만원 전액은 미납 월세, 공과금으로 공제되어 수령한 임차보증금 없음(임대차계약서, 임차보증금 정산서 첨부).

채무자의 주민등록 초본상에는 2015. 4. 23. 전 거주지에서 현 거주지로 주소를 이전한 것으로 등재되어 있으나 전 거주지는 채권자들의 불법적인 추심행위에 벗어나기 위해서 주민등록지만 이전한 것으로 수령한 임차보증금은 없음.

■ 최근 2년간 재산분여 사실

13. 최근 2년 이내에 이혼에 따라 재산분여(할)한 사실

□없음 □있음 □분여한 재산의 가치를 나타내는 자료 제출 □제출한 자료 없음 □제출한 자료 없음

____

____

____

☆ 분여한 재산과 그 시기를 기재하여 주십시오. 그리고 분여한 재산의 가치를 나타내는 자료를 첨부하여 주시기 바랍니다(이혼 당시 배우자의 보유 재산이 어느 정도인지 아래 15.항의 양식을 참조하여 기재하여 주십시오).

협의이혼이든 재판상 이혼이든 이혼에 따른 재산분할청구권은 이혼한 날로부터 2년이 경과하면 시효완성으로 소멸한다(민법 제839조의2 제3항). 이 항은 재산분할청구권의 시효기간 내인 최근 2년 이내에 재산분여(이혼으로 당사자 가운데 한쪽이 상대방에게 재산을 나누어 주는 것)한 사실이 있는지와 그 분여가 상당성이 있는지를 파악하기 위한 것이다.

이혼에 따른 재산분할이 상당한 정도를 넘어선 경우에는 불이익한 처분에 해당하여 면책불허가 사유가 될 수 있다(법 제564조 제1항 제1호).

분여한(할) 재산이 부동산이든, 주식이든 불문하나, 최근 2년 이내에 이혼한 채무자에 한하여 기재한다.

분여한 재산의 시가를 확인할 수 있는 소명자료는 위 1항 내지 10항의 설명을 참조하기 바란다.

〈기재례 1〉 채무자가 분여한 재산이 있는 경우

13. 최근 2년 이내에 이혼에 따라 재산분여(할)한 사실

□없음 ☑있음 ☑분여한 재신의 가치를 나타내는 자료 제출

□제출한 자료 없음

채무자는 2015. 1. 3. 전 배우자 장○○와 협의이혼함. 재산분할합의에 따라 '인천 서구 왕길동 소재 ○○○아파트 103동 1202호' 임차보증금 120,000,000원을 장○○에게 분여함(협의이혼결정서, 재산분할합의서, 임대차변경계약서 첨부).

〈기재례 2〉 전 배우자가 분여할 재산이 있는 경우

13. 최근 2년 이내에 이혼에 따라 재산분여(할)한 사실

□없음 ☑있음 ☑분여한 재산의 가치를 나타내는 자료 제출

□제출한 자료 없음

재산의 종류 (인천 서구 왕길동 소재 ○○○아파트 103동 1202호, 등기부등본 첨부)

재산의 명의자 (장○○), 채무자와의 관계 (전 배우자, 혼인관계증명서 첨부)

재산의 시가 (230,000,000원, 부동산 시세확인서 첨부),

재산에 관한 피담보채무

(150,000,000원, 대출내역서 첨부)

재산 취득 시기 (2010. 6. 8.)

재산 취득 자금 마련 경위 (결혼시 전 배우자인 장○○의 장인이 마련한 200,000,000원으로 구입하면서 명의만 배우자 앞으로 함, 매매계약서, 금융거래내역서 첨부)

■ 상속재산

14. 친족의 사망에 따라 상속한 사실

□없음 □있음

□다른 상속인이 주된 상속재산을 취득하였다는 사실을 증명하는 자료제출

□다른 상속인이 소유자로 되어 있는 등기부등본 제출

□처분의 경과와 대가의 사용처를 증명하는 자료 제출

□제출한 자료 없음

년 월 일 부·모____________의 사망에 의한 상속

상속상황

㉠ 상속재산이 전혀 없었음

㉡ 신청인의 상속포기 또는 상속재산 분할에 의하여 다른 상속인이 모두 취득하였음

㉢ 신청인이 전부 또는 일부를 상속하였음

주된 상속재산과 그 처분의 경과

____

____

____

☆ ㉡ 또는 ㉢항을 선택한 분은 주된 상속재산을 기재하여 주시기 바랍니다.

☆ ㉡항을 선택한 분은 다른 상속인이 주된 상속재산을 취득하였다는 사실을 증명하는 자료를 첨부하여 주십시오. 부동산인 경우에는 다른 상속인이 소유자로 되어 있는 등기부등본을 첨부하여 주십시오.

☆ ㉢항을 선택한 분으로 상속한 주된 재산을 이미 처분한 분은 그 처분의 경과와 대가의 사용처를 상세히 기재하고, 그 사실을 증명하는 자료를 첨부하여 주십시오.

채무자 앞으로 상속된 재산이 있는지도 모른 채 파산신청을 하는 채무자도 종종 있다. 채무자의 부모 또는 배우자가 사망한 경우에는 피상속인 명의의 재산을 파악한 후, 채무자의 상속재산을 이 항에 기재하여야 한다.

상속포기행위는 법이 정하고 있는 불이익한 행위가 아니어서 면책불허가사유로 삼을 수 없고 재산권을 목적으로 하는 법률행위에 해당하지 않는다고 보아 사해행위취소소송의 대상에 해당하지 않지만(대법원 2011. 6. 9. 선고 2011다

29307 판결), 상속재산분할 협의로 개별 상속재산에 대한 자신의 지분을 포기하는 것은 사해행위 취소나 부인권 행사의 대상이 되고(대법원 2008. 3. 13. 선고 2007다73765 판결) 불이익한 처분행위가 될 수 있다. 과거 상속재산을 다른 상속인이 취득한 경우에는 상속포기에 따른 취득인지, 상속재산분할 합의에 따른 취득인지 확인해야 한다.

한편, 이 항은 현재 상속재산이 있는 채무자만 기재하는 것이 아니라, 과거 상속한 사실이 있는 채무자도 그 상속재산 및 처분내역을 모두 기재하여야 함을 유념해야 한다.

최근에 피상속인이 사망한 경우에는 가족관계증명서상의 사망일을, 오래 전에 피상속인이 사망한 경우에는 제적등본상의 사망일을 기재한다.

상속재산은 대부분 부동산이나 예금, 주식, 지적재산권 등인 경우에도 그 재산내역을 기재하여야 한다.

〈기재례 1〉 상속재산이 있고 처분되지 않는 경우

14. 친족의 사망에 따라 상속한 사실

□없음 ☑있음

□다른 상속인이 주된 상속재산을 취득하였다는 사실을 증명하는 자료 제출

☑다른 상속인이 소유자로 되어 있는 등기부등본 제출

□처분의 경과와 대가의 사용처를 증명하는 자료 제출

□제출한 자료 없음

2011년 8월 14일 부 김○○ 의 사망에 의한 상속

상속상황

㉠ 상속재산이 전혀 없었음

㉡ 신청인의 상속포기 또는 상속재산 분할에 의하여 다른 상속인이 모두 취득하였음

㉢ 신청인이 전부 또는 일부를 상속하였음

주된 상속재산과 그 처분의 경과

충북 청주시 금가면 오석리 산○○ 지분 2/11(등기부등본 첨부)

〈기재례 2〉 상속한 사실이 있었으나 상속포기 또는 상속재산분할 합의한 경우

14. 친족의 사망에 따라 상속한 사실

□없음 ☑있음

☑다른 상속인이 주된 상속재산을 취득하였다는 사실을 증명하는

자료 제출
☑다른 상속인이 소유자로 되어 있는 등기부등본 제출
□처분의 경과와 대가의 사용처를 증명하는 자료 제출
□제출한 자료 없음

2011년 8월 14일 부 김○○ 의 사망에 의한 상속

상속상황

㉠ 상속재산이 전혀 없었음

㉡ 신청인의 상속포기 또는 상속재산 분할에 의하여 다른 상속인이 모두 취득하였음

㉢ 신청인이 전부 또는 일부를 상속하였음

주된 상속재산과 그 처분의 경과

충북 청주시 금가면 오석리 산00 지분 2/11을 위 상속일에 상속받았으나, 2011. 12. 21. ○○지방법원 2011○○0000호로 상속포기 결정을 받아 상속포기함(등기부등본, 상속포기결정문 첨부).

충북 청주시 금가면 오석리 산○○ 지분 2/11을 위 상속일에 상속받았으나, 상속인들 사이에 2011. 12. 21. 채무자의 모 서○○가 전부 상속받는 것을 내용으로 상속재산분할 합의를 하여 채무자가 상속재산을 취득하지 못함(등기부등본, 상속재산분할합의서 첨부).

〈기재례 3〉 상속한 재산을 제3자에게 처분한 경우

14. 친족의 사망에 따라 상속한 사실

□없음 ☑있음

□다른 상속인이 주된 상속재산을 취득하였다는 사실을 증명하는 자료 제출
□다른 상속인이 소유자로 되어 있는 등기부등본 제출
☑처분의 경과와 대가의 사용처를 증명하는 자료 제출
□제출한 자료 없음

2011년 8월 14일 부 김○○ 의 사망에 의한 상속

상속상황

㉠ 상속재산이 전혀 없었음

㉡ 신청인의 상속포기 또는 상속재산 분할에 의하여 다른 상속인이 모두 취득하였음

㉢ 신청인이 전부 또는 일부를 상속하였음

주된 상속재산과 그 처분의 경과

충북 청주시 금가면 오석리 산○○을 위 사망일 상속함(등기부등본 첨부). 2012. 3. 4. 위 임야를 김○○에게 3,500만원에 매도함(등기부등본, 매매계약서 첨부).

매도대금 3,500만원 중 2,000만원은 현 거주지 임차보증금으로 지급하고(임대차계약서, 통장사본 첨부), 나머지 1,500만원은 자동차 구입대금으로 지급함(자동차매매계약서, 통장사본 첨부).

■ 가족명의 1,000만원 이상의 재산

15. 배우자, 부모, 자녀 명의의 1,000만원 이상의 재산(1인 명의 재산이 1,000만원 이상일 때)

□없음 □있음 □등기부등본 제출 □재산세과세증명서 제출 □시가증명자료 제출
□재산취득자금 마련경위에 대한 소명자료 제출
□제출한 자료 없음

재산의 종류 ( )
재산의 명의자 ( ), 채무자와의 관계 ( )
재산의 시가 ( ), 재산에 관한 피담보채무 ( )
재산 취득 시기 ( )
재산 취득 자금 마련경위( )

☆ 재산이 부동산인 경우에는 등기부등본 등과 재산세과세증명서, 인근 중개업소나 인터넷에서 확인한 적어도 2곳 이상의 시가확인서 등 시가증명 자료를 첨부하여 주십시오.

☆ 재산 취득시기가 지급이 불가능하게 된 시점으로부터 2년 이내인 경우에는 재산 취득 자금 마련 경위에 관한 소명자료(예를 들어 재산 명의자의 취득 자금에 관한 금융 거래 명세 등)를 첨부하여 주십시오.

이 항은 채무자의 재산이 채무자의 배우자 및 직계 존·비속에게 명의가 이전되거나 배우자 등의 재산취득 과정에 채무자의 재산이 유입될 가능성이 높기 때문에 채무자의 가족 명의의 재산 및 그 취득자금 마련 경위를 파악하기 위한 것이다. 다만 최근 2년 이내에 이혼한 배우자의 재산내역은 14.항에 기재하고 이 항에는 따로 기재하지 않으며, 이혼한 지 2년이 지난 경우에는 이 항에 전 배우자의 재산을 기재하지 않는다.

특히, 배우자 등 특수관계인의 재산취득 시기가 지급불능 시점으로부터 2년 이내인 경우에는 그 취득자금에 관한 금융거래내역 등의 소명자료를 첨부하여야 한다. 이는 11.항의 지급불능 시점으로부터 1년 이내의 재산처분 내역보

다 1년 앞선 배우자 등의 취득행위를 기재하도록 하는 것으로 배우자 등의 특수관계인의 재산취득은 위기시에 임박하여야만 이루어지는 것이 아니기 때문이다.

배우자 등 특수관계인의 재산현황은 배우자 등의 지방세 세목별과세증명서, 개인별 토지소유미등록자현황(또는 개인별토지소유현황, 현행 지적전산자료조회결과)을 발급받아 확인하면 되고(위 서류들은 파산관재인의 자료제출 요청자료이기도 하다). 연락두절 등의 사유로 위 서류를 발급받을 수 없는 경우에는 파산(면책)신청과 함께 제출명령신청을 해두는 것이 편리하다. 이 경우에는 일단, 위 란은 공란으로 두되 제출명령 조회회신결과에 재산이 있는 것으로 파악되면 파산관재인의 조사시에 위 재산의 취득내역에 대하여 채무자가 알 수 있는 방법을 모두 사용하여 적극적으로 협조하여야 한다.

재산의 취득금액이 1,000만원 이상인 재산을 기재하는 것이 아니라 신청시 재산평가액이 1,000만원 이상인 재산을 기재한다(예를 들어, 자동차의 취득대금은 2,500만원이나, 파산신청시 중고시세가 500만원에 불과한 경우에는 기재하지 않는다).

1,000만원 이상의 재산이 여럿 있을 때에는 각 재산내역을 각 기재하는 것이 원칙이나, 공동담보로 제공된 재산 등 견련관계가 있는 재산인 경우에는 모아서 기재해도 무방하다. 피담보채무를 공제한 재산의 가치가 1,000만원 이하라고 하더라도, 시가가 1,000만원 이상이면 이 항에 그 재산을 기재한다.

기재방법과 소명자료는 1항 내지 14항의 설명을 참조하기 바란다.

〈기재례 1〉 상속받은 부(父) 소유 부동산이 공동담보로 제공된 경우

15. 배우자, 부모, 자녀 명의의 1,000만원 이상의 재산(1인 명의 재산이 1,000만원 이상일 때)

☐없음 ☑있음 ☑등기부등본 제출 ☑재산세과세증명서 제출 ☑시가증명자료 제출
☐재산취득자금 마련 경위에 대한 소명자료 제출
☐제출한 자료 없음

재산의 종류 (충남 논산시 ○○동 산 00-00 외 2필지, 각 등기부등본 첨부)
재산의 명의자 (한○○), 채무자와의 관계 (아버지, 가족관계증명서 첨부)
재산의 시가 (1억 1,000만원, 시가확인서 첨부), 재산에 관한 피담보채무 (1억 500만원)
재산 취득 시기 (1985. 3. 24.)
재산 취득 자금 마련 경위 (상속)

〈기재례 2〉 자녀가 자동차를 소유하고 있는 경우

15. 배우자, 부모, 자녀 명의의 1,000만원 이상의 재산(1인 명의 재산이 1,000만원 이상일 때)

□없음 ☑있음 ☑등기부등본 제출 ☑재산세과세증명서 제출 ☑시가증명자료 제출
□재산취득자금 마련 경위에 대한 소명자료 제출
□제출한 자료 없음

재산의 종류 (BMW520d(24저0000), 자동차등록원부 첨부)

재산의 명의자 (김○○), 채무자와의 관계 (1남, 가족관계증명서 첨부)

재산의 시가 (2,500만원, 중고자동차시세확인서 첨부), 재산에 관한 피담보채무 (1,500만원, 할부내역서 첨부)

재산 취득 시기 (2014. 8. 19.)

재산 취득 자금 마련 경위 (1남 김○○ 소득 등으로 취득함. 자동차매매계약서, 통장사본 첨부)

제 9 절 현재의 생활상황 [양식 1-5] 작성

법은 채무자에게 파산원인이 존재하지 아니한 때에는 파산신청을 기각할 수 있고(법 제309조 제1항 제5호), 지급불능 상태의 채무자라 하더라도 채무자에게 변제자력이 있어 개인회생절차를 이용할 수 있음에도 파산신청을 한 경우라면 이를 '남용(abuse)'이라고 보아 파산신청을 기각할 수 있다(법 제309조 제2항)고 규정하고 있다. 양식 1-5는 채무자의 수입상황 및 주거형태를 파악하여 파산원인의 존부와 신청의 남용 여부를 판단하기 위한 것이다.

채무자의 직업, 수입상황, 가족, 동거인의 현황, 주거형태 및 조세납부 현황에 대해 진술한다.

■ 현재의 직업

1. 현재의 직업【자영, 고용, 무직】

업종 또는 직업 (　　　　)	직장 또는 회사명 (　　　　)
지　위 (　　　　)	취 직 시 기 (　　　년　　　월)

진술서 1.항이 채무자의 최종학력과 과거경력을 기재하는 곳이라면, 이 항은 채무자의 현재 직업을 기재하는 항이다.

진술서 1.항의 설명을 참조하여 기재한다. 아르바이트, 간헐적 일용노무직에 근무하는 채무자도 기재해야 하나, 무직자인 경우에는 공란으로 둔다.

〈기재례〉 일용노무직에 근무

1. 현재의 직업【고용】

업종 또는 직업(일용노무직)　　직장 또는 회사명 (○○인력)

지 위 (　　　)　　취 직 시 기　(　　년　　월)

- 매달 평균 10일 정도 근무함.

■ 수입상황

2. 수입의 상황(신청인의 월수입 합계　　　　원)

■ 자영수입(　　　　원) □없음　□있음 □종합소득세확정신고 제출
□제출한 자료 없음

☆ 종합소득세 확정신고서(최근 2년분)를 첨부하여 주십시오.

■ 월 급여 (　　　　원) □없음　□있음 □급여증명서 제출
□근로소득세원천징영수증사본 제출
□제출한 자료 없음

☆ 급여증명서(최근 2년분)와 근로소득세 원천징수영수증의 사본을 첨부하여 주십시오.

■ 연　금 (　　　　원) □없음　□있음 □수급증명서 제출
□제출한 자료 없음

☆ 수급증명서를 첨부하여 주십시오.

■ 생활보호(　　　　원)□없음　□있음 □수급증명서 제출
□제출한 자료 없음

☆ 수급증명서를 첨부하여 주십시오.

■ 기　타 (　　　　원)□없음　□있음 □수입권 자료 제출
□제출한 자료 없음

☆ 구체적으로 기재하고 수입원을 나타내는 자료를 첨부하여 주십시오.

이 항은 채무자의 현재 수입내역을 확인하여 파산원인이 있는지 및 회생절차를 이용할 수 있는지를 가늠하기 위한 것이다. 채무자의 월수입 합계란의 기재 금액과 수입 및 지출에 관한 목록 1. 가계수지표상의 채무자의 급여 또는 자영 수입금액이 동일해야 한다. 수입이 있다고 하여 개인파산신청이 기각되는 것이 아니므로 수입내역을 정확히 기재한다. 파산신청이 파산절차의 남용에 해당하기 위해서는 채무자가 현재 계속적·반복적으로 일정한 소득이 있고, 그 소득에 생계비, 조세 등을 공제한 가용소득으로 채무의 상당부분을 계속적으로 변제할 수 있는지 여부를 무겁게 고려하여 판단하여야 하기 때문이다(대법원 2009. 5. 28.자 2008마1904, 1905 결정; 대법원 2011. 1. 25.자 2010마1544 결정 참조).

자영업자는 종합소득세확정신고서(세무서)를, 급여생활자는 최근 2년분의 급여명세서(회사) 또는 근로소득세 원천징수영수증(세무서)을 발급받아 첨부하고, 해당 수입내역을 기재한다. 복수의 수입원이 있으면 해당 란에 각 기재한다. 기초수급자, 조건부수급자, 차상위계층, 한부모가족, 장애인은 수급자증명서를 첨부하고, 그 수급내역을 기재한다.

간헐적 근로를 제공하는 근로자(아르바이트), 일용노무직에 종사하는 근로자인 채무자는 최근 2달간의 월평균 소득금액을 월 급여란에 기재하고, 일용노무제공명세서를 첨부한다. 다만, 계속적·반복적인 소득이 발생할 가능성이 희박한 경우에는 그 수입내역을 기재하지 않아도 된다.

〈기재례〉

2. 수입의 상황(신청인의 월수입 합계 1,500,000원)

■ 자영수입(800,000원) □없음 ☑있음 ☑종합소득세확정신고서 제출
□제출한 자료 없음

- 자영업자인 채무자

■ 월 급여 (900,0000원) □없음 ☑있음 ☑급여증명서 제출
☑일용노무명세서 제출
□제출한 자료 없음

- 일용노무자인 채무자

■ 연 금 (200,000원) □없음 □있음 ☑수급증명서 제출
□제출한 자료 없음

-연금 수급자인 채무자

■ 생활보호(100,000원) □없음 ☑있음 ☑수급증명서 제출
□제출한 자료 없음
- 기초수급자, 조건부수급자, 차상위계층, 한부모가족인 채무자.

3. 가족·동거인의 상황
□가족·동거인 중 수입이 있는 자 없음
□가족·동거인 중 수입이 있는 자 있음
□급여명세서사본 제출 □근로소득세 원천징수영수증사본 제출
□종합소득세확정신고서 제출
□제출한 자료 없음
☆ 가족·동거인 중 수입이 있는 자에 대하여는 2항과 마찬가지로 급여명세서사본, 종합소득세확정신고서 등을 첨부하여 주십시오.

가족은 부양가족을 의미한다. 동거인은 가족 외에 주거에 공동으로 생활하는 자를 의미하나, 일시적 동거인 또는 전차인은 제외한다.

가족·동거인이 있고, 수입이 있는 자가 있으면, 2항을 참조하여 이를 기재한다.

〈기재례〉

3. 가족·동거인의 상황

성명	신청인과의 관계	연령	동거 여부	직업	월수입
홍○○	처	41세	**동거**·별거	보육교사	100만원
김○○	1남	9세	**동거**·별거	초등학생	원
김○○	1녀	7세	**동거**·별거	유치원생	원
		세	동거·별거		원
		세	동거·별거		원
		세	동거·별거		원

□가족·동거인 중 수입이 있는 자 없음
□가족·동거인 중 수입이 있는 자 있음
□급여명세서사본 제출 □근로소득세 원천징수영수증사본 제출
□종합소득세확정신고서 제출
□제출한 자료 없음
☆ 가족·동거인 중 수입이 있는 자에 대하여는 2항과 마찬가지로 급여명세서사본, 종합소득세확정신고서 등을 첨부하여 주십시오.

■ 주거상황

4. 주거의 상황

거주를 시작한 시점 (2014년 7월 22일)

거주관계 : 아래 ㉠~㉥ 중 선택 (□㉠ □㉡ □㉢ □㉣ □㉤ □㉥)

㉠ 임대 주택(신청인 이외의 자가 임차한 경우 포함)

㉡ 사택 또는 기숙사

㉢ 신청인 소유의 주택

㉣ 친족 소유의 주택에 무상으로 거주

㉤ 친족 이외의 자 소유의 주택에 무상으로 거주

㉥ 기타 ( )

㉠, ㉡항을 선택한 분에 대하여,

관리비를 포함한 임대료 (원) 임대보증금 (원)

연체액 (원)

신청인 이외의 자가 임차인인 경우 임차인 성명 ( ) 신청인과의 관계 ( )

㉣, ㉤항을 선택한 분에 대하여,

소유자 성명 ( ) 신청인과의 관계 ( )

신청인 이외의 자가 소유자이거나 임차인인데 함께 거주하지 않는 경우 그 경위를 기재하십시오. ( )

□임대차계약서사본 제출 □사용허가서사본 제출

□제출한 자료 없음

☆ ㉠ 또는 ㉡항을 선택한 분은 임대차계약서 또는 사용허가서 사본을 첨부하여 주시기 바랍니다.

□등기부등본 제출

□제출한 자료 없음

☆ ㉢ 또는 ㉣항을 선택한 분은 등기부등본을 첨부하여 주십시오.

□소유자 작성의 거주증명서 제출

□제출한 자료 없음

☆ ㉣ 또는 ㉤항을 선택한 분은 소유자 작성의 거주 증명서를 첨부하여 주십시오.

거주시점은 현 거주지에 거주한 시점을 기재한다. 임대차계약서가 있으면, 임대차계약서상의 인도일 또는 주민등록초본(또는 등본)상의 현 거주지 이전 일을 기준으로 한다. 채무자의 주민등록초본(또는 등본)상의 거주지와 현 거주지가 다른 채무자는 그 사유를 별도로 기재하는 것이 좋다.

거주관계는 ㉠~㉥ 항목 중 하나에 체크하면 된다. 타인이 임차한 주택에 무상거주를 하는 경우에는 ㉣, ㉤ 항목이 아닌 ㉠ 항목에 체크하여야 한다. 고시원에 기거하는 채무자는 ㉥ 항목에 체크하고 입실확인증을 첨부한다.

타인이 임차한 주택에 무상거주하는 경우(예를 들어, 임차인이 배우자인 경우)에도 관리비를 포함한 임대료, 임대보증금, 연체액, 임차인의 성명 및 신청인과의 관계 란에 기재하여야 하며, 임대차계약서 사본을 첨부하여야 한다. 또 임차인과 동거하지 않는 경우에는 그 사유를 기재하여야 한다.

타인(친족 포함) 소유 주택에 무상거주하는 채무자는 그 주택의 등기부등본과 함께 사용허가서 사본(무상거주사실 확인원)을 첨부하고, 만일 타인과 동거하지 않는 경우에는 그 사유를 기재하여야 한다. 타인 소유 주택에 무상거주하는 것은 매우 이례적인 일이기 때문에 최근 법원은 무상거주사실 확인원을 제출한 채무자에 대한 실 거주지 조사를 강화하고 있는 추세이다.

〈기재례 1〉 배우자 명의로 임차한 주택에 거주

4. 주거의 상황

거주를 시작한 시점 (년 월 일)

거주관계 : 아래 ㉠ - ㉥ 중 선택 (☑㉠ □㉡ □㉢ □㉣ □㉤ □㉥)

㉠ 임대 주택(신청인 이외의 자가 임차한 경우 포함)

㉡ 사택 또는 기숙사

㉢ 신청인 소유의 주택

㉣ 친족 소유의 주택에 무상으로 거주

㉤ 친족 이외의 자 소유의 주택에 무상으로 거주

㉥ 기타 ( )

㉠, ㉡항을 선택한 분에 대하여,

관리비를 포함한 임대료 (600,000원) 임대보증금 (25,000,000원)

연체액 (원)

신청인 이외의 자가 임차인인 경우 임차인 성명 (안○○) 신청인과의 관계 (배우자)

☑임대차계약서사본 제출 ☑무상거주사실 확인원 제출

〈기재례 2〉 동거하지 않는 친족 소유 주택에 무상거주

4. 주거의 상황

거주를 시작한 시점 (2014년 7월 22일)

거주관계 : 아래 ㉠~㉥ 중 선택 (□㉠ □㉡ □㉢ ☑㉣ □㉤ □㉥)
㉠ 임대 주택(신청인 이외의 자가 임차한 경우 포함)
㉡ 사택 또는 기숙사
㉢ 신청인 소유의 주택
㉣ 친족 소유의 주택에 무상으로 거주
㉤ 친족 이외의 자 소유의 주택에 무상으로 거주
㉥ 기타 ( )
㉣, ㉤항을 선택한 분에 대하여,
소유자 성명 (이○○) 신청인과의 관계 (부(父))
신청인 이외의 자가 소유자이거나 임차인인데 함께 거주하지 않는 경우 그 경위를 기재하십시오. (채무자의 부 이○○가 2010. 3. 4. 취득한 주택으로, 채무자의 사정이 어렵게 되자 위 주택에 채무자의 가족이 생활하는 것을 허가해 줌. 현재 부 이○○는 본가인 충남 천안시 ○○동 ○○-○○에서 거주 생활 중임.)
□임대차계약서사본 제출 ☑등기부등본 제출 ☑무상거주 확인원 제출

■ 조세 납부상황

5. 조세 등 공과금의 납부 상황(체납 조세가 있는 경우 세목 및 미납액을 기재하십시오)

소득세	미납분	(없음	있음 — 미납액	원)
주민세	미납분	(없음	있음 — 미납액	원)
재산세	미납분	(없음	있음 — 미납액	원)
의료보험료	미납분	(없음	있음 — 미납액	원)
국민연금	미납분	(없음	있음 — 미납액	원)
자동차세	미납분	(없음	있음 — 미납액	원)
기타 세금	미납분	(없음	있음 — 미납액	원)

- 각 미납세금 확인장소 정보제공

조세 등 공과금의 납부 상항은 채무자가 독촉장, 지방세 세목별과세증명서, 체납사실증명서를 참조하여 해당 과세관청에 직접 확인한 후 이를 기재한다.

제10절 수입 및 지출에 관한 목록 [양식 1-6] 작성

1. 가계수지표(20 . . 월분)(신청일이 속한 달의 직전 달 기준)

수 입			지 출	
항 목		금 액	항 목	금 액
급여 또는 자영 수입	신청인	원	주거비(임대료, 관리비 등)	원
	배우자	원	식비(외식비 포함)	원
	기타( )	원	교육비	원
연금	신청인	원	전기·가스·수도료	원
	배우자	원	교통비(차량유지비 포함)	원
	기타( )	원	피복비	원
생활보호		원	의료비	원
기타		원	기타	원
수입합계		원	지출합계	원

2. 채무자의 가용소득(개인회생절차를 신청할 경우 소득에서 생계비를 뺀 나머지 소득)

	구 분	금액(단위 : 원)					
1	채무자의 월 평균 소득						
2	생계비(부양가족을 기준으로 한 보건복지부 공표 최저생계비의 150%)	1인	2인	3인	4인	5인	6인
		905,105	1,541,126	1,993,677	2,446,230	2,898,783	3,351,335
	부양가족 이름, 연령, 관계						
3	채무자의 가용소득 (1-2)						

가계수지표와 채무자의 가용소득을 기재한다. 가계수지표에는 신청서 제출시를 기준으로 직전 달의 수입내역과 지출내역을 기재하면 된다. 채무자의 가용소득표에는 채무자의 월평균 소득란에 최근 1년 동안의 대략적인 평균소득을 기재하고, 생계비란에 채무자 본인을 포함하여 미성년 자녀들의 수를 합산한 부양가족 수에 표시를 한 후, 부양가족의 이름·연령·관계를 기재하고, 채무자의 월평균 소득에서 생계비를 공제한 소득을 가용소득란에 기재하면 된다.

제11절 신청서 제출

채무자는 신청서 및 진술서(채권자목록, 재산목록, 현재의 생활상황, 수입 및 지출에 관한 목록 포함) 등 신청시 제출하는 서류 일체와 그 부본 1부를 파산관재인용으로 법원에 제출하여야 한다. 신청서 제출은 관할법원에 하고, 인지대 및 송달료 납부증명서를 첨부하여야 한다.

신청인 본인이 직접 신청을 하는 경우에는 신청서와 1부의 부본을 법원에 제출하고, 나머지 1부는 보관용으로 신청인이 보관하고 있는 것이 좋다. 파산선고와 동시에 파산관재인이 선임되면 제8장 제3절에 보는 바와 같이 파산관재인이 요구하는 서류목록이 있고, 서류목록에는 이미 제출된 자료를 체크하는 항목이 있으므로, 법원 제출본과 동일한 부본을 채무자가 보관하고 있어야 차후 서류목록 작성에 참조할 수 있기 때문이다.

신청대리인을 선임하여 신청대리인 사무실에서 부본 1부를 보관하고 있는 경우에도 채무자는 신청대리인 사무실에 요청하여 본인용 부본을 1부 교부받아 두는 것이 좋다. 파산신청에 대한 1차적인 책임은 신청대리인에게 있는 것이 아니라 신청인 본인에게 있기 때문이다.

많은 경우, 파산신청서에 첨부한 서류가 무엇인지, 파산·면책 신청한 채무액이 얼마인지조차 모르는 채무자를 경험하게 된다. 심지어 파산신청서에 기재된 내용이 사실과 달라 파산관재인이 이를 문제삼으면 신청대리인이 작성한 것으로 본인은 모른다고 말하는 사례를 수없이 겪게 된다. 결과적으로 부실한 파산신청으로 인한 불이익은 신청인이 부담하게 된다는 것을 깊이 새겨야 한다.

CHAPTER 07

채권자에 대한 송달

제 7 장

채권자에 대한 송달

제 1 절 채권자 송달의 중요성

채무자는 파산신청서에 채권자목록을 첨부하여 제출하여야 하고 채권자목록에는 채권자 주소(양식 1-3)가 포함되어야 한다. 법원은 채무자가 제출한 채권자목록상의 채권자의 주소지에 파산선고의 공고사항과 동일한 내용을 기재한 서면을 직권으로 송달하고 있다(법 제313조 제2항, 제83조 제1항). 파산선고의 공고사항에는 제1회 채권자집회기일과 함께 면책에 대한 이의신청기간결정도 있으므로, 채무자의 면책에 이의가 있는 채권자는 법원으로부터 위 각 서면을 받아야만 이의신청기간을 준수할 수 있게 된다. 채권자는 채무자의 파산선고 및 면책결정에 대한 중대한 이해관계를 갖고 있는 자로서 이의신청의 기회를 부여해야 할 필요성이 크다. 그렇기 때문에 실무에서는 파산채권자에 대한 송달이 전부 이루어지기 전에 파산절차를 종료하지 않고, 채권자 전원에게 송달 또는 송달에 갈음하는 공고로 송달된 것으로 볼 수 있는 경우에 한하여 이의신청 기간이 도과할 때 파산절차를 종료한다.

따라서 채무자가 파산절차에서 신속히 벗어나기 위해서는 채권자목록에 기재된 채권자에게 정확하게 파산 및 면책 관련 서면이 송달될 수 있도록 신속하고 적절한 조치를 취할 필요가 있다.

제 2 절 법인채권자에 대한 송달

법인채권자는 법인 등기부등본상의 본점 소재지를 채권자 주소에 기재하면 된다. 법인이 폐업하여 '폐문부재'로 송달불능이 된 경우에는 법원에 '공고갈음신청'을 할 수밖에 없다. '이사불명'으로 송달불능이 된 경우에는 곧바로 '공고갈음신청'을 할 수 없고, 최근 발급된 법인등기부등본을 확인한 후 본점 소재지가 변경된 경우에는 법원에서 제공하는 주소보정 양식에 맞추어 주소를 보정한다. 본점 소재의 변경이 없음에도 송달불능이 된 경우에는 법원에 '공고갈음신청'을 할 수밖에 없다.

주소보정 양식은 대법원 홈페이지에 접속→전자민원센터→양식모음에서 [Search]란에 '주소보정'을 입력하여 검색한 다음 "[민사] 주소보정서" <별지 양식 1>을 다운로드 받으면 된다.

제 3 절 개인채권자에 대한 송달

실무에서 채권자에 대한 송달이 문제되는 사례는 대부분 개인채권자에 대한 송달의 문제이다. 채무자가 개인채권자의 주소를 모르는 경우뿐만 아니라 이름을 모르는 경우, 주민등록번호를 알지 못하는 경우들도 많다.

1. 개인채권자의 새로운 주소를 아는 경우

채무자가 개인채권자의 새로운 주소를 알고 있으면, 법원에서 제공하는 주소보정서에 새로운 주소지를 기재한 후 법원에 주소보정서(양식 12)를 제출하면 된다.

2. 개인채권자의 새로운 주소지를 모르는 경우

가. 개인채권자의 주민등록번호를 알고 있는 경우

채무자가 개인채권자의 주민등록번호를 알고 있다면, 법원에 보정명령신청을 하여 줄 것을 요청하든지(양식 15), 법원의 직권 보정명령에 따라 구청 등에서 개인채권자의 주민등록등본을 발급받거나, 법원을 통해 구청 등에 사실조회 신청을 한다.

나. 개인채권자의 예금계좌를 알고 있는 경우

채무자가 개인채권자의 예금계좌를 알고 있다면 해당 금융기관에 채권자의 인적사항(주민등록번호, 주소, 연락처)을 조회하는 내용의 금융정보제출명령을 법원에 신청한 후(양식 11－2) 그 결과에 따라 주소를 보정하면 된다. 금융기관으로부터 제공받은 채권자의 주소지에도 송달불능이 된 경우에는 법원이 보정명령을 하면, 위 보정명령에 따라 구청 등에서 개인채권자의 주민등록등본을 발급받아 주소보정을 다시 한다.

다. 개인채권자의 전화번호를 알고 있는 경우

채무자가 개인채권자의 전화번호를 알고 있다면, 해당 통신사에 채권자의 인적사항(주민등록번호, 주소 등)을 조회하는 내용[1]의 통신정보제출명령을 법원에 신청한 후(양식 11－1) 그 결과에 따라 주소를 보정하면 된다. 통신사부터 제공받은 채권자의 주소지에도 송달불능이 된 경우에는 법원이 보정명령을 하면, 위 보정명령에 따라 구청 등에서 개인채권자의 주민등록등본을 발급받아 주소보정을 다시 한다.

라. 개인채권자가 운영하는 사업체의 상호를 알고 있는 경우

채무자가 개인채권자가 운영하는 개인사업체의 상호를 알고 있다면, 관할 세무서에 채권자의 사업자 등록과 관련하여 채권자의 인적사항(주민등록번호,

---

1 최근 통신사에서는 개인정보 보호를 위하여 피정보제공자의 성명과 전화번호를 기재하여 신청한 경우에 한하여 피정보제공자의 주민등록번호 및 주소를 회신하고 있다.

주소, 연락처)을 조회하는 내용의 과세정보제출명령을 법원에 신청한 후(양식 11-3) 그 결과에 따라 주소보정을 하면 된다. 관할 세무서로부터 제출받은 채권자의 주소지에도 송달불능이 된 경우에는 법원이 보정명령을 하면, 위 보정명령에 따라 구청 등에서 개인채권자의 주민등록등본을 발급받아 주소보정을 다시 한다.

마. 채권자가 보증인인 경우

채권자를 보증인으로 세운 금융기관에 채권자의 인적사항(주민등록번호, 주소, 연락처)을 조회하는 내용의 금융정보제출명령을 법원에 신청하여 그 결과에 따라 주소보정을 하면 된다. 금융기관으로부터 제출받은 채권자의 주소지에도 송달불능이 된 경우에는 법원이 보정명령을 하면, 위 보정명령에 따라 구청 등에서 개인채권자의 주민등록등본을 발급받아 주소보정을 다시 한다.

제 4 절 공고갈음신청

공고갈음신청은 보충적인 절차이기 때문에 위에 설명된 모든 방식을 사용하였음에도 채권자의 주소지를 알 수 없는 경우에 한하여 신청할 수 있다. 공고갈음신청서에는 ① 해당 채권자에 대한 채무의 발생일자·발생원인·채무액, ② 해당 채권자의 주소를 알지 못하는 이유, ③ 해당 채권자의 주소를 알기 위하여 그 동안 채무자가 한 조치 등을 기재하여야 한다(양식 13).

CHAPTER 08

파산관재인 조사

제 8 장

파산관재인 조사

제 1 절 파산관재인의 지위

법원은 채무자에 대한 파산선고와 동시에 파산관재인을 선임한다(법 제312조 제1항). 2012. 2. 1. 서울중앙지방법원을 시작으로 새로운 개인파산절차를 운영하게 됨에 따라 대부분의 개인파산 사건에서 파산관재인을 선임하고 있고, 선임된 개인파산관재인은 채무자를 상대로 파산경위, 채무자의 재산, 면책불허가 사유를 조사하고 있다.

면제재산을 제외하고 채무자가 파산선고시에 가지고 있는 모든 재산 또는 파산선고 전에 생긴 원인으로 장래에 행사하는 청구권은 파산재단을 구성하고(법 제382조), 파산관재인이 그 재산에 대한 관리 및 처분권을 가지게 되므로(법 제384조), 파산관재인은 채무자의 포괄승계인의 지위를 갖게 되지만, 파산채권자 전체의 이익을 위하여 그 직무를 수행한다는 점에서 채무자와 독립한 제3자로서의 지위도 겸유한다.

이러한 중첩적인 지위로 인하여, 파산재단의 관리·처분권한을 가지고 있는 파산관재인은 통정허위의 의사표시(민법 제108조 제2항), 사기·강박에 의한 의사표시(민법 제110조 제3항)의 제3자에도 해당한다. 선·악의도 파산관재인의 인식 가능성으로 판단하지 않고, 총 채권자를 기준으로 판단한다. 따라서 거의 대부분 사건에서 파산관재인은 선의의 제3자가 될 수밖에 없으므로 채무자와 통정허위의 의사표시를 한 자, 사기·강박에 의한 의사표시를 한 자는 채무자의 총 채권자의 악의가 인정되지 않는 한 파산관재인에게 대항할 수 없다.

그 외, 파산선고시까지 점유취득시효 완성을 이유로 소유권이전등기를 마치지 아니한 자도 파산관재인을 상대로 소유권이전등기절차 이행을 청구할 수 없고, 파산채권자로서만 그 권리를 행사할 수 있을 뿐이다. 명의신탁한 재산의 명의인인 수탁자가 파산한 경우에 명의신탁자는 파산관재인에게 명의신탁해지를 원인으로 그 이전을 청구할 수 없고 파산채권자로서 파산절차에서 그 권리를 행사할 수밖에 없다. 한편 채권양도의 대항요건, 즉 제3채무자에게 채권양도통지 또는 제3채무자의 승인이 있기 전에 양도인이 파산한 경우 파산관재인이 민법 제450조의 제3자에 해당하는지, 파산선고 후 해제권이 행사된 경우 파산관재인이 민법 제548조 제1항 단서의 제3자에 해당하는지에 대해서는 견해의 대립이 있다.

제 2 절 파산관재인의 권한과 의무

파산관재인은 파산재단에 해당하는 적극재산에 대한 관리와 파산채권에 대한 조사, 확정의 권한을 가지고 있다. 또 수집된 파산재단에 대한 배당을 주관하는 권한을 갖고 있고, 파산절차에 참여하여 보고·의견진술을 할 권한을 가지며, 법원의 요청에 따라 면책불허가 사유를 조사하며, 그 결과를 보고하여야 하는 권한과 의무가 있다.

반면, 파산관재인은 선량한 관리자의 주의로써 그 직무를 수행하여야 할 의무(법 제361조 제1항), 채무자·파산채권자 등 다수의 이해관계를 조절하면서 파산절차를 주도적으로 수행하는 기관으로서 그 직무집행에 있어서 이해관계인에 대하여 공정·중립의 의무를 진다. 여기에 파산절차를 수행하는 과정에서 법원에 각종의 보고를 할 의무도 부담한다.

파산관재인이 위 의무를 게을리하면 해임사유가 되고(법 제364조 제1항), 그로 인하여 손해가 발행하면 손해배상책임을 지게 된다(법 제361조 제2항).

일부 채무자는 예납금을 납부하였다는 이유로 파산관재인을 채무자의 파산절차 수행의 협력자 또는 대리인으로 인식하는 경향이 있고, 또 일부는 파산관재인에게 무한한 권한이 있는 것처럼 인식하는 경향도 있다. 그러나 파산관재인은 법이 정한 권한과 의무의 범위 내에서 파산절차를 수행하는 기관에 불과할 뿐이므로, 법이 정한 범위를 넘어서는 권한을 행사할 수 없을 뿐더러 채무자를 도와 파산절차를 수행하는 조력자가 아니다.

제 3 절 자료제출 안내문

서울중앙지방법원은 2012. 2. 1.부터 새로운 개인파산절차 운영방식을 채택하면서 대부분의 개인파산 사건에 있어 파산선고와 동시에 파산관재인을 선임하고, 파산폐지는 추후지정하는 형식으로 절차를 진행하고 있다. 이에 따라 파산관재인은 채무자 및 채무자의 가족들의 재산을 파악하기 위해 파산선고시에 채무자에게 자료제출 안내문을 교부하고 있다.

■ 자료제출 안내문은,

① 자료제출 안내문, ② 별지 파산관재인에 대한 채무자의 자료 제출, ③ 파산관재인 안내문, ④ 자료발급방법 안내, ⑤ 자료발급 방법 상세안내, ⑥ 서울중앙지방법원 파산선고 안내문과 별지 안내문(채권자에 대한 송달 여부 확인방법)으로 구성되어 있다(부록 5).

이하에서는 위 각 안내문을 교부하는 취지, 그 내용에 대하여 소개한다.

1. 자료제출 안내문

법원이 채무자에게 교부하는 안내문으로, 파산관재인의 자료제출 요청에 대한 채무자의 설명의무의 근거(제1항), 자료제출기간(제2항), 참고사항(제3항)으로 구성되어 있으며, 채무자가 준비해야 할 보정자료의 목록을 대략적으로 기술하고 있다.

채무자가 준비할 보정자료 목록은 아래와 같다.

① 채무자의 가족관계증명서, 혼인관계증명서
② 채무자와 채무자의 부모, 배우자, 자녀의 주민등록초본 (파산신청일로부터 과거 10년 전부터 현재까지의 주거변동 사항이 반영된 것이어야 함, 부모 사망시 말소자초본 포함함)
③ 채무자의 파산신청일로부터 과거 10년 전부터 현재까지의 무관할 세목별과세증명서 [동사무소 발급, ※ 과거 10년 전부터 현재까지의 주민등록지가 광역시, 도·시·군·구(지방자체단체인 구) 단위로 변경된 경우, 위 단위 이상의 주민등록지에 대하여 모두 발급받아야 함. 예를 들어 10년간 서초동, 역삼동, 논현동, 무교동으로 주민등록지가 변경된 경우, 서초구·강남구·중구의 무관할 세목별과세증명서를 모두 제출하면 됨]
④ 채무자의 부모, 배우자, 자녀의 파산신청일로부터 과거 5년 전부터 현재까지의 무관할 세목별과세증명서 (※ 발급방법은 ③과 같음. 자녀의 경우 성년·미성년 불문하고 부모, 배우자가 2년 내 사망하거나 2년 내 이혼한 경우 포함함. ⑥, ⑦번도 동일함)
⑤ 채무자의 과거 5년간 자동차등록원부(갑구, 을구 모두 포함)
⑥ 채무자의 부모, 배우자, 자녀의 자동차등록원부(갑구, 을구 모두 포함)
⑦ 채무자, 부모, 배우자, 자녀의 개인별토지소유등록 현황 또는 미등록자 현황
⑧ 채무자의 과거 5년간 소유 부동산등기부등본
⑨ 채무자의 과거 5년간 채무자 거주지 부동산등기부등본
⑩ 채무자의 생존자 보험가입내역 조회 및 보험가입내역 조회에 기재된 생명보험의 해지·시효·유지 및 예상 해약환급금 내역 확인서(손해/자동차/운전자/여행자·단체/주말휴일상해 제외)
⑪ 채무자의 현재부터 과거 10년간 사실증명(☑사업자등록증명, ☑휴업사실증명, ☑폐업사실증명, ☑납세 및 체납사실증명, ☑소득금액증명, ☑부가가치세과세표준증명, ☑부가가치세면세사업자수입금액증명, ☑표준재무제표증명(개인,법인), 총 8항목을 체크하고 세무공무원이 교부해 주는 서류를 제출)
⑫ 채무자의 과거 5년부터 현재까지의 은행 통장거래내역(공과금, 카드사용, 급여이체 등이 기재된 통장의 예금거래내역서를 제출함. 채무자의 신분증을 과거 5년부터 현재까지의 공과금, 카드, 급여 등과 관련한 거래 금융기관에 제시하면 발급 가능함. 가족 명의 통장으로 거래되었다면 가족의 금융거래내역서를 제출)

⑬ 채무자의 과거 5년간 현재까지의 사업용으로 사용한 은행 통장거래내역(범위: 폐업한 경우 폐업일로부터 2년 전부터 현재까지. 다만 파산신청일로부터 5년 전의 거래내역은 제외)
⑭ 과거 3년간 채무자 소유 재산이 경매처분된 사실이 있는 경우 해당 경매절차의 배당표, 사건별수불내역서, 공탁금출급증명서
⑮ 과거 3년간 채무자 거주지의 임대차(월세)계약서 사본(채무자가 임차인인 경우에만 해당) **※ 확정일자부 계약서를 제출하고 확정일자가 없는 경우에는 그 이유를 기재하여 별도 서면으로 제출**
⑯ 과거 3년간 채무자 거주지 매매계약서 사본
⑰ 과거 5년간 사업장 매매계약서 사본, 임대차계약서 사본
⑱ 과거 3년간 매매대금 및 임대차보증금 출처 및 사용처에 관한 금융자료
☞ 부동산을 매매한 경우 매매계약서, 매매대금 또는 임대차보증금의 입출금 내역을 알 수 있는 통장사본, 계좌이체내역서 등
⑲ 채무자의 가계수지표 (끝)

위 각 서류목록을 당사자별로 나누어 살펴보면 다음과 같다.

■ 채무자

○ 채무자의 인적사항 관련 자료

① 가족관계증명서(구청 등 발급), 혼인관계 증명서(구청 등 발급)

– 채무자의 가족관계를 살펴 채무자의 직계 존·비속 및 배우자가 있는지를 확인하기 위한 기초자료이다. 파산관재인이 조사할 채무자와 가족의 범위가 위 서류로 확정된다. 혼인관계 증명서는 혼인시기 또는 이혼시기를 확인하는 자료이다.

○ 채무자의 주소 또는 거주 상황 관련 자료

② 채무자의 주민등록증 초본(구청 등 발급) … ⑨ 채무자의 과거 5년간 거주지의 등기부등본(등기소 등 발급) … ⑮ 채무자의 과거 3년간 채무자의 거주지의 임대차계약서

– 채무자의 주민등록초본으로 채무자의 주소지 변동내역을 확인한다.

최근 5년간 주민등록지의 등기부등본을 통해 채무자가 거주한 부동산의 소유 여부를 확인한다. 소유 부동산이 아닌 경우 제출된 임대차계약서를 통해 임대기간, 임차보증금의 규모, 월 임료, 임대차계약의 당사자 등을 확인한다.

○ 채무자 소유 부동산 관련

⑦ 채무자의 개인별토지소유등록 현황 또는 미등록자 현황(현재 지적전산자료 조회결과로 서류명 변경됨. 구청 지적과 등에서 발급), ⑧ 채무자의 과거 5년간 소유 부동산등기부등본(등기소 등에서 발급)

– 채무자가 현재 소유하고 있는 부동산 내역 및 과거 5년간 소유한 부동산 내역을 확인한다.
– 부동산이 매매형식으로 처분된 경우에는, ⑯ 과거 3년간 채무자 거주지 매매계약서 사본 및 그 매매대금의 사용처를 확인할 수 있는 금융자료 … ⑱ 과거 3년간 매매대금의 출처(매매대금의 입출금 내역을 알 수 있는 통장사본, 계좌이체내역서 등)를 확인할 수 있는 자료를 제출한다.
– 부동산이 경매되어 처분된 경우에는, ⑭ 과거 3년간 채무자 소유 재산이 경매처분된 사실이 있는 경우 해당 경매절차의 배당표, 사건별수불내역서, 공탁금출금증명서를 제출한다.

○ 채무자의 지방세납부 내역 관련

③ 채무자의 파산신청일로부터 과거 10년 전부터 현재까지의 무관할 세목별과세증명서(동사무소 등에서 발급)

– 채무자의 무관할 세목별과세증명서를 통해서 재산세, 자동차세 납부내역을 확인한다.

만일, 과거 5년간 지방세납부 내역에 자동차세가 부과된 사실이 있으면, ⑥ 채무자의 자동차등록원부(갑·을구 포함)를 제출한다.

○ 채무자의 채권 존부 관련

예금채권의 존부에 대하여는 ⑫ 채무자의 과거 5년부터 현재까지의 은행 통장거래내역, ⑬ 채무자의 과거 5년간 현재까지의 사업용으로 사용한 은행 통장거래내역 (각 은행 발급)을 제출한다.
보험해지환급금 채권의 존부에 대하여는 ⑩ 채무자의 생존자 보험가입내역 조회 및 보험가입내역 조회에 기재된 생명보험의 해지, 시효, 유지 및 예상 해약환급금 내역 확인서를 제출한다.

○ 기타, 사업장의 폐업, 사업장의 운영상태, 국세체납내역 등

---

⑪ 채무자의 현재부터 과거 10년간 사실증명, ⑬ 채무자의 과거 5년간 현재까지의 사업용으로 사용한 은행 통장거래내역, ⑰ 과거 5년간 사업장 매매계약서 사본, 임대차계약서 사본

■ 채무자의 배우자, 직계 존·비속

---

② 채무자의 부모·배우자·자녀의 주민등록초본, ⑦ 채무자·부모·배우자·자녀의 개인별토지소유등록 현황 또는 미등록자 현황, ④ 채무자의 부모·배우자·자녀의 파산신청일로부터 과거 5년 전부터 현재까지의 무관할 세목별과세증명서, 채무자의 배우자, 직계 존·비속이 차량을 소유하고 있는 경우에는 ⑥ 채무자의 부모, 배우자, 자녀의 자동차등록원부(갑구, 을구 모두 포함)를 제출한다.

---

2. 파산관재인에 대한 채무자의 자료 제출

이 서류는 채무자가 파산관재인에게 제출해야 할 서류의 목록 등을 표식으로 정리한 것으로, 채무자는 파산관재인에세 이 표식에 기재된 자료 제출 순번에 따라 편철하여 제출하되, 위 서류를 추가 제출하는 자료의 맨 앞장에 편철해야 한다.

우선 채무자는 위 자료제출서 맨 위에 기재되어 있는 자신의 사건명 옆의 채무자란에 잘 지워지지 않는 볼펜 등의 필기도구를 사용하여 자필서명하여야 하고, 그 아래 제출일자를 기재한다(의외로 이 부분조차 정확히 기재하는 채무자가 많지 않다).

그 다음부터는 아래 표목에 기재된 내용대로 체크하고, 자료를 첨부하여 편철한다.

파산관재인에 대한 채무자의 자료 제출

파산선고 사건의 채무자 ____________________(자필서명)
※ 채무자가 기재내용을 확인하고 반드시 자필 서명하여 제출하십시오.

위 채무자는 20 년 월 일 아래와 같은 서류를 파산관재인 변호사에게 제출합니다.

1. 아래 표의 해당 □란에 V 표시하고 뒷면에 이번에 새로이 제출하는 서류를 순서대로 첨부하여 제출합니다.

순번	서류목록	파산 신청시 제출	이번에 뒷면에 첨부하여 새로이 제출	제출 못하거나 일부만 제출한 이유	발급 기관
1	채무자의 가족관계증명서	□	□제출	–	구청 등
2	채무자의 혼인관계증명서	□	□제출	–	
3	채무자의 주민등록초본 (과거 주소 전체)	□	□제출	–	
4	부모의 주민등록초본/사망시 말소자 초본 (과거 주소 전체)	□	□부(父) 제출 □모(母) 제출	□기타( )	
5	배우자의 주민등록초본 (과거 주소 전체)	□	□제출	□해당 사항 없음(미혼) □기타( )	
6	자녀의 주민등록초본 (과거 주소 전체)	□	□자녀 전부 제출 □자녀 일부 제출	□해당 사항 없음(자녀 없음) □기타( )	
7	채무자의 무관할 세목별과세 증명서 (현재부터 과거 10년) (부동산·차량·회원권의 취득세, 면허세, 주민세, 건축물 재산세, 자동차세, 농지세, 종합토지세, 도시계획세 등) 모든 세목이 포함되도록 표시하여 발급	□	□과거 거주지 전부 □과거 거주지 일부	※발급요령–이하 동일 –과거 10년 전부터 현재까지의 주민등록지가 특별시, 광역시, 그 외 시·군·구(지방자치단체) 단위로 변경된 경우, (예) –서울에서 10년 거주시 서울시만 발급 –경기도 등 지방에서 3년 거주 후 서울로 이주시 지방의 시·군·구를 방문하거나 팩스 민원으로 3년분 발급받고, 7년분은 서울시 발급	

8	부모의 무관할 세목별과세증명서 (현재부터 과거 5년)	□	□부(父) 제출 □과거 거주지 전부 □과거 거주지 일부 □모(母) 제출 □과거 거주지 전부 □과거 거주지 일부	□기타(병역, 해외체류, 구치소·교도소 수용자, 장기별거, 연락두절 등)
9	배우자의 무관할 세목별과세증명서 (현재부터 과거 5년)	□	□과거 거주지 전부 □과거 거주지 일부	□해당 사항 없음(미혼) □기타(병역, 해외체류, 구치소·교도소 수용자, 장기별거, 연락두절 등)
10	자녀의 무관할 세목별과세증명서 (현재부터 과거 5년)	□	□자녀 전부 제출 □과거 거주지 전부 □과거 거주지 일부 □ 자녀 일부 제출 □과거 거주지 전부 □과거 거주지 일부	□해당 사항 없음(자녀없음) □기타(병역, 해외체류, 구치소·교도소 수용자, 장기별거, 연락두절 등)
11	채무자의 과거 5년간 차량등록원부(갑·을구 모두포함)	□	□제출	□해당 사항 없음(차량소유 없음)
12	부모의 차량등록원부 (갑·을구 모두포함)	□	□부(父) 제출 □모(母) 제출	□해당 사항 없음(차량소유 없음) □기타( )
13	배우자의 차량등록원부 (갑·을구 모두포함)	□	□제출	□해당사항 없음(미혼, 차량소유 없음) □기타( )
14	자녀의 차량등록원부 (갑, 을구 모두포함)	□	□자녀 전부 제출 □자녀 일부 제출	□해당 사항 없음(자녀 없음, 차량 소유 없음) □기타( )
15	채무자의 개인별 토지소유등록 현황 또는 미등록자 현황	□	□제출	※ 주의사항 소유 유무 관계없이 제출, 무소유(미등록)는 미제출 사유에 해당 안됨
16	부모의 개인별 토지소유 등록 현황 또는 미등록자 현황	□	□부(父) 제출 □모(母) 제출	□기타( )
17	배우자의 개인별 토지소유등록 현황 또는 미등록자 현황	□	□제출	□해당 사항 없음(미혼) □기타( )

<table>
<tr><td>18</td><td>자녀의 개인별 토지소유등록 현황 또는 미등록자 현황</td><td>□</td><td>□자녀 전부 제출
□자녀 일부 제출</td><td>□해당 사항 없음(자녀 없음)
□기타(병역, 해외체류, 구치소·교도소 수용자, 장기별거, 연락두절 등)</td><td></td></tr>
<tr><td>19</td><td>채무자의 과거 5년간 소유 부동산등기부등본</td><td>□</td><td>□제출</td><td>□해당 사항 없음(부동산소유 없음)</td><td rowspan="2">구청 · 등기소 등</td></tr>
<tr><td>20</td><td>채무자의 과거 5년간 거주지 부동산등기부등본</td><td>□</td><td>□과거 거주지 전부
□과거 거주지 일부</td><td>–</td></tr>
<tr><td rowspan="2">21</td><td>채무자의 생존자 보험가입내역 조회</td><td>□</td><td>□제출</td><td>생명보험협회(www.klia.or.kr)·손해보험협회(www.knia.or.kr) 홈페이지에서 공인인증서를 통해 조회. 생명보험협회(☎2262–6570)는 생명보험가입내역만 조회 가능(손해보험가입내역은 손해보험협회(☎3702–8630)에서 조회)</td><td rowspan="2">생명보험협회

각 보험회사</td></tr>
<tr><td>보험가입내역 조회에 기재된 생명보험의 해지·실효·유지 및 예상해약환급금 내역 (손해/자동차/운전자/여행자·단체/주말휴일상해 제외)</td><td></td><td>□제출</td><td>조회할 모든 생명보험사를 직접 방문해서 발급서류를 관재인 사무소에 제출</td></tr>
<tr><td>22</td><td>채무자의 사실증명
(현재부터 과거 10년)
(오른쪽의 8항목을 체크하고 세무공무원이 교부해 주는 서류를 관재인 사무실에 제출)</td><td>□</td><td>□제출</td><td>☑사업자등록증명
☑휴업사실증명
☑폐업사실증명
☑납세 및 체납사실증명
☑소득금액증명
☑부가가치세과세표준증명
☑부가가치세면세사업자수입금액증명
☑표준재무제표증명(개인, 법인)</td><td>세무서

전화 126</td></tr>
<tr><td>23</td><td>과거 5년부터 현재까지의 채무자의 은행 통장거래내역
(공과금, 카드사용, 급여이체 등이 기재된 통장의 예금거래내역서를 제출, 가족 명의 통장으로 거래되었다면 가족의 금융거래내역서 제출)</td><td>□</td><td>□과거 자료 전부
□과거 자료 일부</td><td>□해당 사항 없음(은행거래 없음)
□기타(   )</td><td>은행
농협
수협
축협
신협
증권사</td></tr>
</table>

24	과거 5년간 채무자의 사업용 은행 통장거래내역 [채무자가 파산신청일로부터 5년 전부터 현재까지 개인기업을 경영한 경우 채무자가 사업용으로 사용한 은행 통장거래내역(범위: 폐업한 경우 폐업일로부터 2년부터 현재까지. 다만 파산신청일로부터 5년 전의 거래내역은 제외)]	□	□과거 자료 전부 □과거 자료 일부	□해당 사항 없음(기업경영 없음) □기타(　　　　　　)	CMA 우체국 마을금고
25	과거 5년간 채무자 재산 경매처분시 배당표, 사건별수불내역서, 공탁금출급증명원	□	□과거 자료 전부 □과거 자료 일부	□해당 사항 없음 (경매처분 없음, 공탁금 없음 등) □기타(　　　　　　)	경매 법원
26	과거 3년간 채무자 거주지의 임대차(월세)계약서 사본 (채무자가 임차인인 경우에만 해당) ※ 확정일자부 계약서를 제출하고 확정일자가 없는 경우에는 그 이유를 기재하여 별도 서면으로 제출	□	□과거 거주지 전부 □과거 거주시 일부 □확정일자부 전부 □확정일자부 일부	□해당 사항 없음(임차부동산 아님) □분실(　　　　　　) □기타(　　　　　　)	채무자 보유 자료
27	과거 3년간 채무자 거주지 매매계약서 사본	□	□과거 계약서 전부 □과거 계약서 일부	□해당 사항 없음(소유부동산 아님) □분실(　　　　　　) □기타(　　　　　　)	
28	과거 5년간 사업장 매매계약시, 임대차계약서	□	□과거 자료 전부 □과거 자료 일부	□해당 사항 없음(기업경영 없음) □분실(　　　　　　) □기타(　　　　　　)	
29	과거 3년간 매매대금 및 임차보증금 출처, 사용처에 관한 금융자료 매매계약서(부동산을 매매한 경우), 매매대금 및 임차보증금의 출처 및 사용처, 관련 금융자료(통장사본, 계좌이체내역 등)	□	□과거 자료 전부 □과거 자료 일부	□해당 사항 없음(계약사실 없음) □분실(　　　　　　) □기타(　　　　　　)	

2. 채무자의 가계수지표

생계비의 조달		액수(만원)	생계비의 지출	액수(만원)
급여 또는 자영수입	신청인		주거비(임대료, 관리비 등)	
	배우자		식비(외식비 포함)	
	기타(　　　)		교육비	
연금	신청인		전기·가스·수도료	
	배우자		교통비(차량유지비 포함)	
	기타(　　　)		피복비	
생활보호			의료비	
기타(　　　)			기타	
수입 합계			지출 합계	

3. 법원과 관재인이 제출을 요청한 서류를 제출하지 못한 이유 등에 대하여 아래와 같이 설명합니다. (예를 들면, 과거 3년간 채무자 거주지의 매매대금 또는 임차보증금의 출처 및 사용처에 대한 자료를 제출하지 못하는 이유, 임대차계약서에 확정일자부 날인이 없는 이유 등)

(설명사항을 상세히 기재)(공간이 부족할 경우는 별지에 기재하여 다음 장으로 첨부)

파산관재인에 대한 채무자의 자료제출서는 1.항 자료제출서류 목록, 2.항 채무자의 가계수지표. 3.항 미제출자료 소명서로 구성되어 있다.

채무자는 위 표목의 해당 란에 체크한다. 파산신청서에 첨부하여 법원에 이미 제출한 서류인 경우에는 [파산신청시 제출]란에 체크하고, 이번에 새로이 제출한 서류인 경우에는 [이번에 뒷면에 첨부하여 새로이 제출]란에 체크한다. 자료를 제출하지 못하거나, 일부만 제출하는 경우에는 그 [이유]란에 체크 또는 기재한다.

각 법원별, 파산관재인별로 제출서류 목록의 차이가 있을 수 있으므로, 파산선고시 교부되는 「파산관재인의 채무자에 대한 자료제출요청서」에 기재된 항목 및 발급연도를 기준으로 하되, 아래 설명을 참조하면 된다.

■ 제1.항 자료제출 서류목록

【순번 1~6】 주민등록초본 등(구청에서 발급)

순번 1(채무자의 가족관계증명서) : 대부분의 채무자가 파산신청시 첨부한 자료이므로, 파산신청서에 첨부하여 제출되었는지 확인하고, 첨부되었다면 [파산신청시 제출]란에 체크☑한다.

순번 2(채무자의 혼인관계증명서) : 대부분의 채무자가 파산신청시 첨부한 자료이므로, 파산신청서에 첨부하여 제출되었는지 확인하고, 첨부되었다면 파산신청시 제출]란에 체크☑한다. 혼인을 하지 않은 경우에도 발급받아 제출해야 하므로, 미혼자인 채무자는 파산신청시 혼인관계증명서를 제출하지 않았다면 [이번에 뒷면에 첨부하여 새로이 제출]란에 체크☑하고 첨부하여 제출한다(이혼한지 2년이 지난 채무자도 추가로 제출해야 한다).

순번 3(채무자의 주민등록초본) : 파산신청시에는 현재 거주지 상황을 확인하기 위하여 주민등록등본이 제출되는 경우가 많다. 신청서 첨부 여부를 확인한 후 해당 란에 체크☑한다. 주민등록초본은 **과거 주소지 전체의 변동사항이 기재된** 것을 발급받아 제출하여야 한다.

순번 4, 5, 6(채무자의 부모, 배우자, 자녀들의 주민등록초본) : 이 서류는 파산신청서상의 필요서류가 아니므로 신청시 제출되지 않는 경우가 많다. 신청서 첨부 여부를 확인한 후 해당 란에 체크☑한다. 부모가 전부 또는 일부가 사망한 경우에는 말소자초본을 제출하고, 일부만 제출하는 경우에 [이번에 뒷면에 첨부하여 새로이 제출]란에 해당 부모에 체크☑하고, 제출하지 못한 다른 부모는 [미제출 이유]란의 □기타에 체크☑한 후 괄호 안에 그 사유, 예를 들어 연락두절, 협조불응이라고 기재한 다음 위 표식 마지막에 있는 제3.항에서 연락두절,

협조불응의 이유를 상세히 설명하고 소명자료를 첨부한다.

채무자가 배우자와 2년 이내 이혼한 경우에는 이혼한 배우자의 주민등록초본을 발급받아 제출하여야 한다. 이혼한 지 2년이 지난 경우에는 [미제출이유]란 □기타에 체크☑한 후 괄호 안에 그 사유, '○년전 이혼'이라고 기재한다. 법률상으로 혼인관계에 있으나 이미 오래 전에 별거 중이어서 배우자의 협조를 받을 수 없는 경우에는 [미제출이유]란의 □기타에 체크☑한 후 괄호 안에 그 사유, 예를 들어 장기간 연락두절, 협조불응이라고 기재하고 3.항에서 장기간 연락두절, 협조불응의 이유를 상세히 설명하고 소명자료를 첨부한다.

미혼인 경우에는 [미제출이유]란에 □해당 사항 없음(미혼)에 체크☑한다.

자녀들이 미성년자이고 채무자가 친권자이면, 법률상의 대리인으로서 자녀들의 주민등록초본을 직접 발급받을 수 있다. 자녀들이 성년자인 경우에는 자녀들의 협조를 받아 발급받거나, 자녀들로부터 인감증명서가 첨부된 위임장을 교부받은 후, 대리인으로서 발급받는다.

자녀가 군입대 또는 장기간 해외거주 중인 경우에는 [미제출이유]란 □기타에 체크☑한 후 괄호 안에 그 사유, '군입대' 또는 '장기간 해외거주'라고 기재하고 그 소명자료를 첨부한다. 자녀가 오랜 전부터 연락두절인 경우에도 [미제출이유]란의 □기타에 체크☑한 후 괄호안에 그 사유, 예를 들어, 장기간 연락두절, 협조불응이라고 기재하고 위 제3.항에서 장기간 연락두절, 협조불응의 이유를 상세히 설명하고 소명자료를 첨부한다.

자녀가 없는 경우에는 [미제출이유]란에 □해당 사항 없음(자녀 없음)에 체크☑한다.

【순번 7~10】 무관할 세목별과세증명서(구청에서 발급)

과거 10년 전부터 현재까지 주민등록지가 특별시, 광역시, 그 외 시·군·구로 변경된 경우에는 해당 특별시, 광역시, 그 외 시·군·구로부터 각 무관할 세목별과세증명서를 발급받아 첨부한다. <u>무관할 세목별과세증명서는 **모든 세목**이 포함되도록 표시하여 발급받아야 한다.</u>

순번 7(채무자의 무관할 세목별과세증명서) : 파산신청서에 첨부된 자료이면 이를 확인하고 [파산신청시 제출]란에 체크☑한다. 단, 파산신청시 제출한 무관할 세목별과세증명서의 발급기간이 10년이 아닌 경우, 또는 변경된 주소지의 무관할 세목별과세증명서가 첨부되지 않는 경우에는 새로이 제출해야 하며, 이 경우 [이번에 뒷면에 첨부하여 새로이 제출]란에 체크☑하고 자료를 첨부한다. 과거 거주지 일부만을 제출할 특별한 이유가 없으므로, 과거 거주지 전부를 제출해야 한다.

순번 8, 9, 10(채무자의 부모, 배우자, 자녀들의 무관할 세목별과세증명서) : 이 서류도 파산신청서상의 필요서류가 아니므로 파산신청서에 첨부되지 않는 경우가 많다. 신청서 첨부 여부를 확인한 후 해당 란에 체크☑한다. 파산신청시에 제출된 자료이면 이를 확인하고 [파산신청시 제출]란에 체크☑한다. 단, 파산신청시 제출한 부모 등의 무관할 세목별과세증명서의 발급기간이 5년(3년)이 아닌 경우, 또는 변경된 주소지의 무관할 세목별과세증명서가 첨부되지 않는 경우에는 새로이 제출해야 하며, 이 경우 [이번에 뒷면에 첨부하여 새로이 제출]란에 체크☑하고 자료를 첨부한다.

부모가 '해외체류', '구치소·교도소 수용자', '연락두절' 등의 이유로 협조를 받을 수 없는 경우에는 [미제출 이유]란의 □기타에 체크☑한 후 괄호 안에 해당 사유가 있으면 그 기재사유에 동그라미를 치고, 제3.항에서 그 이유를 상세히 설명하고 소명자료를 첨부한다.

채무자가 배우자와 2년 이내 이혼한 경우에는 이혼한 배우자의 무관할 세목별과세증명서를 발급받아 제출하여야 한다. 이혼한 지 2년이 지난 경우에는 [미제출 이유]란 □기타에 체크☑하고, 제3.항에 이혼한 일시를 기재하고, 협조불응의 이유를 기재한다. 그 외 배우자가 병역, 해외체류, 구치소·교도소에 수용, 장기별거 등의 사유로 첨부할 수 없는 경우에는 [미제출 이유]란 □기타에 체크☑하고 괄호 안에 해당 사유가 있으면 그 기재사유에 동그라미를 치고, 제3.항에서 그 이유를 상세히 설명하고 소명자료를 첨부한다.

미혼인 경우에는 [미제출 이유]란에 □해당 사항 없음(미혼)에 체크☑한다.

자녀들이 미성년자이고, 채무자가 친권자이면, 법률상의 대리인으로서 자녀들의 무관할 세목별과세증명서를 직접 발급받을 수 있다. 자녀들이 성년자인 경우에는 자녀들의 협조를 받아 발급받거나, 자녀들로부터 인감증명서가 첨부된 위임장을 교부받은 후, 대리인으로서 발급받는다.

성년인(또는 자녀가 미성년이나 채무자가 친권이 없는 경우) 자녀가 병역, 해외체류, 구치소·교도소 수용, 장기별거, 연락두절 등의 사유로 인해 협조를 받을 수 없어 자녀들의 지방세 세목별과세증명서 전부 또는 일부를 제출할 수 없는 경우에는 [미제출 이유]란 □기타에 체크☑하고 괄호 안에 해당 사유가 있으면 그 기재사유에 동그라미를 치고, 제3.항에서 그 이유를 상세히 설명하고 소명자료를 첨부한다.

자녀가 없는 경우에는 [미제출 이유]란에 □해당 사항 없음(자녀 없음)에 체크☑한다.

【순번 11~14】 자동차등록원부(구청에서 발급)

채무자가 현재 소유하고 있는 차량이 있는 경우에는 파산신청서에 이를 첨부하도록 되어 있다. 그러나 이 항은 채무자의 과거 5년간 소유하고 있었던 차량의 자동차등록원부, 배우자·부모·자녀들이 현재 소유하고 있는 차량의 자동차등록원부를 제출하는 것이다. 채무자의 무관할 세목별과세증명서상의 과거 5년간 자동차세 부과내역이 있으면, 현재 소유하고 있지 않더라도 그 자동차등록원부를 제출해야 한다. <u>**갑·을구가 포함**된 자동차등록원부이다.</u>

순번 11(채무자의 과거 5년간 자동차등록원부) : 채무자가 소유한(소유했던) 차량이 있는 경우에는 파산신청서에 첨부하여 제출했으면 [파산신청시 제출]란에 체크☑하고, 새로이 제출하는 경우에는 [이번에 뒷면에 첨부하여 새로이 제출]란에 체크☑한 후 첨부한다.

소유한(소유했던)차량이 없는 경우에는 [미제출 이유]란에 □해당 사항 없음(차량소유 없음)에 체크☑한다.

오토바이를 소유한(소유했던) 경우에도 마찬가지이다.

순번 12~14(채무자의 부모, 배우자, 자녀들의 자동차등록원부) : 위 주민등록초본, 자동차등록원부 작성요령을 참조하여 기재하면 된다. 다만, 부모의 경우 [미제출 이유]란에 □해당 사항 없음(차량소유 없음)으로만 기재되어 있으므로 부모가 사망한 경우 등에는 □기타 란에 체크☑하고 그 사유를 기재한다.

【순번 15~18】 개인별토지소유 현황 또는 개인별토지소유미등록자 현황(현재, 지적전산자료조회 결과, 구청에서 발급)

이 서류는 파산신청시 제출하는 첨부자료에 포함되지 않는 서류이다. 따라서 대부분의 채무자는 파산관재인의 자료제출 요청에 따라 새로이 제출해야 한다. 구청 토지과(지적과) 또는 조상땅찾기 코너에서 발급하면 되고, 가족관계증명서상에 채무자의 가족(채무자의 부, 모, 배우자, 자녀)에 대한 개인별토지소유 현황(또는 개인별토지소유미등록자 현황)도 발급받는다. 만일 가족 중에 2년 이내에 사망한 사람이 있으면, 그 서류도 발급받아야 한다. 2년 전에 이혼한 경우에도 마찬가지이다.

【순번 19, 20】 부동산 등기부등본(구청·등기소에서 발급)

현재 소유한 부동산뿐만 아니라, 과거 5년간 소유했던 부동산이 있는 경우에도 그 부동산 등기부등본을 제출하여야 한다. 과거 채무자가 소유한 부동산의 내역은 채무자의 무관할 세목별과세증명서상에 등록세(부동산), 취득세(부동산), 재산세(부동산) 부과내역을 확인하여 참조한다. 현재 채무자가 소유한 부동산은 개인별토지소유 현황을 참조한다.

부동산을 소유한(소유했던) 적이 없으면 [미제출 이유]란에 □해당 사항 없음(부동산소유 없음)에 체크☑한다.

과거 5년간 거주지의 부동산 등기부등본은 채무자가 실거주하였는지를 불문하고 채무자의 주민등록초본에 기재된 과거 5년간 주소지의 부동산등기부등본을 첨부한다. 부동산등기부등본은 누구나 발급받을 수 있으므로 채무자 소유 여부를 불문하고 제출하여야 한다.

주소이전등록을 하지 않아 현 거주지로 주민등록 이전이 되지 않은 경우에는 현 거주지의 부동산등기부등본도 제출하여야 한다.

【순번 21】 생존자 보험가입내역 조회·각 보험가입내역서(해지환급금)(생명보험협회·각 보험사 발행)

채무자는 생명보험협회(화재보험협회)에서 발급하는 생존자보험가입조회서를 제출한다(보험가입내역이 없는 경우에도 제출해야 함). 위 보험가입조회서상에 기재된 보험 중 손해보험/자동차보험/운전자보험/여행자·단체보험/주말휴일상해보험을 제외한 보험내역에 대하여는 해당 보험회사에 직접 찾아가 예상 보험해약환급금 내역이 포함되어 있는 증명서를 발급받아 첨부하여야 한다.

생존자보험가입조회서에는 나와 있으나 이미 해지·해약된 경우에도 해지·해약내역서 또는 해지환급금 영수증을 제출하여야 한다. 보험계약자가 채무자가 아닌 경우(채무자가 피보험자인 경우)에도 그 예상 보험해약환급금 내역서를 첨부하여야 한다. [미제출 이유]란에 기재될 사유가 없으므로 해당 란이 없다.

【순번 22】 사실증명(세무서에서 발급)

세무서에 비치된 사실증명발급신청서의 8개 항목을 모두 체크하여 발급신청을 한다.

☑ 사업자등록증명
☑ 휴업사실증명
☑ 폐업사실증명
☑ 납세 및 체납사실증명
☑ 소득금액증명
☑ 부가가치세과세표준증명
☑ 부가가치세면세사업자수입금액증명
☑ 표준재무제표증명(개인, 법인)

채무자가 사업장을 운영한 적이 없는 경우에도 위 8개 항목 모두 체크하고, 발급된 사실증명서류 모두를 첨부하면 된다. [미제출 이유]란에 기재될 사유가 없으므로 해당 란이 없다.

【순번 23, 24, 29】 은행거래 내역(각 은행에서 발급)

5년 전부터 현재까지 채무자의 공과금 납부, 카드대금 연계, 급여 등이 이체된 예금거래 내역서를 제출한다. 만일 다른 사람(가족 등) 명의의 통장을 사용하였다면 그 예금거래 내역서를 첨부하여야 한다.

과거 3년간 부동산 매매를 하여 매매대금을 입금받았거나, 과거 3년간 임차보증금을 지급받은 경우에는 그 거래내역 부분을 형광펜으로 표시하여 제출하는 것이 좋다. 만일 다른 사람(가족 등) 명의의 통장을 사용하여 거래한 경우에는 그 예금거래내역서를 첨부한다. 매매대금, 임차보증금을 현금으로 거래한 경우에는 순번 39번 [미제출 이유]란에 □기타에 체크☑하고 '현금거래 등'으로 기재한 후 제3.항에서 현금거래를 한 불가피한 사정을 기재하여야 한다.

채무자가 과거 5년간 개인사업체를 운영한 경우에는 사업용 은행계좌 내역도 제출해야 한다. 다만, 폐업일로부터 2년 전부터의 것을 제출하되 파산신청일로부터 5년 전의 거래내역은 제외해도 된다. 특별한 경우가 아닌 한 채무자가 법인사업체를 운영한 경우에 법인사업용 은행계좌 내역은 기본적인 제출요청 자료에 해당하지 않는다.

예금거래내역서에는 예금주, 계좌번호, 입출금 내역이 모두 포함되어 있어야 한다.

과거 자료 전부 또는 일부임을 기재하고, 은행거래 내역이 없거나, 기업경영 경험이 없는 경우에는 해당 란에 체크☑한다. 폐업사실증명서에 과거 5년 전에 개인사업체를 폐업한 사실이 있음에도 기업경영 경험이 없음을 이유로 자료를 미제출한다고 해서는 안 된다.

【순번 25】 배당표 등(경매법원에서 발급)

채무자 소유 부동산 등의 재산이 과거 3년 전 이내에 경매로 처분된 경우에는 그 경매법원에서 배당표, 사건별수불내역서, 공탁금출금증명서를 발급받아 첨부한다.

현재 경매절차 진행 중인 경우에는 배당표가 작성되지 않아 발급되지 않으므로 이를 제출하지 않아도 되나, 파산관재인에게 경매절차 진행 중인 사실을 고지하거나 □기타 란에 경매진행 중(경매사건번호 기재)이라고 기재한다. 부동산, 동산 경매를 불문한다.

경매로 처분된 재산이 없으면 □해당 사항 없음에 체크☑한다.

【순번 26 ~28】 계약서 등

순번 26(과거 3년간 채무자 거주지의 임대차계약서 사본) : 현 거주지의 임대차계약서 사본은 반드시 제출하여야 한다. 만일 분실한 경우에는 임대인, 공인중개사, 또는 확정일자를 발급한 동사무소 등에서 교부 또는 발급받아 제출하고, 과거 거주지의 임대차계약서를 분실한 경우에는 위와 같은 방법으로 교부 또는 발급받되, 여의치 않은 경우에는 [미제출 이유]란에 □분실, □기타에 체크☑하고, 그 이유를 간략히 기재한다.

확정일자부 임대차계약서가 아닌 경우에는 그 이유를 위 제3.항에 상세히 기재한다. 갱신계약서인 경우에는 최초 계약서도 제출해야 한다.

순번 27(과거 3년간 채무자 거주지의 매매계약서 사본) : 과거 3년간 채무자의 거주지가 채무자 또는 채무자의 가족의 소유였던 경우에는 그 매매계약서 사본을 첨부한다. 만일 채무자가 보관하고 있지 않다면, 부동산중개사무소에 보관하고 있는 매매계약서 사본을 교부받거나, 등기소에서 검인계약서를 발급받아 첨부한다.

채무자 또는 가족 소유의 부동산이 아닌 경우에는 그 매매계약서 사본을 첨부할 필요가 없고 [미제출 이유]란 □해당 사항 없음(소유부동산 아님)에 체크☑한다.

순번 28(과거 5년간 사업장 매매계약서, 임대차계약서) : 채무자가 과거 5년 이내에 개인사업체를 운영하였고, 사업장을 매매로 취득 또는 매도한 경우에는 그 매매계약서를 첨부한다. 임대차계약을 체결한 경우에는 그 임대차계약서를 첨부하면 된다. 자료 전부인지 또는 일부인지 확인하여 체크하고, 일부제출인 경우에는 [미제출 이유]란에 해당 이유를 체크 또는 기재하여야 한다.

매매계약서, 임대차계약서를 보관하지 않고 있는 경우에는 앞의 방법을 참조하여 발급 또는 교부받아 첨부한다.

과거 5년간 개인사업체를 운영한 적이 없으면 [미제출 이유]란 □해당 사항 없음(소유부동산 아님)에 체크☑한다.

채무자가 타인, 특히 가족 명의로 개인사업체를 운영한 경우에도 그 매매계약서, 임대차계약서를 제출하여야 한다.

■ 제2.항 채무자의 가계수지표

파산신청서 [양식 1-6] 가계수지표를 참조하여 기재하되, 변동사항이 있으면 변동내용에 맞게 기재한다.

■ 제3.항 미제출 이유 설명란

제1.항 제출하지 못하였거나 일부만 제출한 이유 항목에 체크한 경우에 필요하다면 (설명사항 상세 기재)린에 상세한 설명을 한다. 파산절차는 법원, 채권자, 파산관재인 등 다수가 절차에 참여 또는 참여할 수 있다. 채무자가 제출하지 못한 자료에 대하여 그 타당성 있는 이유를 설명하고 이해를 구하는 것이 파산절차의 조기 종결에 도움이 되고, 특히 파산절차로 인하여 면책을 수인할 수밖에 없는 채권자들의 이해를 구할 수 있다는 점을 명심해야 한다.

상세 설명란의 기재례는 다음과 같다.

〈기재례 1〉

1. 별첨 자료 제출 순번 23번(과거 5년간 채무자 거주지의 임대차계약서 사본) 건에 관하여
   다섯째 딸이 부모 집이 없으므로 부모를 살게 하기 위하여 2010. ○○. ○○. 서울시 강남구 ○○동 ○○-○○ □□빌라 302호를 7,000만원에 전세로 임차하였고, 그 후 201○. ○○. ○○. 건물주의 집세 인상요청으로 1,000만원을 더 인상하여 8,000만원으로 갱신 계약한 것인 바, 따라서 딸 ○○○ 명의의 갱신 전세계약서를 제출합니다.
2. 별첨 자료 제출 순번 25번(임차보증금 출처 및 사용처에 관한 금융자료) 건에 관하여
   전항에서와 같이 딸 ○○○가 이미 지급한 보증금 7,000만원에 1,000만원을 인상한 것이므로, 인상분 1,000만원의 딸 명의의 송금 금융자료를 제출합니다.

〈기재례 2〉

1. 채무자 자녀 김○○에 대한 자료(주민등록증 초본, 지방세 세목별과세증명서, 지적전산자료조회 결과)는 현재 자녀 김○○이 군복무 중이기 때문에 제출하지 못하였습니다(첨부 입영증)- 추후 사실조회신청 또는 제출명령신청으로 보완하겠습니다.
2. 전 거주지 임대차계약서는 임대차계약 종료 후 전 집주인이 계약서를 달라고 하여 집주인에게 주었습니다. 전 집주인을 찾아갔으나 집주인도 계약서를 찾을 수 없다고 하고, 중개사무소에서도 보관하지 않는다고 하여 제출하지 못하였습니다.
3. 현 거주지 임대차계약서에 확정일자가 없는 이유는 임차보증금이 500만원에 불과하고 집주인은 전부터 알고 지내온 사람인데, 임차건물 외에 다른 재산도 많기 때문에 임차보증금을 떼먹힐 일이 없다고 생각하여 확정일자를 받지 않은 것입니다.
4. 전 처 안○○에 대한 자료(주민등록초본, 지방세 세목별과세증명서, 지적전산자료조회결과)는 전처와 이혼한지 5년이나 지나 연락조차 되지 않고, 큰애마저 군복무 중이어서 협조를 받을 수 없기 때문에 제출하지 못하였습니다.
5. 모친 관련 자료(주민등록초본, 지방세 세목별과세증명서, 지적전산자료조회 결과)는 연로한 모친이 시골에 혼자 계셔서 위 행정서류를 발급받지 못하였습니다. 금명간 직접 모친을 찾아 뵙고 발급받아 제출하겠습니다.

파산관재인은 채무자가 제출한 위 자료를 체크리스트에 따라 검토하게 된다(파산관재인 자료 체크리스트는 부록 6).

3. 파산관재인 안내문

파산관재인 안내문은 파산관재인 사무실의 주소와 전화번호, 채무자 주소보정의 중요성, 제도안내, 파산관재인 면담시 진행방법, 채무자가 파산선고일로부터 7일 이내에 파산관재인 사무실에 제출해야 될 1차 서류들의 제출방법으로 구성되어 있다.

■ 파산관재인 사무실의 주소와 전화번호에는 파산관재인 전화번호, 팩스, 주소, 이메일, 지도 등이 표시되어 있다. 특히, 파산관재인이 필요한 경우 전화연락을 취할 수 있으므로, 전화번호를 반드시 기억해 두거나 휴대폰에 저장해 놓아야 한다.

일부 채무자는 채권자들에게 시달려온 경험이 있어 수신번호가 지역번호인 전화를 받지 않아 파산관재인과 연락이 되지 않는 경우가 종종 있다. 파산관재인과 연락이 되지 아니한 경우에는 구인될 수 있고(법 제319조, 제320조), 위반시에 형사처벌의 대상이 되며(법 제653조), 설명의무 위반으로 면책불허가(법 제564조 제1항)되거나, 신청이 성실하지 아니할 때에 해당하여 면책기각(법 제559조 제1항 제4호)될 수 있음을 유념해야 한다.

■ 채무자의 주소보정의 중요성에서는, 채권자들에 대한 송달이 중요한 이유 및 송달 여부 확인방법, 그리고 주소보정 방법이 기술되어 있다.

■ 제도안내에는, 우편물 촉탁제도가 시행되므로, 파산선고 후에 채무자 앞으로 도달되는 우편물은 파산관재인 사무실로 도달되고, 수령을 원할 경우에는 파산관재인 사무실에서 수령할 것과 일정범위의 임차보증금과 대통령령이 정하는 6개월간의 생활비는 면제재산 신청을 할 수 있고, 면제재산 신청은 파산선고일로부터 14일 이내에 법원에 신청하여야 한다는 내용이 기술되어 있다.

면제재산제도는 생계를 위한 최소한의 재산을 자유재산으로 인정하는 제도이므로 적극적인 신청으로 제도의 활성화가 요구된다.

■ 파산관재인 면담시 진행방법에서는, 파산선고일로부터 약 2주 내지 1달 사이에 파산관재인과 면담이 1회 이상 있고, 면담시에 채무자의 인장, 신분증을 지참할 것을 안내하고 있다.

■ 자료제출 요청서상의 서류의 제출방법에서는, 제출서류 목록에 볼펜으로 체크 또는 기재할 것과 해당 설명에 부합하는 소명자료 제출, 제출서류 복사본 1부는 채무자가 보관하고 나머지 1부를 파산관재인에게 제출할 것 및 파산관재인 조사시 추가자료 제출이 있을 수 있음을 고지하고 있다.

파산신청(면책신청)서, 파산관재인이 채무자에게 요청하는 자료제출서 등의 자료는 채무자가 부본 1부는 물론 이후 법원 또는 파산관재인에게 제출하는 서류, 채권자의 이의신청서 등 모든 자료는 채무자가 부본 1부를 시간순서대로 편철하여 보관하고 있는 것이 좋다. 파산절차 진행과정에 파산관재인과 자료제출 여부에 대한 불필요한 마찰을 빚을 이유가 없고, 자료 미제출로 인한 불이익은 결과적으로 채무자가 부담하기 때문이다.

4. 자료발급 방법 안내

파산관재인에 대한 채무자의 자료제출 목록상의 자료를 발급하는 기관 및 기관에서 발급하는 자료의 목록을 보기 좋게 정리하여 안내하고 있다. 채무자는 위 안내서를 가지고 해당 발급기관에 가서 필요서류를 발급받고, 발급받은 서류를 꼼꼼히 체크하는 것이 좋다.

5. 자료발급 방법 상세안내

파산관재인에 대한 채무자의 자료제출 목록상의 자료 발급내역을 상세히 설명한 안내서로 꼼꼼히 살펴볼 필요가 있다.

6. 법원 파산선고 안내문

채무자가 파산관재인에게 재산·소득에 관한 설명의무 및 불이행시에 불이익에 대한 설명과, 파산선고로 인하여 파산재단의 관리·처분권이 상실되고 그 권리가 파산관재인에게 법률상 당연히 이전되며, 파산선고로 인한 신분상의 제한 내역 및 주소보정 방법이 상세히 설명되어 있다.

주소보정은 파산(면책)절차의 신속한 진행을 위한 필수적 사항이므로, 채무자는 이를 숙지하여야 한다.

제 4 절 자료제출 방법

1. 자료제출 기한 및 방법

'파산관재인에 대한 채무자의 자료 제출'에 기재된 자료는 위 문서를 교부받은 후 7일 이내에 파산관재인 사무실에 제출해야 한다. 파산관재인은 채무자의 파산(면책)신청서와 위 자료제출요청서에 따라 제출된 자료를 검토한 후, 조사사항을 정리한 다음 면담준비를 하게 되므로, 자료제출기한을 지키는 것이 좋다.

일부 채무자는 파산관재인과의 면담시에야 비로소 자료를 제출하는 경우가 있는데, 그렇게 되면 파산관재인이 자료를 검토할 시간이 없어 면담기일이 공전되고, 결과적으로 추가로 면담기일을 잡을 수밖에 없게 된다. 결국 면담의 내실화가 이루어지지 않고, 재차 면담을 하여야 하는 번거로움만 생기므로 되도록 면담기일 수일 전까지는 위 자료들을 파산관재인 사무실에 제출하는 것이 좋다.

채무자가 제출해야 하는 채무자 관련 자료들은 구청, 세무서, 생명보험협회 등 발급기관을 직접 찾아가 위 표목을 꼼꼼하게 살핀 후 발급받은 서류를 표목순서에 맞게 편철하여 제출한다. 신청대리인 사무실에 서류를 교부하는 경우에도 자신이 신청대리인 사무실에 교부한 자료가 파산관재인 사무실에 제때 전달되었는지 챙겨야 한다. 간혹 채무자와 파산관재인 사이에 제출된 서류의 종류와 수에 대한 다툼이 있는데, 이는 신청대리인에게 교부한 서류가 파산관재인에게 제출되지 않았기 때문이므로, 채무자는 이를 확인하고 신청대리인이 파산관재인에게 제출한 서류는 그 부본을 받아 보관하고 있다가 파산관재인 면담시 지참하는 것이 좋다.

채무자의 가족들과 관련된 자료들은 가족들의 협조가 필수적이다. 그러나 여타의 사정으로 채무자 가족들의 협조를 받을 수 없는 경우가 있으므로, 이 경우 아래 설명을 참조한다.

2. 채무자의 가족 관련 자료의 발급

채무자의 가족들이 계약자인 보험가입내역서(또는 보험해약환급금 내역서), 주민등록초본, 지방세 세목별과세증명서, 지적전산자료조회결과 등의 발급서류는 채무자의 가족이 직접 해당 발급기관에서 발급받아야 한다.

그러나 이미 오래 전에 헤어져서 연락두절된 상태인 경우, 자녀들이 군복무 중인 경우, 해외 장기체류 중인 경우, 고령에 지방에 홀로 계셔서 부모들이 직접 발급받기 어려운 경우, 이혼한 지 오래되었고, 관계회복이 되지 않아 연락조차 할 수 없는 경우, 채무자가 파산선고를 받은 사실을 가족들에게 알리고 싶지 않은 경우 등 매우 다양한 사유로 채무자가 가족들 관련 자료를 제출하지 못하는 경우가 많다.

먼저, 가족들에 대한 자료를 제출할 수 없는 경우에는 그 사유를 「파산관재인에 대한 채무자의 자료제출」 제3.항에 구체적으로 기재하고 소명할 수 있는 자료를 제출해야 한다. 예를 들어, 자녀들이 해외거주 중인 경우에는 자녀가 해외에 간 시기, 이유 등을 제3.항에 구체적으로 기재하고 이메일 등을 이용하여 자녀들의 여권사본을 전송받아 출력하여 소명자료로 제출해야 한다. 자녀가 군에 입대한 경우에도 군입대 일시 등을 구체적으로 기재한 후, 입영증 등 입영 관련 자료를 첨부한다. 가족들과 오래 헤어져 연락이 두절된 경우에도 그 헤어진 사유 등을 구체적으로 기재하여야 한다. 나중에 제출명령신청(문서송부촉탁신청 등)에 따라 가족들의 주민등록초본이 법원을 통해 회신되어 주민등록초본상의 주소지가 채무자의 주소지와 동일 또는 유사한 경우에 채무자의 진술의 신빙성을 의심받을 수 있으므로 주의하여야 한다.

채무자가 파산선고된 사실을 가족들에게 알리지 않기 위해서 가족들의 협조요청을 주저하는 채무자도 많다. 가족들에게 재산이 없어 법원을 통한 제출명령신청의 회신 결과 재산이 없는 것으로 나오면 모를까 지급불능 시점에 즈음하여 재산을 취득하였거나, 최근에 재산을 취득한 사실이 밝혀지면, 그 취득

자금 내역에 대한 조사가 되지 않은 채 파산절차가 종료될 수 없으므로, 파산관재인과의 번거로운 실갱이만으로 파산절차가 지연될 가능성이 높다. 초창기에는 개인이 파산선고를 받은 것이 마치 주홍글씨처럼 채무자에게 씻지 못할 치욕으로 인식되었으나, 근래에 많은 사람들이 개인파산 또는 개인회생절차를 이용하여 빚의 굴레를 벗어나 새로운 삶을 모색하는 것이 권리로까지 여겨지고 있는 실정이다. 따라서 채무자가 어려운 경제적 상황을 극복하기 위하여 개인파산절차를 이용하게 되었다는 점을 밝히고, 가족들의 적극적인 협조를 유도하는 노력을 해야 한다.

그런데, 결과적으로 채무자 가족들의 자료를 제출할 수 없게 된 경우에는 어쩔 수 없이 법원을 통한 자료제출명령 신청을 한다. 법원을 통한 제출명령신청은 보충적, 예비적인 경우에 한한다. 제출명령신청서에는 발급대상자, 발급기관, 발급자료의 종목 및 기간에 대하여 정확히 기재하여야 한다.

주민등록초본은 주소이전 내역이 모두 포함된 것으로 발급자료 종목을 특정하여야 하고, 지방세 세목별과세증명서는 가족의 최근 3년간(자료제출요청서에 기재된 기간)의 지방세 전 세목에 대하여 무관할 세목별과세증명서로 종목을 특정하여야 한다. 지적전산자료조회결과는 가족의 주소지 구청을 발급기관으로 기재하면 된다. 광역지방자치단체는 위 서류에 대한 회신이 늦어지는 경우가 많으므로 되도록 기초지방자치단체를 발급기관으로 하는 것이 좋다. 자동차등록원부는 갑·을구가 포함되어야 한다.

가족이 계약자인 보험해약 내역에 대하여는 각 보험회사에 사실조회 신청을 한다.

제 5 절 파산관재인 조사

1. 개 요

파산(면책)신청서가 법원에 접수되면, 법원은 접수된 파산신청서를 검토한 후, 보정명령을 하거나 심문기일을 지정하여 채무자를 심문하여 파산신청 기각

사유가 있는지 확인한 후 파산신청기각 사유가 없다고 판단되면, 파산절차진행비용명목으로 예납명령(일반적으로 30만원)을 한 후 예납금이 납부되면 파산선고기일을 지정하여 파산선고와 동시에 개인파산관재인을 선임한다.

2011. 3. 1.부터 2013. 7. 31.까지의 예납명령 건수 및 비율은 아래와 같다.[1]

■ 파산신청 대비 예납명령 건수 및 비율

접수기간	법원	접수건수	예납명령	
			사건수	비율
2011. 3. 1.~2012. 2. 29.	서울중앙	14,012	7,702	55.0%
	전국	69,441	21,863	31.5%
2012. 3. 1.~2013. 2. 2.8	서울중앙	12,991	12,139	**93.4%**
	전국	60,779	34,169	56,2%
2013. 3. 1.~2013. 7. 31.	서울중앙	5,897	5,147	**87.4%**
	전국	25,396	10,963	43,2%

같은 기간 파산관재인 선임건수 및 비율은 아래와 같다.

■ 파산신청 대비 파산관재인 선임 건수 및 비율

접수기간	법원	접수건수	파산관재인 선임	
			사건수	비율
2011년	서울중앙	14,062	4,307	30.6%
	전국	69,754	5,136	7.4%
2012년	서울중앙	13,175	12,311	93,4%
	전국	61,546	22,822	37.1%
2013년.	서울중앙	13,168	11,867	90%
	전국	56,983	28,655	50.3%

위 표에서 보는 바와 같이, 2012년 이후 서울중앙지방법원에서 새로운 개인파산실무절차를 운영하면서 예납금 납부사건 및 파산관재인 선임사건 수가

1 위 통계치는 서울중앙지방법원 2014년도 파산부 WORKSHOP 자료집, 128~129면을 참조하였다.

80%를 넘어서고 있다. 전국 법원에서 새로운 개인파산실무 방식의 운영이 확대되고 있어 이러한 경향은 계속 유지될 것으로 보인다.

2. 파산관재인의 채무자에 대한 조사권한의 근거

법은 파산선고와 동시에 파산관재인을 선임하도록 하고 있다(법 제312조 제1항). 선임된 파산관재인은 선량한 관리자의 주의로써 그 직무를 수행하여야 하며(법 제361조 제1항), 만일 이를 게을리한 때에는 이해관계인에게 그 손해를 배상할 책임이 있다(법 제361조 제2항).

한편, 채무자가 파산선고 당시에 가진 모든 재산 및 채무자가 파산선고 전에 생긴 원인으로 장래에 행사할 청구권도 파산재단에 속하고(법 제382조), 파산재단의 관리·처분권한은 파산관재인에게 전속되므로(법 제384조), 파산관재인이 파산선고 당시 채무자의 재산에 대한 관리·처분권을 행사하기 위한 전제조건으로 채무자의 재산에 대한 조사는 필수불가결한 것으로, 파산관재인의 채무자 재산에 대한 조사권한은 위 법 제384조에 의하여 직접 도출된다.

또, 파산관재인은 파산선고에 이르는 과정과 채무자 및 파산재단에 관한 경과 및 현상에 관하여 법원에 보고할 의무가 있으므로(법 제488조), 채무자가 지급불능에 이르게 된 사정에 대한 조사권한은 위 규정에 의하여 간접적으로 인정된다고 보아야 할 것이다. 마찬가지로 파산관재인은 채무자가 지급정지 이후에 한 채권자를 해하는 행위에 대하여 부인권을 행사할 수 있다(법 제391조 제2·3호)는 규정 및 면책불허가 사유에 대한 조사의무에 대한 규정을 통해서도 도출될 수 있다.

나아가, 법원은 파산관재인으로 하여금 면책불허가 사유의 유무를 조사하게 하고, 면책심문기일에 이를 보고하게 할 수 있다(법 제560조)고 규정하고 있고, 파산선고결정문에 법원은 파산관재인에게 면책 관련 의견을 보고하게 하고 보고기일을 지정하고 있으므로, 파산관재인의 면책불허가 사유에 대한 조사권한은 위 규정 및 파산선고결정문에 의하여 간접적으로 도출된다고 볼 수 있다.

그런데, 파산관재인이 채무자의 가족의 재산에 대한 조사권한이 있는지에 대하여 이견이 있을 수 있다. 채무자의 가족에 대한 조사를 무한정 인정하는 것은 채무자의 가족의 개인정보 통제권을 침해할 우려 및 내면적 사생활 영역을 침범할 가능성(채무자 가족의 금융정보에 대한 조사를 통해 가족의 내밀한 영역에 대한 정보가 수집될 수 있다)도 배제할 수 없으므로 인정될 수 없다. 그러나 파산관재인은 채무자의 재산에 대한 조사권한을 가질 뿐만 아니라, 법원에 의한 면책불허가 사유에 대한 조사권한도 있으므로, 그 권한의 행사범위 내에서 가족의 내밀한 사적 영역을 침범하지 않는 한도에서 가족에 대한 일정 부분의 조사권한을 갖고 있다고 보아야 한다.

「파산관재인에 대한 채무자의 자료제출」에는 채무자의 최근 5년간의 금융자료 등의 제출항목이 있으나, 채무자의 가족에 대해서는 주민등록초본, 세목별과세증명서, 지적전산자료조회결과 및 자동차등록원부(차량을 보유한 경우) 외에 금융자료에 대한 제출항목이 없는 것은 이러한 이유에서이다.

다만, 채무자에 대한 조사과정에서, 채무자 가족 또는 제3자에게 채무자의 재산이 유입되었을 가능성이 있어 보이는 경우에는 채무자의 가족에 대한 필요 최소한의 조사는 불가피하다.

3. 파산관재인 조사의 범위

가. 개 요

파산선고와 동시에 파산관재인이 선임되면, 파산관재인은 채무자가 제출한 신청서류를 검토한 후, 제1회 채권자집회 전에 1회 내지 2회에 걸쳐 채무자에 대한 면담조사를 한다.

파산관재인은 채무자를 상대로 채무자의 파산원인, 파산재단에 대한 조사 및 면책불허가 사유의 유무에 대하여 조사를 하고, 조사결과는 1회 채권자집회 기일 1주일 전에 법원에 보고한다(보고서는 부록 10 참조).

파산선고 이후에야 파산관재인이 선임되기 때문에 파산관재인이 채무자의 파산원인을 조사하는 것은 파산원인이 있는지 여부를 검토하여 파산신청을 기각하기 위한 것은 아니다. 채무자의 지급불능이 된 사정 및 그 시기를 조사함으로써 지급불능 시점을 기준으로 한 채무자의 재산처분 및 채무자의 배우자 등 특수관계인의 재산취득 현황이 있는 지에 대한 조사를 위한 것으로 제한된다.

파산신청서에 채무자가 기재하는 지급불능 시점은, 채무자의 주관적 의사에 따라 기재된 것에 불과하고, 최근에는 신청대리인이 의도적으로 실제 지급불능 시점보다 이른 시점 또는 늦은 시점을 지급불능 시점으로 기재하는 경향도 있기 때문에 이에 대한 조사를 하여 정확한 지급불능 시점을 특정하지 않을 수 없다.

파산재단에 대한 조사는 채무자가 파산(면책)신청서의 재산목록에 기재한 내역과 함께, 파산선고시 채무자에게 교부하는 「파산관재인에 대한 채무자의 자료제출」에 따라 제출된 자료를 검토하여 파산선고시의 파산재단을 형성할 만한 재산이 있는지를 조사한다. 아울러 과거 5년 전에 재산을 처분한 내역이 있다면 그 처분경위 및 그 사용처에 대한 조사를 하게 된다. 채무자 외에도 채무자의 부모, 배우자, 자녀들의 현재 재산에 대하여도 조사한다.

지급불능 시점이 현재로부터 과거 5년 전인 경우에는 채무가 그 지급불능 시점을 전후하여 재산을 처분하였다면, 그 재산처분 내역 및 처분대금의 사용처에 대하여 조사한다. 채무자의 부모, 배우자, 자녀들의 재산취득 시점이 지급불능 시점에 근접한 경우에는 현재 그 재산을 보유하고 있지 않다고 하더라도 그 재산의 취득대금의 마련 경위, 처분경위 및 처분대금의 사용처에 대해 조사하여 파산관재인이 부인권 행사를 할 수 있는지, 면책불허가 사유에 해당하는지에 대하여도 조사하게 된다.

파산관재인은 채무자 등에 대한 재산조사와 동시에 또는 마친 후 채무자에게 법이 정한 면책불허가 사유가 있는지에 대하여 조사한다. 면책불허가 사유에 대한 조사와 함께 재량면책의 여지가 있는지에 대한 조사도 병행한다.

나. 파탄원인에 대한 조사

(1) 자료에 대한 검토

파산(면책)신청 [양식 1－1]진술서의 각 항목 및 별지로 작성된 '경위서(진술서)'의 내용을 검토한다. 진술서의 채무자의 과거 경력(1.항), 과거 개인파산·개인회생절차 이력(2.항의 (3), (4)), 과거 낭비행위 등(2.항의 (6)~(9)), 과거 개인사업체 운영경력(2.항의 (10)), 소송 등의 경험(3.항) 및 파산신청에 이르게 된 사정(4.항)과 함께 '경위서'를 살펴보고, [양식 1－2] 채권자목록 및 부채증명서를 살펴본다.

「파산관재인에 대한 채무자의 자료제출」에 따라 제출되는 자료 중, 채무자의 주민등록초본(순번 3), 채무자의 사실증명(순번 22), 채무자의 은행 통장거래내역(순번 23, 24)을 살펴본다.

(2) 면담조사

파산관재인은 위 자료들을 기초로 하여 채무자의 과거 경력을 파악한 후, 채무자가 작성한 '경위서'에 기재된 구체적인 파산원인에 대하여 검토한다. 상당수의 '경위서'는 실제 채무를 부담하게 된 경위가 기재되지 않은 채 장황한 생활이력이나 현재의 상황만 기재되어 있으면서, 파산신청서에 기재하도록 되어 있는 파산신청에 이르게 된 구체적 사정란(진술서 제4.항의 (4))에 아무런 기재도 없는 경우가 있다. 이러한 경우에는 채권자목록에 첨부된 부채증명서, 각종 채무부담 증빙서류(지급명령서, 판결문, 공증서 등)를 살펴본 후, 채무부담의 시점을 우선 파악한다.

이후 채무자의 면담조사시에, 채무자에게 파산원인에 대한 직접 심문조사를 진행하게 된다. 면담조사시에 파산관재인은 채무자의 과거 주소변동 사항, 과거 경력, 부양 또는 동거가족의 상황 및 파탄에 이르게 된 사정에 대한 구두 조사를 진행한다. 파탄에 이르게 된 사정과 관련해서는 채무부담 경위뿐만 아니라, 직장에서 퇴사한 시점 및 경위(급여생활자의 경우), 사업을 정리한 시점 및 경위(개인사업자 또는 법인사업자를 운영한 경우) 등에 대한 심층적인 조사가 진행된다.

다. 재산에 대한 조사

(1) 채무자의 재산

채무자의 재산, 즉 파산재단에 대한 조사는 파산관재인 조사내역 중 가장 중요한 부분이다. 파산관재인은 채무자의 재산 현황을 조사한 후, 파산재단을 형성할 만한 재산이 발견되면 그 재산을 처분하여 현금화하고, 현금화된 환가재원을 가지고 이를 재단채권자, 파산채권자에게 배당하는 절차를 진행하여야 한다.

그러나 파산재단을 형성할 만한 재산은 그 유형이 다양하고, 환가절차 진행이 곤란하거나 환가실익이 없는 경우가 많다. 일부 채무자는 파산신청에 즈음하여 재산을 처분한 후 파산신청에 이르는 경우도 간혹 있어 재산조사에 어려움을 겪는 경우가 많다. 또 일부는 재산을 보유한 채 파산을 할 수 없다고 생각하여 미리 모든 재산을 처분한 후에 파산신청하는 경우도 있다. 이 경우 파산관재인은 그 처분내역을 모두 조사하여야 하고, 그 처분내역에 채무자가 가족에게 채무를 변제한 사정이 있으면 이를 부인해야 하는 등 법적 절차를 진행하여야 하고, 이로 인해 절차지연의 원인이 될 뿐만 아니라 면책불허가 사유가 될 수 있음을 유념해야 한다. 따라서 파산원인이 있는 경우, 즉 채무가 재산보다 많아 채무를 변제할 수 없는 일반적이고 객관적인 상태에 있는 경우에는 재산을 보유한 채 파산신청을 하는 것이 채무자에게 유리하다.

채무자의 현 재산은 부동산, 동산, 채권, 지적재산권 등으로 대별할 수 있다. 아래에서는 위 유형에 따라 재산 조사과정을 설명한다.

(가) 부동산

우리나라에서 부동산은 대표적인 재산축적 자산이다. 그러나 부동산을 소유한 채 파산신청을 하는 채무자는 그리 많지 않다. 간혹 채무자 명의의 부동산을 갖고 파산을 신청하는 사건이 있으나, 담보대출금 등을 공제하면 거의 가치가 없는 경우가 대부분이다.

채무자 명의인 부동산 및 채무자 명의가 아닌 부동산(망자 명의의 상속 부동산)으로 나누어 설명한다.

1) 채무자 명의의 부동산

채무자 명의의 부동산은 채무자의 전 거주지에 대한 조사, 지방세 세목별 과세증명서, 지적전산자료조회결과 등에서 파악된다.

채무자 명의의 부동산이 있으면, 채무자는 우선 그 부동산의 등기부등본과 시세를 확인할 수 있는 자료를 제출해야 하는데, 아파트·빌라·연립·오피스텔의 경우에는 국토교통부에서 제공하는 실거래가 자료를, 일반주택의 경우에는 지방자치단체에서 발행하는 개별주택가격확인서를, 임야·농지 등 토지의 경우에는 인근 부동산중개업소 2곳에서 발행하는 시세확인서를 제출해야 한다.

경매진행 중인 부동산인 경우에도 시세확인서를 제출해야 하는데, 경매절차에서 감정평가가 이루어진 경우에는 그 감정평가서를 제출하면 된다.

신탁법에 의하여 제3자에게 신탁된 부동산은 대부분 파산재단에 포함되지 않을 것이므로, 신탁경위를 진술하고 신탁계약서를 제출한다.

타인이 채무자 앞으로 명의신탁한 부동산에 대하여 파산관재인이 새로이 이해관계를 맺은 제3자에 해당하는지 대하여는 견해의 대립이 있을 수 있으나, 파산관재인이 채무자의 포괄승계인의 지위와 함께 독립한 제3자로서의 지위도 겸유한다는 점에서 파산재단에 포함된다고 볼 수 있다. 채무자 앞으로 명의신탁된 재산에 대해서도 채무자는 그 부동산의 등기부등본 및 시세를 확인할 수 있는 자료를 제출해야 한다.

채무자 명의의 부동산은 주거용 부동산인 아파트, 주택에서부터 비주거용 부동산인 대지, 임야, 농지 등 다양하다. 원칙적으로 채무자 명의의 부동산은 환가대상이나, 그 평가액이 파산재단 형성에 이익이 되지 않을 정도의 소액이거나, 극소수의 지분 또는 맹지인 임야라서 매각이 불가능하거나, 환가업무 진행이 곤란하여 파산절차만 지연될 우려가 있는 경우에는 환가포기가 고려될 수 있다.

2) 채무자 명의가 아닌 부동산

채무자 명의로 되어 있지 않지만 채무자 소유의 부동산으로 평가될 수 있는 대표적인 예는 망자 명의의 상속재산이다.

망자 명의의 상속부동산은 가족의 말소자초본, 지적전산자료조회결과, 세목별과세증명서 등으로 파악된다. 상속재산에 대한 분할합의가 없어 파산선고 시까지도 피상속인인 망자 명의로 되어 있는 재산은 채무자의 상속지분에 해당하는 부분에 한해서 망자 명의임에도 불구하고 채무자의 현 재산으로 평가된다.

망자 명의의 상속부동산이 있는 경우에 채무자는 망자 명의의 가족관계증명서 또는 제적등본을 제출하여야 하며, 마찬가지로 부동산등기부 등본과 함께 시세확인 자료를 제출해야 한다.

부동산실명법이 적용되는 명의신탁약정과 물권변동은 무효이므로, 채무자 앞으로 등기되어 있는 부동산을 제3자에게 명의신탁하여 제3자 앞으로 이전등기된 경우에는 파산관재인은 소유권에 기한 방해배제청구권 또는 부당이득반환청구권으로 등기말소를 청구할 수 있다. 이 경우에는 명의신탁약정서, 등기부등본, 시세확인서 등의 자료를 제출해야 한다. 그러나 실무상 채무자가 명의신탁한 재산을 순순히 밝히는 경우는 드물다.[2]

2 채무자가 명의신탁한 부동산에 대하여 채무자가 가지는 권리는 소유권에 부수되는 방해배제청구권 또는 부당이득반환청구권이라고 보아 채권 항에서 다루어져야 하나, 부동산에 대한 조사의 일환으로

(나) 동 산

등기·등록의 대상이 되는 동산과 등기·등록의 대상이 되지 않는 동산으로 나누어 설명한다.

1) 등기·등록의 대상이 되는 동산

등기·등록의 대상이 되는 동산에는 자동차·선박 등이 대표적이다. 그러나 개인파산 사건에서 선박을 보유하고 있는 채무자는 극히 드물기 때문에, 여기서는 차량, 특히 자동차·오토바이를 중심으로 살펴본다.

채무자 명의의 자동차(오토바이)는 지방세 세목별과세증명서를 통해 파악된다. 지방세 세목별과세증명서상의 최근 자동차세 과세내역이 있으면, 자동차(오토바이)등록원부(갑·을구 포함)와 함께 인터넷 중고자동차 매매사이트에서 차명, 연식, 주행거리가 유사한 매매사례를 찾아 출력하여 제출한다.

고가의 차량이 아니고, 다수의 과태료 압류가 되어 있으며, 할부금으로 근저당권이 설정된 경우(을구)에는 환가실익이 없어 환가포기가 고려될 수 있다.

2) 등기·등록의 대상이 되지 않는 동산

채무자가 운영하는 사업장의 비품, 채무자 주거지의 가재도구 등이 이에 포함된다. 다만, 채무자 및 그와 같이 사는 친족의 생활에 필요한 생활필수품, 자기 노동력으로 농업 또는 어업을 하는 자의 필요 기자재는 압류금지물건이고(민사집행법 제195조), 압류금지 재산은 파산재단에 포함되지 않으므로(법 제383조 제1항), 파산관재인의 조사대상에 포함되지 않는다.

그러나 그 외 주거지 가재도구나 사업장의 비품 또는 폐업된 사업장의 비품 등은 파산재단에 포함된다. 파산채권자가 파산선고 전에 위 유체동산에 대한 압류집행에 착수하였다면 파산관재인으로서는 그 동산에 대한 환가를 함부로 포기할 수 없고, 동산압류 집행에 따른 배당금을 환수하든지, 임의매각을 통한 환가절차가 진행될 것이다.

그 외 보석류 등 고가물인 동산이 있으나, 고가물인 동산을 파산신청서에 기재한 경우는 극히 드물다. 더러는 채권자의 이의신청을 통해 밝혀지는 경우가 있다. 이런 경우 채무자는 그 보석류 등 고가물을 파산관재인에게 즉시 인

진행된다는 점에서 부동산 항에서 설명한다.

도하여야 하고, 전문기관에서 발행하는 시세확인 자료를 제출해야한다.

(다) 채 권

계약체결의 자유가 있으므로, 채권의 모습은 다양할 수밖에 없다. 그러나 개인파산절차에 다루어지는 대표적인 채권은 예금채권, 보험해약환급금 반환채권, 임차보증금반환채권, 매출금 채권 등이므로, 여기서는 위 채권 등에 대하여만 설명한다.

○ 예금채권

예금채권은 채무자의 최근 5년간의 은행통장거래내역, 개인사업자인 채무자의 경우에는 이외에도 최근 5년간의 사업용 은행통장거래내역을 통해 파악된다. 그러나 잔액이 150만원 이하의 예금은 파산재단에 포함되지 않으므로(법 제383조 제1항; 민사집행법 제246조 제1항 제8호; 민사집행법 시행령 제7조) 150만원을 초과하지 아니한 예금채권에 대하여는 조사하지 않는다.

150만원 이상의 예금채권은 파산재단에 포함되고, 파산관재인은 이를 환수하여 파산재단을 형성하여야 한다. 다만 그 금액이 소액인 경우에는 환가포기가 고려될 수 있다.

○ 보험해약환급금

생존자보험가입내역조회서에는 채무자가 계약자 또는 피보험자로 되어 있는 보험내역이 표시되어 있다. 채무자는 위 생존자보험가입내역조회서를 생명보험협회에서 발급받은 후, 단체/자동차/운전자/손해보험을 제외한 보험에 대하여 해당 보험회사로부터 보험해약환급금 내역서를 발급받아 제출해야 한다.

채무자가 피보험자로 되어 있는 보험계약내역은 계약자 본인이 아니면 보험회사에서 그 내역을 발급해 주지 않으므로, 보험계약자의 협조를 받아 발급을 받거나, 협조를 받기 어려운 경우에는 사실조회신청을 통해 확인해야 한다. 피보험자가 채무자임에도 제3자(배우자 또는 자녀)가 계약자인 경우에는 그 사유를 소명하여야 하고, 필요한 경우에는 보험료 납부계좌를 제출하여야 한다.

간혹, 이미 해지 또는 휴면상태인 보험내역이 위 생존자보험가입조회결과서에 포함된 경우가 있는데, 그 경우에도 채무자는 보험회사에 보험해지내역 및 해약환급금 지급내역서(영수증)를 발급받아 제출해야 한다.

보장성보험의 해약환급금 150만원은 압류금지채권으로 파산재단에 포함되지 않는다(법 제383조 제1항; 민사집행법 246조 제1항 제7호; 민사집행법 시행령 제6조 제1항 제3호 나목). 보장성보험의 해약환급금 150만원 이상의 채권은 파산재단에 포함되고, 파산관재인이 이를 환가하여야 하나, 채무자의 연령, 질병의 유무, 빈곤정도 등이 참작되어 일정금액의 한도에서는 환가포기가 고려될 수 있다.

○ 임차보증금

임차보증금반환 채권은 거주지 임차보증금과 사업장 임차보증금으로 나누어 볼 수 있다. 거주지 임차보증금은 최근 3년간 거주지의 임대차계약서를 통해, 사업장 임차보증금은 과거 5년간 사업장 임대차계약서를 통해 파악될 수 있다.

거주지 임차보증금은 채무자의 생계유지 및 기본적인 생활보장을 위한 필수불가결한 재산이기 때문에 법령에서 압류금지 임차보증금액을 규정해 놓고 있다. 예를 들어, 서울지역의 경우에는 1억원 이하의 임차보증금 중 3,400만원까지는 압류금지 대상으로 보기 때문에 이 이하의 임차보증금은 파산재단에 포함되지 않는다. 면제재산의 범위와 관련하여 자세한 내용은 제10장 제1절 참조.

임차보증금이 압류금지 채권액을 상회한다고 하더라도, 부양가족의 수, 채무자의 빈곤 정도 등이 참작되어 초과된 일정금액 한도 내에서 환가포기가 고려될 수 있다.

사업장 임차보증금은 압류금지채권에 포함되지 않으므로 원칙적으로 환가대상 재산에 해당한다. 다만, 생계를 근근이 유지하는 영세규모 사업장의 임차보증금에 대하여는 환가포기가 고려될 수 있다.

○ 매출금 채권

사업자였던 채무자의 경우 매출금 채권이 있는 경우가 많다. 그러나 대부분의 매출금 채권은 회수 가능성이 낮아 파산재단에 편입되는 경우는 드물다. 그러나 소송 등의 비용을 마련할 수 없어 환수 가능함에도 불구하고 채무자가 그 행사를 하지 않는 채권도 있을 수 있기 때문에 매출금 채권의 종류 및 규모에 대하여는 파산관재인이 조사하게 된다. 매출금 채권이 있는 채무자는 매출내역서 또는 매출원장 등 관련 자료를 제출해야 하고, 매출금 회수를 위해 노력하였음에도 환수하지 못하였다면 이를 소명하여야 한다.

파산재단 형성에 적극적으로 기여한 경우에 면책불허가 사유가 있다고 하더라도 재량면책이 고려될 수 있으므로, 채무자로서는 파산관재인의 매출금 채권 회수에 적극 협조하는 것이 바람직하다.

(2) 부모 명의의 재산

부모 명의의 재산 중 가장 빈번히 다루어지는 것은 부동산, 차량, 임차보증금이다.

○ 부동산

등기된 부모 명의의 재산은 등기의 추정력으로 인하여 원칙적으로 부모의 고유재산으로 본다. 그러나 부모가 별다른 수입원이 없음에도 최근 재산을 취득하였거나, 채무자의 지급불능 시점에 즈음해서 재산을 취득한 경우에는 그 취득자금 내역을 조사하게 된다.

지방세 세목별과세증명서, 지적전산자료조회결과를 통해 부모 명의의 부동산이 파악된다. 부모 명의의 부동산이 있으면 그 부동산 등기부등본을 제출한다. 부동산 등기부등본에 부동산 취득원인이 상속·증여인 경우이거나, 채무자가 경제생활을 하기 이전에 취득한 경우, 또는 10년 전에 취득한 재산인 경우에는 취득자금 내역 등에 대한 추가조사를 하지 않는 것이 일반적이다.

그 외의 경우에는 취득자금 내역에 대한 조사가 이루어지는데, 통상적으로 매매대금의 규모를 확인하기 위한 매매계약서 및 매매대금을 송금한(받은) 금융자료를 제출한다. 채무자의 부모가 그 취득자금의 내역에 대한 소명자료 제출에 비협조적인 경우에는, 어쩔 수 없이 부동산 시세확인 서류, 부동산등기부등본상의 근저당권 채권최고액 등을 살펴 예상 취득대금을 산정한 후 그 자금마련 경위를 대체적이라도 소명하여야 한다. 예를 들어, 부모가 소유했던 전 부동산을 매각하고 그 매각대금으로 현 부동산을 매수한 것으로 알고 있다면, 전 소유지의 등기부등본을 발급받아 제출한 후 전 소유지의 시세 및 담보대출금을 공제한 대금의 액을 어림하고, 현재 소유한 부동산의 가액을 산정하여 전 소유지의 매도대금이 현 소유 부동산의 매도대금으로 충당되었다는 식으로 소명하는 것이다. 한편 부모에게 소득이 있는 경우에는 그 소득금액증명서를 제출하거나, 이도 여의치 않으면 세무서에 소득금액에 대한 과세자료제출명령 신청 등을 고려해 봄직하다.

○ 차량

부모의 지방세 세목별과세증명서에 최근 자동차세 과세내역이 있으면, 자동차등록원부(갑·을구 포함)를 제출한다. 채무자의 지급불능 시점 또는 파산신청 시점 즈음에 취득한 고가의 차량이 아니고, 매수대금의 상당액을 할부로 취득한 것이라면 할부계약서, 자동차등록원부의 제출로 족할 것이다.

그러나 지급불능 시점 또는 파산시점에 부모가 고가의 차량을 취득하였다면, 그 취득자금 내역에 대한 조사가 이루어진다. 소명자료로는 자동차매매계약서, 금융거래내역, 할부계약서 등이 있다.

○ 임차보증금

채무자의 현 거주지의 임대차계약자가 부모인 경우에는 그 임차보증금을 마련한 경위를 구체적으로 소명하여야 한다. 간혹 임대인이 교부한 영수증으로 소명을 하는 채무자가 있는데, 임대차계약의 당사자가 부모인 경우 그 영수증은 당연히 계약당사자인 부모를 영수인으로 하여 교부되는 것이므로 영수증만으로 충분히 소명되었다고 보기 어렵다. 가장 간명한 것은 금융자료를 제출하는 것이다. 금융자료가 있다면 임차보증금을 임대인에게 송금한 금융계좌 또는 임차보증금 지급시점에 즈음하여 현금인출된 금융계좌를 제출하는 것이 좋다(금융계좌는 지급시점 전후 1달 정도의 기간의 입출금 내역이 모두 포함된 것을 제출한다). 아무런 금융자료도 없이 현금으로 임차보증금이 지급되는 것은 매우 이례적이므로 그 구체적인 경위를 상세히 기재하고, 간접적으로라도 소명할 수 있는 자료가 있다면 이를 제출해야 한다.

○ 보험해약환급금

채무자가 피보험자이고, 계약자가 부모인 보험계약이 있으면, 보험료를 납부한 금융거래 내역을 제출하여야 한다. 부모 명의의 보험료 납부계좌 전체를 제출할 필요는 없고, 보험료 납부일을 기준으로 전후 5일간의 입출금 내역이 포함되어 있는 금융거래 내역을 제출하면 족하다(부모 명의의 금융거래 내역 전부를 제출하도록 하는 것은 부모의 사생활보호권을 침해할 우려가 있다). 다만, 보험해약환급금이 소액이고, 보장성보험인 경우에는 부모가 채무자를 위하여 보험계약을 체결한 사유를 설명하는 것으로 족할 수 있다.

○ 채무자 재산이 이전된 경우

채무자 명의의 재산이 부모 앞으로 이전되었다면 그 이전 경위를 구체적으로 소명하여야 한다. 특히 채무자의 지급불능 시점에 즈음하여 이전되었다면, 부인권 행사의 대상이 될 뿐만 아니라 면책불허가 사유가 될 수 있으므로 명의 이전 사유에 대한 소명에 만전을 기해야 한다.

(3) 배우자 명의의 재산

배우자 명의의 재산은 파산관재인 조사에서 가장 빈번히 문제가 되는 부분이다. 우리 민법이 부부별산제를 채택하고 있어 혼인 중 형성된 재산이라고 하더라도 배우자 명의의 재산은 배우자의 특유재산으로 추정된다. 그러나 일방 배우자가 다액의 재산을 소유하고 있음에도 다른 일방 배우자가 파산·면책을 받아 채무를 모두 탕감받는 것은 파산채권자들의 법감정에 반한다. 또한 이혼한 지 2년이 되지 않은 때에는 파산관재인이 가정법원에 재산분할청구를 하여 혼인 중 형성된 배우자 명의의 재산에 대한 환수가 이루어질 가능성이 있음에 반해, 파산선고시 혼인 계속 중이라는 이유만으로 혼인 중 형성된 배우자 명의의 재산을 분할할 수 없다는 것은 형평에 반할 소지가 있다. 개인회생 사건에서는 배우자 명의의 재산이 채무자와 공동으로 형성한 것이라고 인정되는 경우에 청산가치 산정에 반영하고 있는 실무례에 의하더라도 배우자에게 혼인 중에 형성된 재산이 있다면 배우자 재산의 일정 부분이 파산재단에 속해야 할 사실상의 필요성은 높다. 그러나 현실적으로 혼인 계속 중일 때 배우자 명의의 재산을 파산재단에 귀속시킬 법적 강제수단이 없기 때문에 배우자 명의의 재산형성에 채무자의 재산 또는 소득이 유입되었는지에 대한 강도 높은 조사가 이루어질 수밖에 없다.

더구나, 파산선고로부터 2년 이전에 이혼한 채무자에 대하여는 재산분할청구도 제척기간이 도과하여 행사할 수 없고, 재산분할청구권이 이혼소송을 통해 구체적으로 확정되지 않는 한 사해행위취소의 대상이 될 수 없다고 보고 있는 대법원 판례에 의하면, 부인권 행사의 대상이 될 수 없다고 보여지므로, 파산관재인은 배우자 명의의 재산이 채무자가 명의신탁한 재산으로 볼 수 있는지, 실질적으로 증여한 재산으로 볼 수 있는지, 은닉행위에 해당할 수 있는지에 대한 강도 높은 조사를 할 수밖에 없다.

특히, 채무자의 채무가 증가하는 동안 배우자에게 특별한 소득원이 없음에도 배우자의 재산이 증가하는 경우, 채무자의 재산이 처분되었고, 처분시점에 즈음하여 배우자가 재산을 취득한 경우 등에서 배우자의 재산취득 내역에 대한 조사는 필수적으로 강도 높게 진행된다.

배우자 명의의 재산도 부동산, 차량, 임차보증금, 보험해약환급금 등으로 나누어 살펴본다.

○ 부동산

배우자 명의의 부동산은 지방세 세목별과세증명서, 지적전산자료조회결과를 통해 확인되므로, 배우자 명의의 재산이 있으면 부동산 등기부등본을 제출하여야 한다. 부모 명의의 부동산과 마찬가지로, 제3자로부터 상속·증여를 받아 취득하였거나, 혼인 이전에 취득한 부동산인 경우에는 특별한 사정이 없는 한 부동산등기부등본의 제출로 조사는 마무리될 수 있다. 그러나 지급불능 시점, 파산신청 시점 즈음에 배우자가 부동산을 취득한 경우에는 부동산등기부등본은 물론, 취득자금 내역을 확인할 수 있는 금융자료를 제출해야 한다.

동거 중인 배우자의 취득자금 내역은 부모와 달리, 협조불응의 이유로 정당화되기는 어렵다. 따라서 금융자료 등의 자료를 제출하여 소명하여야 하고, 부득이 소명이 불가능한 경우에 그 사유를 구체적으로 설명하여야 한다.

○ 차량

배우자의 지방세 세목별과세증명서에 최근 자동차세 과세내역이 있으면, 자동차등록원부(갑·을구 포함)를 제출한다. 채무자의 지급불능 시점 또는 파산신청 시점 즈음에 취득한 고가의 차량이 아니고, 매수대금의 상당액을 할부로 취득한 것이라면 할부계약서, 자동차등록원부의 제출로 족할 것이다.

그러나 지급불능 시점 또는 파산시점에 배우자가 고가의 차량을 취득하였다면, 그 취득자금 내역에 대한 조사가 이루어진다. 소명자료로는 자동차매매계약서, 금융거래내역, 할부계약서 등이 있다.

○ 임차보증금

배우자 명의의 임차보증금은 최근 3년간 거주지의 임대차계약서를 통해 파악되는데, 앞서 설명한 바와 같이 부모 명의의 임차보증금이 있는 경우와 같이 조사가 이루어진다. 다만, 가족공동생활에 필요최소한 금액으로 압류금지 채권 한도 내의 금액이라면 설사 임차보증금 마련 경위에 대한 소명이 다소 부족하다고 하더라도 문제삼지 않을 수 있다. 그러나 압류금지 채권의 한도를 넘어 다액의 임차보증금이 배우자 명의로 되어 있다면 그 취득자금 내역을 금융거래내역 등의 자료를 제출하여 소명하여야 한다.

○ 보험해약환급금

배우자가 보험계약자이고, 채무자가 피보험자로 된 보험계약이 있고, 보험해약환급금이 다액인 경우에는 보험료 납부계좌를 제출하여야 한다. 배우자 명의의 보험료 납부계좌 전체를 제출할 필요는 없고, 보험료 납부일을 기준으로 전후 5일간의 입출금 내역이 포함되어 있는 금융거래 내역을 제출하면 족하다(배우자 명의의 금융거래 내역 전부를 제출하도록 하는 것은 배우자의 사생활보호권을 침해할 우려가 있다).

○ 이혼한 배우자

배우자와 협의이혼한 경우에는 협의이혼결정문을, 재판상 이혼한 경우에는 이혼판결문을 제출해야 한다. 최근 2년 이내에 이혼하였고, 혼인 중에 형성된 재산이 있음에도 재산분할에 대한 협의 또는 판결을 받지 아니하고 포기한 경우에는 그 사유를 구체적으로 설명하여야 한다. 예를 들어, 배우자 명의의 임차보증금이 5,000만원인데, 이혼을 하면서 미성년 자녀 2명에 대한 양육권을 채무자가 포기하고 배우자가 양육하고 있어 위 임차보증금 5,000만원에 대한 재산분할청구를 행사하지 않았다면 이를 잘 설명하고 파산관재인에게 이해를 구하는 것이 좋다.

배우자와 이혼 시기가 파산선고시로부터 2년 이전인 경우에는 이혼한 배우자와 연락두절 등의 이유로 자료제출의 협조를 받기 어려운 경우가 많다. 우선 배우자에게 협조를 적극적으로 구해 보고 여의치 않은 경우에 한하여 제출명령 신청을 한다. 그러나 지급불능 시점 즈음 또는 파산신청 즈음에 배우자가 재산을 취득하였다면, 이에 대한 조사가 이루어질 수밖에 없기 때문에 채무자는 최소한 최근 6개월간의 통신자료를 제출하여 이혼한 배우자와 연락하고 있지 아니한 사실을 소명하고, 만일 배우자가 재산을 취득한 자금의 내역을 알고 있다면, 금융기관 등에 사실조회신청을 통해 자료를 확보하는 등 적극적인 대처가 필요하다.

○ 채무자 재산이 이전된 경우

채무자 명의의 재산이 배우자 앞으로 이전되었다면 이혼 여부를 불문하고 그 이전 경위를 구체적으로 소명하여야 한다. 특히 채무자의 지급불능 시점에 즈음하여 이전되었다면, 부인권 행사의 대상이 될 뿐만 아니라 면책불허가 사유가 될 수 있으므로, 명의 이전 사유에 대한 소명에 만전을 기해야 한다.

(4) 자녀 명의의 재산

자녀 명의의 재산도 부동산, 차량, 임차보증금, 보험해약환급금 등으로 나누어 볼 수 있다. 자녀 명의의 재산 중 가장 문제되는 것은 그 재산이 자녀가 미성년 또는 경제생활을 하기 이전에 취득한 경우이다. 독립적인 수익이 없는 자녀가 취득한 재산을 자녀의 고유재산으로 보기 어려우므로, 그 재산 취득내역에 대한 조사가 이루어질 수밖에 없다. 성년인 자녀로서 분가하여 생활하고 있으면서 독립된 소득원이 있는 경우에는 부동산 등의 거액의 재산을 소유하고 있지 않는 한 자녀의 급여명세서 또는 소득금액증명 등으로 간접적인 자료로 대체할 수 있을 것이다.

○ 부동산

등기된 자녀 명의의 재산은 등기의 추정력으로 인하여 원칙적으로 자녀의 고유재산으로 본다. 그러나 자녀가 미성년이거나 별다른 수입원이 없음에도 최근 재산을 취득하였거나, 채무자의 지급불능 시점에 즈음해서 재산을 취득한 경우에는 그 취득자금 내역을 조사하게 된다.

지방세 세목별과세증명서, 지적전산자료조회결과를 통해 자녀 명의의 부동산이 파악된다. 자녀 명의의 부동산이 있으면, 부동산 등기부등본을 제출하고 그 취득자금 내역을 소명하여야 한다.

소명자료로는 매매계약서, 매매대금을 송금한 금융자료가 있다. 자녀가 소명자료 제출에 비협조적인 경우에는, 어쩔 수 없이 부동산 시세확인 서류, 부동산등기부등본상의 근저당권 채권최고액 등을 살펴 예상 취득대금을 산정한 후 그 자금 마련 경위를 소명하여야 한다. 예를 들어, 자녀가 소유했던 전 부동산을 매각하고 그 매각대금으로 현 부동산을 매수한 것으로 알고 있다면, 전 소유지의 등기부등본을 발급받아 제출한 후, 전 소유 부동산의 시세 및 담보대출금을 공제한 대금의 액을 산정한 후 현 소유 부동산의 매수대금을 전 소유의 매각대금으로 충분히 마련할 수 있다는 방식으로 소명한다. 한편 자녀에게 고액의 소득이 있는 경우에는 그 소득금액증명서를 제출하거나 이도 여의치 않으면 세무서에 소득금액에 대한 과세자료제출명령 신청 등을 고려해 봄직하다.

○ 차량

자녀의 지방세 세목별과세증명서에 최근 자동차세 과세내역이 있으면, 자동차등록원부(갑·을구 포함)를 제출한다. 채무자의 지급불능 시점 또는 파산신청 시점 즈음에 취득한 고가의 차량이 아니고, 매수대금의 상당액을 할부로 취득한 것이라면 할부계약서, 자동차등록원부의 제출로 족할 것이다.

그러나 지급불능 시점 또는 파산시점에 자녀가 고가의 차량을 취득하였다면, 그 취득자금 내역에 대한 조사가 이루어진다. 소명자료로는 자동차매매계약서, 금융거래내역, 할부계약서 등 직접적인 자료 외에 자녀들의 소득금액증명, 급여명세서 등의 간접적인 자료도 있다.

○ 임차보증금

자녀 명의의 임차보증금은 최근 3년간 거주지의 임대차계약서를 통해 파악되는데, 앞서 설명한 바와 같이 부모 명의의 임차보증금이 있는 경우와 같이 조사가 이루어진다. 다만, 가족공동생활에 필요최소한 금액으로 압류금지 채권한도 내의 금액이라면 설사 임차보증금 마련 경위에 대한 소명이 다소 부족하다고 하더라도 문제삼지 않을 수 있다. 그러나 압류금지 채권의 한도를 넘어 다액의 임차보증금이 배우자 명의로 되어 있다면 그 취득자금 내역을 금융거래내역 등의 자료를 제출하여 소명하여야 한다.

○ 보험해약환급금

채무자가 피보험자이고, 계약자가 자녀인 보험계약이 있으면 보험료를 납부한 금융거래 내역을 제출하여야 한다. 자녀 명의의 보험료 납부계좌 전체를 제출할 필요는 없고, 보험료 납부일을 기준으로 전후 5일간의 입출금 내역이 포함되어 있는 금융거래 내역을 제출하면 족하다(자녀 명의의 금융거래 내역 전부를 제출하도록 하는 것은 자녀의 사생활보호권을 침해할 우려가 있다). 다만, 보험해약환급금이 소액이고, 보장성보험인 경우에는 부모가 채무자를 위하여 보험계약을 체결한 사유를 설명하는 것으로 족할 수 있다.

○ 채무자 재산이 이전된 경우

채무자 명의의 재산이 자녀 앞으로 이전되었다면 그 이전 경위를 구체적으로 소명하여야 한다. 특히 채무자의 지급불능 시점에 즈음하여 이전되었다면, 부인권 행사의 대상이 될 뿐만 아니라 면책불허가 사유가 될 수 있으므로 명의 이전 사유에 대한 소명에 만전을 기해야 한다.

라. 면책불허가 사유에 대한 조사

법은 파산범죄행위(법 제564조 제1항 제1호), 파산원인 사실을 감추고 한 행위(제2호), 허위서류 제출 및 허위진술 행위(제3호), 법이 정한 채무자의 기간 미준수 행위(제4호), 법이 정한 채무자의 의무위반 행위(제5호), 과다한 낭비·도박 기타 사해행위(제6호)에 해당하는 때를 제외하고는 면책을 허가하여야 한다고 규정하고 있다.

파산관재인은 법원의 조사요구에 의하여 면책불허가 사유 유무를 조사하여야 하고, 이를 면책심문기일에 보고하여야 하므로 채무자에 대한 면책불허가 사유가 있는지 여부에 대한 조사를 하게 된다. 면책불허가 사유의 대부분은 채무자의 재산의 이동과 관련되어 있기 때문에 채무자의 재산에 대한 조사와 면책불허가 사유에 대한 조사를 함께 하고 있다.

면책불허가 사유의 구체적인 내용은 제11장 면책불허가 사유에서 자세히 설명하도록 한다.

4. 파산관재인 조사의 실제적 모습

가. 면담조사 등

파산관재인은 파산선고 전에 법원으로부터 채무자명단과 함께 채무자가 제출한 신청서 부본을 교부받는다. 신청서를 검토하여 채무자의 파탄원인 및 재산내역 등에 대하여 대략적으로 파악하고 파산선고 기일에 채무자에게 자료제출요청서를 교부한다. 채무자가 자료제출요청서상의 자료를 파산관재인 사무실에 제출하면 본격적으로 면담조사를 위한 자료검토 작업을 하게 된다.

(1) 자료에 대한 조사

신청서, 신청서에 첨부된 각 진술서, 「파산관재인에 대한 채무자의 자료제출」에 따라 제출된 자료를 검토하여 제출되지 않은 자료가 있으면 이를 체크하여 목록을 작성한다.

파산관재인은 우선적으로, 제출요청 자료가 제대로 제출되었는지 체크하고, 다음으로 제출된 자료가 제출요청서의 발급기간 및 발급처가 제대로 된 자료인지 검토한다. 채무자의 가족들에 대한 자료 중 미제출의 이유가 정당한지 여부도 검토하게 된다(파산관재인 체크리스트, 부록 6). 이와 같은 검토과정을 거쳐 파산관재인은 채무자 면담 전에 추가자료 제출요청서에 미리 추가로 제출할 자료목록을 기재해 둔다(부록 7).

또, 채무자가 과거 5년간 재산을 처분한 내역이 있거나, 가족들이 현재 재산을 소유하고 있다면, 그 재산의 처분 경위 및 취득대금의 마련 경위와 관련된 소명자료 제출을 요청하여야 하므로 그 계약서나 금융자료의 제출을 요청하는 내용의 추가자료 제출요청서를 작성해 둔다(부록 7).

(2) 면담조사

파산관재인이 지정한 일시에 파산관재인 사무실에서 파산관재인이 채무자를 직접 면담하여 조사하게 된다. 파탄 경위, 최근 5년간 채무자 명의의 재산의 처분 경위, 가족들의 재산형성 경위에 대하여 조사하게 되며, 채무자는 파산관재인과의 면담을 통해 파산관재인이 주안점으로 삼고 있는 사안이 무엇인지 파악할 수 있다. 파산관재인은 사전에 작성해 둔 추가자료 요청 내용과 면담과정에서 구체적으로 파악된 내용을 추가하여 필요한 경우 추가자료 제출 요청서를 채무자에게 교부한다.

1회 채권자집회 기일에 파산절차가 폐지되지 않는 속행 사건은 1회 채권자집회 기일 이후에 다시 파산관재인과의 면담조사가 진행될 수 있다. 속행된 면담조사에서는 1회 채권자집회 기일에 법정에서 고지된 추가조사 사항에 대하여 심층적인 조사가 진행된다. 채무자가 추가로 제출한 자료, 법원의 자료제출명령에 따라 기관에서 회신한 자료를 토대로 검토하고, 소명이 부족하거나 미흡한 부분에 대한 조사가 진행된다.

(3) 현장조사

채무자의 거주지가 불분명한 사건, 무상거주사실확인원이 제출되었으나 채무자가 실제 거주하고 있는지 의심스러운 사건 등에 있어서는 파산관재인이 직접 채무자의 거주지에 현장방문하여 실제 거주 여부 및 거주권원이 무엇인지에 대한 현장조사가 진행될 수 있다. 채무자가 오랫동안 사업장을 운영하고 있다가 파탄시점 즈음에 채무자의 가족이 동일한 업종의 영업을 하고 있는 사건에 있어서도 실제 채무자의 가족이 사업장을 운영하고 있는지를 확인하기 위하여 파산관재인의 현장조사가 진행될 수 있다. 현장조사 결과 채무자의 진술과 달리 채무자가 신청서 또는 면담조사시 거주지라고 진술한 장소에 살고 있지 않거나, 가족명의 사업장의 실제 운영자가 채무자인 사실이 밝혀지면 면책불허가 사유로 삼을 수 있다.

나. 파산관재인의 조사에 대한 채무자의 조치

(1) 채무자의 조치

파산관재인 면담조사 과정에서 파산관재인으로부터 추가자료 제출요청서를 교부받은 채무자는 추가자료 제출요청서에 기재된 내용에 대한 소명자료를 제출하여야 한다. 채무자가 직접 준비할 수 있는 자료는 채무자가 은행 등 기관에서 직접 발급받아 제출한다. 과거 5년간 채무자의 재산이 처분된 경우에 채무자조차 그 처분대금의 사용처에 대한 기억이 불분명할 수 있으므로, 계약서 및 금융자료를 살펴 처분내역을 정리하고 소명자료를 첨부하여 제출하여야 한다. 재산처분 내역을 일목요연하게 파악하기 위하여 아래와 같이 표로 정리하고, 실제 자료와 관련된 부분에 형광펜 또는 볼펜 등으로 그 내역을 기재하여 제출하는 것이 좋다.

〈기재례〉

2014. 3. 4. 매도한 '서울 은평구 ○○동 ○○아파트 1202－1303호'의 매도대금의 사용처는 아래와 같습니다.

• 매도대금 3억 2,000만원(첨부 1, 부동산매매계약서)

매도대금의 사용처	금액	증빙자료	비고
은행 대출금 변제	2억 2,000만원	대출금 변제확인서 (첨부 2)	형광펜, 볼펜 기재부분 참조
부동산 중개비	150만원	중개비 영수증 (첨부 3)	
이사비	100만원	이사비 견적서 (첨부 4)	
김○○에 대한 차용금 변제	5,000만원	요구불거래내역조회 (첨부 5)	채무자가 사업장을 운영하면서 사채업자 김○○으로부터 4,000만원을 빌렸는데, 독촉이 심하여 어쩔 수 없이 매도대금에서 5,000만원을 송금하였습니다(첨부 6, 은행거래내역서).
서○○의 차용금 변제	500만원	현금 지급	서○○는 오래 전부터 광장시장에서 채무자의 옆 점포에서 분식집을 운영하여 알게 되어 현금거래를 해왔는데, 채무자의 사정이 어렵게 되자 기존의 채무를 변제를 독촉하여 아파트 처분대금 중 500만원을 현금으로 받아 서○○에 교부하였습니다.
○○카드대금 납부	300만원	요구불거래내역조회 (첨부 5)	형광펜, 볼펜 기재부분 참조.
현 거주지 임차보증금	3,000만원	요구불거래내역조회 (첨부 5)	형광펜, 볼펜 기재부분 참조.
합계 금 3억 1,050만원			

※ 나머지 900여만원은 생활비 등으로 사용하였습니다.

채무자의 가족들이 재산을 소유하고 있을 때에도, 그 취득자금 내역을 소명하여야 한다. 특히 지급불능시점 즈음에 채무자의 가족들이 재산을 취득한 경우에는 그 취득자금의 내역을 금융자료를 첨부하여 구체적으로 소명하여야 한다.

〈기재례〉

채무자의 처 김○○의 2015. 4. 23.자 '서울 구로구 구로동 ○○아파트 203－305호' 임대차계약에 따른 임차보증금 마련 경위는 아래와 같습니다.

• 임차보증금 8,000만원(첨부 1, 임대차계약서)

임차보증금 마련내역	금액	증빙자료	비고
전 거주지 임차보증금	3,000만원	임대차계약서(첨부 2), 예금거래실적증명서(첨부 3)	형광펜(황색), 볼펜 기재부분 참조
적금	2,000만원	예금거래 실적증명서(첨부 3)	형광펜(붉은색), 볼펜 기재부분 참조
장인 김○○으로부터의 차용금	3,000만원	예금거래 실적증명서(첨부 3)	형광펜(푸른색), 볼펜 기재부분 참조
합계 금 8,000만원			

(2) 소명의 의미와 소명방법

파산관재인의 추가자료요청시에는 "~사실을 소명하시오" 또는 "~내역을 설명하시오"라고 기재하는 부분이 많다. 설명에 대하여는 굳이 설명할 필요가 없겠으나, 소명에 대하여는 채무자에게 생소한 단어일 수 있다. 일반적으로 '소명'이라 함은 증명보다는 낮은 정도의 개연성, 즉 법관으로 하여금 증명보다 낮은 경감된 심증을 형성하기 위한 당사자의 활동을 의미한다고 본다.[3]

개인파산절차에서의 '소명' 요구는 엄격한 의미에서의 소명이라기보다, 파

3 엄격한 의미에서의 '소명'은 내면적 요건으로 경감된 심증으로서의 소명과 외면적 요건으로 '즉시 조사할 수 있는 증거에 의할 것'이라는 요건을 요구하는 것으로 본다. 재판실무연구, 『보전소송에서의 소명』, 서승렬 판사, 139면.

산 관련 사안을 설명하고 이를 뒷받침하는 직·간접적인 자료의 제출을 요청하는 의미로 사용되고 있다. 직접증거에 의한 자료, 즉 매매계약에 있어서 매매계약서, 매매대금을 입금받은 금융자료나, 임대차계약에 있어서 임대차계약서, 임차보증금을 지급한 금융자료 등을 제출하는 것은 당연히 소명이겠으나, 그 외에도 간접증거의 제출도 소명으로 볼 수 있다. 예를 들어, 매매대금 등을 현금으로 지급받은 경우 매수인이 작성한 확인서, 임대인으로부터 임차보증금을 정산하여 지급받은 경우 임대인이 작성한 정산확인서, 채무자 가족들이 재산을 취득한 경우 채무자 자녀들의 소득금액증명서 등이 소명자료에 해당할 수 있다.

그러나 간접적인 자료로 소명하고자 하는 경우에는 직접적인 자료가 없는 이유 및 간접적인 자료가 파산 관련 사안과 어떠한 관련이 있는지에 대하여 설명하여야 한다. 물론 직접적인 자료, 특히 금융자료의 경우에는 위와 같이 그 금융자료의 어느 부분이 파산 관련 사안을 뒷받침하는지도 설명할 필요가 있다.

CHAPTER 09

부인권

제 9 장

부인권

제 1 절 개 요

「채무자 회생 및 파산에 관한 법률」은 제3편 파산절차 제3장 파산재단의 구성 및 확정 제2절에 부인권에 관한 규정을 두고 있다. 제2절 부인권에 관한 규정은 법 제391조에서 제406조까지로 구성되어 있는데, 개인파산절차에서 자주 다루어지는 것은 제391조(부인할 수 있는 행위), 제392조(특수관계인을 상대방으로 한 행위에 대한 특칙), 제395조(집행행위에 대한 부인), 제397조(부인권행사의 효과), 제404조(지급정시를 안 것으로 하는 부인의 제한), 제405조(부인권 행사기간) 등이다.

부인권은 파산선고 전에 채무자가 파산채권자를 해하는 행위를 한 경우 그 행위의 효력을 부인함으로써 일탈된 재산을 파산재단으로 환수하여 배당재원을 마련하고, 이를 파산채권자(재단채권자도 포함한다)에게 공평하게 배당하기 위하여 마련된 파산관재인의 법적 권리이다. 부인권은 연원을 같이하는 채권자취소권(민법 제406조)과 자주 비교되는데, 채권자취소권은 개별 채권자의 채권보전을 위해 인정되는 권리이나 부인권은 집단적·포괄적 집행절차의 일환으로 총 채권자의 공평한 분배를 위하여 파산관재인에게만 인정하는 권리라는 점에서 차이가 있다. 이러한 차이는 법문에도 그대로 드러나 있는데, 민법 제406조는 "채무자가 채권자를 해함을 알고 재산권을 목적으로 법률행위를 한 때에는 채권자는 그 취소 및 원상회복을 청구할 수 있다"라고 규정하고 있는 반면, 법 제391조는 "파산관재인은 파산재단을 위하여 채무자가 파산채권자를 해하는 것을 알고 한 행위를 부인할 수 있다"라고 규정함으로서 권리행사의 주체, 대상을 달리 규정하고 있음을 확인할 수 있다. 일반적으로 부인권은 채권자취소권과 달리 채무초과 상태를 요건으로 하지 않으며, 부인대상 행위나 행사방법 등도 완화된 것으로 해석하고 있다.

부인권은 채무자뿐만 아니라 법률전문가조차 생소한 용어이다. 따라서 채무자의 입장에서 부인권의 모든 내용을 숙지하는 것을 기대하는 것은 불가능하기도 하고, 불필요하기도 하다. 따라서 이 장에서는 채무자가 파산절차 진행 중 경험할 수 있는 사안을 중심으로 개인파산 실무에서 자주 다루어지고 있는 부분에 한정하여 설명하도록 한다.

제2절은 부인권 행사의 일반적 성립요건을 설명한다. 부인유형에 두루 적용되는 기본적인 요건으로 부인유형에 따른 부인요건을 이해하는데 도움이 될 것이다. 제3절에서는 부인유형에 따른 부인권의 요건에 대하여 다룬다. 고의부인, 위기부인, 무상부인의 요건 및 특수관계인에 대한 특칙에 대하여 설명하는데, 실무에서 자주 문제되는 것은 특수관계인을 상대방으로 한 행위이므로 특수관계인의 범위 및 특수관계인을 상대로 한 행위시에 부인권의 요건이 어떻게 변경되는지 이해하면 된다.

중요한 것은 제4절 행위유형에 따른 부인권 행사로, 대표적인 행위유형인 특수관계인에 대한 변제 등, 상속포기, 상속재산분할합의, 이혼에 따른 재산분할 등에서 부인권 행사가 가능한지에 대하여 검토한다. 마지막으로 제5절 부인권 행사의 방법 및 효과는 부인권이 어떻게 행사되는지와 부인권의 행사로 인한 파산재단에 미치는 효과가 어떠한지를 살펴본다.

제2절 부인권 행사의 일반적 성립요건

1. 행위의 유해성

부인대상 행위에 해당하기 위해서는 파산채권자에게 해를 끼지는 행위여야 한다. 파산채권자를 해하는 행위는 채무자의 재산을 절대적으로 감소시키는 사해행위와 채권자간의 평등을 저해하는 편파행위로 나뉜다. 행위 당시 채무자의 자산이 부채보다 많은 자산초과 상태였다고 하더라도 장차 파산절차에서 배당재원이 재단채권과 파산채권을 전부 만족시키지 못하고, 행위 당시에 그런 개연성이 있다면 유해성이 인정될 수 있다고 한다(대법원 2005. 11. 10. 선고 2003다2345 판결).

염가의 매각이 아닌 한 부동산의 매각은 유해성이 인정되기 어렵다. 그러나 변제기가 도래한 채무를 변제하는 본지 변제행위도 편파변제로 볼 수 있다면 유해성이 인정될 수 있고, 변제기가 도래하지 아니하는 채무를 변제하는 비본지 변제는 유해성 인정에 어려움이 없다. 담보권자에 대한 변제는 부인대상이 될 수 없으나, 담보권자에게 한 대물변제는 그 대물의 가액이 피담보채권을 초과하였다면 초과부분에 한해서 부인대상이 될 것이다. 제3자로부터 돈을 차용하여 특정 채권자에게 변제, 즉 차입금에 의한 변제는 원칙적으로 편파행위가 되어 부인권 행사의 대상이 될 수 있으나, 그 차용이 전적으로 특정 채권자에게 변제한 것이고, 차용 즉시 목적대로 특정 채권자에게 변제되었다면 상당성이 있는 행위로 부인대상에 해당하지 않을 것이다. 이혼에 따른 재산분할과 상속재산 분할합의·상속포기는 제4절 행위유형에 따른 부인권 행사에서 구체적으로 다룬다.

2. 채무자의 행위

부인권의 대상이 되는 행위는 원칙적으로 채무자의 행위여야 한다. 그러나 제3자의 행위가 채무자의 행위와 동일시될 수 있다면 제3자의 행위도 부인대상이 될 수 있다. 집행행위 부인(법 제395조)에는 채무자의 행위에 국한되지 않는다.

부인대상이 되는 행위는 법률효과를 발생하는 일체의 행위가 포함된다. 부작위행위도 포함된다. 소송법상 행위, 법률적으로 유효한지 여부도 가리지 않는다.

3. 행위의 상당성

유해성이 인정되어 부인대상 행위로 볼 수 있다고 하더라도 행위 당시 채무자의 재산, 영업상태, 의도와 동기 등 채무자의 주관적 여건과 함께 변제자금의 원천, 채권자와의 관계, 채권자와의 통모, 강요 여부 등 신의칙과 공평의 원칙을 종합적으로 판단하여 상당성이 인정되는 행위는 부인 대상 행위에서 제외된다.

특히, 시골에서 부모가 공동으로 거주하던 중 일방 부모가 사망하여 유일한 상속재산이 거주지 주택이었는데 이 거주지 주택에 대하여 채무자를 포함한 자녀들이 살아계신 부모 일방에게 전부 이전하는 상속재산분할 합의를 한 경우, 그 상속재산의 규모, 살아계신 부모의 현재 생활 등이 고려되어야 할 것이나 많은 경우 행위의 상당성이 인정될 수 있을 것이다.

제 3 절 부인유형에 따른 부인권의 요건

1. 고의부인(법 제391조 제1호)

> 제391조(부인할 수 있는 행위) 파산관재인은 파산재단을 위하여 다음 각호의 어느 하나에 해당하는 행위를 부인할 수 있다.
> 1. 채무자가 **파산채권자를 해하는 것을 알고 한 행위**. 다만, 이로 인하여 이익을 받은 자가 그 행위 당시 파산채권자를 해하게 되는 사실을 알지 못한 경우에는 그러하지 아니하다.

법문에 "채무자가 파산채권자를 해하는 것을 알고 한 행위"라고 규정하고 있으므로, 고의부인에 해당하기 위해서는 채무자가 행위 당시 파산채권자를 해하는 것을 알고 있어야 하고(사해의사) 그에 따른 행위(사해행위)가 있어야 함은 분명하다. 사해의사와 사해행위의 입증책임은 파산관재인에게 있다.

사해행위에 편파행위도 포함될 수 있음은 제2절 부인권 행사의 일반적 성립요건에서 본 바와 같다. 사해행위 당시 채무자에게 채권자에 대한 가해의사나 의욕까지 필요한 것은 아니고, 단지 파산채권자를 해한다는 인식만 있으면 된다고 본다. 채무자의 일반재산을 감소시키는 사해행위에 있어서는 채무자가 행위 당시 그 행위로 인하여 자신의 변제자력이 부족해지거나, 변제자력의 부족상태가 심화된다는 인식만 있으면 되나, 편파행위에 있어서는 파산채권자 평등의 원칙을 저해하기 위해서 특정 채권자에게만 변제 또는 담보제공 등의 편파행위를 한다는 인식이 필요하다.

파산채권자 평등 원칙을 저해하는 인식의 여부는 그 행위와 파산신청의 시간적 간격, 채무의 종류 및 채권자들의 독촉의 정도 등 지급불능의 심화 정도를 종합하여 판단할 수 있을 것이다. 특히, 채무자가 파산신청을 하기 위해 서류 등을 발급받은 후 일부 채권자에게 변제하였다면 당시 채무자에게 파산채권자 평등을 회피하고자 하는 의사가 있었음이 쉽게 인정될 수 있다.

수익자의 선의에 대한 입증책임은 수익자에게 있다. 수익자가 악의인 이상, 과실 유무는 불문한다.

2. 위기부인(법 제391조 제2·3호)

위기부인의 핵심은 시기상의 요건이다. 위기부인은 파산선고 전 1년 이내에 한 행위에 한하여 적용된다(법 제404조). 파산선고가 지연되는 경우 위 규정이 적용되는 사례는 느블 것이다.

위기부인과 무상부인은 특수관계인을 상대방으로 한 행위의 특칙이 적용된다. 여기서 특수관계인이란 ① 배우자(사실혼 관계에 있는 자도 포함한다. 동거여부, 사실상 이혼 여부를 불문한다), ② 8촌 이내의 혈족 및 4촌 이내의 인척, ③ 본인의 금전 그 밖의 재산에 의하여 생계를 유지하는 자이거나 본인과 생계를 같이 하는 자이다.[1]

1 그 외에 ④ 본인이 단독으로 또는 그와 위 ① 내지 ③의 관계에 있는 자와 합하여 100분의 30 이상을 출자하거나 임원의 임면 등의 방법으로 법인 그 밖의 단체의 주요 경영사항에 대하여 사실상 영향력을 행사하는 경우에는 당해 법인 그 밖의 단체와 임원, ⑤ 본인이 단독으로 또는 그와 위 ① 내지 ④의 관계에 있는 자와 합하여 100분의 30 이상을 출자하거나 임원의 임면 등의 방법으로 법인 그 밖의

혈족이란 혈연관계에 있는 친족을 말한다. 혈족에는 입양에 의하여 형성되는 양친자도 포함된다. 인척이란 혼인에 의하여 성립하는 친족이다 민법은 인척을 혈족의 배우자(계모, 적모, 형제의 처, 자매의 남편, 백숙부의 처), 배우자의 혈족(배우자의 부모나 형제·자매), 배우자의 혈족의 배우자(처의 자매의 남편, 남편의 형제·자매의 처나 남편)로 규정하고 있다.

가. 본지행위에 대한 위기부인

제391조(부인할 수 있는 행위) 파산관재인은 파산재단을 위하여 다음 각호의 어느 하나에 해당하는 행위를 부인할 수 있다.

(…)

2. 채무자가 **지급정지 또는 파산신청이 있은 후**에 한 **파산채권자를 해하는 행위와 담보의 제공 또는 채무소멸에 관한 행위**. 다만, 이로 인하여 이익을 받은 자가 그 행위 당시 지급정지 또는 파산신청이 있은 것을 알고 있은 때에 한한다.

제392조(특수관계인을 상대방으로 한 행위에 대한 특칙) ① 제391조제2호 단서의 규정을 적용하는 경우 이익을 받는 자가 채무자와 대통령령이 정하는 범위의 특수관계에 있는 자(이하 이 조에서 "특수관계인"이라 한다)인 때에는 그 **특수관계인이 행위 당시 지급정지 또는 파산신청이 있은 것을 알고 있었던 것으로 추정한다.**

제404조(지급정지를 안 것을 이유로 하는 부인의 제한) **파산선고가 있은 날부터 1년 전**에 한 행위는 지급정지의 사실을 안 것을 이유로 하여 부인할 수 없다.

시기적 요건으로 지급정지 또는 파산신청이 있은 후에 한 행위에 한한다. 지급정지란 지급불능을 추정하게 하는 사실로 변제자력의 결핍으로 인하여 변제기가 도래한 채무를 일반적·계속적으로 변제하는 것이 불가능함을 명시적·묵시적으로 외부에 표시하는 것을 말하고, 여기서 변제자력의 결핍이란 채무자에게 채무를 변제할 수 있는 자산이 없고, 변제의 유예를 받거나 변제하기에 족한 융통을 받을 신용도 없는 것을 말한다(대법원 2002. 11. 8. 선고 2002다28746 판결). 개인파산절차에서는 개별 금융기관에서 시행하는 신용회복지원, 신용회복위원회가 운영하는 사전채무조정(pre-work out), 개인워크아웃, 개인회생 신

단체의 주요 경영사항에 대하여 사실상 영향력을 행사하고 있는 경우에는 당해 법인, 그 밖의 단체와 임원이 특수관계인에 포함되나, 개인파산절차에서 위 규정이 적용된 사례는 거의 없다.

청 등을 한 시기를 지급정지시기로 볼 수 있을 것이다(다만, 대법원은 법인파산사건에서 채무자가 부도유예협약 대상업체로 선정하여 줄 것을 신청하거나 주거래은행이 채무자를 그 협약의 대상기업으로 결정한 것은 "지급정지"에 해당하지 않는다고 한 판례(대법원 2001. 6. 29. 선고 2000다63554 판결)가 있어 신용회복지원 신청으로 지급정지라고 볼 수 있는지는 명확하지 않다).

결국, 본지행위에 대한 위기부인은 파산선고 전 1년 이내에 채무자가 지급정지 또는 파산신청 이후에 한 행위에 한하여 적용된다. 사해행위(파산채권자를 해하는 행위), 편파행위(담보제공 또는 채무소멸행위) 모두 포함된다.

수익자가 채무자의 행위 당시 지급정지 또는 파산신청이 있는 것을 알고 있어야 하고, 그 입증책임은 파산관재인에게 있다. 그러나 수익자가 특수관계인인 경우에는 수익자가 자신이 선의임을 입증하여야 한다.

나. 비본지행위에 대한 위기부인

제391조(부인할 수 있는 행위) 파산관재인은 파산재단을 위하여 다음 각호의 어느 하나에 해당하는 행위를 부인할 수 있다.

(…)

3. **채무자가 지급정지나 파산신청이 있은 후 또는 그 전 60일 이내에 한 담보의 제공 또는 채무소멸에 관한 행위로서 채무자의 의무에 속하지 아니하거나 그 방법 또는 시기가 채무자의 의무에 속하지 아니하는 것**. 다만, 채권자가 그 행위 당시 지급정지나 파산신청이 있은 것 또는 파산채권자를 해하게 되는 사실을 알지 못한 경우를 제외한다.

제392조(특수관계인을 상대방으로 한 행위에 대한 특칙) … ② 제391조 제3호의 규정을 적용하는 경우 **특수관계인**을 상대방으로 하는 행위에 대하여는 같은 호 본문에 규정된 "60일"을 "1년"으로 하고, 같은 호 단서를 적용하는 경우에는 그 특수관계인이 그 행위 당시 지급정지 또는 파산신청이 있은 것과 파산채권자를 해하는 사실을 알고 있었던 것으로 **추정**한다.

제404조(지급정지를 안 것을 이유로 하는 부인의 제한) **파산선고가 있은 날부터 1년 전**에 한 행위는 지급정지의 사실을 안 것을 이유로 하여 부인할 수 없다.

시기적 요건으로 지급정지 또는 파산신청이 있은 후 또는 그 전 60일 이내에 한 행위에 한한다. 특수관계인이 수익자인 경우에는 지급정지 또는 파산신청이 있은 후 또는 그 전 1년 이내에 한 행위까지 연장된다. 그러나 법 제404조에서 파산선고가 있은 날로부터 1년 전에 한 행위에 국한하고 있으므로, 법 제392조 제2호의 규정은 지급정지 시기 또는 파산신청 시기가 파산선고시와 가까운 경우에 한하여 의미가 있을 뿐이다.

결국, 비본지행위에 대한 위기부인은 파산선고 전 1년 이내에 채무자가 지급정지 또는 파산신청 이후에 또는 그 전 60일 이내에 한 행위 또는 수익자가 특수관계인인 경우에는 파산선고 1년 이내에 채무자가 지급정지 또는 파산신청 이후 또는 그 전 1년 이내에 한 행위에 한하여 적용된다.

법은 "채무자의 의무에 속하지 아니하거나 그 방법 또는 시기가 채무자의 의무에 속하지 아니하는 것"이라고 규정하고 특별히 파산채권자를 해하는 행위(제2호)에 대한 규정을 두고 있지 않는데, 이는 비본지행위 자체가 사해행위의 유형임을 보여주는 것으로 해석한다. 의무에 속하지 아니하는 예로 담보제공 약정이 없음에도 담보를 제공하는 행위 등이 있고, 방법이 의무에 속하지 아니하는 예는 약정이 없음에도 대물변제를 하는 경우 등이 있으며, 시기가 의무에 속하지 아니하는 예는 변제기 전에 채무를 변제하는 경우라고 할 수 있다.

수익자는 비본지행위 당시 채무자가 지급정지나 파산신청이 있는 사실, 채무자의 변제 등의 행위가 비본지행위인 사실에 대하여 알지 못하였음에 대한 입증책임이 있다. 그러므로 특수관계인의 악의 추정 규정은 특별한 의미가 없다.

3. 무상부인(법 제391조 제4호)

제391조(부인할 수 있는 행위) 파산관재인은 파산재단을 위하여 다음 각호의 어느 하나에 해당하는 행위를 부인할 수 있다.

(…)

4. 채무자가 **지급정지 또는 파산신청**이 있은 후 또는 그 전 **6월 이내**에 한 **무상행위 및 이와 동일시할 수 있는 유상행위**

제392조(특수관계인을 상대방으로 한 행위에 대한 특칙) … ③ 제391조 제4호의 규정을 적용하는 경우 **특수관계인**을 상대방으로 하는 행위인 때에는 같은 호에 규정된 "6월"을 "1년"으로 한다.

시기적 요건으로 지급정지 또는 파산신청이 있은 후 또는 그 전 6월 이내에 한 행위에 한한다. 특수관계인이 수익자인 경우에는 지급정지 또는 파산신청이 있은 후 또는 그 전 1년 이내에 한 행위까지 연장된다.

'무상행위'는 채무자가 대가를 받지 않고 적극재산을 감소시키거나, 소극재산, 즉 채무를 증가시키는 행위를 말한다. '무상행위와 동일시 할 수 있는 유상행위'는 상대방의 반대급부가 지나치게 근소하여 사실상 무상행위와 다름이 없는 행위를 말한다. 무상행위로는 증여, 유증, 채무면제, 권리의 포기, 시효이익의 포기, 소송상의 화해 등이 있으나 채무자가 직접적·현실적인 경제적 이익을 받지 않고 한 보증행위도 포함된다(대법원 2009. 2. 12. 선고 2008다48117 판결). 수익자의 선·악의는 불문한다.

이상에서 살펴본 부인권의 유형에 따른 행사요건을 정리하면 아래 표와 같다.

■ 부인권의 유형에 따른 요건 정리

<table>
<tr><th colspan="2" rowspan="2">구 분</th><th rowspan="2">고의부인(법 제391조 제1호)</th><th colspan="2">위기부인</th><th rowspan="2">무상부인(법 제391조 제4호)</th></tr>
<tr><th>본지(법 제391조 제2호)</th><th>비본지(법 제391조 제3호)</th></tr>
<tr><td rowspan="2">행위 시기</td><td>일반적인 시기</td><td>제한 없음</td><td>파산선고 전 1년 이내의 지급정지 뚜는 파산신청 후</td><td>파산선고 전 1년 이내의 지급정지 또는 파산신청 후로부터 60일 이내</td><td>지급정지나 파산신청 전 6월 이내</td></tr>
<tr><td>특수관계인 특칙</td><td>×</td><td>×</td><td>파산선고 전 1년 이내의 지급정지 또는 파산신청 후로부터 1년 이내</td><td>지급정지나 파산신청 전 1년 이내</td></tr>
</table>

주관적 요건 (입증책임)	채무자	사해의사 (파산관재인)	×	×	×
	수익자	사해성에 대한 불인식 (수익자)	위기시기에 대한 인식 (파산관재인)	위기시기 또는 사해행위의 불인식(수익자)	×
	특수관계인 특칙	×	위기시기에 대한 불인식 (수익자)	무의미	×

제 4 절 행위유형에 따른 부인권의 행사

개인파산 사건에서 부인권 행사가 문제되는 대부분의 경우는 채무자의 재산을 처분하고 매도대금 전부 또는 일부를 가족에게 편파변제하였거나, 채무변제 명목으로 가족에게 재산을 양도한 경우, 또는 재산을 채무자의 가족에게 이전하였거나(증여 또는 형식상 매매이나 실질적으로는 무상양도), 채무변제 명목으로 채무자의 재산에 담보권을 설정해 주는 경우이다. 위 사안 중에 편파변제 행위는 부인권 행사(고의 부인)의 대상이 될 뿐이지만, 나머지 사안은 면책불허가 사유에도 해당할 수 있다. 1개의 행위가 각 부인권 행사 요건에 해당한다면 파산관재인은 선택적 또는 병존적으로 부인권을 행사할 수 있다.

1. 특수관계인에 대한 변제, 대물변제, 증여, 담보권설정

채무자가 특수관계인(특히, 동거 중인 가족)에 대한 채무를 변제한 경우, 그것이 채무의 내용을 좇은 변제행위(즉, 본지변제)라 하더라도 고의 부인의 요건에 해당될 수 있다. 동거 중인 가족에 대한 채무를 변제한 것이라면 사해의사는 쉽게 인정되어진다. 다만 그 변제행위 당시 채무자가 자산초과 상태였고, 장래 파산절차에서 파산채권을 만족시킬 만한 개연성이 있었다면 달리 볼 수 있을 것이다.

특수관계인의 채무를 변제하였으나, 그것이 채무자의 의무에 해당하지 않거나, 그 방법 또는 시기가 채무자의 의무에 속하지 아니하는 경우, 즉 비본지변제행위인 경우에는 그 행위의 시기가 파산선고 전 1년 이내의 지급정지 시점(또는 파산신청 시점)으로부터 1년 이내에 행하여진 것이라면 위기 부인이, 그 시기를 벗어난 시점에 행하여진 것이라면 고의 부인의 대상이 되므로 부인권 행사의 대상이 됨에는 다름이 없다

특수관계인에게 대물변제를 한 경우, 당초 대물변제 약정이 있어 그 약정대로 이행된 것이라면 위 본지변제 행위와, 당초 대물변제 약정이 없었음에도 대물변제를 한 경우에는 비본지변제 행위와 같이 다루어질 것이다. 다만, 대물의 가액이 채무액을 초과한 경우에는 당초 약정이 있었다고 하더라도 초과분에 한하여 부인권의 대상이 된다.

특수관계인에게 증여 또는 재산을 무상양도한 경우, 지급정지 시점(또는 파산신청 시점) 전 1년 이내에 한 행위라면 무상부인의 대상이 된다. 그 시점을 벗어난 경우에도 고의 부인의 대상이 되므로 마찬가지로 부인권 행사의 대상이 됨에는 다름이 없다.

특수관계인에게 담보권을 설정해 준 경우, 당초 담보권설정의 약정이 있어 그 약정대로 이행된 것이라면 위 본지변제 행위와, 당초 담보권설정의 약정이 없었음에도 담보권을 설정해 준 경우에는 비본지변제 행위와 같이 다루어질 것이다. 다만, 부인권 행사의 효과는 담보권의 말소라는데 차이가 있다.

특수관계인이 채무자에 대하여 지급명령 신청을 하였고, 채무자가 이의를 하지 않아 확정된 후 확정된 지급명령에 기하여 채무자의 임차보증금반환채권에 대해 압류 및 전부명령을 한 경우에도, 그 압류 및 전부명령이 부인 대상이 될 수 있다(집행행위 부인).

2. 상속재산협의분할·상속포기

상속포기는 법정기한(민법 제1019조 제1항, 상속사실을 안 날로부터 3개월 내)의 제한이 있고, 가정법원에 이를 신고(민법 제1041조)하여야 하는 반면, 상속재산분할협의는 공동상속인들이 언제든지 그 협의를 할 수 있고(민법 제1013조 제1항), 가정법원에 신고사항이 아니다.

상속재산협의분할이 부인대상 행위에 해당함은 다툼이 없다. 채무자가 상

속지분을 포기하는 내용의 상속재산협의분할을 하였다면, 쉽게 부인권 행사의 대상이 될 것이다. 그러나 앞서 본 바와 같이 혼자 사는 노부모의 주거지가 유일한 상속재산이어서 이를 채무자를 비롯하여 자녀들이 포기하는 내용의 상속재산협의분할이 된 경우에는 상당성이 있는 행위로 보아 부인권 행사가 자제될 수 있다. 또 채무자가 기존에 가족들에게 거액의 부채를 지고 있어, 상속재산협의분할시 자신의 상속지분을 포기할 수밖에 없었다는 사정 등 상당성이 인정되는 사정이 있다면 부인의 소송절차에서 화해권고결정이나 조정절차를 통해, 또는 파산관재인과의 임의화해 절차를 통해 일정 금액을 파산재단에 편입하는 것으로 해결될 수도 있다.

상속포기와 관련하여 대법원은 "상속포기는 비록 포기자의 재산에 영향을 미치는 바가 없지 않으나(그러한 측면과 관련하여서는 '채무자 회생 및 파산에 관한 법률' 제386조 참조) 상속인으로서의 지위 자체를 소멸하게 하는 행위로서 순전한 재산법적 행위와 같이 볼 것이 아니다. 오히려 상속포기는 1차적으로 피상속인 또는 후순위상속인을 포함하여 다른 상속인 등과의 인격적인 관계를 전체적으로 판단하여 행하여지는 '인적 결단'의 성질을 가진다. 그러한 행위에 대하여 비록 상속인인 채무자가 무자력 상태에 있다고 하여서 그로 하여금 상속포기를 하지 못하게 하는 결과가 될 수 있는 채권자의 사해행위취소를 쉽사리 인정할 것이 아니다. 그리고 상속은 피상속인이 사망 당시에 가졌던 모든 재산적 권리 및 의무·부담을 포함하여 총체재산이 한꺼번에 포괄적으로 승계되는 것으로서 다수의 관련자가 이해관계를 가지는데, 위와 같이 상속인으로서의 자격 자체를 좌우하는 상속포기의 의사표시에 사해행위에 해당하는 법률행위에 대하여 채권자 자신과 수익자 또는 전득자 사이에서만 상대적으로 그 효력이 없는 것으로 하는 채권자취소권의 적용이 있다고 하면, 상속을 둘러싼 법률관계는 그 법적 처리의 출발점이 되는 상속인 확정의 단계에서부터 복잡하게 얽히게 되는 것을 면할 수 없다. 또한 상속인의 채권자의 입장에서는 상속의 포기가 그의 기대를 저버리는 측면이 있다고 하더라도 채무자인 상속인의 재산을 현재 상태보다 악화시키지 아니한다. 이러한 점들을 종합적으로 고려하여 보면, 상속포기는 민법 제406조 제1항에서 정하는 '재산권에 관한 법률행위'에 해당하지 아니하여 사해행위 취소의 대상이 되지 못한다"(대법원 2011. 6. 9. 선고

2011다29307 판결)라고 판시하였다.

위 판례에 대하여 상속포기와 상속재산협의분할과는 그 재산법적 효과가 동일하고, 이를 동일시하는 국민의 법감정과 배치된다는 이유로 비판하는 견해도 있고, 부인권은 채권자취소권과는 그 행사의 주체, 취소 대상행위나 행사의 방법이 다르므로 위 판례가 명시적으로 상속포기를 부인권의 대상에서 배제한 것은 아니라는 견해도 있으나, 위 판례가 상속포기는 일신전속적 권리(인격적 결단)이고, 법적 안정성을 침해(다수의 이해관계인이 있는 사안에 대한 상대효의 문제)할 우려가 있다는 점 및 사해행위성(채무자의 재산이 악화되는 것은 아님)을 부인하고 있다는 점에서 상속포기 행위에 대하여 사해행위취소권과 달리 부인권은 인정될 수 있다고 보기 어려울 것이다.

3. 이혼에 따른 재산분할

가. 채무자가 이혼에 따른 재산분할의 명목으로 채무자 명의의 재산을 배우자에게 이전한 경우

이혼에 따른 재산분할은 실질적인 부부공동재산을 청산·분배하는 것으로 일종의 재산처분행위로 볼 수 있으므로, 부인권의 대상이 된다. 그러나 재산분할은 부부공동재산의 청산·분배 외에 상대방에 대한 부양적 성격 및 유책배우자에 대한 정신적 손해배상을 위한 급부적 성격도 겸유하고 있으므로 그 재산분할이 상당성이 결여될 정도로 편파적이고, 재산분할을 명목으로 실질적인 재산처분으로 볼 수 있는 경우에 한해서 그 초과되는 부분에 한정하여 부인권이 행사될 수 있다.

협의에 따른 것이든, 재판상 화해 등에 따른 것이든 달리 볼 것은 아니다.

나. 실질적인 부부공동재산이 배우자 명의로 되어 있는데, 채무자가 이혼시 이를 포기하였거나 이와 동일시될 정도로 현저히 불리하게 재산분할이 된 경우

(1) 재산분할의 협의가 있는 경우

재산분할의 협의가 있고, 배우자 명의의 부부공동재산의 형성에 채무자가 실질적으로 기여하였다면, 상당성을 벗어난 초과되는 부분에 한정하여 부인권이 행사될 수 있을 것이다. 그런데 채무자가 부부공동재산의 형성에 실질적인 기여를 한 것이 없고 자녀 부양을 상대방이 부담한다면 유해성이 인정되기 어려울 수 있다.

(2) 재산분할의 협의가 없는 경우

대법원은 "이혼으로 인한 재산분할청구권은 이혼을 한 당사자의 일방이 다른 일방에 대하여 재산분할을 청구할 수 있는 권리로서 이혼이 성립할 때에 그 법적 효과로서 비로소 발생하는 것일 뿐만 아니라, 협의 또는 심판에 의하여 구체적 내용이 형성되기까지는 그 범위 및 내용이 불명확·불확정하기 때문에 구체적으로 권리가 발생하였다고 할 수 없으므로 협의 또는 심판에 의하여 구체화되지 않는 재산분할청구권은 채무자의 책임재산에 해당하지 아니하고 이를 포기하는 행위 또한 채권자취소권의 대상이 될 수 없다"(대법원 2007. 7. 26. 선고 200다29119 판결)라고 판시하였다.

이 판결은 부인권을 대상으로 한 판결이 아니지만, 협의 또는 심판에 의하여 구체화되지 않는 재산분할청구권은 채무자의 책임재산이 될 수 없어 채권자취소권의 대상이 될 수 없다는 것으로 부인권 행사도 인정되지 않는 것으로 볼 수밖에 없을 것이다.

다만, 이혼에 따른 재산분할청구권의 제척기간인 2년이 지나지 않았다면 파산관재인이 가정법원에 재산분할의 심판을 구할 수 있을 것이다.

제 5 절 부인권 행사의 방법 및 효과

1. 부인권 행사의 방법

부인권은 파산관재인이 부인의 소, 부인의 청구 또는 항변의 방법으로 행사된다(법 제396조 제1항). 부인의 소는 파산사건이 계속되어 있는 지방법원에 전속하므로(법 제396조 제3항) 파산관재인이 관할 지방법원에 소제기 방법으로 행사한다.

부인의 청구는 파산관재인이 부인권을 쉽게 행사할 수 있게 하기 위하여 법이 인정한 약식절차로서 파산선고를 한 법원에 전속한다(법 제396조 제3호). 부인청구는 파산관재인이 파산선고를 한 법원에 청구서를 제출하는 방법으로 행사한다.

부인의 항변은 상대방이 제기한 소송에서 공격·방어 방법으로 항변 또는 재항변으로 제기한다.

2. 부인권 행사의 효과

부인권의 행사로 채무자의 재산은 원상으로 회복된다(법 제397조 제1항). 다만, 부인권을 행사할 당시 그 대상이 되는 재산이 멸실·훼손되었거나, 다른 재산에 편입되어 특정할 수 없는 경우, 또는 제3자에게 처분되어 현존하지 않을 때에는 가액배상을 청구할 수 있다.

3. 실무의 경향

실무에서는 부인의 소가 제기되는 경우는 드물고, 대부분 부인 청구가 활용되고 있다. 부인의 소보다 절차가 간이하고 소송비용이 적게 들기 때문이다. 부인 청구가 제기되면 수익자 또는 전득자가 당사자가 되어 재판에 참여하게 되고, 법적 위험을 직접 경험하게 됨으로써 재판상 또는 재판외의 화해가 성립되는 사례가 많다. 간혹 채무자가 부인청구 인용결정에 대해 부인의 소까지 진행되는 경우도 있으나 채무자 또는 수익자에게 유리한 결과가 나오는 경우는 드물다.

CHAPTER 10

면제재산 및 재단포기

제10장

면제재산 및 재단포기

제 1 절 면제재산

1. 면제재산의 의의

채무자가 파산선고시에 가진 모든 재산 또는 파산선고 전에 생긴 원인으로 장래에 행할 청구권은 원칙적으로 파산재단에 속해야 한다(법 제382조). 그러나 채무자의 모든 재산을 파산재단에 포함시켜 이를 파산관재인이 환가하여 채권자들에게 배당하게 되면 파산절차 중 또는 파산절차 후 채무자가 기본적인 생활을 유지할 아무런 재산을 보유하지 못하게 되고, 새로운 출발을 위한 필요 최소한도의 기본적인 재정적 토대마저 박탈하게 되어 채무자의 갱생을 도모하고자 하는 개인파산제도의 취지에 반하게 된다. 이러한 사정을 고려하여 법은 일정한 재산에 한하여 법령 또는 법원의 결정에 따라 파산재단에 제외시킴으로써 파산선고에도 불구하고 채무자가 자유롭게 향유할 수 있는 자유재산을 인정하고 있다. 이와 같이 파산에도 불구하고 채무자가 보유할 수 있는 재산을 면제재산이라고 한다.

2. 면제재산에 관한 우리나라 및 다른 나라의 입법례

가. 우리나라

법 제382조(파산재단) ① 채무자가 파산선고 당시에 가진 모든 재산을 파산재단에 속한다.

② 채무자가 파산선고 전에 생긴 원인으로 장래에 행사할 청구권은 파산재단에 속한다.

법 제383조(파산재단에 속하지 아니하는 재산) ① 압류할 수 없는 재산은 파산재단에 속하지 아니한다.

② 법원은 개인인 채무자의 신청에 의하여 다음 각호의 어느 하나에 해당하는 재산을 파산재단에서 면제할 수 있다.

1. 채무자 또는 그 피부양자의 주거용으로 사용되고 있는 건물에 관한 임차보증금반환청구권으로서 「주택임대차보호법」 제8조(보증금 중 일정액의 보호)의 규정에 의하여 우선변제를 받을 수 있는 금액의 범위 안에서 대통령령이 정하는 금액을 초과하지 아니하는 부분
2. 채무자 및 그 피부양자의 생활에 필요한 6개월간의 생계비에 사용할 특정한 재산으로서 대통령령이 정하는 금액을 초과하지 아니하는 부분

③ 제2항의 규정에 의한 신청은 파산신청일 이후 파산선고 후 14일 이내에 면제재산목록 및 소명에 필요한 자료를 첨부한 서면으로 한다.

④ 법원은 파산선고 전에 제2항의 신청이 있는 경우에는 파산선고와 동시에, 파산선고 후에 제2항의 신청이 있는 경우에는 신청일로부터 14일 이내에 면제 여부 및 그 범위를 결정하여야 한다.

⑤ 제4항의 규정에 의한 결정이 있는 때에는 법원은 채무자 및 알고 있는 채권자에게 그 결정서를 송달하여야 한다.

⑥ 제4항에 의한 결정에 대하여는 즉시항고를 할 수 있다.

⑦ 제6항의 규정에 의한 즉시항고는 집행정지의 효력이 없다.

⑧ 법원은 파산선고 전에 면제신청이 있는 경우에 채무자의 신청 또는 직권으로 파산선고가 있을 때까지 제2항의 면제재산에 대하여 파산채권에 기한 강제집행, 가압류 또는 가처분의 중지 또는 금지를 명할 수 있다.

⑨ 면제결정이 확정된 때에는 제8항의 규정에 의하여 중지한 절차는 그 효력을 잃는다.

⑩ 제4항의 규정에 의하연 면제되는 재산에 대하여는 제556조 제1항의 규정에 따라 면책신청을 할 수 있는 기간까지는 파산채권에 기한 강제집행, 가압류 또는 가처분을 할 수 없다.

우리 법은 압류금지 재산을 채무자의 신청 여부와 관계없이 자동적으로 면제재산이 되는 당연 면제재산으로(법 제383조 제1항), 그 외 대통령령이 정하는 소액임차보증금 및 6개월간 생계비를 채무자의 신청에 의하여 면제재산의 범위를 정할 수 있는 임의적 면제재산으로(제2항) 규정해 놓고 있다. 법원의 임의적 면제재산 결정에 대하여는 이를 채권자에게 송달하도록 하고 있고, 이에 대한 불복절차로 채권자가 즉시항고를 할 수 있도록 규정하고 있는 것이 특징이다.

나. 일 본

일본 파산법 제34조(파산재단의 범위) ① 파산자가 파산절차개시 당시에 있어 갖고 있는 일체의 재산(일본 국내에 있는지 여부를 묻지 않는다)을 파산재단으로 한다.
② 제1항의 규정과 관계없이, 다음의 재산은 파산재단에 속하지 않는다.
1. 민사집행법 제313조 제3호에 규정한 액의 2분의 3을 넘지 않는 액수의 금전
2. 압류되지 않는 재산(민사집행법 제313조 제3호에 규정한 금전을 제외한다). 다만 같은 법 제132조 제1항(같은 법 제192조에 있어서 준용하는 경우를 포함한다) 규정에 의해 압류가 허용되는 것 또는 파산절차개시 후에 압류가 허용되는 것과 같은 것은 이에 해당하지 않는다.
④ 재판소는 파산절차개시의 결정이 있는 때로부터 해당 결정이 확정되는 일 이후 1달을 경과한 일까지 사이에 파산자의 신청에 의해 또는 직권으로 결정으로서 파산자의 생활상황, 파산절차개시시에 있어 파산자가 갖는 전항 각호의 재산의 종류 내지 액수, 파산자의 예상 수입, 그 밖의 사정을 고려하여 파산재단에 속하지 않는 재산의 범위를 확장할 수 있다.

우리 법은 파산재단에 속하지 아니한 재산(법 제383조)에 대하여 법령에 그 구체적인 범위를 정하고 있으나, 일본 파산법은 압류가 금지된 재산(당연 면제재산) 외에 파산자의 신청 또는 직권으로 재판소의 결정에 의하여 파산재단에 속하지 않는 재산의 범위를 확장할 수 있도록 규정하고 있다. 재판부의 직권 면제재산 결정이 가능하도록 하고 있음으로 우리 법에서 규정하고 있는 채권자에 대한 송달에 관한 규정이 없다.

일본은 각 법원과 지방변호사와의 협의 아래 일본 파산법 제342조 제4항

에서 규정하고 있는 자유재산의 범위를 조정하고 있다. 일본 동경재판소와 오사카지방재판소의 경우에는 아래와 같이 운영되고 있다.

일본 동경재판소 파산사건 운영현황[1]에 의하면, ① 99만엔 이하의 현금, ② 잔고가 20만엔 이하의 예·적금, ③ 예상액이 20만엔 이하인 생명보험계약 해약반환금, ④ 처분예상가액이 20만엔 이하인 자동차, ⑤ 주거용 가옥의 보증금 채권, ⑥ 전화가입권, ⑦ 지급예상액의 8분의 1 상당액이 20만엔 이하인 퇴직금 채권, ⑧ 지급예상액의 8분의 1 상당액이 20만엔을 초과하는 퇴직금 채권의 8분의 7, ⑨ 가재도구, ⑩ 압류를 금지하는 동산 또는 채권을 환가를 하지 않는 재산에 포함시키고 있으며, 환가 등에 의하여 얻는 금전 액수의 합계액이 99만엔 이하인 경우에는 파산관재인의 의견을 들어 상당하다고 인정되는 때에는 파산관재인의 보수 내지 환가비용을 공제한 액 전부 또는 일부를 파산자에게 반환할 수 있도록 하였다.

또, 「파산관재절차의 운용과 서식, 오사카지방재판소 오사카변호사회 파산관재인 운용검토 프로젝트팀 편 2009」에 소개된 「자유재산확장제도의 운영기준」에는 ① 예·저금, 적립금(또한 예·저금 중 보통예금은 현금에 준한다), ② 보험해약반환금, ③ 자동차, ④ 전세금·보증금 반환금 청구권, ⑤ 퇴직금 채권, ⑥ 전화가입권, ⑦ 합의가 완결된 과불금 반환청구권은 정형적 확장적격재산으로 보고 그 외 파산자의 생활상황 내지 예상수입, 확장을 구하는 재산의 종류, 금액 그 밖의 개별적인 사정을 참조하여 해당 재산이 파산자의 경제적 갱생에 필요하고 상당한 사정이 인정된 경우에 (임의적) 확장적격재산(상당성의 요건)으로 삼을 수 있으나 절차개시 당시에 재산목록에 기재하지 않은 재산은 원칙적으로 배제하도록 하고 있다(예외적으로 재산목록에 기재하지 않은 상당한 사정이 인정되는 경우에는 확장적격재산으로 인정될 수 있다).

확장적격재산의 가액이 99만엔 이하인 경우에는 원칙적으로 자유재산으로 확장하고, 99만엔을 초과하는 경우에는 초과액 부분에 대하여 자유재산으로 확장하지 않으나, 초과부분의 재산이 경제적 재생의 필요불가분한 것이라는 특단의 사정이 있는 경우에는 예외적으로 자유재산으로 확장할 수 있도록 하였다.

1 「금융법무사정 19892호」, 2010년, 11~13면에서 기재된 개인파산 환가기준으로 동경소재 3개의 변호사회와 협의하여 정해진 것이다.

일본은 파산재단에 포함되지 않는 재산, 즉 자유재산의 범위에 대하여 일본 파산법 제34조 제4항에 의하여 재판소의 결정에 의하여 자유재산의 범위를 확장할 수 있도록 하고 있는 반면, 우리 법은 제383조에 자유재산의 범위를 제한하고 있어 채무자의 경제적 갱생을 위한 조치가 미흡하다는 지적이 제기되고 있다. 실무에서는 파산관재인이 법원의 허가를 얻어 그 가액이 1천만원 미만에 해당하는 재산에 한하여 권리포기할 수 있다는 규정(법 제492조 제12호)을 활용함으로써 이를 보완하고 있다.

다. 미 국

미국은 연방파산법 제7장에 파산선고에도 불구하고 채무자가 계속 보유할 수 있도록 허용하는 재산으로 면제재산 규정을 두고 있다. 면제재산제도(exemption)는 미국 연방파산법 제7장 절차에서 채무자가 계속 보유할 수 있도록 허용된 재산으로서 집행면제재산이라고 하기도 한다.

미국 연방파산법 11 U.S.C §522(d)에 의한 집행면제재산은 다음과 같다.[2]

1. 채무자 또는 그 부양가족이 주거로 사용하는 총 18,450달러를 넘지 않는 부동산, 동산 또는 채무자 또는 그 채무자의 부양가족을 위한 장례지에 대한 채무자의 권리
2. 그 가액이 2,950달러를 넘지 않는 1대의 자동차에 대한 채무자의 권리
3. 채무자 또는 그 부양가족이 개인용, 가족용 또는 가사용으로 처음부터 가지고 있던 개별 항목당 475달러, 총 가치 9,850달러를 넘지 않는 가구, 가사용품, 의류, 가전제품, 서적, 농물, 곡물 또는 악기에 대한 채무자의 권리
4. 채무자 또는 그 부양가족이 개인용, 가족용 또는 가사용으로 처음부터 가지고 있던 총 1,225달러를 넘지 않는 보석에 대한 채무자의 권리
5. 총 975달러를 넘지 않는 모든 재산에 대항 채무자의 권리 및 위 1호에서 규정한 재단제외를 적용하지 않는 경우에는 이에 덧붙여 9,250달러까지의 채무자의 권리
6. 총 1,850달러를 넘지 않는 채무자 또는 그 채무자의 부양가족의 직업에 필요한 모든 가구, 전문서적 또는 도구에 대한 채무자의 권리

2 미국 파산법 제7장 절차에서의 개인채무자의 면책절차. 제122집 : 외국사법연수논집(30), 2011, 정영식, 대법원 법원도서관.

7. 신용생명보험계약(credit life insurance contract)의 경우를 제외하고 채무자가 가지는 모든 만기 미도래의 생명보험계약(any unmatured insurance contract)
8. 피보험자가 채무자이거나 채무자를 부양하는 특정 개인인 채무자가 가지는 만기 미도래의 생명보험계약으로부터 발생하는 배당금 또는 이자 또는 대출가치(loan value)로부터, §542(d)에 의해 (유효하게 생명보험회사에) 양도된 재단에 속하는 재산액을 공제한 가액 중 최고 9,850달러를 초과하지 아니하는 채무자의 권리
9. 채무자 또는 그 채무자의 부양가족을 위해 전문적으로 처방된 건강보조기구
10. 다음의 급여를 받은 채무자의 권리, 즉 사회보장급여, 실업수당, 지역의 공적부조급여, 군인연금급여, 신체장애·질병·실업(퇴사)으로 인한 급여, 채무자 또는 그 부양가족의 부양을 위하여 필요한 상당한 범위 내에서의 이혼수당(alimony)·양육비·별거수당 또는 나아가 채무자 또는 그 부양 가족의 부양을 위하여 필요한 상당한 범위 내에서, 질병·신체장애·사망·연령 또는 근무기간을 이유로 지급되는 주식상여금·연금·이익분배금·연간배당금 또는 유사한 계획이나 계약에 의한 지급
11. 다음 사항에 의해 채무자가 가지는 수령권 또는 재산권, 즉 (A) 범죄피해자보상법에 의한 보상, (B) 채무자와 부양가족을 위해 필요한 상당한 범위 내에서, 채무자를 부양했던 개인이 불법행위로 인해 사망함으로 인한 지급, (C) 채무자와 그 부양가족을 위해 필요한 상당한 범위 내에서, 사망 당시 채무자를 부양했던 당해 개인의 생명보험계약으로부터의 지급, (D) 채무자나 채무자를 부양하는 개인의 개인적 신체상해로 인한 18,450달러를 넘지 않는 지급. 다만 정신적 고통이나 실제의 금전적 손실에 대한 배상은 이에 포함되지 않는다. 또는 (E) 채무자와 그 부양가족을 위해 필요한 상당한 범위 내에서, 채무자 또는 채무자를 부양하거나 부양했던 개인의 장래소득의 상실에 대한 보상으로 인한 지급
12. 1986년 구제법 제401, 403, 408, 408A, 414, 457 또는 501(a)조에 의해 과세로부터 면제된 기금이나 계좌에 들어있는 한도 내에서의 퇴직기금(retirement funds)

   만약 채무자의 주소지 주가 연방법의 집행면제규정을 배제(opt out)하는 입법을 하지 않았다면, 채무자는 위 연방법상의 집행면제 또는 주법상의 집행면제규정 중 하나를 선택할 수 있다.

   또한 위 기준금액은 소비자물가지수를 반영하여 3년마다 자동으로 조정된다고 한다(미국 연방파산법 105).

미국의 면제재산제도는 재산의 종류에 따라 면제재산의 가액의 한도를 규정하고 있는 것이 특징이다. 다만, 만기 미도래의 생명보험계약에 따른 보험급여, 건강보조기구, 양육비, 질병·신체장애·사망·연령 또는 근무기간을 이유로 지급되는 주식상여금·연금·이익분배금·연간배당금 등은 그 가액한도를 규정하고 있지 않다.

3. 면제재산의 범위

가. 당연 면제재산(압류할 수 없는 재산)

(1) 민사집행법상 압류금지 재산

(가) 압류가 금지되는 물건

민사집행법 제195조에 압류가 금지되는 물건을 열거하고 있다.

민사집행법 제195조(압류가 금지되는 물건) 다음 각호의 물건은 압류하지 못한다.

1. 채무자 및 그와 같이 사는 친족(사실상 관계에 따른 친족을 포함한다. 이하 이 조에서 "채무자등"이라 한다)의 생활에 필요한 의복·침구·가구·부엌기구, 그 밖의 생활필수품
2. 채무자등의 생활에 필요한 2월간의 식료품·연료 및 조명재료
3. 채무자등의 생활에 필요한 1월간의 생계비로서 대통령령이 정하는 액수의 금전
4. 주로 자기 노동력으로 농업을 하는 사람에게 없어서는 아니될 농기구·비료·가축·사료·종자, 그 밖에 이에 준하는 물건
5. 주로 자기의 노동력으로 어업을 하는 사람에게 없어서는 아니될 고기잡이 도구·어망·미끼·새끼고기, 그 밖에 이에 준하는 물건
6. 전문직 종사자·기술자·노무자, 그 밖에 주로 자기의 정신적 또는 육체적 노동으로 직업 또는 영업에 종사하는 사람에게 없어서는 아니 될 제복·도구, 그 밖에 이에 준하는 물건
7. 채무자 또는 그 친족이 받은 훈장·포장·기장, 그 밖에 이에 준하는 명예증표
8. 위패·영정·묘비, 그 밖에 상례·제사 또는 예배에 필요한 물건
9. 족보·집안의 역사적인 기록·사진첩, 그 밖에 선조숭배에 필요한 물건
10. 채무자의 생활 또는 직무에 없어서는 아니 될 도장·문패·간판, 그 밖에 이에 준하는 물건
11. 채무자의 생활 또는 직업에 없어서는 아니 될 일기장·상업장부, 그 밖에 이에 준하는 물건

12. 공표되지 아니한 저작 또는 발명에 관한 물건
13. 채무자등이 학교·교회·사찰, 그 밖의 교육기관 또는 종교단체에서 사용하는 교과서·교리서·학습용구, 그 밖에 이에 준하는 물건
14. 채무자등의 일상생활에 필요한 안경·보청기·의치·의수족·지팡이·장애보조용 바퀴의자, 그 밖에 이에 준하는 신체보조기구
15. 채무자등의 일상생활에 필요한 자동차로서 자동차관리법이 정하는 바에 따른 장애인용 경형자동차
16. 재해의 방지 또는 보안을 위하여 법령의 규정에 따라 설비하여야 하는 소방설비·경보기구·피난시설, 그 밖에 이에 준하는 물건

(나) 압류가 금지되는 채권

민사집행법 제246조 제1항에 압류가 금지되는 채권을 열거하고 있다.

민사집행법 제246조(압류금지채권) ① 다음 각호의 채권은 압류하지 못한다.

1. 법령에 규정된 부양료 및 유족부조료(遺族扶助料)
2. 채무자가 구호사업이나 제3자의 도움으로 계속 받는 수입
3. 병사의 급료
4. 급료·연금·봉급·상여금·퇴직연금, 그 밖에 이와 비슷한 성질을 가진 급여채권의 2분의 1에 해당하는 금액. 다만, 그 금액이 국민기초생활보장법에 의한 최저생계비를 감안하여 대통령령이 정하는 금액에 미치지 못하는 경우 또는 표준적인 가구의 생계비를 감안하여 대통령령이 정하는 금액을 초과하는 경우에는 각각 당해 대통령령이 정하는 금액으로 한다.
5. 퇴직금 그 밖에 이와 비슷한 성질을 가진 급여채권의 2분의 1에 해당하는 금액
6. 「주택임대차보호법」 제8조, 같은 법 시행령의 규정에 따라 우선변제를 받을 수 있는 금액
7. 생명, 상해, 질병, 사고 등을 원인으로 채무자가 지급받는 보장성보험의 보험금(해약환급 및 만기환급금을 포함한다). 다만, 압류금지의 범위는 생계유지, 치료 및 장애 회복에 소요될 것으로 예상되는 비용 등을 고려하여 대통령령으로 정한다.
8. 채무자의 1월간 생계유지에 필요한 예금(적금·부금·예탁금과 우편대체를 포함한다). 다만, 그 금액은 「국민기초생활 보장법」에 따른 최저생계비, 제195조제3호에서 정한 금액 등을 고려하여 대통령령으로 정한다.

(2) 특별법상 압류금지 재산

○ 공무원연금법상의 급여를 받을 권리(공무원연금법 제32조, 제34조, 제42조)

압류가 금지되는 공무원연금법상의 급여에는 공무상요양비, 재해부조금, 사망조위금 등의 단기급여와, 퇴직급여(퇴직연금, 퇴직연금일시금, 퇴직연금공제일시금, 퇴직일시금), 장해급여(장해연금, 장해보상금), 유족급여(유족연금, 유족연금부가금, 유족연금특별부가금, 유족연금일시금, 순직유족보상금, 위험직무순직유족연금, 위험직무순직유족보상금) 등의 장기급여가 있다. 다만, 명예퇴직수당에 대한 권리는 1/2에 해당하는 금액에 한해 압류가 금지된다.

수급권자에 지급된 급여로서 150만원까지의 돈은 압류할 수 없다(공무원연금법 제32조 제2항, 민사집행법 제195조 제3호, 민사집행법 시행령 제2조).

○ 군인연금법상의 급여를 받을 권리(군인연금법 제7조, 제6조)

압류가 금지되는 군인연금법상의 급여에는 퇴역연금, 퇴역연금일시금, 퇴역연금공제일시금, 퇴역일시금, 상이연금, 유족연금, 유족연금부가금, 유족연금특별부과금, 유족연금일시금, 유족일시금, 사망보험금, 장애보상금, 사망조위금, 재해부조금, 퇴직수당, 공무상요양비가 있다. 다만, 명예퇴직수당에 대한 권리는 1/2에 해당하는 금액에 한해 압류가 금지된다.

수급권자에 지급된 급여로서 150만원까지의 돈은 압류할 수 없다(군인연금법 제7조 제2항, 민사집행법 제195조 제3호, 민사집행법 시행령 제2조).

○ 고용보험법상의 실업급여를 받을 권리(고용보험법 제38조, 제37조)

압류가 금지되는 고용보험법상의 실업급여에는 구직급여와 취업촉진 수당으로 나누어지는데 취업촉진 수당에는 조기재취업 수당, 직업능력개발 수당, 광역 구직활동비, 이주비가 있다.

실업급여수급계좌에 입금된 150만원 이하의 예금채권반환청구권은 압류가 금지된다(고용보험법 제38조 제2항, 동법 시행령 제58조의3).

○ 국가유공자 등 예우 및 지원에 관한 법률상의 보훈급여 청구권(국가유공자 등 예우 및 지원에 관한 법률 제19조, 제11조)

압류가 금지되는 보훈급여금에는 보상금, 수당 및 사망일시금으로 구분되는데, 수당에는 생활조정수당, 간호수당, 무공영예수당, 6·25전몰군경자녀수당,

부양가족수당, 중상이(重傷痍)부가수당 및 그 밖에 대통령령이 정하는 수당이 있다.

보험급여금을 받을 사람이 지정한 예금계좌에 보훈급여가 입금된 경우에도 월 보훈급여금은 전액 압류금지 재산이 된다(극가유공자 등 예우 및 지원에 관한 법률 제19조 제3항, 동법 시행령 제30조의2).

○ 사립학교교직원연금법상의 급여를 받을 권리(사립학교교직원연금법 제40조)

다만, 명예퇴직수당에 대한 권리는 1/2에 해당하는 금액에 한해 압류가 금지된다.

수급권자에 지급된 급여로서 150만원까지의 돈은 압류할 수 없다(사립학교교직원연금법 제40조 제2항, 민사집행법 제195조 제3호, 민사집행법 시행령 제2조).

○ 국민연금법상의 각종 급여를 받을 권리(국민연금법 제58조, 제49조)

압류가 금지되는 국민연금법상의 급여에는 노령연금, 장애연금, 유족연금, 반환일시금이 있다.

수급권자에게 지급된 급여로서 150만원까지의 돈은 압류할 수 없다(국민연금법 제58조 제2항, 동법 시행령 제44조, 민사집행법 시행령 제2조 본문).

급여수급전용계좌에 입금된 급여와 이에 관한 채권은 전액 압류가 금지된다(국민연금법 제58조 제3항).

○ 근로기준법에 의하여 지급받게 되는 보상청구권(근로기준법 제86조, 제78조 내지 제80조, 제83조)

압류가 금지되는 근로기준법상의 급여에는 요양보상, 휴업보상, 장해보상, 장의비 등이 있다.

○ 산업재해보상보험법상의 보험급여를 받을 권리(산업재해보상보험법 제88조, 제36조)

압류가 금지되는 산업재해보상보험법상의 보험급여에는 요양급여, 휴업급여, 장해급여, 간병급여, 유족급여, 상병보상연금, 장의비, 직업재활급여가 있다.

○ 자동차손해배상보장법상의 청구권(자동차손해배상보장법 제40조, 제10조 제1항, 제11조 제1힝, 제30조 제1힝)

압류가 금지되는 자동차손해배상보장법상의 청구권에는 피해자의 보험회사에 대한 보험금청구권, 피해자의 정부에 대한 보상청구권, 가불금청구권이 있다.

○ 국민기초생활보장법상의 수급품 및 급여를 받을 권리(국민기초생활보장법 제35조)

압류가 금지되는 국민기초생활보장법상의 재산에는 수급자에게 지급되는 수급품과 생계급여, 주거급여, 의료급여, 교육급여, 해산급여, 장제급여, 자활급여를 받을 권리가 있다.

급여수급계좌에 입금된 예금에 관한 채권은 압류가 금지된다(국민기초생활보장법 제35조 제2항).

○ 어선원 및 어선 재해보장보험법상의 보험급여를 받을 권리(어선원 및 어선 재해보장보험법 제34조)

압류가 금지되는 어선원 및 어선 재해보장보험법상의 보험급여에는 요양급여, 상병급여, 장해급여, 일시보상급여, 유족급여, 장례비, 행방불명급여, 소지품 유실급여가 있다.

보험급여계좌의 예금 중 요양급여, 장례비, 행방불명급여 및 소지품 유실급여는 전액, 상병급여는 월 300만원과 급여채권액의 1/2에 해당하는 금액의 합산액, 장해급여, 일시보상급여 및 유족급여는 해당 보험급여의 2/3에 해당하는 금액, 해약환급금은 보장성보험의 경우 150만원까지의 돈에 대한 압류가 금지된다(어선원 및 어선 재해보장보험법 제34조 제2항, 동법 시행령 제26조의3, 민사집행법 시행령 제4조, 제6조 제1항 제3호).

○ 국민건강보험법상의 보험급여를 받을 권리(국민건강보험법 제59조, 제41조)

압류가 금지되는 국민건강보험법상의 보험급여에는 가입자와 피부양자에 대한 질병·부상·출산에 관하여 지출되는 진찰·검사, 약제·치료재료의 지급, 처치·수술 및 그 밖의 치료, 예방·재활, 입원, 간호, 이송에 따른 요양급여이다.

요양비등 수급계좌에 입금된 요양비 등은 압류할 수 없다(국민건강보험법 제59조 제2항).

○ 선원법상의 재해보상을 받을 권리(선원법 제152조)

압류가 금지되는 선원법상의 급여를 받을 권리에는 실업수당, 퇴직금, 송환비용, 송환수당, 상병보상 또는 재해보상을 받을 권리가 있다.

○ 형사보상 및 명예회복을 위한 법에 의한 보상청구권(형사보상 및 명예회복에 관한 법 제23조)

○ 국가배상법상의 생명·신체의 침해로 인한 국가배상을 받을 권리(국가배상법 제4조)

다만, 피해자를 치료한 의료인이 피해자에 대한 치료비청구권을 보전하기 위하여 피해자의 국가에 대한 국가배상청구권을 압류하거나 대위행사하는 것은 국가배상법 제4조에 위반되지 않는다(대법원 1981. 6. 23. 선고 80다1351 판결).

○ 한부모 가족 지원법상의 급여를 받을 수 있는 권리(한부모 가족 지원법 제27조, 제12조)

압류가 금지되는 한부모 가족 지원법상의 급여에는 생계비, 아동교육지원비, 아동양육비, 그 밖에 대통령령이 정하는 비용이 있다.

복지급여 수급계좌의 예금에 관한 채권은 압류할 수 없다(한부모 가족 지원법 제27조 제2항).

○ 범죄피해자구조법상의 구조금지급 청구권(범죄피해자구조법 제18조)

압류가 금지되는 범죄피해자구조법상의 구조금에는 유족구조금, 장해구조금, 중상해구조금이 있다.

(3) 개인파산절차에서 문제되는 당연면제재산

개인파산절차에서 압류금지 물건이 문제되는 경우는 거의 드물다. 다만, 압류금지 채권 중에서 급여·연금 중 1/2에 해당하는 금액에 대한 채권(제4호), 퇴직금 중 1/2에 해당하는 채권(제5호), 보장성보험의 해약환급금 중 150만원 이하의 금액에 대한 채권(민사집행법 시행령 제6조 제1항 제3호 나목), 채무자의 예금 중 150만원 이하의 금액에 대한 채권(민사집행법 시행령 제7조)은 자주 다루어진다.

특히, 임차보증금에 대하여는 「주택임대차보호법」 제8조, 같은 법 시행령의 규정에 따라 우선변제를 받을 수 있는 금액을 압류금지 채권으로 규정하고 있는 데, 그 규모는 아래 표와 같다(시행령 제10조. 2016. 3. 31. 개정).

<table>
<tr><th colspan="3">지 역</th><th>소액임차보증금</th></tr>
<tr><td colspan="3">서울특별시</td><td>3,400만원</td></tr>
<tr><td rowspan="8">인천광역시 및 수도권 중 과밀억제권역</td><td rowspan="3">인천광역시</td><td>강화군·옹진군</td><td>1,700만원</td></tr>
<tr><td>서구
대곡동/불로동/마전동/금곡동/오류동/황길동/당하동/원당동/인천경제자유구역 및 남동 국가산업단지</td><td>2,000만원</td></tr>
<tr><td>그 밖의 지역</td><td>2,700만원</td></tr>
<tr><td colspan="2">의정부시/구리시/하남시/고양시/수원시/성남시/안양시/부천시/광명시/과천시/의왕시/군포시</td><td>2,700만원</td></tr>
<tr><td rowspan="2">시흥시</td><td>반월특수지역</td><td>1,700만원</td></tr>
<tr><td>그 밖의 지역</td><td>2,700만원</td></tr>
<tr><td rowspan="2">남양주시</td><td>호평동/평내동/금곡동/일패동/이패동/삼패동/가운동/수석동/지금동/노동동</td><td>2,700만원</td></tr>
<tr><td>그 밖의 지역</td><td>1,700만원</td></tr>
<tr><td colspan="2" rowspan="2">광주/대구/대전/부산/울산</td><td>군 지역</td><td>1,700만원</td></tr>
<tr><td>그 밖의 지역</td><td>2,700만원</td></tr>
<tr><td colspan="3">경기도 안산시/용인시/김포시/광주시</td><td>2,000만원</td></tr>
<tr><td colspan="3">그 밖의 지역</td><td>1,700만원</td></tr>
<tr><td colspan="3">세종시</td><td>2,000만원</td></tr>
</table>

나. 임의적 면제재산(소액임차보증금, 6개월간 생계비로 사용할 재산)

임의적 면제재산은 채무자의 신청에 의하여 법원의 결정에 따라 그 가부 및 범위가 인정된다는 점과 면제재산신청 기간(파산선고 후 14일 이내까지)의 제한이 있다는 점에서 당연 면제재산과는 차이가 있다. 따라서 채무자는 당연 면제재산이 아닌 재산 중 임의적 면제재산에 대하여 파산법원에 면제재산신청을 하여야 하고, 이에 대한 법원이 결정으로 확정된 재산에 한하여 자유재산으로 인정될 수 있다는 점을 유의해야 한다. 다만, 실무에서는 면제재산의 신청이 없는 경우에도 재산환가 과정에서 면제재산의 취지를 고려하고 파산관재인의 재단포기를 적극적으로 활용하고 있으므로 큰 차이는 없으나 바람직한 운영은 아니다.

(1) 소액임차보증금

법 제383조 제1항에서 압류금지 재산은 파산재단에 속하지 아니하는 재산, 즉 당연 면제재산을 규정하고 있고, 소액임차보증금이 포함되어 있다. 그런데, 제2항에서는 채무자 또는 그 피부양자의 주거용으로 사용되고 있는 건물에 관한 임차보증금반환청구권으로서 「주택임대차보호법」 제8조(보증금 중 일정액의 보호)의 규정에 의하여 우선변제를 받을 수 있는 금액의 범위 안에서 대통령령이 정하는 금액을 초과하지 아니하는 부분(제1호)에 대하여는 채무자의 신청에 의하여 법원의 결정에 따라 파산재단에 면제할 수 있다는 유사한 규정을 둠으로써 위 규정의 해석에 대한 견해의 대립이 있어왔다.

문언에 충실하게 해석하는 견해에 의하면, 주택임대차보호법령에 의하여 소액임차인의 우선변제권의 요건, 즉 소액임차보증금 범위 내에 임차보증금에 해당하고, 전입신고를 마쳐 대항력을 취득한 경우에만 법 제383조 제2항 제1호에 충족한다고 보아 이에 해당하지 않으면 임의적 면제재산에 포함될 수 없다고 보고 있는 반면에, 채무자의 새로운 출발을 돕기 위한 면제재산제도의 취지에 부합하게 해석하여야 한다는 견해에 의하면, 주택임대차보호법령에 의하여 소액임차인의 우선변제권의 요건을 충족하지 아니하더라도 앞서 본 표에 해당하는 금액을 초과하지 아니하는 한도 내에서는 임의적 면제재산에 포함되어야 한다고 보고 있다.

「주택임대차보호법」 제8조는 담보물권자의 희생을 감수하면서 국민주거생활의 안정을 보장하기 위하여 소액임차인을 특별히 보호하기 위한 규정이기 때문에 소액임차인의 범위를 제한하고, 전입신고 등 대항력을 구비한 경우에 한해서 인정하고 있는데, 이는 임차주택의 담보물권자의 예측 가능성을 보장함으로써 법적 안정성이라는 신뢰이익을 보호하기 위한 필요최소한 제한의 성격을 갖는 것으로 본다. 그러나 법 제383조는 채무자의 새로운 출발을 위하여 채무자에게 최소한도의 기본적인 생활수단을 유지하게 하자는 정책적 고려에 의한 규정으로 「주택임차대차보호법」 제8조에서 요구하는 엄격한 충족요건을 구비해야 할 특별한 이유가 적다.

또, 소액임차인의 우선변제권의 요건을 구비하시 아니한 채무자에게 소액임차보증금을 면제재산으로 인정한다고 하더라도 담보물권자에 특별한 손해가 발생되는 것이 아니어서 임차주택의 담보물권자의 신뢰이익을 침해하는 것도 아닐 뿐더러, 임차보증금 채권 중 면제재산 범위를 초과하는 금액은 파산재단에 포함되어야 하므로, 소액임차인인 채무자와 소액임차보증금 범위를 벗어난 임차인인 채무자를 달리 취급할 정책적인 이유도 크지 않다.

따라서 전입신고를 미처 마치지 못하였거나, 임차보증금의 액수가 소액임차보증금의 범위를 초과하더라도 압류금지 채권의 범위를 초과하지 아니한 금액은 임의적 면제재산에 해당한다고 보아야 한다. 현재 실무이기도 하다. 다만, 법 규정의 정비가 필요할 것으로 보이는 데, 이 부분에 대하여는 제3절 입법론에서 상세히 다루기로 한다.

(2) 6개월간 생계비로 사용할 재산

법은 채무자 및 그 피부양자의 생활에 필요한 6개월간의 생계비에 사용할 특정한 재산으로서 대통령령이 정하는 금액을 초과하지 아니하는 부분(제2호)을 임의적 면제재산으로 규정하고 있다. 현재 대통령령이 정하는 금액은 900만원이다(시행령 제16조 제2항). 생계비로 사용할 특정한 재산이라고만 규정하고 있으나 재산의 유형을 불문하고 이를 생계비로 사용할 가능성이 있는 재산이라면 폭넓게 인정되어야 할 것이다.

현금, 예금, 보험해약환급금은 150만원까지는 당연 면제재산이므로(민사집행법 제195조 제3호) 당연 면제재산액에서 900만원을 더한 1,050만원을 초과하지 아니한 금액까지는 면제재산으로 인정될 수 있을 것이다. 환가 대상에 해당하는 재산이 1,000만원을 상회하더라도 900만원까지는 임의적 면제재산으로 인정하여 파산관재인이 현금화한 후 900만원 한도 내에서 채무자에 반환하는 것도 고려해 봄직하다.[3]

4. 면제재산의 신청

면제재산은 개인채무자에 한하여 신청할 수 있다. 개인채무자는 파산신청일 이후부터 파산선고 후 14일 이내에 '면제재산 목록'을 작성하고 소명자료를

3 미국 연방법 11 U.S.C §522(d) 5.는 총 975달러를 넘지 않는 모든 재산에 대한 채무자의 권리 및 주거용 재산에 대한 재단제외를 적용하지 아니할 때에는 이에 덧붙여 9,250달러까지의 채무자의 권리를 집행면제재산에 포함하고 있다.

첨부한 서면으로 법원에 제출한다(법 제383조 제3항). 면제재산 신청이 있는 경우 법원은 신청일로부터 14일 이내에 면제 여부 및 그 범위를 결정하여야 한다(법 제383조 제4항)(양식 14-각호).

5. 면제재산신청 재산에 대한 중지·금지명령

법원은 파산선고 전에 면제재산이 있는 경우에 채무자의 신청 또는 직권으로 파산선고가 있을 때까지 면제의 신청이 있는 재산에 대하여 파산채권에 기한 강제집행·가압류 또는 가처분의 중지 또는 금지를 명할 수 있다(법 제383조 제8항). 파산신청이 취하·각하 또는 기각된 때에는 발령된 중지·금지명령은 별도의 취소결정 없이 당연히 그 효력을 잃는다(법 제383조 제9항). 중지·금지가 될 수 있는 채권은 파산채권에 한하고 재단채권은 포함되지 않는다. 따라서 과세관청의 체납처분에 따른 공매절차에 대한 중지·금지명령신청을 할 수 없다.

제 2 절 재단재산의 포기(환가포기)

1. 개 요

가. 파산재단의 환가

파산선고시 채무자가 가지고 있는 재산은 파산재단에 속하게 되고, 파산재단의 관리·처분권한은 파산관재인이 갖게 된다. 한편 파산관재인은 선량한 관리자의 주의의무를 다하여야 함으로 원칙적으로 면제재산을 제외한 채무자의 모든 재산을 금전으로 환가하여 파산채권자에게 배당하여야 한다.

나. 재단재산의 포기(환가포기)의 필요성

앞서본 바와 같이, 미국 연방파산법 11 U.S.C. §522(d)에 집행면제재산(exemption)의 종류와 범위를 정하여 놓고 있다. 일본 파산법은 압류금지 재산을 당연 면제재산으로 규정하고(일본 파산법 제34조 제3항 제1호) 그 외에 파산자의 신청 또는 법원의 직권으로 파산자의 생활상황 등을 고려하여 면제재산의 범위를 결정(일본 파산법 제34조 제3항 제2호)할 수 있도록 하고 있다. 지역 재판소는 소재 변호사회와 협의하여 면제재산에 포함될 수 있는 재산의 종류와 범위에 대한 기준을 마련해 놓고 있다.

반면, 우리 법은 압류금지 재산을 당연 면제재산으로 규정하고(법 제383조 제1항) 있으나, 소액임차보증금의 일정액, 6개월간 일정액 내의 생계비로 사용할 재산만을 열거적으로 임의적 면제재산에 포함시키고 있고, 채무자의 신청에 의해서만 절차가 진행된다는 점이 일본 파산법과 다르다.

따라서 우리 법은 면제재산의 확장에 제한적이고, 채무자의 무지 등에 의하여 면제재산 신청기간을 도과한 경우에는 이마저도 불가능하여 채무자의 경제적 갱생의 기회를 부여하고자 하는 개인파산제도에 미흡하다는 지적이 있어왔다. 이는 입법적으로 해결해야 할 문제이나 실무적으로 파산관재인이 법원의 허가를 얻어 재단재산을 포기할 수 있는 규정(법 제492조 제12호)으로 완충하고 있다.

파산관재인이 하는 권리의 포기는 파산재단에 속하는 권리를 파산재단에서 제외하는 행위이므로 불가피하게 파산채권자의 희생이 수반될 수밖에 없다. 따라서 환가가 불가능하거나, 환가비용에 비해 환가실익이 없고 오히려 관리비용의 부담만 증가할 수 있으며, 결과적으로 파산절차가 무의미하게 지연될 수 있는 경우 등에 한하여 이루어져야 한다. 그러나 면제재산의 기능이 충분히 발휘되지 못하는 현행법제 아래서는 채무자의 생계유지와 기본적 생활보장에 필요한 재산에 대한 재단포기도 고려해야 한다는 현실적 필요성이 높다. 실무도 환가의 용이성뿐만 아니라 채무자의 생활상황 등을 고려하여 재단포기를 적극적으로 활용하고 있다.

따라서 파산관재인이 재단포기를 하는 데, 그 재산의 가액, 환가의 용이성, 채무자의 비난 가능성, 면책의 효력을 받는 파산채권자들과의 형평을 종합적으로 고려할 수밖에 없다.

2. 재단포기시 고려사항

가. 생계유지에 필요한 정도

재산의 성격상 채무자의 생계유지 및 기본적인 생활보장에 필수불가결한 정도의 차이가 있을 수 있다. 채무자의 생계유지에 필요한 재산으로서의 성격이 클수록 재단포기의 가능성이 높아지고 그 범위도 넓어진다.

> 일반적으로, 거주지 임차보증금 > 보장성보험의 해약환급금 > 사업장 임대차보증금 > 차량 > 부동산 = 현금 = 예금 = 주식 및 기타 보석류 등 고가물 순서로 생계유지에 필요한 정도로 나누어 볼 수 있다.

나. 환가의 용이성의 정도

환가가 불가능하거나, 재산의 가액이 적음에도 환가절차가 장기간 소요될 것이 예상되고 관리비 등 파산재단의 부담을 증가시킬 경우에는 고려사항으로 검토될 수밖에 없다. 환가가 용이한 재산일수록 재단포기의 가능성이 낮아지고 그 범위도 좁아진다.

> 일반적으로 현금 > 예금 > 보험해약환급금 ≥ 미상장 주식, 보석류 등 고가물 ≥ 차량 > 부동산 중 아파트, 빌라 등 주택 > 부동산 중 농지 등 토지 >임차보증금(주거용·사업용) > 부동산 중 지분, 맹지 순서로 나누어 볼 수 있다.

다. 파산채권자의 만족도

파산절차를 통해 파산채권자가 배당을 받기 위해서는 채권신고를 해야 하는 등 번거로운 절차가 수반된다. 그러나 환가재원이 소액이고 파산채권자가 다수이며 고액이어서 파산채권자의 만족도가 높지 않다면, 채무자의 기본적 생활보장의 요구가 커질 수밖에 없게 된다. 채권자의 만족도가 낮을수록 재단포기 가능성은 높아지고 그 범위는 넓어진다.

라. 채무자의 생활상황

경제적 파탄 상태의 채무자라고 하여 현재 생활상황이 동일한 것은 아니다. 주거상황, 소득수준 등 생활환경은 모두 다르다. 형평의 원칙상 채무자의 빈곤의 정도가 높고, 면제재산으로 인정받을 수 있는 재산(특히, 주거용 소액임차보증금의 규모)이 적을수록 재단포기의 가능성은 높아지고 그 범위는 넓어진다.

마. 채무자의 비난 가능성

채무자가 신청서 재산목록에 기재하지 아니한 재산이 발견되었거나, 타인 명의로 재산을 돌려놓는 등 은닉정황이 있다면, 채무자의 생활보장을 이유로 한 재단포기는 자제된다. 개인파산제도의 투명성 제고를 위한 정책적 의도라 할 것이다.

3. 재산유형에 따른 재단포기의 고려사항

가. 부동산

부동산은 재산축적 수단으로서의 성격이 짙은 재산이다. 또 가격변동 가능성도 높아 재단포기된 부동산의 가격앙등 가능성도 있으므로(재단포기된 부동산의 개발지 편입 등) 섣부른 재단포기는 파산채권자의 동의를 받기 어렵다. 반면 관리비·재산세 등의 부담으로 인해 파산재단을 감소시킬 우려도 있다. 거주를 위해 소유하고 있는 부동산이 아니라면 채무자의 생활보장의 요구는 적은 편이다.

지분(특히, 임야의 상속지분 등), 맹지, 지방소재 임야 등의 부동산은 환가를 위한 매각절차가 지연되거나 매각 자체가 불가능한 경우가 많아 재산가액이 임의적 면제재산 범위 내라면(현재 900만원을 초과하지 아니하는 재산) 재단포기가 적극적으로 고려될 수 있다. 그러나 임의적 면제재산의 범위를 초과하는 재산은 원칙적으로 환가하여야 하므로, 환가진행의 어려움으로 인해 파산절차가 지연되는 사례가 빈번히 일어난다. 당해 임야가 선산이거나, 상속지분인 경우 또는 채무자의 친인척들이 부동산을 공유하고 있는 경우에는 채무자가 그 공유지분권자와 협의하여, 파산관재인이 수월하게 그 공유지분권자에게 임의매각할 수 있도록 협조하는 것이 절차의 신속한 진행에 도움이 된다.[4]

나. 차 량

고가의 차량이 아닌 경우, 파산선고 전에 과세관청이나 국민건강보험공단 등에 다수의 압류가 되어 있거나 할부금에 대한 담보로 저당권이 설정되어 있

4 만일, 위와 같은 협의조차 원활히 진행되지 않으면, 파산관재인은 대법원 공매사이트를 통한 매각, 민사집행법 절차를 이용한 매각 등의 절차를 진행하게 된다.

는 경우가 많아 환가실익이 적은 경우가 많다. 차량의 가액에 체납조세액과 피담보채무액을 공제한 금액이 다액[5]이 아니고, 채무자의 생계유지에 필요한 차량인 경우에는 재단포기가 적극적으로 고려된다.

대포차량은 환가의 용이성이 적어 재단포기되는 사례가 많고, 노점상 등 생계형 사업을 운영하기 위해 꼭 필요한 저가의 영업용 차량 등도 마찬가지이다.

다. 임차보증금

거주지 임차보증금은 대표적인 생활보장형 자산이다. 따라서 법은 소액임차보증금(서울의 경우 3,400만원)을 면제재산으로 인정하여 보호하고 있다. 여기서 문제되는 것은 소액임차보증금의 범위를 넘는 부분에 대하여 재단포기가 될 수 있는지 여부이다.

거주지 임차보증금은 채무자의 생활에 필수적인 재산이라는 측면에서 주거용 재산에 대한 유사한 국민감정을 갖고 있는 일본의 경우에는 동경지방재판소 운영현황의 '개인파산 환가기준'에서 볼 수 있듯이 주거용 가옥의 보증금 채권은 원칙적으로 환가대상에서 제외하고 있다.[6] 이러한 점을 고려할 때 소액임차보증금을 상회하여 6개월간의 생활비를 초과하지 아니하는 범위 내에서, 채무자의 생활상황, 다른 재산의 존부, 파산채권자의 집행 착수 여부 등이 종합적으로 참작되어 재단포기가 고려될 수 있다.

그런데, 현행법상의 면제재산 규정에는 채무자의 거주지역에 따라 주거지 임차보증금에 대한 면제재산의 규모를 달리하고 있는데, 형평의 문제가 발생할 수 있으므로 입법론적 논의가 필요하다(입법론은 제3절 참조). 현재는 파산관재인의 재단포기 규정으로 완충하고 있으나, 바람직한 것은 아니다.

라. 보험해약환급금

보험급부(보험금, 해약환급금, 만기환급금 등)는 채무자의 다른 재산과 달리 장래 발생할 위험을 대비하기 위하여 보험계약자가 보험자에게 일정기간 동안 일정 금액을 납부하여 형성되는 재산권의 일종이다. 따라서 보험급부의 재산적

5 미국의 면제재산제도에서는 원화로 300만원 이하의 차량은 환가대상에서 제외하고 있다.
6 미국의 면제재산제도에서는 원화로 2,035만원 이하의 주거로 사용하는 부동산에 대한 권리를 면제재산으로 보고 있다.

가치는 기납(旣納) 보험료의 총액으로 평가할 수 없고, 보험에 의하여 보장받는 혜택에 의하여 평가할 수밖에 없다.

또한 보장성보험은 공적 사회보장 기능을 보완하는 성격을 가지고 있고, 특히 파산채무자와 같이 자력이 극히 부족한 경우 보장성보험의 유지이익이 일반인보다 크다는 특성이 재단포기시에 고려된다.

다만, 법이 임의적 면제재산 범위를 6개월간의 생계비(900만원)로 정하고 있고, 면제재산신청을 하지 아니한 채무자를 면제재산신청을 한 채무자와 동일하게 보기 어려운 점 등을 고려할 수밖에 없기 때문에 6개월간의 생계비를 초과하지 아니하는 부분에 한해서 재단포기가 고려되고 있다.

그러나 신청서 재산목록에 보험해약환급금 내역이 기재되어 있지 않는 등 은닉의 정황이 있는 경우에는 재단포기의 대상으로 삼기 어려울 것이다.

구체적으로, 채무자가 면제재산신청을 한 경우, 실질적으로 보험료를 제3자가 납부한 경우, 유일한 보장성보험인 경우, 채무자의 건강상태가 좋지 않고 고령인 경우(상향적 참작사유)에는 재단포기의 가능성이 높아지고, 범위가 넓어질 수 있으나, 파산신청 즈음해서 채무자가 보험해지, 약관대출 등을 받은 사정이 있는 경우, 채권자가 파산선고 전에 이미 집행에 착수한 경우, 채권자가 이의신청을 한 경우(하향적 참작사유)에는 재단포기의 가능성이 낮아지고, 범위가 좁아진다. 아울러 파산채권자에 대한 배당비율이 낮을수록, 보험해약환급금 외에 다른 재산이 없을수록, 현재 채무자의 경제적 능력이 적을수록(상향적 참작사유, 다만 그 반대는 하향적 참작사유에 해당하므로 양립적 성격을 갖는 요소이다) 재단포기의 가능성은 높아지고, 범위는 넓어질 수 있다.

제 3 절 입법론

1. 소액임차보증금 규정의 문제

우리 법은 파산재단에 속하지 아니하는 재산으로 "압류할 수 없는 재산"(제1항)과 "채무자 또는 그 피부양자의 주거용으로 사용되고 있는 건물에 관한 임차보증금반환청구권으로서 「주택임대차보호법」 제8조(보증금 중 일정액의 보호)의 규정에 의하여 우선변제를 받을 수 있는 금액의 범위 안에서 대통령령이 정하는 금액"(제2항 제1호)으로 나누어 규정하고 있다.

그런데, 현행법상 '압류할 수 없는 재산'에도 「주택임대차보호법」 제8조, 같은 법 시행령의 규정에 따라 우선변제를 받을 수 있는 금액에 대한 채권(민사집행법 제246조 제1항 제6호)이 포함됨에 따라 거의 동일한 규정을 제1항과 제2항에 두게 되었다. 이는 2010. 7. 23.부터 시행된 개정민사집행법 제246조 제1항 제6호의 압류금지채권에 "「주택임대차보호법」 제8조, 같은 법 시행령의 규정에 따라 우선변제를 받을 수 있는 금액"[7]을 신설하여 추가하였음에도 2006. 4. 1. 제정된 법 제383조 제2항 제1호를 그대로 유지하고 있기 때문이다.

앞서 본 바와 같이, 중복적인 면제재산 규정을 합리적으로 해석하기 위해서 법 제383조 제1항의 압류금지재산에 포함되는 소액임차보증금 채권에는 우선변제권의 요건을 구비할 것을 요구하는 반면, 법 제383조 제2항 제1호에 해당하는 소액임차보증금 채권에는 우선변제권의 요건을 구비하지 못한 채무자에 대한 면제재산을 인정하는 규정으로 해석하고 있다.

그러나 법 제383조 제1항에서 규정하는 면제재산은 소액임차보증금에 해당하면 그 임차보증금 전액이 면제재산이 되는 것임에 반해, 법 제383조 제2항에서 규정하는 면제재산은 채무자의 신청에 의하여 법원의 결정으로 소액보증금을 초과하지 아니하는 범위에서 조정될 수 있다는 차이가 분명히 있다.

채무자의 기본적 생활보장을 목적으로 도입된 면제재산제도의 취지에 비추어, 우선변제권의 요건을 구비하였는지 여부에 따라 임차인인 채무자를 달리 취급할 이유는 없고, 실무상의 혼선을 방지하기 위해서도 위 규정에 대한 통합적인 정리가 시급히 필요하다. 입법론적으로는 우선변제권의 요건의 구비 여부와 관계없이 민사집행법 시행령에서 규정하고 있는 소액임차보증금 상당액을 당연면제재산으로 인정하는 것이 필요하다고 본다.

---

7 개정취지는 "세계적인 금융위기와 이로 인한 경제 불황이 지속되면서 임차인들의 유일한 재산이다시피한 임대차보증금에 대한 강제집행도 빈번히 이루어지고 있는 점 등을 고려하여 「주택임대차보호법」에 따라 우선변제를 받을 수 있는 임대차보증금을 압류금지채권에 추가하여 임차인들의 주거안정을 도모하려는 것"이다.

2. 주거지에 따른 면제재산 범위(소액임차보증금액)의 문제

「주택임대차보호법」 제8조 제1항은 "임차인은 보증금 중 일정액을 다른 담보물권자(擔保物權者)보다 우선하여 변제받을 권리가 있다"고 규정하고 있고, 「주택임대차보호법 시행령」 제10조와 제11조에 우선변제를 받을 수 있는 임차인의 범위와 우선변제를 받을 수 있는 보증금의 일정액에 대하여 별도의 규정을 두고 있다.

위 규정을 종합하면, 서울특별시에 거주하는 경우 임차보증금이 1억원 이하의 임차인에 한해 3,400만원의 임차보증금, 「수도권정비계획법」에 따른 과밀억제권역(서울특별시는 제외한다)에 거주하는 경우 임차보증금 8,000만원 이하의 임차인에 한해 2,700만원의 임차보증금, 광역시(「수도권정비계획법」에 따른 과밀억제권역에 포함된 지역과 군지역은 제외한다)·세종특별자치시·안산시·용인시·김포시 및 광주시에 거주하는 경우 임차보증금 6,000만원 이하의 임차인에 한해 2,000만원의 임차보증금, 그 밖의 지역에 거주하는 경우, 임차보증금 5,000만원 이하의 임차인에 한해 1,700만원의 임차보증금은 임차인이 임차주택의 모든 담보물권자에 우선하여 변제받을 권리를 갖게 된다.

주택임대차보호법 및 시행령에서 거주지역에 따라 우선변제권을 행사할 수 있는 임차인의 범위와 임차보증금의 수액의 차이를 두는 것은 소액임차인에 대한 우선변제권을 제한 없이 인정하게 되면 주거용 부동산에 이미 등기되어 있는 담보물권자의 우선권을 침해할 수 있기 때문인 것으로 보인다. 소액임차인의 주거생활의 안정 및 기존 담보물권자의 신뢰이익을 보호하기 위한 조화로운 해결이 필요한 것은 분명하다. 그렇기 때문에 주택임대차보호법과 그 시행령에서 보호해야 할 임차인의 범위를 한정하고 임차보증금의 수액을 제한하고 있는 것은 합리적이라고 볼 수 있다. 여기에 우리나라는 지역간의 임차보증금의 규모의 차이가 크기 때문에 지역을 불문하고 임차인의 범위와 임차보증금의 수액을 동일하게 규정하면 지역에 따라서는 저당권제도를 통한 자금의 융통에 경직성이 발생할 수 있는 우려도 고려된 것으로 보인다.

그러나 소액임차보증금의 일정액을 압류금지채권에 포함시키는 문제와 개인파산절차에서 면제재산 범위에 포함시키는 문제는 임차주택의 별제권자의 신뢰이익의 침해와의 조화는 별개의 문제이다. 사실 소액임차보증금의 일정액을 압류금지채권으로 인정하는 것과 파산절차에서 면제재산으로 인정하는 것은 그 임차주택에 이미 설정된 별제권자의 기득이익과 별다른 상관이 없다. 다만, 채무자의 기본적이 생활보장을 위해 어느 정도 규모의 재산에 대하여 임차인인 채무자에 대한 채권자(들)의 채권의 권능을 어느 정도 제한할 것인가의 문제가 핵심인 것이다. 그러나 우리 법은 위와 같이 법익충돌의 양상이 다른 제도를 동일하게 취급함으로써 여러 문제를 발생시키고 있다.

예를 들어, 지방에서 거주하고 있는 채무자는 1,700만원의 임차보증금만을 압류금지재산으로, 그리고 파산절차에서 면제재산으로 인정받을 수 있기 때문에 위 금액을 초과하는 부분은 채권자의 개별적인 집행이나 파산절차에서 보호받을 수 없다. 반면, 위 채무자가 서울로 이전하여 거주하게 되면 보호받는 임차보증금은 3,400만원으로 증가된다. 이 경우 채무자가 서울로 거주지를 옮긴 후 파산면책을 받으면, 채무자는 1,700만원의 이득을 남기게 된다. 아울러 지방에 거주하면서 파산면책을 받은 채무자는 임차보증금으로 1,700만원만을 보호받을 수 있기 때문에, 결과적으로 타 도시지역으로 이주할 수 있는 경제적인 여건이 상실되게 된다. 이는 헌법상 보장되는 거주이전의 자유를 실질적으로 제한하는 것이라고 할 수 있다.

또, 지방에서는 주택의 가격이 3,000만원 이하인 경우도 있을 것이다. 3,000만원 이하의 주택을 소유한 채무자는 현행 제도 아래서는 주거용 재산임에도 불구하고 전혀 보호받을 수 없게 된다. 압류금지재산제도에서나 파산제도에서 서울에 거주하는 임차인인 채무자와 지방에 거주하는 주택소유자인 채무자를 달리 취급할 근본적인 이유가 무엇인지 알 수 없다.

이러한 점에서 「민사집행법」, 「채무자 회생 및 파산에 관한 법률」의 제 규정에 대한 심도 있는 논의가 필요하다. 사견으로는 미국의 집행면제재산제도와 같이 일정 금액의 거주지에 관한 권리를 당연면제재산으로 인정하는 것이 바람직해 보인다.

미국은 연방파산법에 집행면제재산(exemption) 규정을 두고 있고, 채무자 등의 거주지에 대한 권리로서 총액 18,450달러(약 2,000만원)을 거주지역에 관계없이 집행면제재산으로 규정하고 있고[8] 일본은 파산법에 자유재산의 확장을 인정하고 있으며(법 제34조 제4항), 동경지방재판소는 채무자의 주거지 임차보증금을 자유재산으로 인정하고 있는 점을 고려하여 법제도의 개선이 필요하다고 본다. 현행 제도에서 재단포기 규정을 활용하여 법의 흠결을 보완하고 있으나, 바람직하지 않은 것은 앞서 본 바와 같다.

3. 직권에 의한 면제재산제도 도입

우리 법은 임의적 면제재산에 대하여는 채무자의 신청에 의해서만 법원이 면제재산 결정을 할 수 있고, 파산채권자의 송달, 이의채권자의 즉시항고 규정을 두고 있다. 그러나 채무자 중에는 면제재산신청제도가 있다는 것조차 모르는 경우가 많아 면제재산으로 인정되어야 하는 재산이 있음에도 신청기간을 준수하지 못하여 불이익을 감수할 수밖에 없는 경우가 허다하다. 결과적으로는 재단포기 규정을 통해 보완하고 있으나 정비가 필요하다.

또한, 개인파산(면책)제도는 파산관재인이 채무자의 생활상황 및 재산 등을 조사하는 등 직권주의와 친근한 절차이므로 굳이 채무자의 신청에 의해서만 면제재산을 인정할 이유도 크지 않다. 이러한 점에서 법원이 직권으로 면제재산 결정을 할 수 있도록 개정하는 것이 바람직하다.

일본 파산법 제34조 제4항에서는 채무자의 신청 또는 법원의 직권으로 면제재산 결정을 할 수 있도록 하고 있는 것은 이러한 문제점을 입법적으로 해결한 것으로 참작할 만하다.

---

8 채무자의 주소지 주가 연방법의 집행면제규정을 배제(opt out)하는 입법을 하지 않았다면, 채무자는 위 연방법상의 집행면제 또는 주법상의 집행면제규정 중 하나를 선택할 수 있다.

CHAPTER 11

면책불허가 사유와 재량면책

제11장

면책불허가 사유와 재량면책

구 파산법은 제346조 제1항에 "법원은 다음 각호의 1에 해당하는 경우에 한하여 면책불허가 결정을 할 수 있다"라고 규정하고 있었다. 위 규정과 관련하여 면책불허가 사유에 대한 해석상의 논의가 있었는데, 대법원이 2004. 4. 14.자 2004마86 결정에서 "면책불허가 사유의 하나인 '낭비'라 함은 당해 채무자의 사회적 지위, 직업, 영업상태, 생활수준, 수지상황, 자산상태 등에 비추어 사회통념을 벗어나는 과다한 소비지출행위를 말하고, 채무자의 어떠한 지출행위가 '낭비'에 해당한다고 보기 위해서는 그것이 형사처벌의 대상이 될 수 있음을 감안하여 보다 신중한 판단을 요한다"라고 판시한 이래 면책불허가 사유에 대하여 엄격하고 신중한 해석·적용의 필요성이 대두되었다.

이런 추세를 반영하여 2005. 3. 31. 제정된 「채무자 회생 및 파산에 관한 법률」은 제564조 제1항에 "법원은 다음 각호의 어느 하나에 해당하는 때를 제외하고 면책을 허가하여야 한다"라고 규정함으로써 법원의 면책불허가 결정에서의 재량을 제한하게 되었다.

그러나 현행법에서도 설명의무 위반(법 제56조 제1항 제1호, 제658조), 과도한 낭비·도박 기타 사행행위(법 제564조 제1항 제6호) 등의 면책불허가 규정은 해석·적용에 있어 재량으로 남아 있는 부분이 있다. 위 규정에 대한 해석·적용에 있어서 엄격, 신중성의 요구는 현재에도 유효하다. 채무자가 한 파산신청은 궁극적으로 면책을 받기 위한 것이다. 면책이 되지 않으면 적어도 10년 동안은 파산자의 신분에서 벗어날 수 없고, 채권추심을 막을 수가 없어 파산신청의 실익이 없게 되므로 채무자는 파산신청 전에 어떠한 사유가 면책불허가에 해당하는지, 법에 규정되어 있는 면책불허가 사유가 실무상 어떻게 해석·적용되는지 알 필요가 있다.

이 장은 제1절 법률의 규정에 따른 면책불허가 사유, 제2절 주요 행위유형에 따른 면책불허가 사유 및 제3절 재량면책으로 구성되어 있다. 법률의 규정에 따른 면책불허가 사유에서는 법에 규정되어 있는 면책불허가 사유와 법 규정의 객관적인 의미를 살펴본다. 주요 행위유형에 따른 면책불허가 사유에서는 면책절차에서 주로 문제되었던 사례를 중심으로 면책불허가된 사례, 면책된 사례, 재량면책된 사례로 나누어 살펴보았다. 재량면책에서는 실무에서 적용되고 있는 재량면책의 기준 및 사례를 검토한다. 면책불허가 사유의 대부분은 파산범죄에 해당하는 것이므로 파산범죄에 대해서 달리 장을 나누어 설명하지 않는다. 법 제564조 제1항 제1호 해설부분을 참조하기 바란다.

제1절 법률의 규정에 따른 면책불허가 사유

1. 개 요

법 제564조 제1항은 6개(제6호)의 면책불허가 사유를 열거하고 있다. 제1호 파산범죄 해당 행위는 사기파산죄 해당 행위(제650조), 과태파산죄 해당 행위(제651조), 구인불응 행위(제653조), 뇌물약속·공여·공여의사표시(제656조), 설명의무 위반행위(제658조)로 구분된다. 위 규정 위반행위는 면책불허가 사유뿐만 아니라 형사처벌의 대상이 될 수 있으므로 보다 엄격한 해석·적용이 요구된다.

여기서 사기파산죄 해당 행위(법 제650조)는 다시 재산은닉, 손괴 또는 불이익한 처분행위(제650조 제1항 제1호), 파산재단의 부담을 허위로 증가시키는 행위(제650조 제1항 제2호), 이익도모 목적의 상업장부의 부작성·부실기재·은닉·손괴 등의 행위(법 제650조 제1항 제3호), 이익도모 목적의 폐쇄장부의 변경·은닉·손괴행위(법 제650조 제1항 제4호)로 나뉘고, 과태파산죄 해당 행위(법 제651조)는 신용거래 구입상품의 현저한 불이익한 처분행위(법 제651조 제1항 제1호), 파산의 원인이 있음을 알면서 한 비본지행위(법 제651조 제1항 제2호), 상업장부의 부작성·부실기재·은닉·손괴행위(법 제651조 제1항 제3호), 폐쇄장부의 변경·은닉·손괴행위(법 제651조 제1항 제4호)로 나뉜다.

제2호는 파산원인 사실을 속이거나 감추고 한 신용거래행위를, 제3호는 허위의 채권자목록 등의 제출 또는 재산상태에 관한 허위의 진술행위를, 제4호는 일정기간 내에 면책된 사실을, 제5호는 이 법에서 정한 의무 위반행위를, 제6호는 과도한 낭비·도박 기타 사행행위를 면책불허가 사유로 규정하고 있다.

위 각 면책불허가 사유는 채무자가 의도적으로 채권자를 해하는 행위와 채무자가 법상의 의무이행을 태만히 하여 절차의 진행을 방해하는 행위, 면책제도 운영을 위한 정책적 사유로 대별하는 것이 일반적인데, 법 제650조의 사기파산죄, 제651조의 과태파산죄, 제564조 제1항 제2호 사술에 의한 신용거래, 제3호 허위의 진술 등, 제6호 낭비행위 등의 사유는 채권자를 해하는 행위유형으로, 법 제653조 구인불응죄, 제656조 파산증뢰죄, 제658조 설명의무 위반의 행위는 절차진행 방해행위 유형으로, 법 제564조 제1항 제4호 소정기간 이내 면책받은 사실은 정책적 사유에 의하여 면책불허가 유형으로 분리하여 규정하고 있다.

이 절에서는 법 규정의 의미를 해석하는 데 중점을 두고 있다. 제2절의 주요 행위 유형으로 본 면책불허가 사유에서 생생한 사례들을 살펴볼 수 있겠으나, 모든 사례를 포섭할 수 없는 것은 분명하다. 이 절에서 법규의 추상적 의미를 살피는 것이 필요한 이유가 여기에 있다.

2. 파산범죄 해당 행위(법 제564조 제1항 제1호)

제564조(면책허가) ① 법원은 다음 각호의 어느 하나에 해당하는 때를 제외하고는 면책을 허가하여야 한다.

1. 채무자가 제650조·제651조·제653조·제656조 또는 제658조의 죄에 해당하는 행위가 있다고 인정하는 때

파산범죄에 해당하는 행위로, 구성요건해당성만 있으면 책임조각사유가 있더라도 면책불허가 사유가 된다. 책임조각사유가 있다면 재량면책될 가능성이 높을 것이다.

가. 사기파산죄 해당 행위(법 제564조 제1항 제1호, 제650조)

채무자가 면책허가결정을 받더라도 법 제650조의 사기파산죄로 유죄판결이 확정되면 법원은 신청 또는 직권으로 면책허가결정을 취소할 수 있다(법 제569조 제1항 전문). 사기죄의 유죄판결이 확정된 경우에는 그 채권이 비면책채권으로 될 가능성만 있는 반면, 사가파산죄로 유죄판결이 확정된 경우에는 면책허가결정 자체가 취소될 수 있다는 차이점이 있다.

(1) 재산의 은닉, 손괴, 또는 불이익한 처분행위(법 제564조 제1항 제1호, 제650조 제1항 제1호)

제650조(사기파산죄) 채무자가 파산선고의 전후를 불문하고 자기 또는 타인의 이익을 도모하거나 채권자를 해할 목적으로 다음 각호의 어느 하나에 해당하는 행위를 하고, 그 파산선고가 확정된 때에는 10년 이하의 징역 또는 1억원 이하의 벌금에 처한다.

1. **파산재단**에 속하는 재산을 **은닉** 또는 **손괴**하거나 채권자에게 **불이익하게 처분**을 하는 행위

파산재단에는 채무자가 파산선고 당시에 가지는 재산과 파산선고 전에 생긴 원인으로 장래에 행할 청구권(법 제382조)은 포함되나 당연면제재산(법 제383조 제1항)은 제외된다. 당연면제재산에 대한 은닉, 손괴, 불이익한 처분행위는 면책불허가 사유가 아니다.

'은닉'이란 재산의 발견을 불가능 또는 곤란하게 하는 행위이나, 재산을 이동시켜 그 소재를 불분명하게 하는 행위, 재산의 소유관계를 불분명하게 하는 행위도 포함한다. '손괴'란 재물을 물리적으로 훼손하는 등 재산의 가치를 감소시키는 일체의 행위를 말한다.

'불이익한 처분'이란 증여나 염가매각 등 모든 채권자에게 절대적으로 불이익하게 처분한 행위를 의미한다. 채권자취소소송에서 처분행위를 취소하는

판결이 확정되었다고 하더라도 그 처분행위가 시세 상당액으로 매매된 것이라면 위 규정의 불이익한 처분에 해당하지 않는다. 신용거래로 취득한 상품을 불이익하게 처분한 경우에는 법 제564조 제1항 제1호, 제651조 제1호(신용거래 구입상품의 현저한 불이익처분행위)가 적용된다.

행위시기는 파산선고 전후를 불문하나 적어도 채권자의 이익을 해할 수 있는 시점, 즉 파산원인인 채무초과 또는 지급불능 시점에 발생하여야 한다.

채무자에게 파산원인을 이루는 구체적 사실에 대한 인식이 있으면 족하나 '자기 또는 타인의 이익을 도모하거나 채권자를 해할 목적에 대한 인식'이 있어야 하므로 총 채권자를 해할 확정적 인식 또는 적극적 의욕이 있어야 한다. 은닉행위와 파산선고 사이에는 사실상의 견련관계만 있으면 된다고 본다.

(2) 파산재단의 부담을 허위로 증가시키는 행위(법 제564조 제1항 제1호, 제650조 제1항 제2호)

> **제650조(사기파산죄)**
> (…)
> 2. 파산재단의 부담을 허위로 증가시키는 행위

파산재단의 부담을 허위로 증가시키는 행위는 재단채권을 증가시키는 행위 또는 파산재단에 속하는 재산에 저당권이나 질권 등의 담보권을 설정하는 행위 등을 말한다. 마찬가지로 총 채권자를 해할 확정적 인식 또는 적극적인 의욕이 필요하다. 다만, 법 제564조 제1항 제1호, 제651조 제1항 제2호에서 '담보제공'이나 '채무소멸' 행위로 채무자의 의무에 속하지 아니하는 행위를 따로 규정하고 있으므로, 피담보 채무가 존재하지 아니함에도 허위의 담보권을 설정하거나 채무를 소멸시키는 행위는 본조 규정이 적용되고, 피담보 채무가 존재하나 담보권 설정의 의무가 없는 경우에 담보권을 설정하는 행위, 대물변제 약정이 없음에도 대물변제한 행위는 위 규정이 적용된다.

(3) 상업장부의 부작성·부실기재·은닉·손괴행위(법 제564조 제1항 제1호, 제650조 제1항 제3호)

> 제650조(사기파산죄)
> (…)
> 3. 법률의 규정에 의하여 작성하여야 하는 상업장부를 작성하지 아니하거나, 그 상업장부에 재산의 현황을 알 수 있는 정도의 기재를 하지 아니하거나, 그 상업장부에 부정의 기재를 하거나, 그 상업장부를 은닉 또는 손괴하는 행위

'상업장부'란 상인이 그 영업상 재산 및 손익상황을 표시하기 위하여 상법상 작성하도록 되어있는 장부를 말한다(상법 제29조 내지 제33조). 자본금 1,000만원에 미달하는 상인으로서 회사가 아닌 소상인은 상업장부 작성의무가 없으므로 이 규정이 적용되지 않는다(상법 제9조, 상법 부칙 제1조, 시행령 제2조).

채무자의 무능·무지로 상업장부를 작성하지 않은 경우에는 이 규정이 적용되지 않는다. 개인파산사건에 이 규정이 적용되어 문제된 사례는 거의 없다.

(4) 폐쇄장부의 변경·은닉·손괴행위(법 제564조 제1항 제1호, 제650조 제1항 제4호)

> 제650조(사기파산죄)
> (…)
> 4. 제481조의 규정에 의하여 법원사무관등이 폐쇄한 장부에 변경을 가하거나 이를 은닉 또는 손괴하는 행위

개인파산관재인이 선임되어 장부를 폐쇄한 예는 매우 드물기 때문에 이 규정이 적용된 예는 없다.

나. 과태파산죄 해당 행위(제564조 제1항 제1호, 제651조)

행위태양이 사기파산죄보다 경미한 경우이다.

(1) 신용거래 구입상품의 현저한 불이익한 처분(법 제564조 제1항 제1호, 제651조 제1호)

제651조(과태파산죄) 채무자가 파산선고의 전후를 불문하고 다음 각호의 어느 하나에 해당하는 행위를 하고, 그 파산선고가 확정된 경우 그 채무자는 5년 이하의 징역 또는 5천만원 이하의 벌금에 처한다. 〈개정 2013.5.28.〉

1. 파산의 선고를 지연시킬 목적으로 **신용거래**로 상품을 구입하여 **현저히 불이익한 조건**으로 이를 **처분**하는 행위

'신용거래'란 대금 후불방식의 거래를 말한다. 대표적으로 할부거래, 신용카드로 물건을 구입하는 거래가 이에 해당한다. 그러나 신용카드를 이용한 현금서비스, 리볼빙 등의 금융거래기법을 사용한 것은 이 규정에 적용되지 않는다.

'현저히 불이익한 조건'이란 상품의 처분조건이 일반 거래관행에 비추어 채무자에게 불리한 것을 의미한다.

상품을 처분할 당시 염가로 처분할 것을 인식하여야 하며, 파산선고를 회피·지연시킬 목적에 대한 확정적인 인식만 있으면 족하고 적극적인 의욕까지는 필요하지 않는 것으로 본다.

(2) 파산의 원인이 있음을 알고 한 비본지행위(법 제564조 제1항 제1호, 제651조 제2호)

제651조(과태파산죄)

(…)

2. 파산의 원인인 사실이 있음을 알면서 어느 채권자에게 특별한 이익을 줄 목적으로 한 **담보의 제공이나 채무의 소멸에 관한 행위로서 채무자의 의무에 속하지 아니하거나 그 방법 또는 시기가 채무자의 의무에 속하지 아니하는 행위**

'담보의 제공'이란 저당권, 질권, 가등기담보, 양도담보권, 「동산·채권 등의 담보에 관한 법률」이 정하는 담보권을 설정하는 것과 연대보증과 같이 인적담보를 제공하는 것도 포함한다.

'채무의 소멸에 관한 행위'란 변제, 상계, 공탁, 대물변제, 경개, 해제계약

등 채무소멸을 목적으로 한 행위를 말한다.

'채무자의 의무에 속하지 아니하는 것'은 무효 또는 취소할 수 있는 법률관계에 있는 채무, 자연채무, 소멸시효가 완성된 채무 등에 대하여 변제하거나 담보를 제공하는 것을 의미한다.

'방법이 의무에 속하지 아니하는 것'은 채무의 내용을 좇은 변제가 아닌 비본지변제를 말하고, '시기가 의무에 속하지 아니하는 것'은 기한 전 변제를 말한다.

(3) 상업장부의 부작성·부실기재·은닉·손괴행위(법 제564조 제1항 제1호, 제651조 제3호)

> 제651조(과태파산죄)
> (…)
> 3. 법률의 규정에 의하여 작성하여야 하는 상업장부를 작성하지 아니하거나, 그 상업장부에 재산의 현황을 알 수 있는 정도의 기재를 하지 아니하거나, 그 상업장부에 부정의 기재를 하거나, 그 상업장부를 은닉 또는 손괴하는 행위

자기 또는 타인의 이익을 도모하거나 채권자를 해할 목적이 없다는 점 외에 법 제650조 제1항 제3호와 규정이 같다.

실무상 적용사례는 거의 없다.

(4) 폐쇄장부의 변경·은닉·손괴행위(법 제564조 제1항 제1호, 제651조 제4호)

> 제651조(과태파산죄)
> (…)
> 4. 제481조의 규정에 의하여 법원사무관등이 폐쇄한 장부에 변경을 가하거나 이를 은닉 또는 손괴하는 행위

실무상 적용사례는 거의 없다.

다. 구인불응 행위(법 제564조 제1항 제1호, 제653조)

> **제653조(구인불응죄)** 제319조, 제320조, 제322조 및 제578조의6에 따른 구인의 명을 받은 자가 그 사실을 알면서도 파산절차를 지연시키거나 구인의 집행을 회피할 목적으로 도주한 때에는 1년 이하의 징역 또는 1천만원 이하의 벌금에 처한다.

실무상 적용사례는 거의 없다.

라. 뇌물약속·공여·공여의사 표시행위(법 제564조 제1항 제1호, 제656조)

> **제655조(파산수뢰죄)** ① 파산관재인(제637조의 규정에 의한 국제도산관리인을 포함한다) 또는 감사위원이 그 직무에 관하여 뇌물을 수수·요구 또는 약속한 경우 그 자는 5년 이하의 징역 또는 5천만원 이하의 벌금에 처한다. 다음 각호의 어느 하나에 해당하는 자가 채권자집회의 결의에 관하여 뇌물을 수수·요구 또는 약속한 때에 그 자도 또한 같다.
> 1. 파산채권자
> 2. 파산채권자의 대리인
> 3. 파산채권자의 이사

공정한 파산절차를 유지하기 위하여 「채무자 회생 및 파산에 관한 법률」을 제정하면서 새로이 들어온 조항이다.

파산관재인에게 선처를 요구하면서 금액 미상의 돈을 공여하려고 한 행위에 대하여 이 규정이 적용되어 면책불허가된 사례가 있다(서울중앙지방법원 2013. 8. 28.자 2012자1055 결정).

마. 설명의무 위반 행위(법 제564조 제1항 제1호, 제658조)

> **제658조(설명의무위반죄)** 제321조 및 제578조의7에 따라 설명의 의무가 있는 자가 정당한 사유 없이 설명을 하지 아니하거나 허위의 설명을 한 때에는 1년 이하의 징역 또는 1천만원 이하의 벌금에 처한다.

설명요구권자는 파산관재인, 감사위원 또는 채권자집회로 되어 있으나 거의 대부분의 개인파산 사건에서는 파산관재인이 될 것이다.

'파산에 관한 필요한 설명'이란 파산에 이른 사정, 파산재단, 파산채권, 재단채권, 부인권, 환취권, 별제권, 상계권 기타 파산관재업무에 필요한 모든 사항에 대한 설명으로 볼 수 있으나, 파산관재인의 설명요구가 합목적적이어야 한다는 제한이 있다.

여기서 말하는 '설명'에는 자료제출까지도 포함한다고 본다. 채무자가 형사소추 또는 처벌을 받을 수 있는 사항에 대하여는 그 설명을 거절할 수 있다고 해석되나, 면책불허가 사유 중 많은 부분이 파산범죄에 해당하는 사유와 겹치므로 구체적인 사정에 따라 사안별로 해석·적용되어야 할 것이다.

3. 파산원인을 속이거나 감추고 한 신용거래행위(법 제564조 제1항 제2호)

제564조(면책허가) ① 법원은 다음 각호의 어느 하나에 해당하는 때를 제외하고는 면책을 허가하여야 한다.

(…)

2. 채무자가 **파산선고 전 1년 이내**에 파산의 원인인 사실이 있음에도 불구하고 그 사실이 없는 것으로 믿게 하기 위하여 **그 사실을 속이거나 감추고 신용거래로 재산을 취득**한 사실이 있는 때

신용거래가 파산선고 1년 전일 것을 요구하므로, 파산선고 1년 이전에 한 신용거래는 포함되지 않는다. 법문상 '감추고 한 행위'도 포함되어 있으나 단순한 불고지(不告知)는 이 규정에 적용되지 않는 것으로 본다.

대법원은 "채무자가 파산의 원인이 없는 것으로 믿게 하기 위하여 그 사실을 속이거나 감추었다고 판단하기 위해서는, 채무자가 객관적으로 지급불능의 상태에 있었다는 사정만으로 부족하고 채무자가 신용거래로 재산을 취득하는 과정에서 상대방인 채권자에게 한 언행, 상대방인 채권자가 채무자에게 다액의 채무가 있다거나 지급불능의 상태에 빠질 수 있다는 사정을 알고서 과다한 이익을 얻기 위하여 신용거래에 나아간 것인지 여부 등 상대방인 채권자가 신용거래를 하게 된 경위, 채무자의 전체 채무 중에서 위와 같이 취득한 재산이 차

지하는 비중 및 그 증감의 정도, 신용거래의 성격, 즉 새로운 신용거래인지 아니면 종전의 신용거래를 연장 내지 갱신한 거래에 지나지 않는지 여부, 채무자가 신용거래로 취득한 재산의 사용처 등을 면밀히 심리하여 판단하여야 한다"(대법원 2010. 8. 23.자 2010마227 결정)고 판시하였다.

'신용거래로 인한 재산 취득'이란 신용카드를 이용한 물품구입, 현금서비스, 마이너스 대출은 물론, 금융기관으로부터의 신용대출, 사채 차입 등도 모두 포함된다.

4. 허위의 채권자목록 등의 제출 또는 재산상태에 관한 허위의 진술행위(법 제564조 제1항 제3호)

> 第564조(면책허가)
> (…)
> 3. 채무자가 **허위의 채권자목록** 그 밖의 **신청서류**를 제출하거나 법원에 대하여 그 **재산상태에 관하여 허위의 진술**을 한 때

'채권자목록'에는 파산채권자의 성명, 주소, 파산채권의 액 및 그 원인, 별제권이 있는 때에는 그 목적 및 그 행사에 의하여 변제를 받을 수 없는 채권액을 기재하여야 하므로 일체의 허위기재 행위는 위 규정에 해당한다.

'진술'에는 채무자의 법원에 대한 진술로서 구두진술에 한정되지 않고 진술서 등의 제출도 포함한다.

'재산상내'란 원칙적으로 파산신정 당시의 채무자 본인의 재산상태를 의미하나, 채무자가 타인의 명의를 빌려 보유하는 재산도 포함된다. 그러나 단순히 친족이 보유하고 있은 재산에 대한 허위의 진술은 포함되지 않는다.

채무자가 과실로 허위의 채권자목록, 신청서류 또는 허위의 진술을 한 경우에는 이 규정이 적용되지 않고 고의로 한 행위만 적용된다. 채권자를 해할 목적이 있어야 하는지에 대하여는 견해의 대립이 있다.

5. 일정 기간 내에 면책을 받은 사실(법 제564조 제1항 제4호)

> 제564조(면책허가)
> (…)
> 4. 채무자가 면책의 신청 전에 이 조에 의하여 면책을 받은 경우에는 면책허가결정의 확정일부터 7년이 경과되지 아니한 때, 제624조에 의하여 면책을 받은 경우에는 면책확정일부터 5년이 경과되지 아니한 때

기간 도과의 판단시점은 면책신청시가 아니라 면책결정시이다.

6. 이 법에서 정하는 채무자의 의무위반(법 제564조 제1항 제5호)

> 제564조(면책허가)
> (…)
> 5. 채무자가 이 법에 정하는 채무자의 의무를 위반한 때

대체적으로, 채무자가 파산선고 전에 변제금지의 가처분을 위반하여 변제한 행위, 법원이 직권조사(법 제12조 제2항)로서 파산에 이르게 된 경위 및 재산상황에 대한 설명요구에 불응한 행위, 파산선고 후의 임의적으로 파산재단에 속하는 재산을 처분한 행위 등이 이 규정 위반행위에 포함된다.

재산상황에 대한 설명요구 불응행위에 친족 등의 재산에 대한 설명불응도 포함될 수 있는지 여부에 대하여도 다툼이 있다.

7. 과다한 낭비·도박 기타 사행행위(법 제564조 제1항 제6호)

> 제564조(면책허가)
> (…)
> 6. 채무자가 과다한 **낭비·도박** 그 밖의 사행행위를 하여 **현저히 재산을 감소**시키거나 **과대한 채무를 부담**한 사실이 있는 때

'낭비'란 채무자의 사회적 지위, 직업, 영업상태, 생활수준, 수지상황, 자산상태 등에 비추어 사회통념을 벗어나는 과다한 소비적 지출행위를 말한다.

'도박'이란 우연한 사정으로 승패가 결정되는 것에 재물을 거는 것을 의미한다. 위법 여부를 불문하므로 경마, 경륜행위도 위 규정에 포함된다.

'현저한 재산의 감소, 과대한 채무부담'에서 '현저', '과대'에 해당하는지 여부도 채무자의 사회적 지위 등을 종합적으로 고려하여 사회통념에 따라 판단된다.

제 2 절 주요 행위유형으로 본 면책불허가 사유

1. 개 요

이 절에서 행위유형으로 본 면책불허가 사유를 살펴보도록 한다. 실무에서 다루어지는 개인파산 사건은 그 사례가 다양하다. 유사한 사례도 있으나, 동일한 사례는 없다고 말할 수 있을 정도이다. 그렇기 때문에 여기에 제시된 사례와 비슷하다고 하여 면책불허가 결정이 반드시 내려지는 것은 아니다. 다만 제1절에서 설명한 법률의 규정에 따른 면책불허가 사유가 실제 어떻게 적용되는지를 이해하는 정도로 활용하면 된다.

파산범죄행위와 면책불허가 사유가 겹치는 사안을 제외한 다른 면책불허가 사유에서는 한 가지 사유만으로 면책불허가 결정이 되는 경우는 드물다. 채무자에게 중첩적인 면책불허가 사유가 있어 면책불허가 결정을 받은 경우가 더 많다. 특히 설명의무 위반, 법이 정한 의무 위반행위 등에 대한 사례에서는 중첩된 면책불허가 사유가 발견되어 면책불허가 결정이 된 경우가 대부분이다. 또 대부분의 개인파산 사건에서 파산관재인이 선임되어 조사업무를 담당하고 있어, 신청시에 허위의 재산목록 제출 또는 재산상태에 대한 허위진술을 하였다고 하더라도 파산절차 중에 이를 충분히 시정할 기회가 있으므로 신청서에 미기재, 허위기재된 부분이 있다면 조속히 이를 시정할 필요가 있다. 또한 명백한 면책불허가 사유가 있다고 하더라도 재량면책의 여지도 있으므로 파산절차에 적극 협조하고, 재량면책을 받을 수 있는 사정에 대하여 적극 소명하는 것도 필요하다.

2. 재산의 은닉, 손괴 또는 불이익한 처분행위

■ 은닉

은닉행위에 해당하여 면책불허가된 사례

【소유관계를 불분명하게 한 행위】

○ 채무자가 지급불능 상태에서 가압류의 목적물을 자신의 영업장에서 거주지로 옮기고, 그 중 일부를 제3자에게 무상으로 제공한 행위(서울중앙지방법원 2010. 2. 12.자 2008라964 결정).

○ 친족의 명의로 소유권이전등기를 한 행위(서울중앙지방법원 2008. 2. 1.자 2007라802 결정).

○ 채무자가 미용기구 제조업을 운영하다 폐업한 후 장모 명의로 동일한 영업을 하고 있고, 파산신청 6개월 전에 처 명의로 승용차를 구입하고 파산신청 후 장모 명의로 다른 승용차를 구입한 행위(서울중앙지방법원 2008. 2. 1.자 2007라862 결정).

○ 채무자가 월간지 회사를 운영하여 오다 폐업한 후 채권자들의 압류를 피하기 위해 처와 자녀의 명의로 동일한 영업을 위한 회사를 설립한 행위(서울중앙지방법원 2007. 8. 31.자 2007라397 결정).

○ 채무자 명의의 재산은 없으나 가족 등 타인 명의로 회사의 주식을 보유하고 있을 뿐만 아니라, 가족들이 주식을 보유하고 있는 회사 명의로 재산을 소유하고 있고 그 회사들 상호간에도 주식을 보유하게 하여 강제집행을 곤란하게 한 사안에 대하여 '은닉'에 해당한다고 본 사례(서울중앙지방법원 2013. 1. 24.자 2011라1782 결정).

○ 2000년경 있었던 명의신탁행위가 법 제564조 제1항 제1호, 제650조 제1항 소정의 파산재단에 속하는 재산의 은닉행위에 해당하여 면책불허가를 한 사례(서울중앙지방법원 2012라1217 결정).

【강제집행면탈죄에 해당하는 허위양도 또는 공무상표시무효죄에 해당하는 행위】

○ 채권자의 이의로 지급불능시점 이후의 부동산 처분사실이 드러났고,

채무자가 채권자 중 1인에게 대물변제조로 소유권을 이전한 것이라고 주장하였으나, 결과적으로는 강제집행을 피하기 위해 채무자의 인척 명의로 소유권 이전등기를 경료한 사실이 밝혀진 사례(서울중앙지방법원 2011. 9. 1.자 2011라266 결정).

【임대차·보험계약의 명의변경 행위】

○ 채무자가 파산신청 1개월 전에 보험계약자의 명의를 동생 명의로 변경한 행위(서울중앙지방법원 2010. 5. 28.자 2010라65 결정).

○ 지급불능에 빠진 상태에서 임차보증금 반환청구권 1억 2,000만원 상당을 장인에게 양도한 후 장인이 이를 다시 자신의 아들(채무자의 처남)에게 양도하였고, 그 아들이 자신을 임차인으로 하여 채무자의 임대차계약과 같은 내용의 임대차계약을 체결한 사례(서울중앙지방법원 2011. 4. 19.자 2010라150 결정(확정)).

☞ 이 사례는 소유관계를 불분명하게 한 행위 유형에도 포함된다.

○ 채무자가 채무자와 배우자의 공동재산으로 봄이 상당한 배우자 명의의 임차보증금반환채권 4억 5,000만원을 감추기 위하여 임차보증금 1억원, 월 차임 150만원으로 기재된 허위의 임대차계약서를 작성하여 원심법원에 제출한 행위를 '은닉'에 해당한다고 본 사례(서울중앙지방법원 2013라325 결정).

☞ 이 사례는 재산상태에 대한 허위의 진술을 한 행위 유형에도 포함된다.

○ 파산신청 1개월 전에 임대차계약의 임차인을 동생으로 변경하고 자동차 소유자 명의를 배우자로 변경한 행위(서울중앙지방법원 2013. 5. 20.자 2012라825 결정).

【가족·친지 명의의 통장을 사용한 행위】

○ 채무자가 지급불능 상태에서 자신의 예금계좌로 송금받은 요양급여 등을 다시 딸 명의의 예금계좌로 이체하여 사용함으로써 채권자들의 강제집행을 불가능하게 한 사례(서울중앙지방법원 2010. 8. 16.자 2009라998 결정).

○ 채무자 명의의 계좌에 돈을 보관할 경우 채권자들의 압류가 들어올 것이 예상되는 상황에서 이를 피하기 위하여 채무자가 약국을 운영하여 국민건강보험공단으로부터 수령하는 돈을 그 즉시 자녀의 예금계좌로 송금해 온 행위를

은닉으로 본 사례(대법원 2007. 7. 26.자 2006마1433 결정).

○ 채권자의 집행을 피하기 위해 유일한 부동산을 처분한 후 그 매각대금 5억 6,000만원을 동서의 통장으로 송금한 사례(서울중앙지방법원 2011. 5. 24.자 2010라1101 결정).

○ 채권자들의 압류를 피해서 2,000만원 상당의 금원을 자녀 명의 계좌로 이체하여 그 금액을 채무변제에 사용한 사례(서울중앙지방법원 2011. 8. 18.자 2010라1104 결정).

☞ 위 사례들에서 법원은 채무자가 요양급여 등을 딸 명의의 통장에 이체하고 실질적으로 채무자가 딸 명의의 통장을 사용한 것으로 본 것이다. 마지막 사례는 자녀 명의의 통장에 입금된 돈을 채무자의 채무를 변제하는데 사용되었다고 하더라도 면책불허가 결정이 되었음이 특징적이다. 대부분의 채무자들은 신용불량 상태에 있는 경우 금융거래시에 타인 명의의 통장을 이용하여 거래한다. 이 경우에도 면책불허가 사유에 해당할 수 있음을 유의해야 한다. 그러나 그 금액이 소액으로서 사회통념상 용인될 수 있는 정도라면 재량면책될 가능성이 높을 것이다.

○ 지급불능 상태에서 자녀 명의로 회사를 설립한 후 자녀 명의 통장으로 위 회사 관련 금원거래를 계속해 온 사안에서 이 규정을 적용한 사례(서울중앙지방법원 2013. 3. 12.자 2010라1189 결정).

은닉행위에 해당하지 않아 면책된 사례

○ 지급불능에 빠진 이후에 채무자가 대표이사로 재직 중인 회사 명의의 계좌에서 은닉으로 볼 여지가 있는 타인 명의의 계좌로의 금원 송금내역이 발견된 사례(서울중앙지방법원 2008. 10. 29.자 2008라344 결정).

☞ 원칙적으로 회사 명의의 계좌의 금원을 채무자의 개인재산으로 볼 수 없기 때문이다. 그러나 그 회사가 외형상으로만 법인의 형식을 갖추고 있을 뿐 실질적으로는 채무자의 개인기업에 불과하거나, 법인의 형식이 채무자에 대한

법률 적용을 회피하기 위한 수단으로 함부로 쓴 경우여서 회사에 대하여 별개의 법인격을 인정하는 것이 신의성실의 원칙에 위반되는 등 법인격이 부인될 수 있는 정도에 이른 경우에는 달리 볼 수 있을 것이다.

○ 파산신청 2개월 전에 보험계약자를 배우자로 변경한 사안에서, 채무자가 보험료를 납부하기 어려운 형편이 되어 배우자 명의의 은행계좌에서 보험료를 자동이체하려고 하였으나 보험사에서 보험계약자를 변경해야 한다고 하여 부득이 보험계약자를 배우자로 변경하였다는 취지로 변소하였고, 그 변소를 받아들여 면책불허가 사유에 해당하지 않는다고 본 사례(서울중앙지방법원 2013. 6. 25.자 2012라1169 결정).

☞ 은닉행위가 면책불허가 사유에 해당하기 위하여는 채무자에게 자신의 이익을 도모하거나 채권자를 해할 목적에 대한 확정적 인식 또는 적극적인 의욕이 필요하다. 이 사례에서는 보험사의 요청에 의하여 부득이 보험계약자 명의를 변경하게 된 사정을 인정하여 채무자에게 자신의 이익을 도모하거나 채권자를 해할 목적이 없었다고 본 것이다.

○ 채무자가 2002. 3. 4.경 토지지분을 동생에게 이전한 행위가 재산의 은닉행위에 해당한다고 한 원심결정에 대하여 은닉, 손괴 또는 불이익한 처분행위의 대상이 되는 파산재단은 이른바 법정재단으로서 부인권 행사에 의하여 파산재단에 회복될 재산을 포함하나, 위 토지의 처분행위는 법 제405조에 따른 부인권 행사기간을 경과하여 부인권을 행사할 수 없는 때에 해당하므로 면책불허가 사유에 해당한다고 보기 어렵다고 한 사례(서울중앙지방법원 2013라1435 결정).

☞ 은닉행위의 대상은 파산재단이다. 이 사안의 경우에는 채무자가 토지지분을 동생에게 이전한 것이 은닉에 해당할 수 있다고 하더라도, 부인권 행사의 제척기간인 10년이 지나 법상으로 위 재산을 파산재단으로 돌려놓을 수 있는 방법이 없기 때문에 파산재단에 대한 은닉행위를 한 것이라고 볼 수 없다고 한 것이다.

○ 채무자가 파산신청일로부터 3년 전에 배우자에게 차량을 이전한 사실은 인정되나, 차량이 2001년식으로 가액이 2~300만원에 불과한 점에 비추어 재산을 은닉하였다고 보기 어렵다고 판단한 사례(서울중앙지방법원 2013라430 결정).

☞ 이 사안도 차량의 가액이 상대적으로 소액인 점에 비추어 차량을 처분할 당시 채무자에게 채권자들을 해할 확정적인 인식이 있다고 보지 않은 것이다.

은닉행위에 해당하나 재량면책된 사례

○ 채무자가 유체동산 경매절차에서 압류물품(시가 199만원 상당)을 무단으로 옮긴 사실로 채권자로부터 고소를 당하여 공무상표시무효죄로 기소유예처분을 받은 사안에서 위 무단이전행위를 은닉에 해당하나 사안이 경미한 점 등 기타 사정을 참작하여 재량면책한 사례(서울중앙지방법원 2013. 8. 1.자 2013라705 결정).

☞ 이 사례는 압류된 물품의 시세가 199만원에 불과하여 그 가액이 임의적 면제재산의 범위인 6개월간의 생계비 900만원에 미치지 아니함이 고려된 것으로 보인다.

○ 답 1필지를 재산목록에 기재하지 않은 경우 은닉의 면책불허가 사유에 해당한다는 이유로 면책불허가를 한 원심결정에 대하여 시가가 약 400만원에 불과하여 면제재산의 범위를 다소 상회하는 정도에 불과한 점, 파산재단으로 편입되어 환가대금에 관한 배당이 이루어진 점 등을 참작하여 재량면책된 사례(서울중앙지방법원 2013라1606 결정).

○ 채무자가 모친 명의로 거주지를 임차하면서 임대차보증금 7,000만원 중 2,400만원을 마련한 사실이 있음에도 파산 및 면책을 신청하면서 아무런 재산이 없다고 기재한 사안에서, 채무자가 밝히지 않은 재산이 주택임대차보호법 제8조 제3항, 같은 법 시행령 제3조 제1항 제1호에 따라 파산재단 제외 재산의 범위 내에 속하는 점 및 다른 면책불허가 사유가 없다는 점을 참작하여 재량면책한 사례(서울중앙지방법원 2013라1163 결정).

☞ 만일 채무자가 위 2,400만원의 임대차보증금을 갖고 있고, 확정일자를 취득하였다면 이는 당연면제재산 범위 내이므로, 이를 참작하여 재량면책을 한 사안이다.

○ 채무자가 지급불능 후인 2004년경 배우자에게 주택을 증여하여 재산을

은닉하거나 채권자에게 불이익하게 처분하였으나, 채권자 중 1인이 배우자를 상대로 사해행위 취소소송을 제기하여 1심 승소 후 2심에서 스스로 소를 취하한 것으로 보아 불이익 처분에 대한 원상회복이 이루어진 것으로 보이고, 위 불이익한 처분행위가 상당기간 전의 일인 점, 그 밖에 채무자의 총채무액, 채무자의 나이 및 건강상태 등을 고려하여 재량면책한 사례(서울중앙지방법원 2013라223 결정).

○ 채무자가 지급불능 상태에서 임대차보증금채권 2,000만원을 채권자에게 양도하고, 차량 1대를 자녀에게 증여하였으며, 임대차보증금이 없음을 주장하며 그에 부합하는 허위의 임대차계약서를 제출하여 면책불허가 사유가 있으나, 위와 같은 행위는 채무자 배우자가 주도하였고, 그에 따라 채무자 배우자는 면책불허가 결정을 받아 확정된 점, 채무자의 차량을 증여받은 자녀가 채권자에게 차량대금 1,500만원을 반환한 점 등을 고려하여 재량면책한 사례(서울중앙지방법원 2012라1366 결정).

○ 채무자가 보험계약자의 명의를 남편으로 변경하여 파산재단에 속하는 재산을 은닉하거나 채권자에게 불이익한 처분한 면책불허가 사유에 해당하나, 그 보험의 약관대출금을 공제한 해약환급금이 136만원에 불과한 점 등을 고려하여 재량면책한 사례(서울중앙지방법원 2012라1169 결정).

☞ 채무자가 명의를 남편으로 변경한 보험이 보장성보험이라면, 150만원을 초과하지 않은 보험해약환급금은 당연면제재산에 해당하여 이를 처분한 행위는 파산재단에 속하는 재산의 은닉이나 채권자에게 불이익한 처분행위에 해당하지 않을 소지가 있다.

■ 불이익한 처분

불이익한 처분에 해당하여 면책불허가된 사례

【특정 채권자에게 채무액보다 많은 돈이 들어간 경우】

○ 채무초과에 빠진 채무자가 1억 6천만원 상당의 아파트를 특정 채권자

에게 5천만원 가량 저렴하게 매도한 행위(서울중앙지방법원 2007. 9. 18.자 2007라448 결정).

☞ 만약 위 매도대금 5,000만원 중 일부가 기존 채무변제금이 포함되어 있었다면, 파산원인이 있음을 알고 한 비본지행위(법 제564조 제1항 제1호, 제651조 제1항 제2호)에도 해당될 것이다.

○ 5억원의 채무를 부담하던 채무자가 압류를 피하기 위해 1억 5천만원 상당의 빌라를 처형에게 7천만원에 매도한 행위(서울중앙지방법원 2007. 6. 4.자 2007라347 결정).

○ 채무자가 특정 채권자에게 1,500만원의 채무만 부담하고 있음에도 그 채권자에게 6,500만원의 약속어음을 공증해 주고, 그 채권자가 그 약속어음금 채권을 청구채권으로 하여 채권압류·전부명령을 받은 후 채무자의 급여, 퇴직금 채권에 대하여 채권집행을 하여 3,790만원을 변제받은 사례(서울중앙지방법원 2011. 7. 20.자 2011라160 결정).

☞ 파산원인이 있음을 알고 한 비본지행위(법 제564조 제1항 제1호, 제651조 제1항 제2호)에도 해당될 수 있을 것이다.

【이혼에 따른 재산분할이 상당한 정도를 넘게 채무자에게 불리한 경우】

○ 채무자가 지급불능 상태에서 협의이혼에 따른 재산분할 명목으로 채무자의 사실상 유일한 재산인 중도매업 허가권을 배우자에게 이전하여 유한회사를 설립한 사례(서울중앙지방법원 2010. 6. 15.자 2009라681 결정).

○ 채무자가 주택에 관하여 기여분이 있음에도 지급불능 상태에서 재산분할을 통하여 배우자에게 주택에 관한 권리를 모두 보유하게 한 사례(서울중앙지방법원 2010. 7. 20.자 2010라408 결정).

○ 파산자가 자신의 모든 재산이라 할 수 있는 아파트를 처에게 증여한 행위(서울중앙지방법원 2007. 5. 4.자 2005하면8802 결정).

○ 채권자들에게 1억 4,000여만원의 채무를 부담하고 있는 상태에서 유일한 부동산을 처분하여 일부 채무변제에 사용한 후 매매대금 잔액 1억원 상당을 배우자에게 위자료 또는 재산분할조로 지급한 사례(서울중앙지방법원 2013. 8. 22.

자 2012라1364 결정).

○ 채무자가 주택에 관하여 기여분이 있음에도 지급불능 상태에서 재산분할을 통하여 배우자에게 주택에 관한 권리를 모두 보유하게 한 사례(서울중앙지방법원 2010. 7. 20.자 2010라408 결정).

☞ 이혼에 따른 재산분할은 상당한 정도를 벗어나 과다한 것이라는 특별한 사정이 있지 않으면 '불이익처분'에 해당하지 않을 것이다. 위 사례들은 대부분 이혼 전 채무자의 유일한 특유재산을 배우자에게 증여 또는 무상 양도하거나 처분하여 그 대금 중 상당 부분을 지급한 사례들로 상당한 정도를 벗어났음이 쉽게 인정될 수 있는 사례이다. 그런데 이혼 전 배우자 명의의 특유재산에 대하여 재산분할을 하지 않은 경우가 문제된다. 재산분할 협의 또는 심판에 의하여 구체화되지 않은 재산분할청구권은 채무자의 책임재산에 해당하지 아니하고, 이를 포기하는 행위 또한 채권자취소권의 대상이 될 수 없다(대법원 2013. 10. 11. 선고 2013다7936 판결)는 대법원 판례의 취지에 따르면, 채무자가 이혼시 재산분할청구권을 행사하지 않은 행위로 분할되지 않은 배우자 명의의 재산도 파산재단에 해당하지 않아 부인권 행사의 대상이 될 수 없다고 볼 수 있다. 10년 전의 불이익한 처분에 대하여 명의신탁이 아닌 한 부인권 행사를 통해 파산재단을 형성할 가능성이 없어 면책불허가 사유가 될 수 없다는 실무례에 의하면, 이 경우에도 면책불허가 사유가 될 수 없다고 할 것이다.

그러나 회생절차에서 부부공동재산은 그 가치의 1/2을 청산가치로 인정하고 있는 실무례와 배치되고, 현재 이혼사건 실무에서도 배우자의 특유재산에 대한 유지·관리의 기여도가 있는 타 배우자에게 일정 정도(40% 상당)의 재산분할을 인정하고 있는 것과도 상충된다. 나아가 채무자가 배우자 명의의 재산에 대한 기여도가 분명히 있음에도 이를 포기한 것에 대하여 면책불허가 사유가 되지 않는다면, 파산채권자의 법 감정과 상충되는 측면이 있다는 점에서 함부로 면책불허가 사유가 되지 않는다고 보기도 어렵다.

【친족에게 증여한 행위】

○ 채무의 지급이 곤란할 정도로 경제사정이 어려워진 상황에서 딸에게 유일한 재산인 토지를 증여한 행위(서울중앙지방법원 2007. 8. 23.자 2006하면19863

결정).

【상속재산분할합의 방식으로 상속을 포기한 경우】

○ 상속재산분할합의를 통해 개별 상속재산에 대하여 채무자가 자신의 지분을 포기한 행위(서울중앙지방법원 2013. 8. 5.자 2012라852 결정).

☞ 상속포기와 달리 상속재산분할합의는 사해행위취소나 부인권 행사의 대상이 되므로(대법원 2008. 3. 13. 선고 2007다73765 판결), 채무자의 상속지분은 파산재단에 속하는 재산에 해당하여 이를 포기한 행위를 불이익한 처분으로 본 사례이다.

불이익한 처분에 해당하지 않아 면책된 사례

【채무자 소유 부동산을 시세대로 매각한 행위】

○ 채무자 소유 부동산을 시세대로 매각하여 면제재산 범위 내인 현재 거주지 임차보증금, 파산신청 비용, 과태료 납부 비용, 생활비 등으로 사용한 사안에서 '불이익한 처분'이 아니라고 하여 면책된 사례(서울중앙지방법원 2013. 4. 1.자 2011라896 결정).

○ 채무자의 아파트 매도행위가 사해행위로 취소되기는 하였으나, 그 아파트 매매계약이 국토해양부 아파트 실거래정보상의 시세에 따라 체결되었다면 그 처분행위는 '불이익처분'이 아니라고 본 사례(서울중앙지방법원 2011. 5. 26.자 2010라1088 결정).

【변제기가 도래한 채무를 변제한 행위】

○ 채무자가 여러 채권자 중 일부 채권자에게 채무의 내용을 좇은 변제를 한 행위는 '채권자에게 불이익한 처분'이 아니라고 본 사례(대법원 2008. 12. 29.자 2008마1565 결정).

【상속재산의 포기】

○ 채무자가 지급불능 시점 이후 자신의 상속재산이 있음에도 이를 상속포기한 행위에 대하여 상속포기는 '파산재단에 속하는 재산'에 대한 '불이익한

처분'이 아니라고 한 사례(대법원 2012. 1. 12.자 2010마1551 1552 결정).

☞ 위 결정에서 대법원은 "상속의 포기는 상속인으로서의 지위 자체를 소멸하게 하는 행위로서 일차적으로 피상속인 또는 후순위상속인을 포함하여 다른 상속인 등과의 인격적 관계를 전체적으로 판단하여 행하여지는 인적 결단으로서의 성질을 갖는다. 따라서 상속의 포기는 민법 제406조 제1항에서 정하는 '재산권을 목적으로 한 법률행위'에 해당하지 아니하여 사해행위취소의 대상이 되지 못하고, 또한 채무자 회생 및 파산에 관한 법률 제650조 제1호에서 사기파산죄로 규정하고 있는 '파산재단에 속하는 재산을 은닉 또는 손괴하거나 채권자에게 불이익하게 처분을 하는 행위'에도 해당하지 않는다고 할 것이다"라고 판시하였다.

【유류분반환청구권의 포기】

○ 배우자가 사망 직전에 자녀에게 부동산을 증여하였고 그 후 채무자가 파산신청을 하였는데, 채무자가 자녀에 대하여 유류분반환청구권을 행사하지 않은 것이 '불이익처분'에 해당한다고 하며 채권자가 이의를 제기해 온 사안에서, 유류분반환청구권이 있다고 하더라고 이를 행사하지 않은 행위가 곧바로 파산재단에 속하는 재산을 은닉하거나 채권자에게 불이익하게 처분하는 행위라고 보기 어렵다고 본 사례(서울중앙지방법원 2013. 6. 26.자 2012라1262 결정).

【부인권의 제척기간이 지난 불이익한 처분행위】

○ 10년 전에 채권자에게 불이익하게 재산을 처분한 사례(서울중앙지방법원 2013. 10. 1.자 2013라1435 결정; 2013. 7. 17.자 2013라447 결정; 2008. 12. 16.자 2007라878 결정).

☞ 부인권은 부인대상 행위가 있은 날로부터 10년이 경과한 때에는 행사할 수 없으므로 그 행위가 명의신탁에 해당하는 등의 사유로 은닉행위에 해당하지 않는 이상, 그 행위를 파산재단에 속하는 재산을 불이익하게 처분하였다고 평가하기는 곤란하기 때문이다.

【기타】

○ 채무자의 딸이 채무자의 임대아파트 보증금을 마련하기 위하여 저축은행으로부터 대출받은 돈(채무자가 연대보증함)으로 채무자 대신 임대차보증금을

지급하고, 그 담보로 채무자는 임대차보증금 반환채권을 저축은행에 양도한 사안에서, 이러한 일련의 행위 전후로 채무자의 총 책임재산은 변동되지 않으므로 채권자에게 해를 끼치는 행위라고 보기 어려워 채권자에게 불이익한 처분이라거나 비본지행위라고 볼 수 없다고 본 사례(서울중앙지방법원 2012라583 결정).

불이익한 처분에 해당하나 재량면책된 사례

○ 채무자가 지급불능 상태에 빠진 이후인 1993. 12.경 부동산 지분을 아들에게 증여한 행위가 불이익한 처분행위에 해당한다는 이유로 면책불허가 결정을 한 원심결정에 대하여, 대상 임야가 친척들이 선산으로 사용하고 있는 임야로 선산관리를 위하여 채무자가 사촌으로부터 소유권을 이전받았다가 아들에게 증여한 것이고, 증여한 시점도 이미 20년이 경과한 점, 공시지가 역시 1,900만원 정도에 불과하고 채무자가 1988. 11.경부터 1993. 12.경까지 대상 임야를 소유하고 있는 동안 채권자들이 아무런 강제집행을 시도하지 않은 점 등을 참작하여 재량면책한 사례(서울중앙지방법원 2012라448 결정).

☞ 이 사안은 부인권의 행사기간인 10년이 경과된 경우에 해당하므로, 위 증여행위를 파산재단에 속하는 재산에 대한 처분행위에 해당하지 않아 채권자에게 불이익한 처분행위로 볼 수 없는 경우에도 해당할 소지가 있다.

○ 채무자가 파산신청에 임박한 시점에 보유 부동산의 매각대금 중 1,135만원을 배우자에게 송금한 행위는 파산재단에 속할 재산을 채권자들에게 불이익한 처분에 해당하는 배우자에 대한 증여이나, 부부 및 직계혈족은 서로 부양의무가 있는데, 배우자는 채무자로부터 송금받은 금원 중 일부로 채무변제에 사용하고 남은 금액을 아들과 딸의 학비 내지 생활비 등으로 소비한 점 등을 참작하여 재량면책한 사례(서울중앙지방법원 2010라1099 결정).

☞ 채무자가 배우자에게 송금한 돈이 채무변제나 자녀 부양료 등에 사용되었다는 점이 소명된 사안으로, 자녀 부양료 채권은 재단채권이자 비면책채권에 해당한다는 점 등이 참작된 것으로 보인다.

3. 파산재단의 부담을 허위로 증가시키는 행위

【경매신청 전 가장임차인을 작출하여 소액임차인으로 배당받게 한 행위】

☞ 경매신청 전 가장임차인을 작출하여 소액임차인으로 하여금 배당받게 하는 행위는 파산재단의 부담을 허위로 증가시키는 대표적인 행위 유형이다.

4. 신용거래 구입상품의 불이익한 처분

【신용카드로 물품구입한 후 염가로 매각한 행위】

○ 신용카드를 사용하여 마트에서 상품을 구입한 뒤 곧바로 매각하는 방법으로 2억 9,000여만원 상당의 금원을 마련하고, 백화점 등에서 상품권을 구입한 후 할인하여 매각하는 방법으로 7,950만원 상당의 금원을 마련하여 다른 채무의 변제나 대출금 이자를 납부하는데 사용한 사례(부산지방법원 2011. 4. 7.자 2011라403 결정).

【신용카드 불법할인 행위(소위 '카드깡')의 문제】

구 파산법에서는 "현저히 불이익한 조건으로 채무를 부담하는 행위"를 본호에 포함시켰으나, 현행법에서 이 규정을 삭제함으로써 신용카드로 현금서비스, 리볼빙 등의 금융기법을 통해 신용대출을 한 경우에는 본호가 적용되지 않는다. 파산선고 1년 전에 한 행위에 대하여만 법 제564조 제1항 제2호(파산원인을 속이거나 감추고 한 신용거래 행위)가 적용될 수 있을 것이다.

5. 파산의 원인이 있음을 알면서 한 비본지행위

비본지행위에 해당하여 면책불허가된 사례

【특정 채권자에게 담보를 제공한 행위】

○ 채무자가 대표이사인 주식회사의 대출금채무에 대하여 연대보증을 선 뒤, 채무초과 상태에 이르자 대출 금융기관 앞으로 채무자 소유 아파트에 관하여 근저당권설정등기를 경료해 준 행위(서울중앙지방법원 2010. 6. 1.자 2009라735 결정).

○ 지급불능 상태에서 채권자 중 1인에게 채무자 소유 부동산 지분에 근저당권을 설정해 준 사례(서울중앙지방법원 2011. 8. 16.자 2010라1100 결정).

【특정 채권자의 채무를 변제하기 위하여 채무자의 신용카드로 대신 결제한 행위】

○ 채무자가 지급불능 상태에서 채권자 중 1인에 대한 자신의 채무를 변제하기 위해 그 채권자가 제3자에게 부담하고 있던 채무(합계 430만원 상당)를 자신의 신용카드로 대신 결제한 행위(서울중앙지방법원 2011. 9. 9.자 2011라400 결정).

【특정 채권자의 채무변제 목적으로 사업장 운영권을 양도한 행위】

○ 채무자가 지급불능 상태에서 채무변제조로 개인채권자 중 일부에게 일식집 임차보증금과 운영권을 양도한 행위(서울중앙지방법원 2011. 8. 25.자 2010라838 결정).

【특정 채권자의 채무변제 목적으로 부동산을 양도, 근저당권을 설정한 행위】

○ 채무자가 지급불능 상태에서 특정 채권자에 대한 채무변제를 위해 그 소유의 아파트에 관한 소유권을 이전한 행위(서울중앙지방법원 2013. 4. 12.자 2011라265 결정).

○ 채무자가 제수의 언니와 돈거래를 해오다가 채무지급이 곤란할 정도로 결제사정이 어려워진 시기에 자기 소유의 아파트에 관하여 근저당권 및 가등기를 설정해 준 행위(서울중앙지방법원 2008. 6. 19.자 2008라201 결정).

○ 채무자가 지급불능에 빠진 후 650만원의 채무를 부담하고 있던 동생에게 공시지가 1,300만원 상당의 부동산을 대물변제한 행위(서울중앙지방법원 2007. 12. 10.자 2007라822 결정).

○ 5억원 이상의 채무를 부담하고 있던 채무자가 아버지에게 순재산가액이 적어도 1천만원을 넘는 아파트를 채무변제조로 양도한 행위(서울중앙지방법원 2007. 10. 10.자 2007라646 결정).

【기타 대물변제 행위】

○ 채무자가 세제류도소매업을 영위하다가 지급불능 상태에서 거래 채권자에게 1억 6,000만원 가량의 물품대금 채무변제에 갈음하여 재고물품 등을 일괄 양도한 행위(서울중앙지방법원 2010. 5. 31.자 2009라908 결정).

○ 채무자가 운동기구를 고안하여 딸과 함께 실용신안등록을 하였다가 지급불능에 빠진 상태에서 딸에게 4,700만원 채무의 대물변제조로 실용신안권 지

분을 이전한 행위(서울중앙지방법원 2008. 2. 1.자 2007라913 결정).

○ 채무자가 음식점 영업을 하여 오다 처가에 대하여 부담하고 있던 채무의 변제조로 파산신청 약 6개월 전에 처조카에게 위 음식점의 임차보증금반환채권 등 영업재산을 양도한 행위(서울중앙지방법원 2007. 8. 24.자 2005하면17656 결정).

【은행거래여신약관상의 담보제공 조항에 따른 담보제공 행위】

☞ 대법원은 "'채무자의 신용변동, 담보가치의 감소, 기타 채권보전상 필요하다고 인정될 상당한 사유가 발생한 경우에는 채무자는 채권자의 청구에 의하여 채권자가 승인하는 담보나 추가담보의 제공 또는 보증인을 세우거나 이를 추가한다'는 여신거래기본약관의 규정은 채무자에게 일반적·추상적 담보제공 의무를 부담시키는 것에 불과하고, 구체적인 담보제공의무를 부담시키는 것은 아니어서 채무자가 이에 불응하여도 채권자는 그의 이행을 소구할 수 없고 단지 약관의 규정 등에 따라 채무에 대한 기한의 이익이 상실되어 바로 채권을 회수할 수 있음에 불과하므로 그 약관 규정에 따른 담보제공은 구 회사정리법(1999. 12. 31. 법률 제 6085호로 개정되기 전의 것) 제78조 제1항 제3호 소정의 '회사의 의무에 속하는 행위'라고 볼 수 없다"(대법원 2000. 12. 8. 선고 2000다26067 판결)고 하여 이러한 행위도 비본지행위라는 취지로 판시하였다.

비본지행위에 해당하나 재량면책된 사례

○ 채무자가 2007. 4. 12. 파산신청을 하기 전 2005. 8.경 거액의 연대보증채무 등을 부담하여 지급불능의 상태에 이르게 된 이후 채권자에 대한 채무의 대물변제 명목으로 소유 부동산을 매도하였으나, 그 후 채권자가 제기한 사해행위취소소송에서 위 처분행위가 취소되어 매각대금이 취소채권자 등 채무자의 채권자들에게 모두 배당된 점, 채무자의 재산처분행위가 채권자취소의 대상이 되는 사해행위에 해당한다고 하더라도 채권자취소제도는 채권의 공동담보를 보전·유지함을 목적으로 하고 있을 뿐이어서 재산처분행위가 재산의 염가매각에 해당하지 않는 한 달리 면책불허가 사유에 해당하지 않는다고 보아 재량면책된 사례(서울중앙지방법원 2012라941 결정).

6. 설명의무 위반

설명의무 위반에 해당하여 면책불허가된 사례

【실소유자가 채무자로 의심되는 가족 명의 재산의 취득자금 내역에 대한 설명회피 행위】

○ 채무자가 그 소유 부동산에서 장모 명의로 유흥업소를 운영하였는데, 그 부동산이 2008. 4. 3. 배우자에게 공매를 원인으로 소유권이 이전된 후 2008. 4. 21. 그 중 8/10 지분에 관하여 다시 장인에게 소유권이전등기가 경료되었고, 2008. 6. 17. 협의이혼하였던 바, 파산관재인이 위 부동산의 소유권이전 경위, 취득자금의 출처에 관한 자료와 채무자가 운영하였다는 유흥업소의 상업장부(채무자는 파산채무의 대부분이 유흥업소 운영을 위한 자금차입 과정에서 발생하였다고 주장) 등의 제출을 요구하였으나, 채무자가 이에 불응한 사례(서울중앙지방법원 2011. 9. 14.자 2010라1102 결정).

【채무자가 파산신청에 임박하여 처분한 재산의 매각대금 및 그 구체적 매각대금의 사용처에 대한 설명회피 행위】

○ 채무자가 파산신청 직전에 아파트를 처분하였는데, 채무자가 주장하는 매각대금 자체로도 시세보다 저렴하여 파산관재인이 매매계약서 및 매매대금의 지급을 소명할 수 있는 금융거래자료 제출을 요구하였으나 채무자가 이에 불응한 사례(서울중앙지방법원 2013. 5. 30.자 2011라1739 결정).

【채무자가 파산신청에 임박하여 가족·친지에 대한 채무변제를 하였다고 주장하나 그 채무가 있다는 사실에 대한 설명회피 행위】

☞ 채무자가 파산신청 직전 또는 임박하여 채무자의 재산을 처분하면, 파산관재인은 그 재산처분 내역에 대한 조사를 할 수밖에 없다. 재산을 처분하여 그 매각대금 중 일부를 친족의 채무변제에 사용한 경우, 과거 친족에게 빌린 내역이 금융자료를 통해 확인되지 않으면, 면책불허가 사유가 될 수 있음에 유의하여야 한다. 이러한 의심을 받지 않기 위해서 파산면책신청을 하고자 하는 채무자는 소유 부동산을 임의매각하지 않고 소유 부동산을 보유한 채 파산·면

책신청을 하는 것이 좋다.

【채무자의 통장에 일정 액 이상의 거래내역에 대한 설명회피 행위】

○ 파산신청 직전에 채무자의 통장에 4,300만원 상당의 돈이 입금된 사실이 채권자의 이의에 의하여 발견되었고, 채무자가 그에 대하여 주변 친지로부터 자금을 차용해서 개인채권자들의 채무변제에 사용하였다고 주장하는 사안에서, 파산관재인이 개인채권자들로부터 금원을 차용한 금융거래 자료 및 그 사용처에 대한 설명을 요구하였으나, 채무자가 이에 불응한 사례(서울중앙지방법원 2011. 9. 9.자 2011라112 결정).

【채무자가 파산신청에 임박하여 차용한 돈의 사용처에 대한 설명회피 행위】

○ 2007. 11.부터 2009. 3.까지 정선 카지노가 있는 ○○은행 사북지점에서 3억 6,490만원이 출금되고 1억 4,653만원이 입금된 사실이 확인되어 파산관재인이 채무자에게 자금사용처에 대한 자료제출을 요구하였으나, 채무자가 불응한 사례[채무자는 사업체 로비자금으로 사용하였다고 주장하였으나, 사업체 폐업(2008. 9) 후에도 계속적인 거래가 있는 점에 비추어 도박 등 사행행위를 한 사실이 있는지에 대하여 설명을 요구할 필요성이 있다고 봄](서울중앙지방법원 2011. 7. 12.자 2011라41 결정).

○ 채무자가 사기죄로 처벌받은 전력을 누락하였던 바, 채권자가 이에 대하여 이의제기를 하면서 편취한 돈의 사용내역에 대하여 밝힐 것을 요구하였고, 이에 파산관재인이 같은 내용에 대하여 설명을 요구하였음에도 채무자가 이에 불응한 사례(서울중앙지방법원 2013. 8. 16.자 2013라1000 결정).

☞ 채권자의 이의에 의하여 밝혀진 사실에 대하여 채무자가 그 설명을 하지 않거나 설명이 부족한 경우에 면책불허가 결정을 하는 경우가 많다.

【과거 파산·면책 신청을 하였다가 기각된 경위에 대한 설명회피 행위】

○ 2010년에 파산·면책신청이 한 차례 기각된 적이 있고, 지난 사건에서는 개인채권자가 있었음에도 새로 신청한 사건에서는 금융기관채권자만 목록에 기재하여 지난 사건의 파산·면책 기각 사유 및 개인채권자들을 이 사건에서 누락한 경위에 대하여 설명을 요구하였음에도 채무자가 이에 불응한 경우를 설명의무 위반으로 본 사례(서울중앙지방법원 2013. 8. 6.자 2012라1058 결정).

【배우자 명의의 재산형성 경위에 관한 설명회피 행위】

○ 채무자가 현재 배우자가 분양받은 아파트에 거주하고 있고, 채무자가 지급불능 상태에 이른 후에도 배우자가 경매절차에서 임야를 경락받기도 한 사안에서, 파산관재인이 배우자의 경제활동 내역, 아파트 분양대금의 출처 및 임야를 경락받은 경위와 그 자금출처에 대하여 설명을 요구하였음에도 채무자가 이에 불응한 경우 이를 설명의무 위반으로 본 사례[서울중앙지방법원 2013. 6. 21.자 2012라448 결정(다만, 항고심에서 설명하여 재량면책됨)].

【이혼에 따른 재산분할을 하지 않은 경위, 상속재산분할합의에 따른 상속지분 포기행위에 대한 설명회피 행위】

○ 배우자의 명의로 취득한 부동산이 있었음에도 이혼시에 그에 대하여 재산분할을 하지 않았고, 채무자는 배우자가 자신의 채무를 대위변제해 준 적이 있어 재산분할을 하지 않은 것이라고 주장하는 사안에서, 파산관재인이 배우자의 대위변제 사실을 확인할 수 있는 금융거래자료 등의 제출을 요구하였으나 채무자가 이에 불응한 사례(서울중앙지방법원 2013. 6. 19.자 2012라164 결정).

☞ 이혼시 재산분할을 하지 않는 행위에 대하여 부인권 행사의 가부에 대한 확립된 판례가 없다. 사해행위취소소송의 대상이 될 수 없다는 판례에 의하면, 부인권 행사의 대상이 될 수 없다고 보는 것이 다수의 견해로 보인다. 그런데 이와 같은 결론은 파산채권자의 법감정에 상충된다는 점에서 문제가 있다. 실무에서는 파산관재인이 재산분할을 하지 않은 경위에 대한 엄밀한 조사를 하고, 이를 채무자가 제대로 설명하지 못하는 경우에 면책불허가 결정으로 보완하고 있다(자세한 내용은 제15장 '개인파산에서 배우자 재산의 처리' 참조).

【자녀 명의 재산 취득자금 내역에 대한 설명회피 행위】

○ 채무자가 지급불능 상태에 이른 후에 채무자의 자녀(취득 당시 대학 재학중, 25세)가 매매대금 1억 2,000만원에 아파트를 취득한 사실이 발견되어 파산관재인이 그 취득자금 출처에 대하여 설명 및 금융거래자료 제출을 요구한 사안에서, ① 자녀의 아파트 취득 당시의 연령 및 소득활동 상황, ② 채무자가 장기간 부동산중개업에 종사하였던 점, ③ 지급불능 이후에 채무자의 배우자가 여러 차례 부동산 거래를 한 정황 등을 들어 파산관재인의 설명요구가 합리적

이라고 본 사례(서울중앙지방법원 2011. 8. 12.자 2010라1090 결정).

☞ 자녀의 재산조사는 취득 당시 자녀의 나이, 경제활동의 유무, 결혼 여부 등을 고려하여 조사의 강도가 결정된다. 경제활동 이전에 자녀 명의로 취득한 재산이 있다면, 자녀가 그 재산을 취득하게 된 경위를 금융자료 등을 첨부하여 소명하여야 한다. 그렇지 않는 경우 설명의무 위반으로 면책불허가될 수 있다.

○ 채무자가 딸 명의의 임차보증금 4,000만원의 임차주택에 거주한다고 파산신청 진술서에 기재하였고 그 보증금액을 딸이 지원해 주었다고 주장한 데 대하여, 파산관재인이 위 임차보증금의 자금출처를 소명할 수 있는 금융거래자료를 요청한 사안에서, 위 주택 임차 당시 딸이 이미 파산·면책신청 중이었던 점 등에 비추어 보면 채무자의 진술의 진실성에 대하여 의심을 할 만하다고 보아 파산관재인의 설명요구가 합리적이라고 본 사례[서울중앙지방법원 2011. 6. 30.자 2011라1260 결정(다만, 항고심에서 자료 제출하여 재량면책됨)].

【이혼 전 전 배우자 명의의 재산취득 내역에 대한 설명회피 행위】

○ 지급불능에 이른 상태에서 전 배우자에게 6개월간 합계 9,600만원을 송금하였고, 전 배우자와 혼인관계가 유지되던 시점에 매수한 부동산을 그로부터 3년이 경과한 시점인 파산신청 이후에 전 배우자 명의로 소유권이전등기를 경료한 사실이 드러나서, 파산관재인이 위 송금내역과 경위, 위 부동산의 매매대금 마련 경위, 이혼시의 재산분할내역 등에 대하여 설명을 요구한 사안에서 채무자의 재산은닉 여부를 조사하기 위해 위와 같은 설명을 요구하는 것은 정당하다고 본 사례(서울중앙지방법원 2013. 6. 17.자 2012라88 결정).

【채무자가 관여하고 있을 것으로 보이는 친족에 대한 조사회피 행위】

○ 채무자의 배우자가 그 법인의 발기인이자 최대주주이고, 채무자의 아들이 그 법인의 사내이사이며, 채무자가 위 법인 소유의 아파트 입주자대표회의로부터 급여를 지급받은 적이 있고, 위 법인을 대리하여 소송을 수행한 적도 있는 사안에서 파산관재인이 채무자, 배우자 및 자녀의 위 법인에의 관여 정도에 대하여 설명 및 자료제출을 요구한 것은 정당하다고 본 사례[서울중앙지방법원 2013. 6. 7.자 2012라 479 결정(항고심에서 설명하여 재량면책됨)].

【채무자가 운영하던 사업장을 배우자가 운영한 후 이혼한 사안에서 채무자의 과거 부동산 처분 관련 금융자료 제출을 요청하였으나 이를 회피한 행위】

○ 채무자가 오랜 기간 일식집을 운영해 오다가 파산원인 발생 직후 전 배우자로 그 운영주체가 변경(변경 당시에는 혼인관계가 유지되고 있는 중이었다가 그 후에 이혼)되어 현재도 전 배우자가 일식집을 운영하고 있고, 그 밖에도 채무자가 현재도 계속해서 위 일식집을 운영하고 있는 것으로 의심할 만한 정황이 곳곳에 나타나는 사안에서, 파산관재인이 기존에 부담하였던 채무내역, 과거에 보유하였던 부동산 처분내역 및 관련 금융거래자료의 제출을 요구하는 것은 정당한 설명요구라고 본 사례(서울중앙지방법원 2011. 8. 25.자 2010라 838 결정).

【기타】

○ 채무자는 지급불능에 이른 사유로 아들의 치료비와 친정식구의 생활비 부담을 주장하나, 그에 대한 소명자료를 제출하지 못하고 있을 뿐만 아니라, 채무발생 시점과 치료비 지급채무 발생시점 사이에 상당한 간격이 있어 법원이 채무의 누적 경위에 대하여 보정을 명하였음에도 이에 불응한 경우에 대하여 이 규정을 적용한 사례(서울중앙지방법원 2013. 5. 2.자 2011라1088 결정).

○ 채무자가 채권자들로부터 약 3억원 이상을 편취하여 실형을 선고받은 사실이 있는데, 파산관재인으로부터 그 편취자금의 사용내역에 대한 자료 제출을 요구받았으나 이미 형사절차에서 조사받았다는 이유로 구체적인 답변이나 관련 자료 제출을 거부하여 설명의무를 위반한 때에 해당한다고 본 사례(서울중앙지방법원 2013라1000 결정).

설명의무 위반에 해당하지 않아 면책된 사례

【채무자의 지적 능력, 연령, 사안의 복잡성을 고려하여 설명을 기대할 수 없는 경우】

○ 파산관재인이 파산신청 전에 채무자가 처분한 총 합계 26억원 상당의 부동산 매각대금의 사용처에 대한 설명을 요구하였고, 채무자가 그 매각대금 중 1억 4,900만원에 대한 사용처를 설명하지 못한 사안에서, ① 위 매매대금이 5개월에 걸쳐서 일부는 채무자의 계좌로 송금되고 일부는 채부자에게 직접 현

금으로 지급되었던 점, ② 채무자가 운영하던 사업체의 수입도 함께 채무자의 계좌에서 입출금되어 부동산 매각대금과 사업체의 수입을 구별하기가 어려웠던 점, ③ 위 1억 4,900만원 중 상당금액은 생활비, 공과금 지급, 신용카드 사용대금 지급, 대출금 이자 지급 등의 용도로 사용된 것으로 보이는 점, ④ 채무자가 69세의 고령으로서 당뇨병, 우울증 등을 앓고 있으면서 파산관재인의 설명요구에 제대로 응하기 어려웠던 것으로 보이는 점 등의 사정을 들어 설명의무를 위반하였다고 보기 어렵다고 본 사례(서울중앙지방법원 2013. 7. 15.자 2012라490 결정).

【채무자가 보유·지배하는 정보를 넘어선 설명요구에 응하지 못한 경우】

○ 채무자 소유 상가주택 4채에 대하여 경매절차가 진행되던 중에 채무자가 지인으로부터 항고보증금 5,000만원을 빌려 매각허가결정에 대하여 항고를 제기하였고, 재항고절차 진행 중에 위 주택 4채를 항고보증금을 빌려준 지인에게 소유권을 이전해 주었으며, 그 직후 그 지인이 위 각 주택을 매각하여 매매차익 1억 4,000만원 상당을 취득한 사안에서, 파산관재인이 채무자와 지인 사이의 위 주택매매가 진정한 것인지의 확인을 위해 위 각 주택의 매매대금이 누구에게 지급되었는지, 매매차익이 누구에게 귀속되었는지에 대한 소명자료 제출을 요구하였으나 채무자가 충분한 소명자료를 제출하지 못한 사안에서, 채무자가 보유 또는 지배하고 있는 정보의 범위를 넘어 설명을 요구할 수는 없다는 이유로 설명의무 위반이 아니라고 본 사례(서울중앙지방법원 2011. 7. 1.자 2010라1272 결정).

설명의무 위반에 해당하나 재량면책된 사례

○ 채무자가 배우자 명의의 부동산 취득과 관련하여 파산관재인으로부터 배우자의 경제활동내역, 부동산취득자금의 출처 등의 설명을 요구받고 이에 응하지 아니하여 면책불허가결정을 받은 사안에서 채무자가 항고심에서 소명자료를 제출하고, 취득경위에 의심스러운 점이 없는 사정 등에 비추어 재량면책된 사례(서울중앙지방법원 2012라448 결정).

○ 채무자가 배우자, 아들 및 친인척이 주주이자 경영진으로 있는 회사에 대한 설명의무를 이행하지 않은 면책불허가 사유가 있으나, 당심법원에 일부 사항에 관한 설명의무를 이행한 점, 채무자가 재산을 은닉하고 있다고는 보이지 않는 점, 채무자가 운영하던 회사의 채무를 연대보증하여 이 사건 파산에 이르게 된 점, 채무자의 면책에 관하여 채권자들이 이의를 제기하지 않은 점 등을 참작하여 재량면책한 사례(서울중앙지방법원 2012라479 결정).

☞ 위 사례들에서 보는 바와 같이, 설명의무 위반을 이유로 면책불허가 결정이 된 경우 항고심에서 이를 소명하면 재량면책을 받을 가능성이 높다. 그러나 채무자가 굳이 항고절차를 통해 이를 설명하여 재량면책을 받을 필요는 없기 때문에 파산관재인으로부터 설명을 요청받을 시에 이에 대한 충분한 설명을 할 필요가 있다.

7. 파산원인 사실을 감추고 한 신용거래행위

파산원인 사실을 감추고 한 신용거래행위에 해당하여 면책불허가된 사례

【파산신청 직전에 상당한 규모의 신용거래가 있는 경우】

○ 별다른 재산이나 소득이 없음에도 불구하고 대출함에 있어 상당한 소득이 있는 것처럼 기재한 행위가 이 규정에 해당한다고 본 사례(서울중앙지방법원 2004. 5. 7.자 2003라1251 결정).

○ 소득 수준에 비추어 과도하게 번호계에 가입하여 계불입금조차 납입하기 곤란한 상태에서 채권자에게 1개월만 차용하겠다고 하면서 금원을 차용하였는데, 파산선고 1년 전에 차용한 돈의 액수(1억 4,890만원)가 전체 채무(4억 1,780만원)의 36%에 이른 사안에서 '파산원인인 사실을 속이거나 감춘' 경우에 해당한다고 본 사례(서울중앙지방법원 2012. 9. 11.자 2011라438 결정).

○ 임차보증금액을 실제보다 높게 기재한 허위의 임대차계약서를 채권자에게 제시하여 자신의 자력을 과시하는 방법으로 채권자를 기망하여 파산선고 전에 2,500만원을 차용하였고, 위 행위로 인해 사기죄의 유죄판결을 받은 사안에서

이 요건을 충족하였다고 본 사례(서울중앙지방법원 2012. 7. 23.자 2011라953 결정).

【신용카드 할인 행위(속칭 카드깡)】

○ 2009. 7. 13. 파산신청을 하였는데, 2009. 3. 30. 및 2009. 4. 1. 이틀에 합계 720만원 상당의 금액을 신용카드로 결제한 행위에 대하여 이 규정을 적용한 사례(서울중앙지방법원 2011. 11. 30.자 2011라366 결정).

○ 2009. 6. 19. 파산신청을 하였는데, 2009. 3. 24.부터 2009. 4. 7.까지 합계 3,000만원 이상의 신용거래를 한 행위에 대하여 이 규정을 적용한 사례(서울중앙지방법원 2011. 6. 24.자 2010라1097 결정).

○ 2009. 6. 19. 파산신청을 하였는데, 2009. 5. 14.부터 2009. 5. 18.사이에 하이마트, 백화점 등에서 합계 1,200만원 상당을 신용카드로 결제한 행위에 대하여 이 규정을 적용한 사례(서울중앙지방법원 2011. 11. 30.자 2011라375 결정).

○ 법무사 사무실에 파산신청을 의뢰한 후 1개월간 현금서비스 금액을 제외하고도 합계 550만원 상당의 신용카드 결제를 한 행위에 대하여 이 규정을 적용한 사례(서울중앙지방법원 2011. 9. 19.자 2011라437 결정).

☞ 파산선고 1년 전에 채무자가 신용거래를 한 사실만으로 면책불허가 사유가 되는 것은 아니다. 채무자가 그 신용거래행위를 할 당시 파산원인 사실을 속이거나 감추고 했어야 한다. 위 사례에서 보는 바와 같이, 채무자가 대출신청서에 자신의 소득을 속이고 기재한 행위, 파산신청에 즈음하여 다액의 신용카드 결제행위, 파산선고 1년 전에 차용한 돈이 전체 채무액의 상당액에 이르는 사정 등이 밝혀져 채무자가 파산원인 사실을 속이거나 감추고 한 행위임이 인정된 것이다.

○ 실제 물품구입 없이 1,040만원 상당의 대금을 신용카드로 결제하고 936만원을 수령한 사례(속칭 '카드깡'에 해당함)(서울중앙지방법원 2010. 11. 24.자 2010라258 결정).

○ 하루에 백화점에서 신용카드로 1,179만원을 신용카드로 결제하였고, 채무자가 속칭 '카드깡'을 한 것이라고 변소한 사례(서울중앙지방법원 2011. 12. 12.자 2011라546 결정).

○ 채무자가 공인중개사 사무실에서 600만원 상당을 신용카드로 결제하였는데, 그 결제내역이 속칭 '카드깡'을 한 것으로 밝혀진 사례(서울중앙지방법원 2011. 8. 5.자 2011라376 결정).

【기타】

○ 채무자가 계불입금을 납입하기 어려운 상황에서 계에 가입하여 합계 2,710만원의 계금을 수령한 사례(서울중앙지방법원 2010. 8. 3.자 2009라922 결정).

○ 파산선고 전 1년 내에 장차 남편이 월급을 받을 때 갚겠다고 기망하여 차용금을 편취한 사례(서울중앙지방법원 2007. 2. 20.자 2006하면50 결정).

○ 파산선고 전 1년 내에 이미 감당할 수 없는 과도한 채무를 부담하고 있는 등 파산원인이 있음에도 불구하고 이를 숨기고 자신의 연간소득이 연 5천만원에 이른다고 기망하여 금전대출을 받은 사례(서울중앙지방법원 2004. 5. 7.자 2003라1251 결정).

○ 보증금 200만원, 월세 22만원에 거주하고 있고, 월 평균 수입이 75만원인 채무자가 파산선고 1년 이내에 400만원, 550만원의 신용카드 거래를 하고, 자전거동호회의 회원으로 활동하면서 자전거 구입대금으로 사용하였다고 주장한 사안에서, 파산관재인의 조사결과, 채무자가 자전거를 구입하여 염가로 매각하거나 실제 물품구입 없이 자금유통을 위해 신용카드 거래를 한 것으로 조사되고, 달리 자전거동호회 활동 등에 대한 보정사항을 이행하지 못하고 있는 사안에서 면책불허가 결정을 한 사례(서울중앙지방법원 2013라999 결정).

○ 채무자가 파산선고 1년 이내에 보증금 5,000만원이라고 기재한 임대차계약서를 위조, 행사하는 방법으로 채권자로부터 500만원을 차용한 행위(서울중앙지방법원 2011라953 결정).

○ 채무자가 파산신청 이후에도 이를 알리지 않고 채권자에게 특수약품으로 세척작업을 하면서 실제 달러화로 사용할 수 있는 소위 블랙머니의 현금화작업과 두바이에 조성해 둔 펀드자금 회수가 성공할 경우 막대한 수익이 보장되는 것과 같은 태도를 보이며 그에 필요한 경비명목으로 돈을 수차례 요청하여 채권자로부터 수차례에 걸쳐 미화 수백 달러에서 수천 달러를 채무자 또는

채무자가 지정하는 사람의 계좌로 입금받은 행위(서울중앙지방법원 2013라553 결정).

파산원인 사실을 감추고 한 신용거래행위에 해당하지 않아 면책된 사례

【적극적인 기망행위가 없다고 하여 면책된 사례】

○ 제3자가 금융기관을 기망하여 채무자 명의로 대출을 받기는 하였으나, 채무자가 적극적으로 기망행위를 하였음을 인정할 자료가 없다고 판단한 사례(서울중앙지방법원 2013. 8. 9.자 2013라378 결정).

○ 파산선고 전 1년 이내에 발생한 채무 중 일부는 채무자가 가게를 운영하면서 물건대금을 지급하기 위해 대출을 받아 사용한 금원 중 변제하지 못한 대출금이고, 일부는 다른 카드대금 채무의 변제에 사용되었고, 위 대출을 받을 당시 채무자가 자신에게 파산원인이 있다는 사실을 알았다고 하더라도 단순히 이를 고지하지 않고 신용카드를 사용한 것만으로는 파산원인을 속이거나 감추고 한 신용거래행위에 해당한다고 보기 어렵다고 한 사례(서울중앙지방법원 2013라900 결정).

파산원인 사실을 감추고 한 신용거래행위에 해당하나 재량면책된 사례

○ 파산신고 1년 전에 2,000만원 상당의 마이너스대출을 받은 행위에 대하여 이 규정을 적용하였으나, 재량면책한 사례(서울중앙지방법원 2011. 11. 15.자 2010라1256 결정).

○ 채권자가 채무자로부터 편취당한 차용금이 147,590,000원에 이르나 법 제564조 제1항 제2호 소정의 면책불허가 사유에 해당하는지 여부를 판단하기 위한 채무자의 신용거래행위는 파산선고 전 1년 이내에 이루어진 것에 한하는데, 이에 해당하는 부분은 180만원에 불과한 점, 채무자가 채권자를 기망하여 편취한 위 147,590,000원은 채무자의 불법행위로 인한 손해배상채권으로서 비면책채권에 해당하므로 아무런 영향을 받지 않는 점 등의 사정에 비추어 재량

면책한 사례(서울중앙지방법원 2011라1066 결정).

8. 허위서류 제출 및 허위진술

허위서류 제출 또는 허위진술에 해당하여 면책불허가된 사례

【재산이 있음에도 재산목록에 기재하지 않은 경우】

○ 채무자가 약 900만원 상당의 토지를 보유하고 있음에도 불구하고 재산목록에 부동산이 없다고 기재한 행위(서울중앙지방법원 2008. 1. 17.자 2007라907 결정).

○ 채무자가 5,500만원의 임대차보증금채권(경매절차에서 실제 배당받을 금액은 약 1,500만원)을 갖고 있음에도 불구하고 재산목록에 없다고 기재한 행위(서울중앙지방법원 2007. 4. 6.자 2006라615 결정).

○ 파산신청 당시 반환받은 임대차보증금 2,500만원을 보유하고 있었음에도 불구하고 재산목록에 아무런 재산이 없다고 기재한 사례(서울중앙지방법원 2007. 2. 20.자 2006하면20703 결정).

○ 채무자가 5,700만원 상당의 의류판매수수료 채권을 보유하고 있음에도 이를 재산목록에 기재하지 않은 경우에 대하여 이 규정을 적용한 사례(서울중앙지방법원 2013. 7. 24.자 2012라997 결정).

○ 채무자가 확정된 지급명령에 의하여 710만원의 임금채권을 가지고 있고, 그 밖에 합계 7,200만원 상당의 공사대금 채권이 있음에도 재산목록에 위와 같은 채권을 기재하지 아니한 경우에 대하여 이 규정을 적용한 사례(서울중앙지방법원 2010. 6. 4.자 2009라726 결정).

○ 부동산을 보유하고 있음에도 재산목록에 이를 기재하지 않은 행위가 문제되는 경우에 채무자가 그 부동산에 대한 재산세 납부사실이 있는 경우에는 대체로 채무자의 고의 누락을 인정한 사례(서울중앙지방법원 2013. 5. 30.자 2011라1739 결정; 2013. 5. 28.자 2012라103 결정; 2013. 4. 16.자 2011라1089 결정).

【채권자로부터 집행을 당한 사실이 있음에도 채권자목록에 누락한 경우】

○ 파산신청 전에 채권자로부터 승계집행문에 기하여 집행을 당하였음에도 그 채권자를 채권자목록에 기재하지 않은 경우에 허위의 채권자목록 제출로 인정한 사례(서울중앙지방법원 2013. 5. 7.자 2011라1219 결정).

【채무자가 실질적으로 보유하고 있는 것으로 보이는 가족명의 재산에 대한 허위진술】

○ 배우자 명의의 임차보증금 4억 5,000만원의 임차주택(사실상 채무자의 소유로 밝혀짐)에 거주하고 있음에도 임차보증금이 1억원으로 기재된 허위의 임대차계약서를 제출한 경우에 대하여 이 규정을 적용한 사례(서울중앙지방법원 2013. 8. 6.자 2013라325 결정).

○ 자녀 명의의 임차보증금 3,000만원의 주택에 거주하고 있음에도, 지인이 임차한 주택에 무상거주하고 있다고 하면서 그 지인 명의의 허위의 임대차계약서, 허위의 무상거주사실확인원, 인감증명서를 제출한 경우에 대하여 이 규정을 적용한 사례(서울중앙지방법원 2013. 4. 16.자 2011라513 결정).

○ 채무자가 보유하고 있던 무허가건물에 대하여 보상금 지급이 예정되어 있음에도 이러한 사실을 파산신청서에 기재하지 않았고, 파산신청 후 파산선고 전에 위 보상금으로 5,240만원 상당을 모친 명의의 계좌로 송금받은 사안에 대하여 이 규정을 적용한 사례(서울중앙지방법원 2011. 11. 21.자 2011라418 결정).

☞ 이 사안은 보상금이 파산선고 후에 지급되었다고 하더라도 이미 파산선고 전에 보상금지급결정이 있었다면, 위 보상금지급청구권은 파산재단에 속하는 재산에 해당하기 때문에 이를 기재하지 않은 행위에 대하여 본호를 적용한 것이다.

○ 채무자 소유 부동산에 대한 경매절차에서 채무자의 배우자가 위 부동산을 경락받은 후에 이를 다시 처분하였고, 그 매각대금으로 배우자의 명의로 임차보증금 8,000만원에 주택을 임차하였음에도 위 보증금을 친족 명의의 재산목록에서 누락한 경우에 대하여 이 규정을 적용한 사례(서울중앙지방법원 2011. 11. 30.자 2011라399 결정(확정)).

☞ 신청서에 친족 명의의 재산을 누락하였다고 하더라도 그 사유만으로

면책불허가 사유가 되는 것은 아니다. 이 사안은 채무자 소유 부동산을 채무자의 배우자가 경락받았는데, 그 경락대금을 채무자가 마련한 것이 밝혀졌거나, 배우자가 특별한 경제적 활동을 하지 않은 사실이 밝혀진 사례로 보인다.

○ 파산신청 당시 자녀 명의로 된 주택이 있었는데, 그 취득 당시에는 자녀가 아직 경제활동을 시작하지 않았고, 그 밖의 소득이 있었음을 인정할 만한 자료도 없으며, 주택에 설정된 근저당권의 피담보채무에 대한 대출금 이자를 자녀가 납입하였다는 자료도 제출하지 못하고 있음에도 자녀의 소득으로 위 주택을 취득하였다고 주장한 사안에 대하여 이 규정을 적용한 사례(서울중앙지방법원 2013. 5. 1.자 2011라1853 결정).

○ 고모 명의로 분양받은 아파트(채무자가 실소유자임이 드러났고, 실거래가가 3억원 정도였음)를 재산목록에 기재하지 않는 경우에 대하여 이 규정을 적용한 사례(서울중앙지방법원 2011. 4. 5.자 2010라179 결정).

【지급불능시 1년 이전에 처분한 1,000만원 이상의 재산에 대한 허위진술】

○ 채무자가 파산신청 전 2년 내 유일한 재산인 아파트를 1억 4,900만원에 처분하여 일부 채권자에게만 변제하였음에도 불구하고 그런 사실이 없다고 기재한 사례(서울중앙지방법원 2007. 9. 7.자 2007라474 결정).

☞ 신청서에 지급불능 시점 1년 전부터 현재까지 사이에 처분한 1,000만원 이상의 재산에 대한 기재항목이 있다. 이 사안은 파산신청 2년 전에 이미 지급불능 상태 또는 지급불능시로부터 1년 이전이었음에도 위 처분행위 및 처분대금의 사용처에 대한 기재가 없었던 사례이다.

【허위의 채권자목록 제출】

○ 채무자의 재산상태와 소득을 잘 알고 있는 특정 채권자를 고의로 누락시킨 채 재산상태와 소득을 허위로 기재한 사례(서울중앙지방법원 2008. 4. 30.자 2007라851 결정).

○ 채무자가 일부 채권자와 사이에 별도의 변제약정을 체결하고, 채권자목록에 그 기재를 누락한 행위(서울중앙지방법원 2010. 7. 13.자 2010라197 결정).

○ 개인채권자들에 대한 채무 합계 6,100만원 상당을 목록에서 누락한 경우

에 대하여 이 규정을 적용한 사례(서울중앙지방법원 2011. 9. 9.자 2011라112 결정).

○ 개인채권자들에 대한 채무를 전액 변제할 목적으로 일부러 그 채권을 채권자목록에 기재하지 않는 경우에 대하여 이 규정을 적용한 사례(서울중앙지방법원 2013. 4. 16.자 2011라1089 결정).

☞ 채권자목록에 일부 채권자를 고의로 누락한 행위도 면책불허가 사유가 될 수 있다. 다만, 위 사례들은 2012. 2. 1.자로 서울중앙지방법원에서 시행한 새로운 개인파산운영 방식 이전의 사례로 동시폐지 방식으로 운영되었던 당시의 상황에서 발행한 것이다. 최근의 실무는 대부분 개인파산 사건에서 파산관재인이 선임되기 때문에 채권자 누락 사실이 파산관재인 조사과정에서 밝혀지면 채권자목록에 채권자를 추가하는 것으로 해결되고 있다.

【허위의 임대차계약서, 무상거주사실확인원 제출】

☞ 최근에는 채무자가 신청서에 무상거주사실확인원을 제출하면서 임차인의 임대차계약서를 제출하면 현장방문을 통해 실제 거주사실을 확인하는 추세이다. 만일 현장 방문과정에서 채무자가 거주하지 않는 사실이 밝혀지면 면책불허가 사유가 될 가능성이 높다.

【직업·소득에 대한 허위기재】

○ 채무자가 장모 명의로 사업자등록을 하고 사업을 영위하고 있음에도 직업 및 수입이 없다고 기재한 경우에 대하여 이 규정을 적용한 사례(서울중앙지방법원 2011. 11. 23.자 2011라230 결정).

○ 채무자가 이혼한 전 배우자 명의로 사업자등록을 하고 계속 건설업을 영위하여 왔음에도 직업을 일용직으로, 수입을 월 80만원으로 기재한 경우에 대하여 이 규정을 적용한 사례(서울중앙지방법원 2013. 4. 1.자 2011라228 결정).

○ 채무자가 며느리 명의로 건어물 소매점을 운영하고 있음에도 직업을 무직으로 기재한 경우에 대하여 이 규정을 적용한 사례(서울중앙지방법원 2011. 5. 26.자 2010라944 결정).

○ 채무자가 학교법인의 사실상의 이사로 근무하고 있음에도 직업을 무직으로 기재한 경우에 대하여 이 규정을 적용한 사례(서울중앙지방법원 2011. 5. 26.

자 2010라1291 결정).

○ 채무자가 의료법인의 실제 운영자이거나 적어도 다른 동업자와 주도적으로 위 법인을 운영하였음에도 일시 근무한 것에 불과하다고 진술한 사안에 대하여 이 규정을 적용한 사례(서울중앙지방법원 2013. 6. 18.자 2012라799 결정).

○ 채무자가 법무사 사무실을 운영하고 있음에도 사무실을 폐업하고 자녀들의 수입으로 생계유지를 하고 있다고 한 사안에 대하여 이 규정을 적용한 사례(서울중앙지방법원 2013. 4. 17.자 2011라419 결정).

○ 채무자가 파산 및 면책신청을 하면서 일용직 노동자로 월 30만원의 수입을 얻고 있다고 기재하였으나, 파산관재인에게 공사하도급업자로 레미콘 사업을 하고 있다고 진술하거나, 일용직 노동자로 월 150만원의 수입이 있다고 진술하기도 한 점, 지급불능 시점 이후로 교제하던 여성에게 9,600만원을 송금하기도 한 점, 예금계좌로 수시로 수백만원에서 수천만원에 이르는 규모로 자금거래를 계속해온 점 등에 비추어 직업 등을 허위기재한 것이라고 본 사례(서울중앙지방법원 2012라88 결정).

○ 채무자가 현 거주지에서 점집을 운영하고 있음에도 수차례에 걸쳐 파산관재인의 조사에서는 '전주식당'을 폐업한 후 별다른 경제활동을 하지 않고 있다고 허위로 진술한 사례(서울중앙지방법원 2012라126 결정).

【재산은닉 목적 아래 거주권원에 대한 허위기재】

○ 임차인인 만 26세의 아들과 함께 동거하고 있다는 채무자에게 임차보증금의 출처에 대한 금융자료 제출을 명하였으나, 이에 응하지 않던 채무자가 항고심에서 만 27세의 딸이 임차한 주택에 이사하였다고 진술하여, 마찬가지로 임차보증금의 출처에 대한 금융자료 등을 제출할 것을 명하였으나, 채무자가 이에 응하지 아니한 사례(서울중앙지방법원 2010. 7. 29.자 2010라276 결정).

○ 채무자가 파산신청서에 지인의 집에서 무상으로 거주하고 있다고 기재하여 재판부가 실제로 지인의 집에 거주하는지의 여부 및 그 무상거주 경위에 대하여 밝히라는 보정명령을 내보냈고, 이에 채무자가 친정식구들과 오랜 기간 알고 지냈던 지인의 집에 방 한 칸을 얻어 거주하고 있다는 취지의 답변서를

제출하였는데, 채무자가 실제로는 배우자 소유 아파트에 거주하고 있음이 심리 중에 밝혀진 사안에 대하여 이 규정을 적용한 사례(서울중앙지방법원 2011. 7. 28.자 2011라333 결정).

【기타 허위신청서 제출】

○ 채무자가 이혼 후에도 전 남편 명의로 예금계좌를 사용하고 전 남편이 운영하는 법인의 법인카드를 사용하며 전 남편의 거소를 자유로이 출입하면서 우편물을 수령하고 타인에 대한 6천만원 상당의 채권을 보유하고 있음에도 불구하고, 이혼당하고 쫓겨나 친척 도움으로 생계를 유지하고 있다고 기재한 사례(서울중앙지방법원 2007. 9. 28.자 2007라368 결정).

허위서류 제출 또는 허위진술에 해당하지 않아 면책된 사례

【고의로 허위서류 제출 또는 허위진술을 한 것이 아니라고 한 사례】

○ 채무자가 임차하고 있던 주택의 임대인이 양도소득세를 감면받을 목적으로 채무자의 주소를 자기 소유의 다른 주택으로 옮겨 달라고 하여 주거지를 허위로 기재한 경우에 이 규정의 면책불허가 사유에 해당하지 않는다고 본 사례(서울중앙지방법원 2013. 6. 20.자 2012라414 결정).

○ 사위의 부양가족이 되어 건강보험에 가입하기 위해 사위의 거주지로 전입신고를 한 후 거주지를 실제와 다르게 기재한 경우에 이 규정이 적용되지 않는다고 본 사례(서울중앙지방법원 2013. 5. 27.자 2012라40 결정).

☞ 위 사례들은 채무자에게 진술서 허위기재의 고의는 인정되나 채권자를 해할 목적이 없었던 것으로 인정된 사례로 보인다. 법원은 진술서 등의 허위진술에 의한 면책불허가를 결정할 때 채무자에게 채권자를 해할 목적이 있어야 한다고 보고 있다.

【채무자가 운영하던 주식회사의 채무를 채권자목록에 배제한 행위】

○ 채무자가 운영하던 주식회사(채무자가 회사 총주식의 78% 보유)의 채무를 채권자목록에 기재하지 않았고, 위 회사 소유 자산을 매각한 후 그 대금으로 위 회사의 채무를 변제한 행위를 기재하지 않았더라도 허위진술로 볼 수 없다

고 한 사례(서울중앙지방법원 2011. 5. 19.자 2010라 1249 결정).

【친족의 재산에 대한 허위기재】

○ 채무자가 파산신청 당시 부친이 부동산을 보유하고 있음에도 친족 보유 재산란에 아무런 기재를 하지 않은 사안에서 채무자의 부친이 위 부동산을 취득할 당시 채무자가 만 18세에 불과하고, 달리 채무자가 위 부동산의 실질적인 보유자임을 인정할 만한 자료가 없다고 보아 '타인의 명의를 빌려 실질적으로 자신이 보유하는 재산'에 해당하지 않아 친족의 재산에 대한 불기재 사유만으로 면책불허가할 수 없다고 본 사례(대법원 2011. 8. 16.자 2011마1071 결정).

【기타】

○ 개인택시운전면허를 보유하고 있음에도 재산목록에 이를 기재하지 않은 것이 문제되었으나, 채권자의 신청서(채권자 신청 사건이었음), 채무자의 진술서 등 기록 여러 곳에 현재도 개인택시업에 종사하고 있음을 알 수 있는 정황이 나타남을 이유로 채무자의 고의를 인정하기 어렵다고 본 사례(대법원 2011. 3. 28.자 2010마1757 결정; 2011. 3. 18.자 2011마122 결정).

○ 채무자가 파산신청 전에 보험계약을 해지하여 해약환급금으로 채권자 중 1인에게 3,000만원을 변제하였음에도 파산 및 면책신청서에 "채무의 지급이 곤란할 정도로 경제사정이 어려워진 이후에 일부 채권자에게만 변제한 경험이 없다"고 기재한 것에 대하여, 진술서에는 위와 같은 내용이 누락되었으나 재산목록에는 위 내용이 구체적으로 기재되어 있고, 보험해약 관련 소명자료도 함께 제출된 점에 비추어 채무자의 고의를 인정하기 어렵다고 본 사례(대법원 2010. 8. 19.자 2010마770 결정; 2008. 12. 29.자 2008마1656 결정).

○ 배우자를 주채무자로 하는 보증채무를 채권자목록에서 누락한 사안에서, 채무자가 배우자를 상대로 제기된 사건의 소장을 송달받은 후 4일 후에 면책결정을 송달받자마자 채권자에게 내용증명우편을 발송하여 면책결정을 받았음을 알리고 이에 대해 이의가 있으면 즉시항고를 제기할 수 있다고까지 알린 점, 채무자가 자신의 파산·면책 사건에서 자발적으로 누락된 다른 채권자를 추가하여 수정 채권자목록을 제출하기도 하였던 점 등을 들어 채무자가 고의로 채무를 누락하였다고 단정하기 어렵다고 판단한 사례(대법원 2011. 8. 16.자 2011

마1071 결정).

○ 채권자가 채무자를 상대로 제기한 소송에서 파산신청 전에 원고 패소 판결이 선고되었고, 이에 채무자가 파산신청시에 채권자목록에 위 채권을 기재하지 않았으나, 그 후 항소심에서 채무자가 일부 금원을 지급하는 것으로 조정이 성립된 경우에 채권누락에 대한 고의를 인정하기 어렵다고 본 사례(서울중앙지방법원 2013. 7. 24.자 2012라997 결정).

○ 실제로는 채무자가 주채무자로 채무를 부담하고 있음에도 연대보증채무를 부담하는 것으로 채권자목록에 기재한 사안에서 채무자가 송달받은 채권양도통지서에 채무자가 연대보증인으로 기재되어 있었던 사정을 들어 고의를 부정한 사례(서울중앙지방법원 2013. 6. 26.자 2012라1262 결정).

○ 채무자가 이 사건 파산 및 면책 신청일 10여 년 전에 사기죄로 형사재판을 받은 전력이 있음에도 진술서에 사기죄로 형사판결을 받은 경험이 없다고 기재하였으나, 상당기간 전에 사기죄로 형사재판을 받은 전력 그 자체가 재산상태에 관한 것이라고 보기 어렵다고 한 사례(서울중앙지방법원 2013라755 결정).

☞ 위 결정에서 채무자가 재산상태 외에 허위진술에 해당하여 '법이 정한 의무 위반'에 해당하는지 여부에 대한 판단이 있었는지 불명확하나, 10년 전의 사기죄로 형사재판을 받은 전력에 대한 미기재만으로 면책을 불허가하기에는 부족한 것으로 본 것이다.

허위서류 제출 또는 허위진술에 해당하나 재량면책된 사례

○ 파산 및 면책 신청 당시 일부 채권을 알면서 채권자목록에서 누락하였으나 스스로 원심법원에 이들 채권을 포함한 수정 채권자목록을 제출한 점, 설령 채권자의 채권을 악의로 기재하지 아니하여 이의 등을 할 기회를 박탈당할 염려가 있었다고 하더라도 이러한 채권자의 채권은 비면책채권에 해당하는 점 등의 사정에 비추어 재량면책된 사례(서울중앙지방법원 2012라579 결정).

○ 채무자가 파산 및 면책 신청을 하면서 강원도 정선군 소재 토지 중 채

무자 소유의 일정 지분에 관한 진술을 누락하였는데, 위 지분이 개별공시지가를 기준으로 약 400만원에 불과하여 면제재산의 범위를 다소 상회하는 정도에 불과하고, 다른 면책불허가 사유가 없는 점 등에 비추어 재량면책된 사례(서울중앙지방법원 2011라666 결정).

○ 채무자가 파산 및 면책 신청서에 토지 보유 내역을 기재하지 않았으나, 채권자의 이의신청 이후에 소명자료를 첨부하여 토지내역, 처분경위, 교환가치 등에 관하여 소명하였고, 토지가 경매절차에서 약 1,988만원으로 감정평가가 이루어졌으나, 토지상에 수기의 분묘기지권이 성립할 여지가 있고, 일부 토지는 도로로 이용되고 있으며, 일부 토지에 대하여는 농지취득자격증명이 필요하다는 등의 이유로 수차례 유찰되어 898만원에 매각되었는데, 조세채권자가 약 3,400만원을 교부청구하여 실제 배당할 금액인 771만원 전액이 조세채권자에게 배당된 점 등에 비추어 재량면책된 사례(서울중앙지방법원 2011라141 결정).

○ 채무자가 아버지인 망인으로부터 상속받은 부동산이 있음에도 이를 재산목록에 기재하지 않았다는 이유로 면책불허가결정을 한 원심결정에 대하여 대상 토지가 채권자의 신청으로 모두 매각되어 매각대금 1,100만원이 상속채무를 변제하는데 모두 사용되었고, 법 제330조, 제444조에 따라 채무자에 대하여 파산절차가 진행되었다고 하더라도 대상 토지에 대하여는 상속채권자의 채권이 우선하게 되어 채무자의 채권자가 토지의 환가대금으로 채권의 만족을 받기는 어려웠던 점 등에 비추어 재량면책된 사례(서울중앙지방법원 2013라542 결정).

☞ 상속인의 파산의 경우 상속재산과 채무자의 고유재산은 분리되고, 상속재산에 대하여는 피상속인의 채권자에게 우선권이 있음을 이유로 재량면책한 사례임.

○ 채무자가 채권자로부터 사기죄로 고소당한 사실이 있음에도 불구하고 이를 기재하지 아니하여 면책불허가된 사안에서 고소시점이 파산 및 면책 시점으로부터 약 11년 전이고, 혐의 없음 처분이 내려진 점 등에 비추어 재량면책된 사례(서울중앙지방법원 2012라1284 결정).

☞ 이 사례에서 보는 바와 같이, 수년 전에 이루어진 채권자의 고소사건에 대하여 파산 및 면책 신청서에 이를 미기재한 사유만으로 면책불허가될 수 있

다. 따라서 채무자는 자신의 파산 및 면책 신청서에 사실대로 기재되었는지 여부에 대하여 세심한 검토가 필요하다.

○ 채무자가 파산 및 면책 신청서에 일부 토지에 관한 기재를 누락하였으나, 위 토지 중 일부는 채무자가 파산 및 면책 신청서에 기재한 토지에서 분할된 토지이고, 누락된 토지의 공시지가 합계액이 약 300만원에 불과한 점, 채무자가 국민기초생활보장법상 조건부 수급자인 점 등에 비추어 재량면책된 사례(서울중앙지방법원 2011라600 결정).

○ 채무자가 종전 소유한 무허가주택의 임대차보증금반환채권자들을 채권자목록에 기재하지 아니한, 허위의 채권자목록을 제출한 면책불허가 사유가 있으나, 채무자가 파산 및 면책 신청 당시부터 무허가주택의 존재 및 세입자가 있었던 사실을 진술하였고, 파산관재인의 조사에도 응한 점, 위 무허가주택의 임차인들은 채무자의 무허가주택 철거로 인한 손실보상금채권을 압류하여 일부 변제받은 후로는 사실상 채권을 포기한 것으로 보이는 점 등을 고려하여 재량면책한 사례(서울중앙지방법원 2010라1271 결정).

○ 사실은 채무자가 친지들로부터 지원받은 돈으로 임차하여 거주하고 있는 주택임에도 누나가 임차한 것이라고 허위로 진술하고 그에 따른 누나 명의의 허위의 무상거주사실확인서를 제출한 면책불허가 사유가 있으나, 위 보증금 상당 부분이 채무자의 재산이라고 보기 어렵고, 채무자의 부채 대부분은 채무자가 운영하는 회사의 채무를 연대보증하여 발생한 것인데, 상당 부분이 채무자가 소유하였던 아파트의 경매처분으로 변제되었음을 이유로 재량면책된 사례(서울중앙지방법원 2013라1350 결정).

○ 채무자가 영업관리이사로 근무하면서 매월 130만원의 보수를 받고 있음에도 이 사건 파산 및 면책 신청 당시 이러한 사실을 숨기고 일용직으로 일하며 월 70만원의 보수를 받고 있다고 진술하였고, 근무처와 월소득을 밝히라는 원심의 보정명령에 불응한 면책불허가 사유가 있으나, 당심에서 원심법원의 보정명령에 응하여 소명자료를 제출한 점, 채무자는 위 회사에서 근무한 기간이 단기간이고, 진술한 소득과 실제 수령한 소득의 차이가 작은 점 등을 고려하여 재량면책한 사례(서울중앙지방법원 2011라439 결정).

○ 채무자가 고의로 일부 채권자를 누락한 채권자목록을 제출하였으나, 그 채권자들로부터 변제를 요구받자 보정명령이나 보정권고 없이 스스로 이들을 채권자목록에 추가한 점에 비추어, 위 채권자들을 해할 목적까지는 있다고 보기 어려운 점 등을 고려하여 재량면책한 사례(서울중앙지방법원 2011라52 결정).

9. 법이 정한 의무 위반

법이 정한 의무 위반에 해당하여 면책불허가된 사례

【재산상태 외의 허위진술】

○ 거주관계에 대하여 허위진술을 하였을 뿐 아니라, 세 차례의 심문기일에 심문기일통지서를 송달받고도 개인적인 사정을 이유로 1회 연기 신청서를 제출하고, 나머지 2, 3회는 아무런 이유 없이 불출석한 사례(서울중앙지방법원 2010. 5. 28.자 2009라760 결정).

○ 의견청취기일에 대인기피증을 이유로 연속 불출석하였으나 대인기피증에 관한 증거가 없다는 이유로 의무 위반으로 본 사례(서울중앙지방법원 2007. 11. 20.자 2007라705 결정).

☞ 위 사례들은 모두 면책기각 사유에 해당할 수도 있다.

○ 채무자가 파산신청 전 처분한 아파트 매각대금 중 일부로 개인채권자 2인에게 채무변제를 하였다고 주장하여 파산관재인이 그에 대한 자료제출을 요구하고 그 채권자 2인의 연락처를 요구하였음에도 이에 불응하였고, 항고심 심문기일에도 2회 연속 정당한 사유 없이 불출석한 사안에 대하여 이 규정을 적용한 사례(서울중앙지방법원 2013. 7. 15.자 2012라521 결정).

○ 채무자가 333,819,206원의 채무를 지급할 수 없는 상태에 있다면서 파산신청을 하면서 3억원의 차용금 채무를 아들의 치료비와 친정식구의 생활비로 사용하였다고 진술한 사안에서 법원이 차용금의 구체적 사용처 등 채무누적 경위에 대하여 소명할 것을 요구하였으나, 약 2,400만원의 치료비 이외에는 사용내역을 제대로 밝히지 못한 사안에서 위 규정 위반을 이유로 면책을 불허가

한 사례(서울중앙지방법원 2011라1088 결정).

○ 채무자는 파산 및 면책절차에서 법원에 대해 성실하게 사실을 진술할 의무를 부담하는 바, 과거 2년간 2차례에 걸쳐 출국한 사실이 있음에도 진술서에는 해외여행을 한 사실이 없다고 기재하여 면책을 불허한 사례(서울중앙지방법원 2011라418 결정).

【파산선고 후 파산재단에 속하는 재산 처분】

○ 파산관재인의 사전허가 없이 채권자에게 공장, 기계설비 등을 처분한 사안에 대하여 이 규정을 적용한 사례(서울중앙지방법원 2013. 3. 12.자 2010라1189 결정).

○ 파산선고 후에 파산관재인의 사전허가 없이 보험계약을 해지하고 해약환급금을 반환받아 임의로 사용한 경우에 대하여 이 규정을 적용한 사례(서울중앙지방법원 2013. 3. 8.자 2011라489 결정).

☞ 보험해약환급금이 당연면제재산, 즉 150만원을 초과하여야 위 규정을 적용하여 면책불허가를 할 수 있다. 당연면제재산에 대한 처분권은 파산선고에도 불구하고 채무자에게 있으므로, 150만원 이하의 보험해약환급금을 파산선고 이후에 임의로 수령하였다고 하더라도 위 규정 위반이 될 수 없다.

법이 정한 의무위반에 해당하나 재량면책된 사례

○ 채무자가 파산관재인과 원심법원에 신청서에 첨부된 채권자목록이나 재산목록 등에 일부 사실과 달리 기재된 점을 스스로 시인하고 소명하면서, 진술서 등에 채권자와 채무 변제에 관한 교섭을 한 경험이 없다고 기재하는 등 재산상태 및 재산상태 이외의 부분에 대하여 일부 사실과 달리 기재한 사실이 있다고 하더라도 채무자에 대한 면책허가 여부를 좌우할 결정적인 사유라고 보기 어렵다고 보아 재량면책한 사례(서울중앙지방법원 2013라656 결정).

○ 친족이 보유한 부동산이 있음에도 채무자가 신청서의 재산목록에 친족 명의의 재산이 없다고 기재하였다는 이유로 면책불허가결정을 하였으나, 면책허가 여부를 좌우할 결정적인 사유라고 보기 어렵고, 기록상 부동산이 친족의

소유로 보이고, 달리 채무자가 은닉하였다고 볼 만한 자료가 없는 점, 다른 면책불허가 사유가 없는 점, 나머지 채권자들이 이의를 제기하지 않고 있는 점을 참작하여 재량면책한 사례(서울중앙지방법원 2013라1352 결정).

○ 채무자가 형사처벌을 받은 사실이 없다고 진술하는 등 재산상태 이외의 부분에 대하여 일부 허위진술을 한 사실이 있다고 하더라도 면책허가 여부를 좌우할 결정적인 사유라고 보기는 어려운 점, 그 외 다른 면책불허가 사유가 없는 점, 다른 채권자가 이의를 제기하지 않은 점, 채무 변제를 위하여 나름대로 노력을 기울인 점 등의 사정에 비추어 재량면책된 사례(서울중앙지방법원 2012라1457 결정).

10. 과다한 낭비·도박 기타 사행행위

낭비 또는 도박행위에 해당하여 면책불허가된 사례

【채무자가 거액의 채무가 있는 상태에서 매월 거액의 현금서비스를 이용하여 골프장, 골프연습장, 고가의 의류구입 등에 사용한 행위】

○ 채무자가 파산신청 당시 105,609,890원 상당의 채무를 부담하고 있었는데, 그 중 채무자가 2000년경부터 2003년경까지 사이에 고급음식점이나 유흥주점에서 식대 내지 주대 등으로 부담하게 된 채무가 2,500만원 이상에 달하였고, 채무자는 위 기간 동안 여러 차례 직장을 옮기면서 회사 영업사원으로 근무하였으나 그 계속근무연수가 대체로 1년을 넘지 아니하였고, 원두커피 배달전문점을 운영하기도 하였으나 경영난을 겪다가 개업한 지 6개월만에 폐업한 사안에서 채무자의 위와 같은 행위가 이 규정이 정하는 '낭비'에 해당한다고 본 사례(대법원 2007. 6. 26.자 2006마40 결정).

○ 채무자가 파산신청일로부터 3개월에서 5개월 사이에 유흥주점에서 수회에 걸쳐 신용카드로 결제함으로써 그에 따른 카드대금 채무를 부담한 사례(서울중앙지방법원 2009. 6. 1.자 2009라223 결정).

○ 채무자가 다단계투자 등으로 5천만원의 채무를 부담하던 상황에서 파

산신청 20일 전에 2천만원을 대출받아 아들의 중국유학비로 1천만원, 이혼하면서 남편에게 1천만원을 송금한 사례(서울중앙지방법원 2008. 1. 17.자 2007라507 결정).

○ 채무자가 가정주부로서 거액의 채무를 부담한 상태에서 매월 거액의 현금서비스 이용, 골프장·골프연습장 이용, 고가의 의류구입 등으로 채무를 발생시킨 사례(서울중앙지방법원 2013. 5. 29.자 2012라374 결정).

☞ 낭비를 이유로 면책불허가를 하기 위하여는, 채무자의 채무액에서 낭비로 소비한 돈의 규모, 당시 채무자의 경제적 형편, 파산신청시와의 시간적 간격 등을 종합적으로 판단하여 그 낭비행위가 면책결정에 장애가 될 정도로 위해성을 갖고 있는 경우여야 하는 바, 위 사례들은 낭비행위의 위해성이 높다고 판단한 사례이다.

【지급불능 이후 수입명품 구입에 고액을 지출한 행위】

○ 지급불능 상태에서 사업체 포기각서를 쓰고 사업체를 양도한 상태에서 수입명품, 고가의 가구를 구입하고, 하루에 수백만원씩 결제하였으며, 사업체 포기각서를 작성한 이후 1개월간 카드사용 금액이 3,300만원 상당에 이른 사안에 대하여 이 규정을 적용한 사례(서울중앙지방법원 2013. 3. 8.자 2011라489 결정).

○ 신용카드 20개를 이용하여 특급호텔 출입, 소위 명품 브랜드의 구입 등으로 채무를 발생시킨 사례(서울중앙지방법원 2004. 2. 2.자 2003하면712 결정).

【기타】

○ 채무자가 약 4억 6,000만원을 횡령하여 그 중 약 3억 6,000만원을 주식에 투자하였다가 모두 손실을 보았고, 채무자는 위 횡령으로 인한 채무 외에 현재 약 9,300만원의 채무를 부담하고 있는데 그 중 상당 부분인 약 8,120만원의 채무가 주식투자손실로 인한 사안에서, 채무자의 이러한 주식투자는 '낭비'라고 본 사례(서울중앙지방법원 2013라1429 결정).

낭비 또는 도박행위에 해당하지 않아 면책된 사례

【월세 100만원인 임차주택에 생활하나 그 월세를 자녀들이 부담하는 경우】

○ 파산신청을 한 채무자가 월세 108만원인 임차주택에 거주하고 있는 것은 낭비라는 채권자의 주장에 대하여, 그 월세의 대부분을 자녀가 부담하고 있는 점을 들어 이를 낭비라고 볼 수 없다고 본 사례(서울중앙지방법원 2013. 6. 20. 자 2012라414 결정).

【기타】

○ 채무자가 채권자로부터 차용한 돈으로 성인 오락기 사업에 투자한 사실은 인정되지만, 채무자가 위 돈으로 직접 도박과 같은 사행행위를 한 것이 아니므로 도박 기타 사행행위로 볼 수 없다고 한 사례(서울중앙지방법원 2013라430 결정).

○ 채무자가 대표이사로 재직 중인 회사의 법인카드를 개인적으로 사용하였는데, 그 사용내역에서 유흥주점에서의 결제 등과 같은 낭비의 정황이 발견되었다고 하더라도 이는 법인의 행위로 채무자의 낭비행위로 볼 수 없다는 사례가 있다.

제 3 절 재량면책

1. 새로운 개인파산실무와 재량면책

「채무자 회생 및 파산에 관한 법률」을 제정하면서 법 제564조(면책허가)에 "법원은 제1항 각호의 면책불허가 사유가 있는 경우라도 파산에 이르게 된 경위, 그 밖의 사정을 고려하여 상당하다고 인정되는 경우에는 면책을 허가할 수 있다"라고 규정함으로써 명문의 규정으로 재량면책의 길을 열어두었다. 2012. 2. 1. 서울중앙지방법원에서 새로운 개인파산실무를 도입하기 전에는 채무자가 제출한 신청서, 진술서만을 의존하여 심리가 이루어지는 한계와 대부분의 사건이 동시폐지의 방식으로 처리되는 상황에서 채무자가 제출한 신청서의 진실성 확보가 우선적으로 강구되어야 했기 때문에 허위진술에 대하여 재량면책을 엄격히 제한하였다.

그러나 새로운 개인파산실무 방식으로 운영됨으로써 거의 모든 사건에 파산관재인이 선임되고, 파산관재인이 채무자를 대면조사하게 됨에 따라 위와 같은 문제는 어느 정도 해소되었다. 또, 채권자의 절차참여가 가능하게 됨으로써 파산·면책절차 중에 은닉재산의 발견이 용이해짐에 따라 환가·배당의 가능성이 높아져 채권자의 불이익이 상쇄되게 되었다. 이러한 추세를 반영하여 현재 실무에서도 재량면책이 광범위하게 활용되고 있다.

이러한 점에서 경제적 파탄에 이른 채무자는 설혹 자신에게 면책불허가 사유가 있다고 하더라도 재량면책을 받을 가능성도 있으므로 파산·면책신청을 섣불리 포기하지 말고 파산·면책절차에 적극적으로 협조하여 새로운 출발의 기회로 활용하여야 할 것이다.

이 절은 재량면책의 실무상의 기준을 채무자측의 사정, 채권자측의 사정 및 기타 사정으로 나누어 분류·설명하고 사례를 제시하여 이해를 돕고자 하였다. 실무상으로는 상당히 많은 사례에서 재량면책이 활용되고 있다. 다만, 제시된 사례는 여러 사정이 종합적으로 고려되어 재량면책된 사안이므로, 위 사유만으로 재량면책된 것으로 이해하는 것은 곤란하다.

2. 재량면책의 구체적 기준

가. 채무자측의 사정

■ 행위 또는 사안의 경중

면책불허가 사유가 있다고 하더라도, 총 채권자를 해할 목적 또는 채무자의 고의에 대한 입증이 부족하거나, 그 행위로 인한 파산재단의 불이익이 면제재산 범위 내인 경우에 재량면책이 고려될 수 있다.

○ 유체동산 경매절차에서 압류된 물건(199만원 상당)을 무단으로 옮긴 행위에 대하여, 공무상표시무효죄로 기소유예처분 받았으나 압류물건의 가액이 크지 않음을 이유로 재량면책된 사례.

○ 파산신청 직전에 보험계약자 명의를 가족 명의로 변경하였으나, 그 해약환급금이 크지 않은 이유로 재량면책된 사례.

○ 채무자가 지급불능 상태에서 채권자들의 압류를 피하기 위해 기존 보험 7건의 보험계약자 및 보험금 수령자를 자녀들로 변경하고, 채권자목록에 위 보험회사에 대한 채무(약 1,800만원 상당)를 기재하지 않았고, 제3자에 대한 약 850만원 상당의 대여금 채권을 재산목록에 기재하지 않았으나, 채무자가 이혼 후 전남편 도움 없이 10년 이상 홀로 자녀를 양육하고, 채무의 대부분은 전남편의 채무에 대한 보증 및 자녀양육 과정에서 발생한 점, 채권자목록에 기재된 채권자 중 1인을 제외한 나머지 채권자는 면책에 대하여 이의를 제기하지 않는 점, 채무자가 불이익하게 처분하거나 기재하지 아니한 재산이 면제재산의 범위 내에 있는 점을 고려하여 재량면책한 사례(서울중앙지방법원 2010. 9. 30.자 2010라85 결정).

○ 채무자가 3,000만원의 채권을 보유하고 있음에도 불구하고 이를 재산목록에 기재하지 않았으나, 파산채무자의 채무자가 소재불명이어서 회수 가능성이 거의 없으며 채무자의 건강상태가 극히 나쁘고 영구임대아파트에서 생활하는 기초생활수급자이며 1억원의 채무를 62세의 여자인 채무자가 변제하기 어려워 보이는 점을 고려하여 재량면책한 사례(서울중앙지방법원 2007. 9. 14.자 2007라395 결정).

○ 재산목록에 패물에 대한 기재를 누락하였으나, 그 가액이 300만원 상당으로서 크지 않다는 이유로 재량면책된 사례.

○ 파산신청서에 실제 소득이 150만원임에도 40만원의 소득을 기재하였으나, 추후 150만원의 소득이 있음이 밝혀진 사례. 150만원의 소득도 부양가족 등이 있어 최소생계비 범위 내로 판단되어 파산절차 폐지함에 있어 차이가 없음을 이유로 재량면책된 사례.

○ 모친 명의 임차보증금 7,000만원 중 2,400만원이 채무자의 재산임에도 재산목록에 이를 누락하였으나, 거주지 소액임차보증금 2,400만원은 면제재산인 점이 참작되어 재량면책된 사례.

○ 채권자로부터 사기로 고소당한 사실을 신청서에 누락하였으나, 11년 전의 일이고 채권자와 합의하여 혐의 없음 처분을 받았음을 참작하여 재량면책된 사례.

○ 파산신청서에 실제 소득이 300만원임에도 200만원의 소득을 기재하였으나, 채무자의 채무액이 116억원에 이르러 소득액의 차이가 크지 않다고 보아 재량면책된 사례.

○ 시세 400만원 상당의 부동산 지분이 있었으나 재산목록에 이를 누락한 사안에서 그 가액이 크지 않다고 보아 재량면책된 사례.

☞ 현재 법령상의 임의적 면제재산의 범위는 900만원이다. 900만원을 초과하지 않는 재산에 대하여 미진술, 허위기재에 대하여는 재량면책의 여지가 있다.

■ 채무발생원인과 증가하게 된 경위

○ 채무자가 배우자, 가족의 채무 또는 근무하던 회사의 채무를 보증함으로써 경제적 파탄에 이른 사정.

○ 채무자가 차용한 것으로 되어 있으나 실제로는 명의만 빌려 주었고 다른 사람이 차용금을 사용한 사정.

○ 주식투자로 채무가 증가하였으나, 투기성 투자라기보다는 퇴직 후 지인의 소개로 투자를 하게 되었고, 그 과정에서 생긴 손실금을 만회하기 위하여 투자를 계속한 사정.

○ 타인의 채무를 보증함으로써 경제적 파탄에 이르렀는데, 주채무자가 이미 면책받거나 개인회생절차를 진행하고 있는 사정.

○ 배우자의 사업자금조달을 위한 금원차용으로 채무가 증대되었으나, 배우자와 이혼한 상태인 사정

☞ 채무부담 경위와 관련하여, 그 채무부담이 채무자의 경제활동에 사용되었는지, 채무자가 사용하였는지, 과소비 또는 낭비행위가 결부되어 있는지 등의 사정 등이 함께 고려될 것이다. 특히 대부분의 채무가 보증으로 인하여 발

생한 것이라면 채무부담 경위에 참작할 만한 사유가 있다고 볼 수 있다(다만, 1인회사로 운영되는 회사의 대표이사가 보증채무를 부담한 경우에는 개인사업자의 채무부담과 달리 볼 특별한 이유가 있다고 볼 수 없다).

■ 채무자와 가족들의 현재 생활상황

○ 채무자가 고령, 건강상의 문제, 신체적 장애, 여러 명의 자녀 양육 등 정상적인 소득활동이 불가능한 반면, 채무액은 정상적인 소득활동으로 변제하기 어려운 사정.

○ 채무자가 고령이고 오래 전에 발생한 채무로 인해 경제활동에 상당기간 제약을 받아온 사정.

☞ 면책제도의 사회보장적 측면(갱생설)에서, 채무자가 정상적인 경제활동으로도 채무를 변제할 수 없는 상태에 있다면 법원이 면책결정을 하는 데 용이할 것이다.

■ 경제적 갱생의 정도와 갱생의 가능성

○ 횡령한 금원을 도박자금으로 사용하였으나, 채무자가 횡령죄로 실형복역 후 강한 갱생의욕을 보인 사정.

☞ 개인파산제도는 채무자의 재산을 채권자에게 공평하게 분배하고 남은 잔여채무를 면제함으로써 채무자의 새로운 출발을 도모하고자 하는 취지의 제도이다. 갱생의 의욕이 크다는 것은 그만큼 새로운 출발의 가능성이 높다는 것으로 사회경제적 측면에서 바람직한 일이다.

■ 면책불허가 사유를 구성하는 행위의 채무자의 관여 정도

○ 재산은닉행위가 문제되었으나 재산은닉행위를 주도한 것은 채무자의 배우자이고, 채무자의 채무도 배우자의 사업자금 조달 과정에서 발생한 것이며, 배우자도 채무자와 함께 파산신청을 하여 파산절차 진행 중, 재산은닉행위로 면책불허가 결정을 받은 사정.

○ 상속재산 분할협의과정에서 상속재산을 포기하였으나, 채무자가 분할협의 당시 미성년자여서 채무자의 모친이 채무자를 대리하여 상속재산분할을 하였음이 밝혀진 사정.

☞ 면책결정은 결국 채권자들의 채권을 면제하는 것으로 채권자들의 손실은 불가피하다. 따라서 면책결정을 함에 있어 채무자의 행위의 위해성에 대한 고려를 하지 않을 수 없다. 위 사례들은 행위의 위해성이 낮다고 보아 재량면책을 한 사례이다.

나. 채권자측의 사정

■ 채권자측의 사정

○ 재산목록에 채무자의 부동산지분(선산)을 누락하였으나, 채권자가 위 지분에 대하여 오래 전에 가압류 집행을 마쳤음에도 그 동안 본집행을 하지 아니한 사정.

○ 채권자목록에 일부 채권자를 누락하였으나, 누락된 채권자들의 채권이 사실상 포기된 정황이 드러난 사정.

■ 채권자의 이의신청 유무

○ 면책불허가 사유가 채권자의 이의에 의하여 드러난 경우에는 재량면책을 인정함에 엄격해지는 경향이 있다.

■ 채권자의 손실전보 유무

○ 재산목록에 누락된 부동산이 있으나, 파산절차 진행 도중 임의경매되어 채권자들에게 배당된 사정.

○ 채무자의 부동산 처분행위에 대하여 사해행위취소소송이 제기되어 원고 승소확정판결이 있었거나 이에 기하여 부동산이 경매되어 채권자들에게 배당된 사정.

○ 사해행위취소소송 1심에서 원고 승소판결이 선고된 후, 채무자측이 항소하여 항소심 계속 중 채무자측이 원고 채권자에게 일부 채무변제를 하고 항소가 취하된 사정.

○ 채무자가 파산신청 직전에 채무자의 자녀에게 자동차를 증여하였으나, 자녀가 자동차를 매각하여 채권자에게 변제한 사정.

☞ 채권자측의 사정에서는 채무자의 행위의 위해성뿐만 아니라, 채권자측

에 대한 결과적 위해성 여부도 함께 고려하는 것으로 보인다.

■ 면책허가로 인한 채권자의 불이익의 정도

○ 비면책채권의 채권자를 제외한 다른 채권자들의 이의가 없는 사정.

○ 비면책채권이 될 가능성이 높은 채권(채무자의 중대한 과실로 야기된 교통사고로 인한 구상권 채무만이 채권자목록에 기재된 사안)이 있는 경우, 면책허가결정을 하더라도 채권자에게 실질적인 불이익이 없는 반면, 채무자는 파산자로서 장기간 신분상의 불이익을 감수하여야 하는 사정.

다. 기타 사정

■ 면책불허가 사유와 파산시점의 시간적 간격

○ 문제된 사해행위가 파산·면책신청 시점보다 상당히 오래 전인 사정.

■ 환가·배당이 이루어졌는지 여부

○ 환가·배당이 이루어져 채권자에게 그 배당금이 지급된 사정이 있으면, 재량면책의 가능성이 높아질 수 있다.

■ 파산관재인의 조사에 대한 협조 정도

○ 매각이 용이하지 않은 재산을 소유하고 있는 채무자가 파산선고 후 파산관재인에게 적극적으로 협조하여 상당한 금액으로 매각이 이루어졌고, 그 매각대금이 채권자에게 배당된 사정 등.

CHAPTER 12

비면책채권

제12장

비면책채권

제1절 개 요

법은 면책을 받은 채무자는 파산채권자에 대한 채무의 전부에 관하여 그 책임이 면제된다고 규정하면서 법 제566조에서 열거하는 청구권에 대하여는 그 책임이 면제되지 않는다고 규정하고 있다. 열거된 비면책채권은 국가재정상의 요구(제1호), 형사 정책적 요청(제2호), 정의관념(제3호, 제4호), 사회정책적 고려(제5호, 제6호) 기타 제도 보호의 측면에서 면책의 효력을 부여하는 것이 바람직하지 않다고 본 것이다.

이 장에서는 먼저, 재단채권과 비면책채권의 상호관계를 제2절에서 다룬다. 비면책채권의 규정과 재단채권의 규정 중에는 유사하거나 동일한 규정이 다수 있다. 그 이유는 위 두 규정을 둔 정책적 이유가 유사하기 때문이다. 실무에서도 재단채권은 당연 비면책채권으로 보고 있는데, 이에 대하여 비판적으로 검토해 본다. 제3절에서는 열거된 비면책채권을 설명한다. 마지막으로 면책의 효력이 비면책채권에 있어서 어떤 방식으로 배제되는지 제4절에서 살펴본다.

채무자가 면책결정을 받은 경우에도 비면책채권은 그 책임이 소멸되지 않기 때문에 어떠한 채권이 비면책채권인지 알아둘 필요가 있다.

제 2 절 재단채권과 비면책채권

파산채권은 채무자에 대하여 파산선고 전의 원인으로 생긴 재산상의 청구권으로(법 제423조), 파산절차에 의하지 아니하고는 행사할 수 없도록 하고 있다(법 제424조). 따라서 파산채권은 파산절차에서 파산채권 신고·조사·확정절차(법 제447조 내지 제472조)를 거쳐 확정되고, 배당절차(법 제505조 내지 제528조)를 통해 평등한 만족을 얻게 되나, 법 제473조에 열거되어 있는 재단채권에 대하여는 파산절차의 채권 신고·조사·확정 및 배당 절차를 거치지 않고 수시로 파산관재인으로부터 직접 다른 파산채권자보다 우선하여 적극적으로 변제받을 수 있는 혜택을 주고 있다(법 제475조, 제476조).

우리 법은 제473조에 재단채권의 종류를 열거하고 있다. 그 중 파산채권자의 공동의 이익을 위한 재산상의 청구권(제1호), 파산재단의 관리, 환가 및 배당에 관한 비용(제3호), 파산재단에 관하여 파산관재인이 한 행위로 인하여 생긴 청구권(제4호), 사무관리 또는 부당이득으로 인하여 파산선고 후 파산재단에 대하여 생긴 청구권(제5호), 위임의 종료 또는 대리권의 소멸 후 긴급한 필요에 의하여 한 행위로 인하여 파산재단에 대하여 생긴 청구권(제6호), 제335조 제1항의 규정에 의하여 파산관재인이 채무를 이행하는 경우에 상대방이 가지는 청구권(제7호),[1] 파산선고로 인하여 쌍무계약이 해지된 경우 그때까지 생긴 청구권(제8호), 그리고 파산선고 후의 원인으로 인한 청구권으로, 파산재단에 관한 조세채권(제2호 단서) 등은 파산선고 전의 원인으로 생긴 재산상의 청구권이 아닌 파산선고 후의 원인으로 생긴 청구권이므로 파산채권이 아니다. 그러므로 파산절차에 의하지 아니하고 자유로이 행사할 수 있다. 다만 위 채권들은 파산재단의 형성, 유지, 관리행위로 인하여 생긴 청구권이기 때문에 특별히 파산관

---

1 법 제335조 제1항은 "쌍무계약에 관하여 채무자 및 그 상대방이 모두 파산선고 당시 아직 이행을 완료하지 아니한 때에는 파산관재인은 계약을 해제 또는 해지하거나 채무자의 채무를 이행하고 상대방의 채무이행을 청구할 수 있다"라고 규정하여 파산관재인에게 미이행 쌍무계약에 관한 선택권을 부여하는 규정이다. 위 제7호는 "파산관재인이 채무를 이행하는 경우 상대방의 청구권"이라고 규정하고 있는데, 이는, 파산관재인이 미이행 쌍무계약에서 이행을 선택하여 상대방의 채무를 이행한 경우에 상대방이 가지는 청구권을 의미하는 것으로 본다. 그러나 법문만으로는 이러한 의미로 해석되기 어렵기 때문에 시급한 문구 정리가 필요하다.

재인에 의하여 법원의 허가를 얻어 파산재단으로부터 수시로 변제를 받을 수 있는 혜택을 준 것이다.

조세채권 등(제2호)은 조세 등의 징수를 확보하기 위한 정책적 고려로, 채무자 및 그 부양을 받는 자의 부조료(제9호), 채무자의 근로자의 임금·퇴직금 및 재해보상금(제10호), 파산선고 전의 원인으로 생긴 근로자의 임치금 및 신원보증금의 반환청구권(제11조)은 사회정책적 고려로 파산선고 전 원인으로 생긴 재산상의 청구권으로서 파산채권에 해당함에도 불구하고 재단채권으로 규정하여 특별히 보호하고 있다.

그런데, 우리 법은 정책적 고려에 의해 재단채권으로 규정된 위 재단채권과 동일하거나 유사한 채권을 비면책채권으로도 규정하고 있다. 구체적으로 살펴보면. 법 제473조 제2호 '「국세징수법」 또는 「지방세기본법」에 의하여 징수할 수 있는 청구권(국세징수의 예에 의하여 징수할 수 있는 청구권으로서 그 징수우선순위가 일반 파산채권보다 우선하는 것을 포함한다)'과 법 제566조 제1호 '조세', 법 제473조 제9호 '채무자 및 그 부양을 받는 자의 부조료'와 법 제566조 제8호 '채무자의 양육자 또는 부양의무자로서 부담하여야 하는 비용', 법 제473조 제10호 '채무자의 근로자의 임금·퇴직금 및 재해보상금'과 법 제566조 제5호 '채무자의 근로자의 임금·퇴직금 및 재해보상금', 법 제473조 제11호 '파산선고 전의 원인으로 생긴 근로자의 임치금 및 신원보증금의 반환청구권[2]'과 법 제566조 제6호 '근로자의 임치금 및 신원보증금의 반환청구권'이다.

위 채권들은 사회정책적 고려로서 특별히 보호해야 할 필요성이 있어 재단채권과 비면책채권으로 규정하고 있는 것이므로, 재단채권은 모두 비면책채권으로 보아 면책의 효력이 미치지 아니한다는 견해가 있다. 반면 재단채권은 파산재단에서 일반 파산채권보다 우선하여 수시로 변제받을 수 있는 채권이고 비면책채권은 면책결정의 효력이 미치지 않는 파산채권이므로 그 작용평면이

2 법 제473조 제11호와 법 제566조 제6호는 동일한 채권을 의미한다. 비면책채권을 규정하는 법 제566조 제6호에서는 '파산선고 후의 원인으로 생긴' 근로자의 임치금 등의 채권은 원리상 파산채권이 아니므로 굳이 '파산선고 후의 원인으로 생긴'이라는 문구를 넣을 필요가 없다. 재단채권의 종류를 규정하는 법 제473조 제11호에서 '파산선고 후의 원인으로 생긴' 근로자의 임치금 등의 청구권은 파산재단의 형성, 유지, 관리와 관련이 없어 재단채권으로 볼 수 없기 때문에 '파산선고 후의 원인으로 생긴'이라는 문구를 넣어 이를 명확히 한 것이다.

다른 것으로 동일하게 볼 이유가 없기 때문에 비면책채권으로 규정된 재단채권만이 면책의 효력이 미친다는 견해가 있다.

앞서 본 바와 같이 위 채권들을 제외한 재단채권은 파산채권이 아니므로 위와 같은 견해 대립의 실익은 없다. 그런데, 재단채권을 규정하는 법 제473조 제2호에서는 "「국세징수법」 또는 「지방세기본법」에 의하여 징수할 수 있는 청구권(국세징수의 예에 의하여 징수할 수 있는 청구권으로서 그 징수우선순위가 일반 파산채권보다 우선하는 것을 포함한다), 다만 파산선고 후 원인으로 인하여 생긴 청구권은 파산재단에 관하여 생긴 것에 한한다"라고 규정한 반면, 비면책채권을 규정하는 법 제566조 제1호는 '조세'라고만 규정하고 있어 그 대상을 달리 볼 수 있느냐에 논의의 실익이 있다.

재단채권을 당연 비면책채권이라고 보는 견해에 의하면, 법 제566조 제1호의 '조세'에는 국세징수의 예에 의하여 징수할 수 있는 청구권으로서 그 징수순위가 일반 파산채권자보다 우선하는 건강보험료, 국민연금보험료, 산업재해보상보험료, 한국장애인고용공단의 고용부담금 등이 당연히 포함된다고 본다. 그러나 후자의 견해에 의하면, 위 보험료 등의 청구권은 '조세'가 아니므로 비면책채권에 포함되지 않는다고 한다.

생각건대, 1962년 구 파산법 제정 당시부터 위 규정들이 본질적인 변화 없이 현재까지 유지되고 있는 것은 입법자가 비면책채권에서 규정하고 있는 조세에 '국세 징수의 예에 따라 징수할 수 있는 청구권'을 배제하고자 하는 의지를 밝힌 것이라고 볼 수밖에 없다. 또한 재단채권의 범위의 문제는 파산채권과 재단채권 사이의 이해조정의 차원에서 다루어지는 것이라면, 비면책채권의 범의의 문제는 본질적으로 채권자와 채무자 사이의 이해조정 차원에서 다루어지는 것으로 작용의 평면이 다른 것이다. 그렇기 때문에 조세와 국세 징수의 예에 따라 징수할 수 있는 청구권을 파산절차에서 재단채권으로 인정하면서도 면책절차에서 면책의 효력이 미치는 대상에 있어 이를 달리 취급한다고 하여 법이론상 문제될 것은 없다. 한편, 법 제337조 제1항에서 쌍방 미이행쌍무계약에 있어서 파산관재인이 계약의 해제 또는 해지를 선택하여 계약이 해제 또는 해지된 경우에 채무자가 받은 반대급부가 파산재단에 현존하지 아니한 때에는 그 가액에 관하여 재단채권자로서 권리를 행사할 수 있다고 규정하고 있다. 위 규정은 쌍방 미이행쌍무계약의 해지로 인하여 상대방이 갖게 되는 반대급부는 파산선고 전의 원인으로 생긴 청구권임에도 불구하고 파산재단의 형성·유지·관리에 관하여 생긴 채권에 준하여 재단채권으로 보호하고자 하는 취지로 보인다. 재단채권은 당연히 비면책채권이라고 보는 견해에 의하면, 법 제477조에 의하여 변제받고 남은 미변제금도 비면책채권으로 볼 수밖에 없는데, 이렇게 해석하는 것은 재건형 절차인 개인회생절차와 달리 원칙적으로 청산형 절차의 속성을 갖는 파산제도의 취지에 반한다는 점에서 문제가 있다.

결과적으로 법 제566조 제1호를 개정하여 법 제473조 제2호와 같은 규정으로 변경하는 입법적인 해결이 합당한지 여부는 별론으로 하더라도, 법문상 규정 형식이 다름에도 불구하고 해석론으로 법 제566조 제1호의 '조세'에 '국세징수의 예에 의하여 징수할 수 있는 청구권'을 포함하는 것은 무리로 보인다.

제 3 절 비면책채권의 종류

1. 조세채권(제1호)

가. 재단채권을 비면책채권으로 보는 견해

이 견해에 의하면, 조세채권을 비면책채권으로 규정하는 이 조항은 무익한 조항으로 본다. 따라서 법 제473조 제2호에 규정된 청구권인 「국세징수법」 또는 「지방세기본법」에 의하여 징수할 수 있는 청구권과 국세징수의 예에 의하여 징수할 수 있는 청구권으로 그 우선순위가 일반 파산채권보다 우선하는 것도 비면책채권이 된다.

이 견해에 의할 때 국세, 지방세, 건강보험료(「국민건강보험법」 제85조), 국민연금보험료(「국민연금법」 제98조), 산업재해보상보험료(「고용보험 및 산업재해보상보험의 징수 등에 관한 법률」 제30조), 한국장애인고용공단의 고용부담금(「장애인고용촉진 및 직업재활법」 제38조) 등이 비면책채권에 포함되고, 「국유재산법」상의 사용료·대부료·변상금채권, 「환경개선비용부담법」상의 환경개선부담금, 「독점

규제 및 공정거래에 관한 법률」에서 정한 불공정거래행위에 대한 과징금, 「부동산실권리자 명의등기에 관한 법률」에 따른 장기미등기자에 대한 과징금, 「전기사업법」에서 정한 부담금은 국세징수의 예에 의하여 징수할 수 있는 청구권이 아니므로 제외된다.

나. 재단채권을 비면책채권으로 보지 않는 견해

이 견해에 의하면, 「국세징수법」 또는 「지방세기본법」에 의하여 징수할 수 있는 청구권만 비면책채권이 된다. 그 외 국제징수의 예에 의하여 징수할 수 있는 청구권으로 그 우선순위가 일반 파산채권보다 우선하는 것은 비면책채권에 포함되지 않는다. 물론 「국유재산법」상의 사용료 등의 채권이 제외되는 것은 마찬가지다.

2. 벌금, 과료, 형사소송비용, 추징금 및 과태료(제2호)

본 호의 청구권은 후순위 파산채권(법 제446조 제1항 제4호)이나 형사정책적 요청에 의하여 비면책채권으로 한 것이다.

회생절차에서도 본 호의 청구권은 비면책채권으로 규정하고 있는데(법 제140조 제1항, 제251조 단서), 이와 관련하여 대법원은 "회생절차 개시 전의 벌금·과료·형사소송비용·추징금 및 과태료의 청구권은 회생계획인가의 결정이 있더라도 면책되지 않는다고 규정하고 있는 바, 이는 회생계획인가의 결정에 따른 회생채권 등의 면책에 대한 예외를 정하는 것으로서 그에 해당하는 청구권은 한정적으로 열거된 것으로 보아야 하고, 위 규정에 열거되지 아니한 과징금의 청구권은 회생계획인가의 결정이 있더라도 면책되지 않는 청구권에 해당한다고 볼 수 없다"(대법원 2013. 6. 27. 선고 2013두5159 판결)고 판시한 바 있다. 파산절차에서도 달리 볼 이유가 없으므로 과징금청구권은 제외된다.

3. 채무자가 고의로 가한 불법행위에 기한 손해배상청구권(제3호)

고의로 한 불법행위로 발생한 손해배상청구권만 해당하고, 과실에 의한 불법행위는 제4호에 해당하지 않는 한, 본 호의 비면책채권이 아니다. 채무불이행으로 인한 손해배상청구권도 포함되지 않는다. 사용자책임(민법 제756조)에 따른 청구권은 피용자의 선임·감독상의 과실책임을 묻는 것으로 본 호의 비면책채권이 아니다.

실무에서는, 파산채권자가 채무자를 사기로 고소하여 형사절차 진행 중인 사건이 다수 있다. 과실사기죄가 없는 이상, 사기죄의 유죄판결이 확정되면, 그 채권은 본 호의 비면책채권이 될 것이다.

4. 중대한 과실로 타인의 생명 또는 신체를 침해한 불법행위로 인한 손해배상 청구권(제4호)

'중대한 과실'이란 조금만 주의를 기울였다면 충분히 결과발생을 예견할 수 있었거나 회피할 수 있었음에도 이를 만연히 하거나 하지 않은 것을 말한다. 그 결과가 타인의 생명 또는 신체를 침해하여야 함으로 재물이나 재산상의 이익을 침해하여 발생한 청구권은 포함되지 않는다.

중앙선 침범 교통사고(대법원 2010. 3. 25. 선고 2009다91330 판결), 운전면허가 취소된 후 무면허운전 사고(대법원 2010. 5. 13. 선고 2010다3353 판결)는 '중대한 과실'에 해당하지 않는다고 본 판례가 있다.

5. 채무자의 근로자의 임금·퇴직금 및 재해보상금(제5호)

근로자 보호라는 사회정책적 고려에서 본호와 제6호를 비면책채권으로 인정하는 것이다.

6. 채무자의 근로자의 임치금 및 신원보증금(제6호)

재단채권을 비면책채권으로 보는 견해에 의하면 제5호와 본호는 확인적 규정에 불과하나 재단채권을 비면책채권으로 보지 않는 견해에 의하면, 이 규정에 의하여 비로소 비면책채권이 되는 것으로 창설적 규정으로 본다.

7. 채무자가 악의로 채권자목록에 기재하지 아니한 청구권(제7호)

본호 단서에 "다만, 채권자가 파산선고가 있음을 안 때에는 그러하지 아니한다"라고 규정하고 있으므로, 채권자목록에 기재되지 아니한 파산채권자가 파산선고된 사실을 안 경우에는 비면책채권이 아니다.

‘악의’란 채무자가 면책결정 이전에 ‘채권의 존재사실을 알면서도’ 이를 채권자목록에 기재하지 않은 경우를 의미하는 것으로 채권자목록에 기재하지 아니하는 것에 과실 유무를 불문한다. 대법원은 “누락된 채권의 내역과 채무자와의 견련성, 그 채권자와 채무자와의 관계, 누락 경위에 관한 채무자의 소명과 객관적 자료와의 부합 여부 등 여러 사정을 종합하여 그 채권의 누락에 관한 채무자의 악의 여부를 판단하여야 하고, 단순히 채무자가 제출한 자료만으로 면책불허가 사유가 보이지 않는다는 등의 점만을 들어 채무자의 선의를 쉽게 인정하여서는 아니된다”(대법원 2010. 10. 14. 선고 2010다4903 판결)고 판시하였다.

또 채무의 존재를 알면서도 과실로 채권자목록에 기재하지 않는 사안에 대하여 대법원은 “채무자 회생 및 파산에 관한 법률 제566조 제7호에서 말하는 ‘채무자가 악의로 채권자목록에 기재하지 아니한 청구권’이라고 함은 채무자가 면책결정 이전에 파산채권자에 대한 채무의 존재 사실을 알면서 이를 채권자목록에 기재하지 않은 것을 뜻하므로, 채무자가 채무의 존재 사실을 알지 못한 때에는 비록 그와 같이 알지 못한 데에 과실이 있더라도 위 법조항에 정한 비면책채권에 해당하지 아니하지만, 이와 달리 채무자가 채무의 존재를 알고 있었다면 과실로 채권자목록에 이를 기재하지 못하였다고 하더라도 위 법조항에서 정한 비면책채권에 해당한다”(위 판결)라고 판시하였다.

채무자가 채권자목록에 동일한 채권자의 다른 채권을 누락하였다고 하더라도, 파산선고결정문이 그 채권자에게 송달된 경우에는 채권자가 파산선고된 사실을 알고 있다고 보아야 하므로 그 누락된 채권도 마찬가지로 면책된다.[3]

8. 채무자가 양육자 또는 부양의무자로서 부담하여야 하는 비용(제8호)

채무자가 양육자 또는 부양의무자로서 부담하여야 하는 비용에 관한 채권을 비면책채권으로 규정한 것이라고 보아야 할 것이다. 부부간의 부양의무(민법 제826조 제1항), 이혼에 따른 양육책임(민법 제837조), 직계혈족 및 그 배우자간의 부양의무(민법 제497조 제1호), 생계를 같이하는 친족간의 부양의무(같은 조 제3호) 등이 있다. 실무상 자주 문제되는 것은 이혼시에 상대 배우자가 채무자

---

3 그런데, 대법원은 누락된 연대보증인의 채권을 비면책채권으로 본 사례(대법원 2009. 3. 30.자 2009마225 결정)가 있다.

에게 가지는 자녀 양육비 채권으로, 위 채권은 본 호에 의하여 비면책채권이 된다.

재단채권을 비면책채권으로 보는 견해에 의하면 본 호는 확인적 규정에 불과하나, 재단채권을 비면책채권으로 보지 않는 견해에 의하면, 이 규정에 의하여 비로소 비면책채권이 되는 것으로 창설적 규정으로 본다.

9. 「취업 후 학자금 상환 특별법」에 따른 취업 후 상환 학자금 채권(제9호)

「취업 후 학자금 상환 특별법」 제36조 제4항에서 면책허가를 받은 채무자에 대한 취업 후 상환 학자금대출 원리금 청구권이 면책되지 않는다고 규정함에 따라 2010. 1. 22. 법 개정에 의하여 본 호에 추가되었다.

제 4 절 면책의 효력과 비면책채권

1. 면책결정의 효력

면책을 받은 채무자는 파산절차에 의한 배당을 제외하고는 파산채권자에 대한 채무 전부에 관하여 그 책임이 면제된다(법 제566조 본문). 다만 파산채권에 대하여 책임이 면제되는 것이므로, 환취권부·별제권부 채권자에 대한 채무는 제외된다. 면책의 효력으로 채무 자체가 소멸하는지, 책임만이 소멸되는 지 다툼이 있으나, 책임만 소멸되어 자연채무가 된다고 보아야 할 것이다. 면책된 채권은 소 제기 권능과 집행력을 상실한다고 본다. 다만, 채무자가 면책결정 후 자발적으로 임의변제한 경우 정당한 변제로 유효하다.

채권자가 면책된 사실을 알면서 강제집행·가압류 또는 가처분의 방법으로 채권추심을 하면 500만원 이하의 과태료(법 제660조 제3항)가 부과되고, 그 외의 방법으로 반복적으로 채무변제를 요구하더라도 500만원 이하의 과태료(「채권의 공정한 추심에 관한 법률」 제17조 제3항, 제12조 제4호)가 부과된다.

2. 비면책채권의 면책효력 복멸

비면책채권은 면책의 효력이 미치지 아니하므로, 채무자가 면책결정을 받더라도 채권자는 채권의 내용에 따른 이행을 청구할 수 있고, 채무자가 이를 이행하지 아니하는 경우 소 제기 또는 강제집행을 구할 수 있다.

그러나 비면책채권인지 여부에 다툼이 있는 경우, 면책절차에서 이를 다툴 수 없고, 채권자가 별도로 제기한 소송 또는 집행과정에서 채권의 면책 여부가 다투어질 것이다. 이 때 비면책채권에 대한 입증책임은 채권자에 있는 것으로 보아야 할 것이다.[4]

---

4 제4호의 중대한 과실로 타인의 생명 또는 신체를 침해한 불법행위로 인한 손해배상 채권인 사실, 제7호의 채무자가 악의로 채권자목록에 기재하지 아니한 사실에 대한 입증책임은 면책의 효력을 복멸하고자하는 채권자에게 있을 것이다.

CHAPTER 13

상속재산의 파산

제13장

상속재산의 파산

제1절 상속재산의 파산의 의의

상속재산의 파산은 상속재산으로 상속채권자 및 유증을 받은 자의 채무를 완제할 수 없을 때에 상속채권자 및 유증을 받은 자와 상속인의 고유채권자의 이익을 조정하기 위한 목적으로 상속재산과 상속인의 고유재산을 분리하여 상속재산에 대해 청산을 하는 파산절차를 말한다.

상속인이 한정승인과 상속포기를 한 경우에도 상속인은 보호되나, 한정승인을 한 상속인은 상속재산의 목록을 첨부하여 가정법원에 한정승인 신고를 하여야 하고(민법 제1030조 제1항), 상속재산에 대하여 그 고유재산에 대한 것과 동일한 주의로 상속재산의 관리를 계속하여야 하며, 한정승인을 한 날로부터 5일 이내에 상속채권자와 유증을 받은 자에 대하여 한정승인의 사실과 일정한 기간 내에 그 채권 또는 수증을 신고할 것을 공고하여야 하고(민법 제1032조 제1항 제1문), 상속재산에서 신고한 상속채권자와 유증을 받은 자에 대하여 우선순위에 따라 배당하여야 하며, 부당변제행위에 대한 손해배상책임(제1038조 제1항 제1문)을 진다. 상속을 포기한 경우에도 포기한 상속인은 상속인이 된 자가 상속재산을 관리할 때까지 상속재산의 관리를 계속하여야 하고(민법 제1044조 제1

항), 이 때에는 고유재산의 것과 동일한 주의로 관리하여야(법 제1022조) 한다는 제약이 있다.

반면, 상속재산에 대한 파산절차에서는 상속재산의 관리·처분권이 파산관재인에 전속하게 되므로, 상속인들이 위와 같은 의무와 책임에서 벗어날 수 있다는 이점이 있다. 또한 상속인이 상속개시를 안 날로부터 3개월 내에 한정승인 또는 상속포기를 하지 않아 단순승인으로 의제되어 상속채무를 부담하게 된 경우에, 상속재산의 파산신청을 통해 상속채무의 부담에서 벗어날 수 있을 것으로 보인다.

제 2 절 신청절차

1. 신청권자

상속재산 파산은 상속채권자, 유증을 받은 자, 상속인, 상속재산관리인 및 유언집행자가 신청할 수 있다(법 제299조 제1항). 다만, 상속재산관리인이나, 유언집행자는 상속재산으로 상속채권자 및 유증을 받은 자에 대한 채무를 완제할 수 없는 것이 발견된 때에는 지체 없이 파산신청을 하여야 한다.[1] 또 한정승인이나 재산분리가 있는 경우의 상속인이 완제불능의 사실을 발견한 때도 마찬가지이다(법 제299조 제2호). 유증을 받은 자도 파산신청권이 있다. 특별유증을 받은 자는 상속채권자의 지위로, 포괄적 유증을 받은 자는 상속인의 지위로 신청권을 갖는 것으로 볼 것이다.

상속인이 여럿인 경우에는 공동상속인 전원이 상속재산의 파산신청을 하여야 할 것이다. 상속재산의 처분행위는 공동상속인 전원의 동의가 필요하기 때문이다(민법 제264조).

상속인, 상속재산관리인, 유언집행자가 파산신청을 할 때에는 파산원인 사실을 소명하여야 한다(법 제299조 제3호). 이 때 파산원인 사실은 상속재산으로

1 일본 구 파산법에서도 현행 법과 같이 한정승인 또는 재산분리가 있는 경우 상속인에게 파산신청을 할 의무가 부과되었으나(제136조 제2항), 일본 현행 파산법에서는 이 조항이 삭제되었다.

상속채권 또는 유증을 받은 자의 채무를 완제할 수 없는 사실(법 제307조)이다. 포괄적 유증을 받은 자도 마찬가지일 것이다.

2. 신청기간[2]

상속재산에 대한 파산은 민법 제1045조(상속재산의 분리청구권)의 규정에 의하여 재산의 분리를 청구할 수 있는 기간에 할 수 있다(법 제300조 전문). 재산분리청구는 상속채권자 또는 유증을 받은 자가 상속이 개시된 날로부터 3개월 내에 하여야 한다(민법 제1045조 제1항). 그러나 상속인이 상속의 승인이나 포기를 하지 않는 동안은 3개월의 기간이 경과한 후에도 재산분리를 청구할 수 있다(민법 제1045조 제2항).

상속재산에 대한 파산신청은 원칙적으로 상속이 개시된 날로부터 3월 이내에 하여야 하나, 상속인이 상속의 승인이나 포기를 하지 않는 동안에는 상속인을 비롯하여 상속채권자, 유증을 받은 자는 상속재산에 대한 파산신청을 할 수 있다고 본다(민법 제1026조에 법정 단순승인에 대하여 규정하고 있으나, 법정 단순승인으로 의제되었다고 하더라도 이 규정에서의 상속의 승인을 한 것으로 볼 수 없을 것이다). 따라서 상속인이 상속의 승인이나 포기를 하지 않았다면 언제든지 상속재산에 대한 파산신청을 할 수 있을 것이다. 법정 단순승인으로 의제되어 파산채무를 부담하여야 하는 상속인은 이 제도를 이용할 실익이 있을 것이다(이설이 있을 수 있음).

상속인이 한정승인을 하였거나 상속채권자 또는 유증을 받은 자가 재산분리 청구를 하여 재산분리가 된 경우에는 상속채권자 또는 유증을 받은 자에 대한 변제가 종료되기 전까지는 상속재산에 대한 파산신청을 할 수 있다(법 제300조 후문).

3. 관 할

상속개시지를 관할하는 지방법원 본원의 관할에 전속한다(법 제3조 제8항). 상속개시지는 피상속인의 주소지를 말한다(민법 제998조).[3]

---

2 이하는 서울중앙지방법원 파산관재인 이이수 변호사의 2015. 9. 7. '상속재산 파산에 대해서, 어떠한 점을 유의해야 하는가(일본동경재판소 실무와 비교)' 부분을 참조하였다.

3 일본 파산법은 보충적인 토지관할로 상속재산에 속하는 재산의 소재지를 관할하는 지방재판소(파산법 제222조 제3항)를 관할지로 인정하고 있다.

4. 파산신청

상속채권자, 특별유증을 받은 자가 한 상속재산에 대한 파산신청은 채권자 파산신청에 준하고 상속인, 포괄유증을 받은 자, 상속재산관리인, 유언집행자가 한 상속재산에 대한 파산신청은 채무자의 파산신청에 준한다.

가. 신청인의 표시

(1) 상속채권자, 특별유증을 받은 자가 신청인인 경우

신청채권자 ○○○

(2) 상속인, 포괄유증을 받은 자, 상속재산관리인, 유언집행자가 신청인인 경우

신청인	피상속인 ○○○의 상속인 ○○○
신청인	피상속인 ○○○의 포괄유증자 ○○○
신청인	피상속인 ○○○의 상속재산관리인 ○○○
신청인	피상속인 ○○○의 유언집행자 ○○○

상속재산관리인 등의 상속재산의 파산신청은 상속재산의 관리권한에 일환으로 신청권을 부여한 것이므로, 그 자격을 표시하여 준다.

나. 피신청인의 표시

상속인 등이 상속재산의 파산신청을 한 경우에는 자기파산에 준하므로, 피신청인을 특정할 필요는 없다. 그러나 상속채권자 등이 파산신청을 한 때에는 피신청인을 기재한다. 상속재산은 신청의 대상이므로 피신청인의 자격이 있는지 의문이다. 일본의 경우에는 피신청인에 상속재산을 표시하고 그 관리주체를 병기한다. 상속인이 여럿일 경우에는 공동상속인 전원을 표시한다.

피신청인 피상속인○○○의 상속재산
상속인 ○○○
상속인 ○○○

피신청인 피상속인○○○의 상속재산
상속재산관리인 ○○○

피신청인 피상속인○○○의 상속재산
유언집행자 ○○○

다. 신청취지

신청취지는 신청의 주된 목적을 기재하는 것이므로,

1. 피상속인○○○의 상속재산에 대하여 파산을 선고한다.

라고 기재하면 될 것이다.

라. 신청이유

(1) 상속채권자 등이 신청한 경우

1. 신청인은 피상속인○○○의 상속재산에 대해 별첨 소명자료와 같은 금 ○○○원의 채권이 있습니다.
2. 피상속인○○○의 상속재산은 별지1 재산목록의 재산란의 기재와 같고, 그 가액의 합계액은 합계액란의 기재와 같이 금 ○○○원이나, 피상속인의 채권자의 채권액은 별지2 채권자목록 채권액 합계란의 기재와 같이 금 ○○○○원으로, 피상속인○○○의 상속재산으로 상속채권자의 채무를 완제할 수 없습니다.

(2) 상속인 등이 신청한 경우

1. 신청인들은 피상속인○○○이 20○○. ○○. ○○. 사망함에 따라 공동상속인이 되었습니다.
2. 피상속인○○○의 상속재산은 별지1 재산목록의 재산란의 기재와 같고, 그 가액의 합계액은 합계액란의 기재와 같이 금 ○○○원이나, 피상속인의 채권자의 채권액은 별지2 채권자목록 채권액 합계란의 기재와 같이 금 ○○○○원으로, 피상속인○○○의 상속재산으로 상속채권자의 채무를 완제할 수 없습니다.

마. 첨부서류

상속재산의 파산신청에 대한 신청서 양식은 법원에서 제공하고 있지 않으므로, 진술서 등의 첨부자료를 제출할 필요는 없다. 신청인의 자격을 소명할 수 있는 자료, 예를 들어 가족관계증명서, 사망신고서, 상속재산관리인 선임결정문, 유언장 등을 첨부하여야 하며, 상속재산과 상속채권자 채권, 유증을 받은 자의 채권에 대한 소명자료를 제출하여야 한다.

제 3 절 의제상속재산의 파산(파산절차 중의 채무자의 사망)

파산신청 또는 파산선고 후에 채무자가 사망하여 상속이 개시된 때에는 파산절차는 상속재산에 대하여 속행된다(법 제308조). 그러나 파산신청 후 파산선고 전에 채무자가 사망한 경우에는 상속인들에게 파산절차를 속행할 것인지에 대하여 기회를 주는 것이 합당하므로, 법원은 상속인들에게 파산절차 속행을 명하고, 속행할 의사가 없는 경우 파산신청을 각하한다.

파산선고 후에 채무자가 사망한 때에는 파산절차는 채무자의 상속재산에 대한 파산절차로 속행된다.

제 4 절 파산재단과 파산채권

1. 파산재단

상속재산에 대한 파산에 있어서 파산재단은 모든 상속재산이다(법 제389조 제1항). 피상속인이 갖고 있는 청구권도 파산재단에 포함된다. 상속재산에 대한 파산선고가 되면, 상속재산과 상속인의 고유재산은 분리되므로 상속인의 피상속인에 대한 권리·의무는 혼동으로 소멸되지 않는다(법 제389조 제2항). 한정승인(민법 제1031조), 재산분리(민법 제1050조)에도 동일한 내용의 규정이 있다. 따라서 상속인에 대한 피상속인의 재산상의 청구권은 파산재단이 되고, 피상속인에 대한 상속인의 재산상의 청구권은 파산채권이 된다(법 제473조).

상속인이 상속재산의 전부 또는 일부를 처분한 후 상속재산에 대하여 파산선고가 있는 때에는 상속인의 반대급부에 관하여 가지는 권리는 파산재단에 속한다(법 제390조 제1항). 상속인이 이미 반대급부를 받은 때에는 이를 파산재단에 반환하여야 하고, 만일 반대급부를 받을 때 상속인이 파산원인인 사실 또는 파산신청이 있은 사실을 알지 못한 때에는 그 현존하는 한도에서 반환하면 된다(법 제390조 제2항). 반환된 재산은 파산재단에 속한다.

2. 파산채권

상속채권자 및 유증을 받은 자의 채권은 그 전액에 관하여 파산채권자로서 권리를 행사할 수 있다(법 제435조), 상속인의 피상속인에 대한 채권 및 채무소멸을 위한 출연으로 발생한 권리도 파산채권이 된다(법 제473조). 그러나 상속인의 채권자의 채권은 파산채권이 될 수 없다(법 제438조).

3. 채권의 우선순위

상속재산에 대하여 파산선고가 있을 때에는 상속채권자의 채권은 유증받은 자의 채권에 우선한다(법 제443조).

제 5 절 부인권

일반 파산사건에서 부인권 행사의 대상이 되는 행위는 파산재단 또는 파산재단이 될 수 있는 재산에 대한 채무자의 행위 또는 채무자의 행위와 동일시될 수 있는 집행행위로 한정된다. 그러나 상속재산의 파산에 있어서 부인권 행사의 대상이 되는 행위는 상속인, 피상속인, 상속재산관리인, 유언집행자의 행위도 포함된다(법 제400조). 여기서 파산채권자를 해하는 것을 알고 한 행위는 상속채권자 또는 유증을 받은 자를 해하는 것을 알고 한 행위를 의미하고, 상속인의 고유채권자를 해하는 것을 알고 한 행위는 포함되지 않는다.

고의부인에 있어서 편파행위도 부인권 행사의 대상이 된다. 다만, 피상속인이 사망하기 전에 한 편파변제 행위에 대하여는, 피상속인에게 장래 파산절차가 개시되는 경우에 적용되는 채권자평등의 원칙을 회피하기 위하여 특정 채권자에게 변제 또는 담보제공 등의 편파행위를 한다는 의식이 필요하다고 보므로(대법원 2005. 11. 10. 선고 2003다271 판결) 인정되기 어려울 것이다.

유증행위도 부인권 행사의 대상이 될 수 있다. 유증을 받은 자에 대한 변제 그 밖의 채무의 소멸에 관한 행위가 우선권 있는 채권을 가진 파산채권자를 해하는 때에는 부인할 수 있다(법 제401조). 포괄적 유증을 받은 자에 대한 행위도 마찬가지이다. 여기서 우선권 있는 채권에는 상속채권자의 채권자가 포함된다. 다만, 위 규정의 반대해석상 우선권 있는 채권자를 해하는 결과가 발생하지 아니한 경우에는 부인권 행사의 대상이 될 수 없다고 보아야 한다.

CHAPTER 14

상속인의 파산

제14장

상속인의 파산

제1절 개 요

상속인이 파산하게 되면 상속재산과 상속인의 고유재산에 대한 처리의 문제, 상속채권자와 상속인의 고유채권자와의 관계 문제, 상속인들 사이의 법률문제 등 여러 문제가 중첩적으로 발생할 수 있으므로, 이를 해결하고자 현행법은 상속인의 파산에 관한 여러 규정을 두고 있다.

이 장에서는 상속인이 파산한 경우 발생할 수 있는 파산절차상의 문제가 어떻게 해결되는지를 살펴본다. 상속인인 채무자는 이 장을 통해 자신이 한 상속법상의 행위가 파산절차에서 어떻게 다루어지는지, 자신의 고유재산과 상속재산이 어떻게 처리되는지 알 수 있을 것이다.

제2절 파산선고 전의 상속포기, 상속재산분할의 합의

파산신청 전 상속포기는 사해행위 취소의 대상이 될 수 없고, 면책불허가 사유가 되지 않는다. 다만, 부인권 행사의 대상이 될 수 있는지에 대한 명확한 판례는 없으나, 인정되기 어려울 것이다. 그러나 파산신청 전 상속재산분할의 합의는 부인권 행사의 대상이 될 뿐만 아니라, 면책불허가 사유가 될 수 있다.

제 3 절 파산선고 후의 단순승인, 상속포기

파산선고 후의 피상속인의 사망으로 상속개시가 있는 경우 채무자가 파산선고 후에 한 단순승인은 파산재단에 대하여는 한정승인의 효력을 가진다(법 제385조). 또 파산선고 전에 피상속인의 사망으로 인하여 상속개시가 있었으나 채무자가 파산선고 후에 한 상속포기도 마찬가지이다(법 제386조 제1항). 다만, 파산선고 후에 상속개시가 있는 경우 상속인인 채무자가 취득하는 상속재산은 신득재산에 해당하여 파산재단에 포함되지 않는다. 파산선고 전에 상속개시가 있는 때의 상속재산이 파산재단에 속하는 것과는 다르다.

파산재단에 대하여 한정승인의 효력을 가지므로 상속채권자, 유증을 받은 자는 상속재산에 대한 권리 외에 채무자의 고유재산에 대한 권리를 행사할 수 없다(법 제436조).

제 4 절 채권자간의 우선순위

파산선고 후 피상속인의 사망으로 상속개시가 있는 경우에 채무자가 단순승인 또는 단순승인으로 의제된 경우에도 상속재산은 파산재단에 속하지 아니하므로, 상속채권자와 채무자인 상속인의 채권자 사이의 우선순위는 문제되지 않는다. 상속포기, 한정승인한 경우에도 마찬가지이다.

파산선고 전에 채무자가 단순승인하였거나, 단순승인으로 의제된 경우에는 상속재산은 파산재단에 속하고 상속채권자, 즉 상속채권자와 유증을 받은 자는 파산채권자로서 채권의 전액에 관하여 권리를 행사할 수 있다(법 제434조). 채무자가 한정승인을 한 경우 또는 제435조에 의하여 한정승인으로 의제된 때에는 상속인의 고유재산으로부터 파산채권자로서 권리를 행사할 수 없고(법 제436조), 단지 채무자의 상속재산에 관하여만 그 권리를 행사할 수 있다. 이 때 파산관재인은 파산재단을 상속재산인 파산재단과 상속인의 고유재산인 파산재단으로 구분하여 별도 관리하여야 할 것이다. 그러나 재산의 분리가 있을 때에는 다르다(법 제434조).

상속재산 및 상속인에 대하여 파산선고가 있는 때에는 상속채권자 및 유증을 받은 자는 파산채권자로서 채권의 전액에 대하여 각 파산재단(상속재산으로 형성된 파산재단과 상속인의 고유재산으로 형성된 파산재단)에 파산채권자로서의 권리를 행사할 수 있다(법 제435조). 이때, 상속재산으로 형성된 파산재단에 관하여는 상속채권자가 유증을 받은 자의 채권보다 우선하고, 상속채권자 및 유증을 받은 자의 채권은 상속인의 채권자보다 우선한다. 상속인의 고유재산으로 형성된 파산재단에 관하여는 상속인의 채권자가 상속채권자 또는 유증 받은 자보다 우선한다(법 제444조, 제445조).

CHAPTER 15

배우자의 재산에 대한 처리

제15장

배우자의 재산에 대한 처리

제1절 개 요

우리나라 민법은 부부별산제를 채택하고 있다. 그렇기 때문에 부부 중 일방이 혼인 전부터 가진 고유재산과 혼인 중 자기의 명의로 취득한 재산은 부부 중 일방의 특유재산으로 본다(민법 제830조 제1항). 그러나 부부의 누구에게 속한 것인지 분명하지 아니한 재산은 부부의 공유로 추정된다(민법 제830조 제2항). 이와 같은 특유재산의 추정은 실질적으로 다른 일방 또는 쌍방이 그 재산의 대가를 부담하여 취득한 것이 증명된 때에는 번복되어 다른 일방의 소유이거나 쌍방의 공유로 보나(대법원 1992. 8. 14. 선고 92다16172 판결 등), 대가를 부담하였다는 것에 대한 증명은 재산을 취득함에 있어 상대방의 협력이 있었다거나 혼인 생활 중에 내조의 공이 있었다는 것만으로 부족하다(대법원 1986. 9. 9. 선고 85다카1337, 1338 판결 등).

개인파산절차에서 채무자의 배우자가 재산을 소유하고 있을 때에는 배우자의 재산형성 경위에 대하여 조사가 이루어질 수밖에 없다. 이는 채무자의 재산이 부부공동생활 중에 배우자에게 쉽게 유입될 가능성이 높고, 배우자의 재산형성에 채무자가 그 대가를 부담하였다면, 그 부분은 파산재단이 되어 관리·처분권이 파산관재인에 속하기 때문이다. 따라서 파산관재인의 배우자 명의의 재산에 대한 조사는 1차적으로 파산재단의 관리·처분권의 규정에 의하여, 2차적으로는 면책불허가 사유에 대한 보고의무 규정에 그 근거를 둔다고 볼 수 있다.

개인파산절차에서도 채무자가 배우자의 재산형성 경위에 대하여 구체적으로 소명하여, 그 재산이 배우자가 혼인 전부터 가진 고유재산이거나, 혼인 중 배우자의 소득으로 마련한 것임이 분명한 때에는 배우자의 특유재산으로 인정되는 점에는 다름이 없다. 그러나 배우자의 수익으로 마련된 것임이 불분명한 경우이거나, 배우자의 협조불응으로 인하여 배우자의 재산형성 내역을 밝히기 어려운 경우, 또는 이혼하여 연락두절 상태인 경우에 파산절차에서 배우자 명의의 재산에 대해 어떻게 다루어지는지에 대하여 알 필요가 있다. 채무자의 배우자가 고액의 재산을 가지고 있음에도 단순히 그 재산형성 과정에 대한 소명이 어렵다는 이유만으로 만연히 파산·면책결정이 된다면 이는 채권자들의 일반적인 법감정에 반하게 된다. 이는 파산·면책제도가 필연적으로 채권자들의 희생을 감수하면서 채무자의 새로운 출발을 도모하는 제도라는 측면에서 쉽게 무시될 수 없는 사정이다.

이 장에서는 채무자의 (전)배우자가 재산을 가지고 있는 경우에 파산관재인의 조사, 부인권 행사, 그 밖에 파산관재인이 취할 수 있는 법적 조치, 면책불허가 사유에 해당하는지 여부에 대하여 살펴보도록 한다.

제 2 절 파산관재인의 조사

1. 파산관재인 조사 일반

파산관재인은 우선적으로 채무자의 재산에 대하여 조사한다. 채무자의 재산에는 파산선고 당시의 채무자가 가지고 있는 재산에 대한 조사뿐만 아니라, 파산선고 전의 원인으로 발생한 청구권도 파산재단에 속하므로 이에 대하여도 조사한다. 또한 법적으로 채무자의 재산에 귀속되어야 하는 재산에 대한 조사를 하여야 하므로, 배우자의 재산에 대한 조사는 배우자의 재산 중에 채무자의 재산으로 파악될 수 있는 재산이 있는지에 대한 조사에 중점을 두게 된다.

파산관재인은 채무자가 제출한 파산·면책신청서 재산목록상에 배우자 명의의 재산란에 기재된 재산내역을 파악하고, 「파산관재인에 대한 채무자의 자료제출」에 따라 제출된 배우자의 지방세 세목별과세증명서, 지적전산자료조회결과 등의 서류를 통해 배우자의 재산을 파악한다. 이후 채무자와 면담을 통하여 구두 또는 서면으로 배우자 재산형성 내역에 대하여 소명을 요청하여, 채무자가 제출한 소명자료에 비추어 배우자 명의의 재산이 배우자의 고유재산인지 여부를 파악하게 된다. 배우자 명의의 대부분의 재산은 부동산 또는 임차보증금이므로, 소명자료는 등기부등본, 계약서(매매계약서, 임대차계약서)와 매매대금 또는 임차보증금을 지급한 금융자료, 배우자의 소득을 알 수 있는 자료(소득금액증명서 등)라 할 것이다.

2. 파산관재인의 조사의 강도

배우자 명의의 재산이 있다고 하여 모든 사안에서 동일한 강도로 배우자의 재산에 대한 조사가 이루어지는 것은 아니다. 배우자의 재산형성 내역에 대한 조사는 배우자의 개인정보나 신용정보에 대한 조사를 수반할 수밖에 없어 배우자의 재산권 또는 개인정보보호권을 침해할 소지가 있기 때문이다. 따라서 배우자 명의의 재산의 유형, 재산의 가액, 배우자의 소득활동의 정도, 재산취득시기의 위기시와의 근접성, 이혼하였는지 여부, 이혼 시기 등을 종합적으로 고려하여 조사의 강도가 조정될 수 있다.

가. 재산의 유형

배우자 명의의 재산이 부부공동생활에 필수불가결한 재산일수록, 채무자의 생활보장에 필요최소한의 재산일수록 조사의 강도 및 소명의 정도는 완화될 수 있다. 예를 들어, 배우자 명의의 재산이 소액임차보증금이거나 임의적 면제재산범위 내의 보장성 보험해약환급금인 경우에는 조사의 강도가 완화될 것이다. 그러나 배우자 명의의 재산이 투자자산이거나, 고액의 부동산인 경우에는 그 형성과정에 대한 조사는 엄격할 수밖에 없다.

나. 재산의 가액

배우자 명의의 재산의 가액이 크면 클수록 조사의 강도와 소명의 정도는 강화될 수 있다. 배우자가 고액의 재산을 가지고 있음에도 채무자가 파산·면책 결정을 받는 것은 채권자들의 법감정에 반하기 때문이다.

다. 배우자의 소득활동의 정도

배우자가 특별한 소득활동을 하지 않은 상태에서 재산을 취득하였다면, 그 재산형성 경위에 대한 조사의 강도가 강화될 것이다. 반면에 배우자가 고액의 소득원이 있다는 사실이 소명된 경우라면 그 강도는 상대적으로 약화될 수 있다.

라. 재산형성 시기의 상황

배우자의 재산취득 시기가 채무자의 위기시기와 근접하면 할수록, 채무자 명의의 재산처분 시기와 근접하면 할수록 조사의 강도와 소명의 정도는 강화될 수 있다. 위기시에 채무자의 재산이 은닉될 가능성이 높고, 채무자 명의의 재산 처분대금이 배우자 명의의 재산으로 유입될 가능성이 높기 때문이다.

마. 이혼 여부 및 이혼 시기

배우자와 공동생활 중이라면, 채무자가 파산·면책신청을 한 사실을 배우자가 알 수 있고, 채무자의 협조를 받을 수 있을 가능성이 높으므로 조사의 강도와 소명의 정도는 강화될 것이다. 이혼을 하였거나 이혼 시기가 파산신청시로부터 오래 전일수록 조사의 강도는 완화될 수밖에 없다. 이혼에 따라 별거생활 중인 전 배우자의 협조를 받기 어려운 점이 고려될 수 있기 때문이다. 다만, 가장이혼이 의심될 경우에는 면책불허가 사유가 될 수 있으므로 이 부분에 대한 조사는 따로 강도 높게 이루어질 수밖에 없다.

바. 재산취득의 시기

배우자가 재산을 10년 전에 취득한 경우에는 채무자가 명의신탁한 재산이 아닌 한 면책불허가 사유로 삼거나, 부인권 행사의 대상으로 삼을 수 없다. 또한 채무자에게 배우자가 10년 전에 취득한 재산형성 내역을 상세히 소명하라는 것은 자료의 산일 등으로 어려울 수 있다는 점이 고려될 수 있다.

제 3 절 부인권 행사

1. 채무자 명의의 재산이 배우자에게 이전된 경우

채무자가 지급불능 시점에 즈음하여 배우자에게 자신의 재산을 증여 또는 무상양도하였거나, 현저히 불이익하게 처분한 경우에는 특별한 사정이 없는 한 이혼 여부를 불문하고 위 증여 또는 무상양도행위는 부인권 행사의 대상이 될 수 있다.[1] 다만, 재산양도 시기가 10년이 지난 경우에는 부인권 행사의 제척기간이 도과하여 부인권 행사의 대상이 되지 않는다.

2. 채무자 명의의 재산이 배우자에게 이전되지 않은 경우

가. 이혼하지 않은 경우

배우자 명의의 재산이 있다고 하더라도 채무자 명의의 재산이 이전된 것이 아닌 한 부인권 행사의 대상이 되기 어렵다. 다만, 배우자 명의의 재산이 특유재산의 추정이 깨어질 정도로 그 대가를 채무자가 부담한 것이 밝혀진 경우에는 파산관재인이 기타 법적 조치를 통해 채무자의 지분으로 평가될 수 있는 부분에 대한 환가절차를 진행할 수 있다.

---

1 사해행위취소권의 행사와 관련하여 대법원은 "이미 채무초과 상태에 있는 채무자가 이혼을 함에 있어 자신의 배우자에게 재산분할로 일정한 재산을 양도함으로써 결과적으로 일반 채권자에 대한 공동담보를 감소시키는 결과로 되어도, 위 재산분할이 민법 제839조의2 제2항 규정의 취지에 따른 상당한 정도를 벗어나는 과대한 것이라고 인정할 만한 특별한 사정이 없는 한 사해행위로서 채권자에 의한 취소의 대상으로 되는 것은 아니라고 할 것이고, 다만 위와 같은 상당한 정도를 벗어나는 초과부분에 관한 한 적법한 재산분할이라고 할 수 없기 때문에 그 취소의 대상으로 될 수 있다고 할 것인바, 위와 같이 상당한 정도를 벗어난 과대한 재산분할이라고 볼 만한 특별한 사정이 있다는 점에 관한 입증책임은 채권자에게 있다고 할 것이다"(대법원 2000. 7. 28. 선고 2000다14101 판결)라고 판시하였다. 사해행위취소권의 행사에 대하여는 원칙적인 부정, 예외적 인정이 대법원 판례의 취지인 것으로 보인다.

나. 이혼하고, 재산분할협의 또는 심판이 있었던 경우

원칙적으로 이혼에 따른 재산분할협의 또는 심판에 대하여는 사해행위취소권의 대상이 될 수 없다고 보는 것이 판례의 태도이다. 그러나 상당한 범위를 벗어난 초과부분에 대하여는 적법한 재산분할이라고 할 수 없어 취소의 대상이 된다고 한다(대법원 2000. 7. 28. 선고 2000다 14102 판결 등). 따라서 원칙적으로는 재산분할의 합의 또는 심판에 대하여는 부인권 행사의 대상이 될 수 없다고 하겠으나, 상당한 범위를 초과하는 부분에 대하여는 부인권 행사의 대상이 될 수 있다고 볼 것이다. 다만 부인권 행사의 제척기간 10년이 지나지 않아야 한다.

재판상 화해 또는 조정을 통해 재산분할이 된 경우에도 그 범위가 상당성을 초과한 경우에는 부인권 행사의 대상이 될 수 있다. 부인권 행사의 대상에는 소송행위도 포함되기 때문이다.

다. 이혼하고, 재산분할협의 또는 심판이 없는 경우

이혼으로 인한 재산분할청구권은 협의 또는 심판을 거쳐 그 권리의 구체적인 내용이 형성되기까지는 그 권리의 범위 및 내용이 불명확·불확정적이기 때문에 그 권리가 발행하였다고 할 수 없어 사해행위 취소의 대상이 될 수 없다고 한다(대법원 2013. 10. 11. 선고 2013다7936 판결). 부인권 행사의 대상도 될 수 없다고 보아야 할 것이다. 다만, 이혼한 지 2년이 경과하지 않은 경우에는 파산관재인이 재산분할 청구를 할 수 있고(실무상 견해의 대립이 있다), 면책불허가 사유가 될 소지가 있다.

제 4 절 기타 법적 조치

1. 명의신탁

채무자가 배우자에게 명의신탁한 사실이 밝혀진 때에는 파산관재인은 명의신탁을 해지하고 명의신탁한 배우자 명의의 재산을 파산재단에 환수하는 절차를 진행할 것이다.

아파트 분양대금을 명의자인 남편이 아니고 처가 부담한 경우, 처의 단독 소유라고 본 판례가 있다(대법원 1992. 8. 14. 선고 92다16171 판결).

2. 배우자 명의의 재신에 채무자의 재산이 유입된 경우

부동산의 취득대가를 부부 쌍방이 부담한 경우 그들의 그 취득대가의 부담비율에 따라 공유한다고 보므로(대법원 1994. 12. 22. 선고 93다52068 판결 등), 배우자 명의의 재산에 채무자의 재산이 유입된 사정이 밝혀진 때에는 그 부담비율에 따라 부부가 공유하는 것으로 볼 수 있다. 따라서 파산관재인은 배우자와의 협의를 통해 공유물분할의 협의를 진행한 후 협의가 이루어지면, 그 협의에 따라 파산재단을 형성하고, 협의가 이루어지지 아니하는 때에는 재판상 분할청구를 하여 파산재단에 환수할 수밖에 없다(민법 제269조 제1항).

불분할약정이 있는 경우에도 공유자 중 1인이 파산선고를 받은 경우 분할청구를 할 수 있고, 다른 공유자는 상당한 대가를 지급하고 파산선고를 받은 채무자의 지분을 취득할 수 있다(법 제344조).

3. 이혼한지 2년이 지나지 않은 경우

채무자가 배우자와 이혼한 지 2년이 지나지 않았고, 재산분할을 하지 않았으나, 재산분할을 포기한 것이 상당성을 벗어난 경우에는 파산관재인은 가정법원에 재산분할청구를 하여 파산재단에 환수할 수 있다(실무에는 위 재산분할청구의 인정 여부에 대하여 다툼이 있다).

제 5 절 면책불허가

1. 재산의 은닉 또는 불이익한 처분

채무자가 지급불능 시점에서 채무자의 재산을 배우자에게 증여 또는 무상

양도를 하였거나 이에 준하는 불이익한 처분을 한 때에는 본 규정상의 면책불허가 사유가 될 것이다. 이혼에 의한 재산분할에 있어서는 그 내용이 상당한 정도를 넘어서 과대한 것이라고 평가되지 않는 한 '불이익한 처분'에 해당하지 않을 것이다. 또한 이혼에 따른 재산분할 포기행위가 사해행위취소소송의 대상이 되지 않고, 부인권 행사의 대상이 되지 않는다면 파산재단에 회복될 수 없는 재산에 대한 불이익한 처분행위도 면책불허가 사유가 될 수 없다는 견해에 의할 때, 재산분할협의 또는 심판이 없는 경우에 면책불허가 사유가 될 수 없을 것이다.

그러나 채무자가 지급불능 상태에서 채무자의 유일한 재산을 매각한 후 그 매매대금의 대부분을 이혼에 따른 재산분할 또는 위자료 명목으로 배우자에게 지급한 경우, 채무자 소유 부동산 처분대금으로 배우자 명의의 재산을 취득하는 등 채무자의 기여도가 상당함에도 지급불능 상태에서 협의이혼을 하면서 재산분할을 포기한 경우에 '불이익한 처분'으로 인정되어 면책불허가된 사례가 있다.

2. 설명의무 위반

배우자의 재산형성 과정에 대하여 채무자가 기여하였을 것으로 의심할 수 있는 사정이 있음에도 배우자의 재산형성 경위에 대한 설명을 하지 아니한 경우에 본 규정이 적용되어 면책이 불허가될 수 있다.

이와 관련하여 하급심은, 지급불능 이후에 채무자의 배우자가 여러 차례 부동산 거래를 한 정황 등을 들어 파산관재인이 설명요구하였음에도 이를 설명하지 못하여 면책불허가하거나(서울중앙지방법원 2011. 8. 12.자 2010라1090 결정), 지급불능에 이른 상태에서 전 배우자에게 6개월 간 합계 9,600만원을 송금하였고, 전 배우자와 혼인관계가 유지되던 시점에 매수한 부동산을 그로부터 3년이 경과한 시점인 파산신청 이후에 전 배우자 명의로 소유권이전등기를 경료한 사실이 드러나 파산관재인이 위 송금내역과 경위, 위 부동산의 매매대금 마련 경위, 이혼시의 재산분할내역 등에 대하여 설명을 요구한 사안에서 채무자가 이를 설명하지 않아 면책불허가한 사례(서울중앙지방법원 2013. 6. 17.자 2012라88 결정) 등이 있다.

이상의 내용을 표로 정리하면 아래와 같다.

※ 배우자 재산에 대한 개인파산절차에서 처리

<table>
<tr><th></th><th colspan="2">이혼하지 않은 경우</th><th colspan="2">이혼한지 2년이 지나지 않는 경우</th><th>이혼한지 2년이 지난 경우</th></tr>
<tr><td>파산관재인 조사강도</td><td colspan="2">배우자의 재산형성과정에 대한 엄격한 조사</td><td colspan="2">배우자의 재산형성과정에 대한 보통의 조사</td><td>배우자의 재산형성과정에 대한 완화된 조사</td></tr>
<tr><td rowspan="3">부인권 행사</td><td>채무자 재산이 이전된 경우</td><td colspan="3">원칙적으로 ○(단, 상당성을 벗어나지 않은 경우 ×)</td><td>원칙적으로 ○(단, 이혼한 지 10년이 지난 경우 ×)</td></tr>
<tr><td rowspan="2">채무자 재산이 이전되지 않은 경우</td><td rowspan="2">×</td><td>재산분할 협의 또는 심판이 있는 경우</td><td>원칙적으로 × (단, 상당성을 벗어난 경우 ○)</td><td>원칙적으로 × (단, 이혼한 지 10년이 지나지 않고 상당성을 벗어난 경우 ○)</td></tr>
<tr><td>재산분할 협의 또는 심판이 없는 경우</td><td colspan="2">원칙적으로 ×</td></tr>
<tr><td rowspan="3">기타 법적 조치</td><td>명의신탁 재산</td><td colspan="4">파산관재인, 명의신탁 해지를 원인으로 하는 소 제기 ○</td></tr>
<tr><td>명의신탁 재산이 아닌 경우</td><td>파산관재인, 명의신탁 해지 소제기 ×</td><td colspan="2">파산관재인, 가정법원에 재산분할 소 제기 △</td><td>파산관재인, 가정법원에 재산분할 소 제기×</td></tr>
<tr><td>채무자가 재산형성에 기여한 경우</td><td colspan="4">공유물 분할 협의 또는 재판상 청구 ○</td></tr>
<tr><td rowspan="3">면책불허가</td><td>배우자에게 증여한 경우</td><td colspan="3">○</td><td>○(단, 이혼한 지 10년이 지난 경우 ×)</td></tr>
<tr><td rowspan="2">배우자에게 증여하지 않은 경우</td><td rowspan="2">기여도가 있음에도 설명요구 불응시 ○</td><td>재산분할 협의 또는 심판이 있는 경우</td><td>상당성을 벗어난 경우에 한하여 ○</td><td>이혼한 지 10년이 지나지 아니하고 상당성을 벗어난 경우에 한하여 ○</td></tr>
<tr><td>재산분할 협의 또는 심판이 없는 경우</td><td colspan="2">원칙적으로 ×(단, 이혼한지 10년이 지나지 아니하고, 기여도가 있음에도 설명요구 불응시 ○)</td></tr>
</table>

CHAPTER 16

파산자의 신분상 제한 및 복권

제16장

파산자의 신분상 제한 및 복권

제 1 절 파산자의 신분상 제한

채무자는 파산선고로 파산자의 신분이 된다. 법은 제32조의2에서 "누구든지 이 법에 따라 파산절차에 있다는 이유로 정당한 사유 없이 취업의 제한이나 해고 등 불이익한 처분을 받지 아니한다"라고 규정함으로 차별취급의 금지를 명확히 하고 있다. 따라서 회사의 내규나 취업규칙에 파산선고를 당연퇴직 사유로 정하였다고 하더라도 파산선고된 사실만으로 정당한 사유 없이 근로자인 채무자에게 감봉이나 해고 등의 불이익한 조치를 할 수 없다.

그러나 민법을 비롯한 개별법에 파산자에 대한 신분상의 제한을 두고 있는 것이 현실이다. 파산자가 신분상으로 어떤 제한을 받는지 살펴본다.

1. 민법상의 제한

후견인 또는 유언집행자(민법 제937조 제3호, 제1098조)

2. 직업상 결격사유

일반직·특정직·별정직 공무원(국가공무원법 제33조, 제3조 제1항), 지방공무원(지방공무원법 제31조), 장교·준사관·부사관(군인사법 제10조), 경찰공무원(경찰공무원법 제7조), 교육공무원(교육공무원법 제10조의4), 사립학교교원(사립학교법 제52조), 임명공증인(공증인법 제13조), 변호사(변호사법 제5조), 외국법자문사(외국법자문사법 제5조), 법무사(법무사법 제6조), 감리원(건설기술관리법 제28조의3), 결혼중개업 운영자 및 종사자(결혼중개업의 관리에 관한 법률 제6조), 일반경비원(경비업법 제5조), 공인노무사(공인노무사법 제4조), 공인회계사(공인회계사법 제4조), 관세사(관세사법 제5조), 도선사(도선법 제6조), 정비사업조합의 임원(도시개발법 제14조), 변리사(변리사법 제4조), 감정평가사(부동산 가격공시 및 감정평가에 관한 법률 제24조), 산림조합의 임원(산림조합법 제39조), 지구별수협의 임원(수산업협동조합법 제51조), 아이돌보미(아이돌보미 지원법 제6조), 행정사(행정사법 제6조).

일반직·특정직·별정직 공무원 등은 파산선고가 확정되면 당연퇴직되고 면책을 받아 당연복권되더라도 퇴직이 무효가 되거나 복직되지 않는다.

3. 사업상 결격사유(사업명 가나다 순)

가출분료관련 영업허가(가축분료의 관리 및 이용에 관한 법률 제31조), 감리전문회사 등록(건설기술관리법 제29조), 개인택시 등 여객자동차운송사업 면허 및 등록(여객자동차운수사업법 제6조) 건강기능식품영업 허가(건강기능식품에 관한 법률 제9조), 건설업 등록(건설산업기본법 제13조), 건설폐기물처리업 허가(건설폐기물의 재활용촉진에 관한 법률 제24조), 건축사사무소개설 신고 및 감리 등 업무 신고(건축사법 제24조), 고압가스관련 허가 및 등록(고압가스 안전관리법 제6조), 골재채취업 등록(골재채취법 제15조), 공인중개사개설 등록(공인중개사업무 및 부동산거래신고에 관한 법률 제10조), 관광사업 등록(관광진흥법 제7조), 기부금품모집 등록(기부금품의 모집 및 사용에 관한 법률 제4조), 기술사사무소 개설등록(기술사법 제7조), 다단계판매업 등록(방문판매등에 관한 법률 제13조), 담배소매업 지정(담배사업법 제16조), 대부업 등록(대부업등의 등록 및 금융이용자 보호에 관한 법률 제4조), 먹는물 사업관련 허가(먹는물 관리법 제24조), 목재생산업 등록(목재의 지속가능한 이용에 관한 법률 제25조), 보험설계사 등록(보험설계사법 제84조), 세무사 등록(세무사법 제4조), 식품관련 영업 허가(식품위생법 제38조), 액화석유가스관련 허가(액화석유가스의 안전관리 및 사업법 제5조), 어린이집 설치·운영(영유아보육법

제16조), 옥외광고업 등록(옥외광고물등 관리법 제11조의2), 자동차매매업·자동차정비업·자동차해체재활용업 등록(자동차관리법 제54조), 전기공사업(전기공사업법 제5조), 주류판매업(주세법 제10조), 주택건설사업 등록(주택법 제11조), 중도매업 허가·시장도매인 지정(농수산물 유통 및 가격안정에 관한 법률 제23조, 제26조, 제36조), 직업소개사업의 신고·등록 및 근로자공급사업의 허가(직업안정법 제38조), 직업훈련시설 지정(근로자직업능력개발법 제29조), 폐기물처리업 허가(폐기물관리법 제26조), 폐수처리업 등록(수질 및 수생태계보존에 관한 법률 제67조), 학원의 설립·운영·등록(학원의 설립·운영 및 과외교습에 관한 법률 제9조), 할부거래업 등록(할부거래에 관한 법률 제20조), 화장품제조판매업 등록(화장품법 제3조), 화물자동차 운송사업 허가(화물자동차운수사업기본법 제4조) 등이 있다. 기존의 허가·등록은 취소사유가 될 수 있다.

제 2 절 복 권

개인파산·면책절차를 통해 면책결정이 되더라도 채무자의 채무에 대한 책임이 소멸하는 것이지 파산선고로 인한 신분상의 제한이 회복되는 것은 아니다. 법은 채무자의 신분상의 제한을 소멸시켜 본래의 신분상의 지위를 회복시키기 위해 복권에 관한 규정을 두고 있다. 복권에는 일정한 사유가 있으면 특별한 절차 없이 복권되는 당연복권과 채무자의 신청에 의하여 재판을 거쳐 복권이 되는 신청에 의한 복권이 있다.

1. 당연복권

가. 면책결정이 확정된 때(법 제574조 제1호)

법 제564조 제1항, 제2항에 의하여 전부면책된 경우이다. 따라서 면책결정이 확정되면 개별법에 특별한 규정이 없는 한, 파산자로서의 신분상 제한은 해소된다.

나. 동의폐지가 확정된 때(제2호)

동의폐지기 확정되면 당연복권된다. 동의폐지가 되었다고 하더라도 잔존 채무에 대한 변제책임이 있다는 점에서 면책결정이 확정된 때와 다르다.

다. 파산선고 후 10년이 경과한 때(제3호)

채무자가 파산선고 후 사기파산죄로 유죄판결을 받지 않고 10년이 경과한 때, 특별한 절차 없이 당연복권된다. 기산일은 파산선고일이지 면책기각, 면책불허가 결정일이 아니다. 채무의 변제책임은 면제되지 않는다.

2. 신청에 의한 복권

가. 요 건

변제 그 밖의 방법으로, 파산채권자에 대한 채무의 전부에 관하여 그 책임이 면제되어야 한다. 그 밖의 방법에는 채무의 소멸이 되는 법적 사정, 즉 대물변제, 경개, 공탁, 상계, 소멸시효 완성 등이 있다. 전체 파산채권자에게 일부변제를 하고 나머지에 대하여 탕감하는 방법으로 합의를 한 경우에도 신청에 의한 복권을 허가하고 있다.

나. 절 차

(1) 신 청

복권되고자 하는 채무자는 파산법원에 복권신청을 하고(법 제575조 제1항), 신청서와 함께 파산채권 전부에 관한 책임을 면한 것을 증명하는 서면을 첨부하여야 한다(같은 조 제2항, 양식 15). 관할은 기존에 채무자에 대한 파산을 선고한 법원이다. 인지 1,000원, 10회분의 기본송달료 37,000원과 채권자들에 대한 3회분의 송달료 납부서를 첨부하여야 한다.

(2) 공 고

법원은 복권신청 사건에 대하여 '하기'번호를 부여하고, 보정명령과 심문기일을 통해 복권의 요건이 충족되었는지 확인한 후 신청이 적법하면 이를 공고

한다.

(3) 이의신청

파산채권자는 공고일로부터 3월 이내에 이의신청을 할 수 있다(법 제577조 제1항). 이의신청이 있으면 채무자 및 이의신청인의 의견을 들어야 한다(법 제577조 제2항). 서면제출, 직권조사, 심문기일지정 등의 방식으로 할 것이다.

다. 결정 및 불복

이의신청에 대한 심리결과 잔존채무가 존재한다고 판단되면 복권불허가 결정을 한다. 이에 대해 채무자는 즉시항고할 수 있다(법 제575조 제3항).

이의신청이 이유가 없거나 이의신청 제출기한을 도과한 경우 또는 이의신청이 없을 때에는 복권허가 결정을 한다. 이에 대해 파산채권자는 즉시항고할 수 있다(법 제575조 제3항).

CHAPTER 17

재도(再度)의 파산

제17장

재도(再度)의 파산

제1절 재도의 파산이 논의되는 이유

채무자가 법원으로부터 면책기각 또는 면책불허가 결정을 받게 되면, 즉시항고를 통해 번복되지 않는 이상, 동일한 파산에 관하여 다시 면책을 받을 수 있는 기회는 영원히 박탈되고, 다만 파산선고 후 10년이 경과한 후에야 복권신청을 통해 파산자로서의 신분상 제약에서 벗어날 수 있을 뿐이다. 이와 같이 한번 면책결정을 받지 못한 채무자에게 다시 파산절차에서 면책결정을 받을 수 있는 기회를 원천적으로 박탈하는 것이 채무자에게 너무 가혹하다는 비판이 있어, 면책기각 또는 면책불허가 결정을 받은 채무자에게 다시 면책결정을 받을 수 있는 기회를 주는 것이 가능한지에 대한 논의가 있어왔다.

그런데, 법은 파산신청과 별도로 면책신청을 할 수 없도록 규정하고 있기 때문에[1] 파산선고를 받았으나 면책결정을 받지 못한 파산자인 채무자가 새롭게 파산신청을 하지 않는 한 면책신청을 할 수 없게 된다. 따라서 파산자인 채무

1 법 제556조 제1항에는 "개인인 채무자는 파산신청일부터 파산선고가 확정된 날 이후 1월 이내 면책신청을 할 수 있다"라고 규정하여 면책신청의 기간을 제한하고 있을 뿐만 아니라, 면책신청은 파산신청에 수반되어야 함을 규정하고 있다.

자가 면책을 받기 위해서 다시 법원에 파산신청을 하는 경우 이를 어떻게 처리할 것인지에 대한 논의가 재도의 파산의 인정 여부에 대한 논의의 핵심이다.

제 2 절 재도의 파산이 문제되는 모습

재도의 파산신청은 파산자(10년이 경과하여 당연복권이 된 파산자도 포함한다)가 면책을 위하여 다시 파산신청을 하는 것을 말한다. 따라서 면책결정이 확정되어 당연복권된 자가 종전의 파산선고 이후 새로운 파산원인에 의하여 한 파산신청이나, 종전의 파산신청이 각하 또는 기각되어 채무자가 다시 한 파산신청은 재도의 파산신청을 인정하느냐의 문제와는 상관이 없다.

종전에 면책결정을 받은 채무자는 당연복권되어 파산자의 신분에서 벗어났기 때문에 새로이 파산신청을 하는데 아무런 문제가 없다. 다만 종전의 면책결정이 파산절차에 의한 경우에는 7년, 회생절차에 의한 경우에는 5년이 경과되지 않으면 면책이 불허될 수 있다는 제한이 있을 뿐이다. 또 종전의 파산신청이 각하 또는 기각되었다고 하더라도 종전의 파산신청에 대한 결정에 재소금지효력이나 기판력이 인정되지 않으므로 새로운 파산신청은 허용되는 것으로 보고 있다.[2]

따라서 재도의 파산신청의 허용 여부가 문제되는 사안은, ① 채무자가 파산선고를 받았으나 면책결정을 받지 못한 경우와 ② 면책결정을 받았으나 일부 채권자가 누락된 경우로 나누어 볼 수 있고, 다시 ①유형은 다시 ㉠ 면책신청을

2 법 제559조 제2항에서 "제1항의 규정에 의하여 면책신청이 기각된 채무자는 동일한 파산에 관하여 다시 면책신청을 할 수 없다"고 규정하고 있다. 그런데, 같은 조 제1항 제2호에는 "채무자에 대한 파산절차의 신청이 기각된 때"에 법원은 면책신청을 기각할 수 있다고 규정하고 있어, 종전에 파산신청과 함께 면책신청이 기각된 채무자가 새로이 파산신청을 하는 경우에, 파산기각결정에 재소금지효나 기판력이 없어 채무자에게 파산원인 사실이 인정되는 때에는 파산선고가 가능하나 면책신청(또는 의제된 면책신청)은 각하 또는 기각되어야 하는 것이 아닌지 의문이다. 그러나 종전에 면책에 대한 실질적인 심판조차 받지 못한 채무자에게 면책을 받을 수 있는 기회를 박탈하는 것은 면책제도의 취지에 반하여 채무자에게 너무 가혹하다. 실무에서도 위 조항을 들어 면책신청을 각하 또는 기각하는 사례는 보이지 않는다.

하지 않았거나, 면책신청 기간을 준수하지 못하여 면책결정 자체가 없는 경우, ㉡ 채무자가 면책신청을 취하하여 면책결정 자체가 없는 경우, ㉢ 면책신청이 각하 또는 기각된 경우, ㉣ 면책불허가 결정을 받은 경우로 나누어 볼 수 있다.

㉠유형이 문제되는 모습은 채권자가 파산신청을 할 때, 채무자가 면책신청을 하지 않았거나, 면책신청기간을 도과하여 면책신청을 하였거나, 법 제556조 제2항의 면책신청 추완규정에도 불구하고 면책신청을 하지 않았을 때에 한한다.

㉡유형이 문제되는 모습은 채무자가 여타의 사정으로 면책신청을 취하하는 경우이다. 채무자의 가족들에 대한 조사를 꺼려하여 면책신청을 취하한 경우, 면책불허가결정이 될 것을 우려하여 면책신청을 취하한 경우, 은닉재산이 발견되어 파산재단으로 환가되는 것보다 파산절차를 더 이상 진행시키지 않는 것이 유리하다고 판단하여 면책신청을 취하한 경우, 파산절차보다 (개인)회생절차로 진행함이 채무자에게 유리하다고 판단되어 면책신청을 취하한 경우 등 다양하다.

㉢유형이 문제되는 모습은 종전의 면책신청이 각하 또는 기각된 경우인데, 각하 사유는 위 ㉠유형과 동일하게 채무자가 면책신청의 기간을 도과하거나 이를 하지 않은 경우이므로 별도로 다룰 실익은 적다. 면책신청이 기각되는 경우는 채무자가 면책심문기일 또는 의견청취기일에 정당한 사유 없이 출석하지 않아 면책신청이 성실하지 않을 때(법 제559조 제1항 제4호)에 해당하여 기각된 경우가 대부분이다(파산신청이 기각되어 면책신청이 기각된 경우는 재도의 파산의 문제로 보지 않는 점에 대해서는 앞의 주 2에서 본 바와 같다).

㉣유형이 문제되는 모습은 법 제564조 제1항 각호에 해당하여 면책불허가 결정을 받고 그 결정이 확정된 경우이다.

②유형이 문제되는 모습은 종전에 면책을 받았는데. 면책결정 이후에 새로운 채권자가 발견된 경우거나, 채무자가 파산채권자를 누락한 경우이다.

①유형은 파산선고를 받아 이미 파산자의 신분에 있는 채무자에게 다시 파산을 신청할 수 있도록 할 것인지의 문제이나, ②유형은 면책결정을 받아 파산자의 신분에서 벗어난 채무자에게 누락된 채권자를 상대로 다시 파산을 신청할 수 있는지의 문제라는 점에서 차이가 있다.

제 3 절 종전의 논의

1. 재도의 파산 긍정설

법 제305조 제1항에 "채무자가 지급을 할 수 없는 때에는 법원은 신청에 의하여 결정으로 파산을 선고한다"라고 규정하고 있을 뿐 재도의 파산을 금지하는 별도의 규정이 없기 때문에 지급불능 상태에 있는 채무자는 언제든지 파산신청을 할 수 있다고 보아야 하며, 개인파산신청의 실질적인 목적은 면책을 받는 것이고, 법은 파산절차와 별도의 면책신청을 할 수 없도록 하고 있으므로, 재도의 파산신청은 면책결정을 받을 법률상 이익이 있다고 보아야 한다고 하여 재도의 파산신청을 긍정하는 견해이다.

2. 재도의 파산 부정설

파산제도는 총채권자를 위해 채무자의 총재산을 환가·배당하는 것을 목적으로 하므로, 한번 파산선고를 받은 이상 실질적으로 동일한 채무를 원인으로 하여 재도의 파산신청을 하는 것은 신청이익이 없고, 재도의 파산을 쉽게 허용한다면 면책신청기간을 정한 취지에 반하며, 면책신청이 기각된 채무자는 동일한 파산에 관하여 다시 면책신청을 할 수 없도록 규정하고(법 제559조 제2항) 있는 이상 재도의 파산신청을 인정한다면 위 규정의 취지를 몰각하는 것으로 보아 재도의 파산신청을 부정하는 견해이다.

제 4 절 대법원 판례

앞의 ㉠유형이 문제된 사안에서 대법원은 "면책신청이 도과하여 면책신청이 각하된 자가 면책결정을 받기 위한 목적으로 하는 재도의 파산신청은 구 파산법 제339조 제5항에 제한적으로 정한 면책신청의 추완규정을 면탈하게 하는 것으로 허용될 수 없다"(대법원 2006. 12. 21. 선고 2006마 877 판결)고 판시하였다.

㉢유형이 문제된 사안에서 대법원은 “파산결정을 받았으나 면책기각 결정을 받아 위 결정이 확정된 후 오로지 면책을 받기 위하여 동일한 파산원인으로 재차 파산신청을 하는 이른바 재도의 파산은 허용될 수 없다”(대법원 2009. 11. 6. 선고 2009마1583 판결)고 판시하였다.

㉣유형이 문제된 사안에서 대법원은 “파산결정을 받았으나 면책불허가결정을 받아 그 결정이 확정된 후에는 동일한 파산원인으로 재차 파산신청을 하는 이른바 재도의 파산신청은 허용되지 않는다”(대법원 2011. 8. 16. 선고 2011마1071 판결)고 판시하였다.

제 5 절 사 견

1. 면책제도에 대한 견해의 대립

개인파산제도의 의의와 관련하여 두 개의 견해가 상호 대립·보완되어 오고 있다. 그 하나는 파산 및 면책제도는 채권자들의 공평한 변제를 목적으로 하는 채권자의 권리실현에 있는 것으로, 파산채권자의 이익실현에 성실하게 협력한 채무자에 대하여 특전으로서 면책을 부여한 것이라는 견해(특전설)와, 채무자에게 잔여채무를 면제하여 줌으로써 채무자의 경제적 재기·갱생을 부여하여 사회보장제도의 일환으로 보는 견해(갱생설)이다.

우리 법이 일정한 면책불허가 사유가 있는 경우 이외에는 면책을 허가하도록 강제하고 있고, 법을 제정하면서 재량면책의 근거규정을 신설하는 등 갱생설의 입장에 선 입법이라고 보는 것이 다수이다. 개인파산신청을 대부분 채무자가 하고 있고, 파산채권자에게 배당할 재원이 없는 사건이 대부분이며, 이 경우 특별한 사정이 없는 한 면책결정이 이루어지고 있다는 점에서 실무도 갱생설의 입장에서 운영되고 있는 것으로 보인다.

한편, 현재 우리나라에서 소비자금융이 급격하게 발달하고 있고, 그에 따라 금융채무불이행자의 수도 급증하고 있는 상황에서 금융채무의 부담을 온전히 채무자의 문제로만 환원할 수 없고, 채무자에게 새로운 출발의 기회를 주는 것이 채무자 가족의 생활보장 및 사회경제적인 측면에서 유리하다. 또 개인파산제도가 법이론적 측면에서만 운영될 수 없고 사회경제적 측면도 함께 고려해야 한다는 점에서 파산제도의 연혁이 채무자의 재산을 채권자들에게 공평하게 분배하기 위하여 시작되었다고 하더라도 현재의 우리나라의 경제상황 및 개인파산의 실태를 함께 고려하여 면책제도를 이해해야 한다는 점도 무시할 수 없다. 이러한 점에서 면책제도는 채권자들의 은전이라는 견해에 반대한다. 채무자의 경제적 갱생을 위한 합목적적인 해석을 하여야 하며, 채무자의 면책신청권은 사회권적 기본권의 성격을 갖고 있다고 보아야 한다. 이러한 측면에서 채무자에게 동일한 파산원인에 대하여 면책받을 수 있는 기회를 1회로 한정하는 것은 부당한 것으로 보인다.

2. 법 제559조 제2항의 문제

재도의 파산을 부정하는 견해는 그 근거의 하나로 법 제559조 제2항에서 면책신청이 기각된 채무자는 동일한 파산에 관하여 다시 면책신청을 할 수 없다는 규정을 들어 만일 재도의 파산을 인정을 한다면 위 규정의 취지를 몰각할 수 있다고 한다.

그런데, 법 제559조 제2항은 '동일한 파산에 관하여' 면책신청을 할 수 없다고 규정하고 있다. '동일한 파산'을 '동일한 파산원인'으로 해석하면, 법 제559조 제1항에 의하여 면책이 기각된 채무자는 '동일한 파산원인'에 관한 파산신청에 있어서 면책신청을 할 수 없게 되고, 따라서 위와 같은 파산신청에 있어 면책을 받을 법률상 이익은 소멸하게 된다. 이 경우 면책신청은 부적법 각하되어야 할 것이다. 그런데, 면책기각 사유를 규정하고 있는 법 제559조 제1항 제2호는 '채무자에 대한 파산절차의 신청이 기각될 때' 면책신청을 기각하도록 하고 있고, 실무도 위 규정에 따라 면책신청을 기각하고 있다. 그렇다면 파산신청이 기각되어 면책이 기각된 채무자가 다시 동일한 파산원인으로 파산신청을 할 경우 법원은 파산선고는 하되, 면책신청에 대하여 각하결정을 하여야 한다. 이는 채무자에게 너무 가혹하다.[3]

---

3 구 파산법은 제347조에 파산자가 면책심리를 하여야 할 기일에 정당한 사유 없이 출석하지 아니하거나 출석하여도 진술을 거부할 때에 법원은 면책신청을 각하할 수 있고(제1항). 이 경우에는 파산자는

예를 들어, 법 제309조 제1항 제2호는 "법원에 회생절차 또는 개인회생절차가 계속되어 있고 그 절차에 의함이 채권자 일반에 이익에 부합할 때" 파산신청을 기각할 수 있다고 규정하고 있다. 따라서 채무자가 (개인)회생신청과 파산신청을 같이 한 경우에 파산법원이 (개인)회생절차에 의함이 채권자들에게 이익이 된다고 판단하면 파산신청을 기각할 수 있고, 이에 따라 면책신청도 기각되게 될 것이다. 이 채무자가 (개인)회생절차가 폐지되어, 또 다시 파산신청을 할 때, 법 제559조 제2항에 따라 면책신청이 각하될 운명이라면 이는 채무자에게 너무 가혹하다고 평가하지 않을 수 없다.[4]

또 채무자의 경제사정상 절차비용조차 납부하지 못하여 파산신청이 기각(제1항 제1호)되고 즉시항고를 하지 않아 확정되어 면책신청도 기각된 채무자에게 다시 파산신청을 하더라도 면책신청이 각하되어야 한다면 이 또한 채무자에게 가혹함에 있어 마찬가지이다.

이러한 점에서 비추어, 법 제559조 제2항이 규정하고 있는 '동일한 파산'을 '동일한 파산절차'라고 보아 동일한 파산절차에 면책이 기각된 채무에 대하여 재차 면책신청을 할 수 없다는 규정으로 해석하는 것이 이 문제를 해결할 수 있는 유일한 해석론이라고 할 것이다.[5]

3. 법 제556조 제2항(면책신청 추완규정)의 문제

대법원은 면책신청기간을 도과하여 면책신청이 각하된 채무자가 다시 면책결정을 받기 위하여 하는 파산신청은 면책신청 추완규정을 면탈하게 하는 것으로 부적법하다고 보았나. 현행 법에서는 채무자가 파산신청을 하는 경우 반대의 의사표시를 한 경우를 제외하고 파산신청과 동시에 면책신청을 한 것(법 제556조 제3항)으로 보기 때문에, 채무자가 한 파산신청에 있어 면책신청 추완규정은 별다른 의미가 없다. 다만, 채권자가 한 파산신청에서 있어 채무자가 면

동일한 파산에 관하여 다시 면책신청을 할 수 없다(제2항)고 규정하였다가, 법이 제정되면서 법 제556조의 규정이 도입되었다.

4 물론, 실무에서는 이와 같은 문제로 인해 (개인)회생절차의 진행사항을 살펴, 만약 인가 전에 폐지된 경우에는 파산절차를 속행하고, 인가되면 파산절차의 실효를 이유로 기타 종국으로 처리한다. 그러나 법문상 파산기각결정이 원칙적으로 불가능한 것은 아니다.

5 이렇게 보는 경우, 현재 실무가 파산절차가 종료된 후에서야 면책결정을 하고 있으므로, 법 제559조 제2항은 무용한 규정으로 볼 수밖에 없다.

책신청 기간을 도과하여 면책신청이 각하된 경우에만 위 규정의 실익이 있을 뿐이다.

면책신청 추완규정은 불가피한 사정으로 인하여 면책신청기간을 준수하지 못한 채무자를 위하여 기간의 해태를 추완할 수 있도록 함으로써 채무자를 구제하기 위한 규정임이 분명한데, 위 규정이 있다는 이유로 채무자가 경제적 파탄에서 벗어날 수 있는 유일한 법적 절차인 재도의 파산을 일반적으로 금지하는 것은 부당한 것으로 보인다.

4. 신청이익의 문제

재도의 파산 부정설의 법리상의 유일한 근거는 바로, 파산자가 다시 파산신청을 하는 것은 신청이익이 없다는 것을 들고 있다. 그러나 우리 법이 면책신청은 파산신청 또는 파산절차를 수반하지 않고서는 신청 자체가 불가능하도록 규정하고 있고, 채권자가 하는 개인파산신청 외에 채무자가 하는 개인파산신청은 청산을 위한 목적보다는 면책을 받기 위한 목적으로 하는 것임은 분명하다. 따라서 파산자인 채무자의 파산신청을 단순히 파산에 대한 신청이익이 없다고 보는 것은 현실과 너무 동떨어진 이론적인 해석이라는 비판에 자유롭지 못할 것이다.

5. 동시폐지 절차 운영에 있어서의 문제점

과거 파산법원은 대부분의 개인파산 사건에 있어 특별한 사정이 없는 한 동시폐지 절차로 운영하여 왔다. 동시폐지 절차로 운영할 경우에 채권자의 이의신청으로 인하여 채무자가 은닉한 재산이 발견되는 경우, 파산재단을 형성할 방법이 없게 되고, 따라서 면책결정에 있어 엄격한 잣대로 판단할 수밖에 없었다. 현행의 개인파산절차의 운영 아래에서는 파산관재인을 통해 파산재단을 형성하고 파산채권자에게 공평하게 배당할 수 있으므로 결과적으로 재량면책을 받을 수 있는 사건에서도 면책이 불허가되는 사례가 많았다. 이러한 파산채무자에게 두 번 다시 면책결정을 받을 기회조차 박탈하는 것은 채무자에게 너무 가혹하다는 문제가 있다.

6. 법 제309조 제2항(남용) 규정의 활용

구 파산법에는 파산신청 기각에 관한 규정이 없다가 법이 제정되면서 법 제309조 제2항에 미국 연방파산법 제707조의 파산신청 남용(abuse)에 의한 파산기각 조항을 도입하게 되었다. 대법원은 위 남용조항에 대하여 "파산신청이 '파산절차의 남용'에 해당하는지 여부는 다른 일반조항에서와 마찬가지로 그 권리의 행사에 관련되어 제반 사정을 종합적으로 고려하여 판단되어야 한다. 특히 위 법규정의 입법연혁이나 문언 및 규정체계 등에 비추어 보면, 정직하고 성실한 채무자의 새로운 출발을 도모하면서도 채권자에게 보다 공평한 만족을 보장하려는 파산제도 기타 도산제도의 본래적 기능이 정상적으로 발휘될 수 있도록 하기 위하여, 채무자의 현재 및 장래의 변제능력이 무겁게 고려됨은 물론이고, 그 외에도 파산신청의 동기와 그 경위, 지급불능의 원인 및 그에 관련한 이해관계인들의 행태, 파산절차와 관련하여 제공되는 각종 정보의 정확성, 채무자가 예정하는 지출 등이 문제될 수 있다"(대법원 2011. 1. 25.자 2010마1554, 1556 결정)라고 판시하였다. 우리 법이 파산신청 기각 사유로 일반규정인 '남용'을 두고 있으므로, 동일한 파산원인에 의한 채무자의 반복적인 파산신청에 대하여 위 규정을 적용하여 파산신청을 기각함으로써 충분히 대응할 수 있게 되었다.

이론적으로도 파산각하, 기각, 선고결정에 기판력과 재소금지의 효력이 없는 마당에, 단순히 파산자인 채무자가 한 동일한 파산원인에 의한 파산신청에 대하여 이를 부적법하다고 보는 것은 법리적 정합성이 떨어지는 한편, 파산·면책제도의 취지에도 반할 소지가 크다. 위 '남용' 규정을 활용하여 선별적으로 재도의 파산을 인정하는 것이 채무자의 새로운 출발을 도모하는 개인파산제도의 취지에 부합할 것으로 보인다.

7. '동일한 파산'을 좁게 해석하는 견해

① 현행법은 법 제556조 제3항 면책신청 의제규정이 있어 채무자 파산신청 사건에서 면책신청 기간이 도과하는 경우는 사실상 상정하기 어렵고, ② 면책허가결정이 확정된 날부터 7년이 경과하지 아니하는 경우에도 재량면책이

가능한 점에 비추어 보면 재도의 파산을 허용하지 아니하는 것은 채무자에게 지나치게 가혹하며, ③ 파산원인인 지급불능을 '변제능력이 부족하여 즉시 변제하여야 할 채무를 일반적·계속적으로 변제할 수 없는 객관적인 상태'로 정의할 경우, 채무자가 일단 지급불능 상태에 이르면 그 이후에는 지급불능 상태가 계속되어 논리적으로 파산원인은 동일하게 되는데, 이는 재소금지 또는 기판력의 규정이 없는 파산절차에서 지나치게 채무자의 신청권을 제한하는 점 등의 이유로 가급적 '동일한 파산' 개념을 좁게 해석해야 한다는 견해이다. 이 견해에 따르면 ① 채권자목록상의 채권자 수, 채권액이 거의 동일할 것, ② 기존 파산 및 면책 사건의 확정일로부터 상당히 근접한 일시에 재차 신청이 접수되었을 것, ③ 추가된 지급불능 원인이 존재하지 아니할 것, ④ 선행의 파산사건이 파산기각 이유 외의 사유로 종결되었을 것 등의 요건이 전부 갖추어졌을 경우에만 '동일한 파산'으로 보아야 한다고 한다.[6]

제 6 절 재도의 파산 여부가 검토되어야 할 사례

재도의 파산을 무조건 인정한다면 개인파산신청의 범람으로 절차의 내실화에 장애가 될 수 있고, 채무자의 도덕적 해이와 절차 해태를 용납하는 결과를 초래할 위험이 있다. 또 시험적으로 파산신청을 하고 법원의 대응을 본 후에 여의치 않으면 면책신청을 취하하고 문제점을 은폐한 후 다시 파산신청을 하는 사례가 발생할 가능성도 부인할 수 없다. 따라서 재도의 파산을 인정하더라도 구체적 사정에 비추어 예외적으로 재도의 파산신청이 '남용'에 해당하지 않을 때에 한해서 인정하는 것이 필요하다고 본다.

제2절 ①의 ㉠유형의 경우에는, 채권자가 파산신청을 하였음에도 채무자가 법 제309조에서 정한 면책신청 기간을 도과하였거나, 추완규정상의 신청기간조차 도과하여 면책신청을 하지 않은 것으로 재도의 파산을 인정함은 면책신청 기간을 둔 법 규정의 취지를 몰각할 위험성이 있으므로 특별한 사정이

6 김태준, '2013 서울중앙지방법원 파산부 WORKSHOP 자료집', 126면.

없는 한 재도의 파산신청은 파산신청의 남용으로 보아 기각하여야 할 것으로 보인다.

①의 ㉡유형은 종전에 채무자가 면책신청을 취하한 경우로, 채무자가 종전에 면책신청을 취하한 사유가 무엇인지 살펴볼 필요가 있다. 면책불허가 사유가 발견되어 면책신청을 취하하였거나, 가족들의 재산에 관한 조사를 꺼려서 면책신청을 취하한 경우에는 ㉣유형과 마찬가지로 면책불허가 사유가 해소되었거나 사정변경이 있는 경우에 한해서 재도의 파산신청이 '남용'에 해당하지 않는다고 보아야 하고, (개인)회생절차를 이용하기 위하여 면책신청을 취하하였다가, 인가결정 후 불가피한 경제적 사정에 의하여 회생(변제)계획을 이행하지 못하여 폐지되었고, 회생(변제)계획에 따라 상당부분의 채무를 변제하였다면 재도의 파산신청을 인정할 필요가 있을 것이다.

①의 ㉢유형은 종전에 면책각하, 기각결정을 받은 경우로, 종전에 채무자가 면책절차에 2회 이상 불출석하여 면책신청이 기각되었다면, 선고전 심문절차 등을 통해 불출석의 사유를 소명하게 하고, 불출석의 합당한 이유가 있거나, 당해 파산·면책절차에 성실히 임할 것을 채무자가 적극적으로 피력하였다면 재도의 파산신청을 인정할 필요가 있을 것이다.

①의 ㉣유형은 종전에 면책불허가 결정이 있었던 것으로, 면책불허가 사유가 사실상 해소되는 사정변경의 사유가 있는 경우에 한하여 재도의 파산신청을 인정할 수 있을 것이다. 예를 들어, 종전에 동시폐지된 사건에서 일부 재산이 은닉된 사실이 폐지된 후 채권자의 이의신청 등에 의하여 밝혀져 면책이 불허가된 경우에 면책불허가 이후 은닉된 재산 상당액을 상회하는 돈이 채권자들에 대한 채무변제에 공평하게 사용되었다는 등 사정변경 사유가 있다면 채무자에게 다시 한 번 면책을 받을 수 있는 기회를 줄 필요가 있을 것이다.

②유형은 채무자가 악의로 채권자목록에 기재하지 아니한 청구권의 문제로 해결해야 할 것이다.

CHAPTER 18

Q&A

[개인파산제도의 의의] Q01, 02
[개인파산의 요건] Q03~08
[개인파산 신청서 작성] Q09~13
[파산관재인의 조사] Q14~15
[면제재산 및 재단포기] Q16, 17
[면책불허가와 재량면책] Q18, 19
[비면책채권] Q20, 21
[배우자의 재산에 대한 처리] Q22
[집행의 외관 제거] Q23

제18장

Q&A

【개인파산제도의 의의】

01 개인파산제도란 무엇인가요? 또 개인회생과 개인파산의 차이점은 무엇인가요?

답 우리 사회에는 '빚의 굴레에 허덕이는 사람'이 많습니다. 빚을 진 사람을 채무자라고 할 때, 대부분의 사람은 어느 정도의 빚은 있기 때문에 '빚의 굴레에 허덕이는 사람'이란 단순히 채무자를 일컫는 것은 아닙니다. 채무자 중 자신의 재산과 소득으로는 빚을 감당할 수 없는 지경에 이른 채무자를 '빚의 굴레에 허덕이는 사람'이라고 말할 수 있을 것입니다. 그런데 이런 분들을 국가나 사회가 아무런 대책 없이 방치하게 되며, 결국 그 개인은 끝이 없는 빚의 굴레에서 벗어날 수 없게 되고 사회적 낙오자로 남게 되어 개인적 차원에서도 큰 불행이겠으나, 국가·사회적 측면에서도 경제활동 인력의 감소라는 큰 손실을 가져옵니다. 이에 국가가 법으로 일정한 요건을 갖춘 개인인 채무자에게 그 빚을 탕감하고 새로운 출발을 할 수 있게끔 마련한 것이 바로 개인파산제도입니다.

개인파산절차는 결국 경제적 파탄상태에 있는 개인이 국가가 정한 절차를 통해 공정하게 파산하게 하는 절차입니다. 경제적 파탄상태(이 책에서는 이를 '지급불능 상태'라는 용어로 자주 사용하였습니다)란 빚이 재산보다 많은 상태(즉, 채무초과 상태)로 쉽게 이해될 수 있으나 엄밀하게는 장래의 수입 등을 보태어 보더라도 빚의 굴레에서 벗어나지 못하는 객관적인 상태를 의미하고, 파산이란 경제적 파탄상태에 있는 채무자가 재산이 있으면 그 재산을 처분하여 빚을 갚는 것, 즉 소위 말하는 '빚잔치'를 하는 것입니다. 그래서 개인파산제도라는 것은 '제도'라는 명칭이 붙어있는 것에서도 알 수 있듯이 경제적으로 파탄상태에 있는 개인인 채무자에 대하여 국가가 시행하는 공적인 파산절차 정도로 이해하면 됩니다. 사적 파산이라 할 수 있는 소위 '빚잔치'에서도 채권자들에게 재산을 골고루 나누어 주고 나머지 빚은 탕감하는 의미가 내포되어 있으나, 사회적·관행적 합의에 불과하지 법적인 구속력이 있는 것은 아닙니다. 그러나 개인파산절차에서는 국가가 관장하고 법에 의해서 시행되기 때문에 법이 명문으로 특별한 면책불허가 사유가 없는 한 빚을 갚고 남은 채무를 면책, 즉 갚지 않아도 되도록 규정하고 있으므로, 청산절차를 거치고 남은 채무는 법적으로 완전히 면책되게 되는 것입니다.

결국, 개인파산제도란 빚에 허덕이는 개인인 채무자를 위하여 국가가 마련한 절차를 통해 그 채무자가 갖고 있는 재산을 처분하여 공평하게 채권자에게 분배하고(만일 채무자가 아무런 재산도 없다고 하면 청산절차조차 거치지 않게 됩니다) 남은 채무를 면책해 주는 제도라고 이해하면 될 것입니다.

그런데 빚에 허덕이는 개인인 채무자를 구제하는 제도는 개인파산제도만 있는 것이 아니라 우리 법은 개인회생제도도 마련해 놓고 있습니다. 개인회생은 장래 일정한 소득이나 수입이 있는 개인인 채무자가 일정기간(3년 내지 5년) 소득이나 수입으로 채무를 변제하고 나면 나머지 잔여채무를 면제해 주는 제도로, 청산절차를 반드시 거쳐야 하는 개인파산절차와 달리 청산절차 없이도 회생절차를 이행할 수 있다는 차이점이 있습니다. 개인파산이 채무자의 새로운 재기를 위해서 논·밭을 갈아엎듯이 한번 뒤집어 엎는 것이라면 개인회생은 논·밭을 갈아엎는 것이 아니라 개량하는 것에 주안점을 두고 있는 제도입니다. 즉 개인회생은 채무자가 고통을 받고 있는 빚의 구조를 변경하여 채무자의 재산을 처분하거나 장래의 소득으로 갚으면 다시 정상적인 경제생활을 할 수 있도록 국가가 도와 주는 제도라고 할 수 있습니다.

그렇기 때문에 두 제도는 빚에 허덕이는 채무자를 구제하는 제도라는 취지는 동일하나 신청자격, 면책되는 채권의 범위, 면책불허가 사유 등 여러 측면에서 차이가 있는데, 이 부분에 대해서는 이 책 제1장을 참조하시기 바랍니다.

02 "동시폐지", "이시폐지"라는 용어가 사용되고 있는데, 무슨 뜻인가요?

답 개인파산절차는 파산절차와 면책절차로 나누어 볼 수 있습니다. 그래서 법원이 제공하는 신청서도 '개인파산 및 면책신청'이라고 되어 있고, 이렇게 신청하고 나면 법원이 지정하는 사건번호도 2016하단○○○○, 2016하면○○○○으로 나뉘어져 있게 되는 겁니다. 즉, 개인파산절차(엄밀하게는 개인파산 및 면책절차입니다)는 파산절차와 면책절차로 나눌 수 있는 것입니다.

여기서 파산절차란 개인인 채무자가 가지고 있는 재산을 처분하여 채권자에게 공평하게 나누어 주는 절차를 말하고, 면책절차는 파산절차를 통해 청산하고 남은 잔여채무를 면책할지, 말지를 결정하는 절차입니다. 이와 같은 파산절차와 면책절차는 일반 재판과 달리 파산선고에 의하여 개시되게 됩니다. 즉 파산선고가 되지 않으면 파산절차나 면책절차가 진행되지 않는다는 것입니다.

그런데, 채무자에게 청산할 아무런 재산이 없는 것이 파산선고 전에 법원이 보기에 명백할 때 굳이 파산관재인을 선임할 필요가 있을까요. 단지 채무자가 파산된 사실만 명확히 하고 형식적인 청산절차를 거치지 않고, 면책절차로 넘어가면 절차경제에 좋고, 채무자에게 유리하지 않을까요. 그래서 누가 보아도 채무자에게 재산이 없고, 숨겨 놓은 재산이 없다고 보이는 때에 한해서 파산선고를 하면서 파산관재인을 선임하지 않고 청산절차를 종결하는 결정을 하는 것을 '동시폐지'라고 합니다. 이 말은 '파산선고와 동시에 파산절차를 종료하는 폐지결정도 한다'는 의미입니다. 그런데 채무자가 파산된 사실은 파산이 선고된 이후에야 채권자에게 송달되어 채권자가 비로소 알게 됩니다. 파산선고 전에는 파산선고 전 심문기일을 지정하여 진행하지 않는 한 채권자가 채무자의 파산 사실을 알 수 없습니다. 그렇기 때문에 법원이 섣불리 동시폐지를 하게 되면 채권자의 이의신청을 통해 은닉재산이 발견되었다고 하더라도 이를 청산할 방법이 없게 되는 것입니다. 그래서 파산선고를 한 후, 채무자에 대한 재산을 조사하게 하고, 채권자에게 이의신청할 기회도 충분히 제공한 다음에도 채무자에게 청산할 재산이 없다는 것이 밝혀진 경우에 하는 파산폐지의 결정을 '이시폐지'라고 합니다. 이 말은 '파산 선고 이후에 하는 파산절차를 종료하는 결정'을 의미합니다. '동시폐지'나 '이시폐지' 모두 채무자에게 청산할 재산이 없는 사건에서 법원이 파산절차를 종료하는 결정이라는 점에서는 차이가 없습니다.

【개인파산의 요건】

03 개인파산을 신청하기 위해서는 특별한 요건이 필요한가요?

답 개인파산을 신청할 수 있는 유일한 요건은 딱 하나밖에 없습니다. 그것은 "채무자가 지급할 수 없을 때"입니다. 즉 빚을 갚을 수 없게 되면 누구나 개인파산을 신청할 수 있다는 것입니다. 그런데 살다 보면 갑자기 자금사정이 나빠져 빚을 갚을 수 없는 상태에 일시적으로 놓이는 경우가 있을 수 있습니다. 또 사업을 하다 보면 재정상으로 빚이 재산을 초과하는 경우도 생길 수도 있습니다. 이런 경우까지 개인파산의 요건을 충족하였다고 하면 우리 사회가 개인파산의 홍수에 휩싸이게 될 것이고, 신용거래는 거의 불가능할 정도로 위축되게 될 수 있습니다.

그렇기 때문에 적절한 필터링이 필요한데, 이를 위해서 고안해 놓은 것이 "지급불능 상태"라는 개념입니다. 지급불능 상태의 법률상 의미는 이 책 곳곳에 수없이 적어 놓았기 때문에 중언부언할 필요는 없을 것이나, 법률용어라서 용어풀이도 마찬가지로 이해하기 쉬운 것은 아닙니다. 딱 한마디로 거칠게 표현하면, '내가 무슨 일을 하더라도 지금 있는 빚을 갚을 수 없는 지경'에 이른 경우라면 지급불능 상태에 놓인 것이고, 파산요건에 해당한다고 보면 됩니다.

간혹, 젊은 사람은 파산할 수 없다고 생각하는 분도 계십니다. 젊은이가 장차 벌어서 일부라도 갚으면 되지 빚을 갚을 생각도 않고 무조건 파산한다는 것에 대하여 비판적인 시각도 있습니다. 그래서 많은 젊은 분들이 개인파산이 아니라 개인회생절차를 이용하고 있고, 과거 법원도 젊은이가 파산신청을 하면 단지 젊다는 이유만으로 파산을 기각한 사례도 있습니다. 그러나 단순히 젊다는 이유만으로 무조건 개인파산절차를 이용할 수 없다고 하는 것은 불합리합니다. 최근 청년실업이 사회문제로 대두되고 있고, 평생직장이라는 용어도 없어진지 오래될 정도로 고용시장이 불안전한 것도 사실입니다. 이런 사회·경제적 환경에서는 젊다는 이유만으로 빚을 갚을 수 있을 만큼의 장래의 소득이 보장되는 것도 아닙니다. 또 젊은이들의 빚은 낭비적 씀씀이에 비롯된 것도 있으나, 가족의 생계를 위해서 어쩔 수 없이 신용카드 돌려막기로 발생한 경우, 또는 부모들의 사업에 명의를 빌려 주어 발생한 경우 등 그 책임을 전적으로 젊은이에게 부담케 하는 것이 불합리한 경우도 있을 수 있습니다. 그렇기 때문에 단순히 채무자가 젊다는 이유만으로 파산신청을 할 수 없다고 생각할 필요는 없습니다. 자신이 파산신청을 할 수 있는지에 대하여는 제5장 제2절을 살펴보시기 바랍니다. 파산신청 기각사유에 해당하지 않으면 파산선고가 되는 것입니다.

Q4 재산을 갖고도 파산을 할 수 있나요?

답 개인파산의 요건은 딱 한가지이고, 그것은 '시급불능 상태'라는 것입니다. 지급불능 상태를 쉽게 말하면 '내가 무슨 일을 해도 빚을 갚을 수 없는 지경'에 놓인 상태라고 했습니다. 여기서 '무슨 일'에는 소득활동을 통해 수익을 얻는 것뿐만 아니라 갖고 있는 재산을 처분해서 빚을 갚는 것도 포함됩니다. 따라서 지금 갖고 있는 재산을 처분하고, 장래의 소득활동을 통해 번 돈으로도 빚을 갚을 수 없는 지경에 이르면 개인파산을 할 수 있는 것입니다. 이 말은 현재 소득활동을 하지 않고, 지금 갖고 있는 재산으로는 빚을 다 갚을 수 없는 객관적인 상태에 있다면 파산을 할 수 있다는 걸 의미합니다. 그러니까 재산을 갖고 있다고 하더라도 빚이 더 많으면 파산을 할 수 있는 것입니다.

다만, 파산절차를 통해 그 재산을 정당하게 처분해서 채권자에게 공평하게 나눠주어야 하기 때문에 파산절차가 지연될 수 있다는 점은 감내하여야 합니다. 그런데 몇몇 채무자는 재산을 갖고는 파산을 할 수 없다고 생각하여 갖고 있던 재산을 처분하여 일부 채권자들에게 나눠준 후 파산신청을 하는 경우가 있습니다. 원래 채무자가 처분한 재산은 파산절차에서 파산관재인이 공정하게 처분하여 채권자들에게 공평하게 나눠져야 하는 것인데, 채무자가 파산신청 전에 이를 처분하고 일부 채권자에게만 빚을 갚았다면 이게 전형적인 편파행위, 즉 일부 채권자들에게만 이익을 주는 편향된 행위가 되는 것입니다. 그러면 파산절차에서 파산관재인은 변제를 받은 일부 채권자들에게 소송을 제기하여 다시 반환할 것을 청구해야 하므로, 변제를 받은 일부 채권자는 불시에 소송에 휘말리게 되고, 결국 받은 돈을 돌려놓아야 할 처지에 놓이게 됩니다. 나아가 일부 채권자와 짜고 재산을 처분한 사정이 발견되면 그 사유만으로 면책불허가가 될 수도 있습니다.

그래서 재산을 갖고 있으신 분은 재산을 갖은 상태로 파산하는 것이 좋습니다. 그게 파산제도와 부합하고 파산절차에서 불필요한 마찰을 방지하는 길입니다.

05 사업장을 운영하면서도 파산할 수 있나요?

답 이 문제는 이렇게 생각하시는 것이 맞습니다. 사업장을 운영하든, 직장을 갖고 있든 지급불능 상태에 있으면 파산할 수 있습니다. 우리 법에 사업장을 운영하면서는 파산할 수 없다거나, 직장을 갖고 있으면 파산할 수 없다는 규정은 없습니다. 그런데 두 가지 측면에서 문제가 있을 수 있습니다.

첫째, 우리 법이 사업장을 운영하면서 파산할 수 없다고 규정하고 있지 않지만, 파산신청이 '남용'에 해당할 때 파산신청을 기각할 수 있다고 규정하고 있고, 대법원은 채무자가 회생 또는 개인회생절차를 통해 충분히 회생을 도모할 수 있음에도 파산신청을 하는 경우 그 파산신청은 '남용'에 해당하여 기각할 수 있다고 합니다. 따라서 가용소득으로 채무의 일부라도 변제할 수 있다면 파산신청은 기각될 수 있습니다. 여기서 가용소득이란 사업장 운영소득에서 부양할 가족 수에 따른 법정생계비를 빼고 남은 소득을 말하므로, 가용소득이 없다면 사업장 운영 여부를 불문하고 파산을 할 수 있는 것입니다.

둘째, 이렇게 해서 파산선고가 되었다고 하더라도 파산절차는 채무자의 재산을 청산하는 절차이므로, 채무자가 운영하는 사업장의 임차보증금, 기자재 등 청산할 만한 재산이 있으면 모두 청산하는 것이 원칙입니다. 그렇다면 파산절차에서 사업장을 정리할 수밖에 없게 되어, 당연히 사업을 계속할 수 없게 되는 것입니다.

그러나 채무자의 사업장 임차보증금이 소액이고, 시설이나 기자재도 낙후되어 매각하더라도 별다른 재산적 가치가 없으며, 가족들에게 변변한 생계유지 수단이 없어 이 사업장 운영을 중단하면 가족생계조차 보장할 수 없는 경우 등 특별한 사정이 있으면 채무자의 기초적 생계보장을 이유로 하여 청산을 포기하거나, 일정 금액을 파산재단에 편입하는 것을 내용으로 하는 화해계약을 체결하고 사업장을 유지한 채 파산절차를 진행할 수 있으므로, 파산선고가 있다고 하여 무조건 기존 사업장을 정리해야만 하는 것은 아닙니다.

06 개인파산을 신청하려고 합니다. 개인파산절차는 통상적으로 얼마의 기간이 소요되나요?

답 세상에 재판절차에 얽매이고 싶은 사람은 아무도 없을 것입니다. 법원의 소환장이나 파산관재인의 면담요청 문자만 보아도 불안한 마음에 잠도 못자고 노심초사하는 분들도 많이 접합니다. 그래서 특별한 사정이 없는 한 파산절차를 신속히 마무리하는 것이 채무자를 위한 최소한의 배려라고 생각합니다.

그러나 현실은 꼭 마음과 같지 않습니다. 파산절차가 지연되는 이유야 여러 가지가 있겠지만, 적어도 법원의 행정절차의 지연으로 파산절차가 늦춰지는 것은 개선해야 할 부분이 아닌가 싶습니다.

서울중앙지방법원은, 일반적으로 파산신청시부터 3~4개월 후에 파산선고 기일을 잡습니다. 그리고 파산선고로부터 두 달 정도 후에 제1회 채권자집회 기일이 잡히기 때문에 특별한 문제가 없는 간단한 사건은 파산신청시로부터 5~6개월 후에는 파산절차가 끝나고 한 달 후에는 채무자의 손에 면책결정문을 받아 볼 수 있을 것입니다.

문제는 특별한 문제가 없는 간단한 사건이 아닐 경우입니다. 여기서 말하는 간단한 사건이란, 3무(無) 사건을 말하는데, 3무(無) 사건이란 "재산도 없고, 의혹도 없고, 송달받지 못한 채권자도 없는 사건"을 말합니다. 그런데 이 중에 하나라도 있으면, 파산절차는 지연될 수밖에 없습니다.

재산이 있는 사건은 재산을 환가하여 채권자들에게 공평하게 배당할 때까지는 파산절차가 끝날 수 없습니다. 재산을 환가한다는 것은 재산을 처분하여 현금화하는 것을 말하는데, 당연히 많은 시간이 필요하게 됩니다. 재산을 환가하고 나면 이 돈을 채권자에게 공평하게 나누어 주는 절차를 진행하여야 합니다. 그런데 공평하게 나누어 준다는 것이 말처럼 쉬운 일이 아닙니다. 파산관재인이 현금화한 돈을 채권자들에게 공평하게 나누어 주기 위해서는 채권자들에게 채권이 있는지, 채권이 있다면 얼마인지를 정확히 확인하는 작업이 전제되어야 합니다. 이렇게 채권이 정확한지를 확인한 후에 채권자들에게 채권액에 비례하여 돈을 배당하는 겁니다. 이 모든 절차는 법원의 감독하에 이루어져야 하기 때문에 그때마다 서류를 법원에 제출해야 하고, 법원의 허가를 얻어야 합니다. 위와 같은 배당절차만 통상적으로 3~4개월이 소요됩니다. 돈이 들어온 후에도 3~4개월이 지나야 파산절차가 끝날 수 있다는 것입니다.

의혹이 있는 사건은 그 의혹이 해소될 때까지 파산절차는 계속될 수밖에 없습니다. 채무자의 가족들이 재산을 가지고 있는데, 채무자가 가족들과 연락되지 않는다고 하면 결국 절차는 공전될 수밖에 없고, 절차는 무한정 늦춰질 수 있습니다.

송달받지 못한 채권자가 있는 사건은 채권자에게 송달될 때까지 파산절차가 마무리되지 않습니다. 그렇기 때문에 채무자는 채권자에게 신속하게 송달될 수 있도록 필요한 조치를 취해야 합니다. 채권자에 대한 송달부분은 이

책 제7장에 설명해 두었으니 참조하기 바랍니다.

결과적으로, 개인파산절차의 소요시간은 사건마다 다를 수 있다는 것입니다. 3무(無) 사건은 파산선고로부터 3~4개월 후에 끝날 수 있다는 것 외에 확정적으로 말할 수 있는 것은 없습니다.

07 개인파산절차를 신속하게 진행하기 위해서는 어떻게 해야 하나요?

답 공부에 왕도가 없다고 하듯이, 개인파산절차를 신속하게 마치는데도 왕도는 없습니다. 채무자의 재산이 경매진행 중이면, 경매결과를 볼 수밖에 없어, 경매결과가 나올 때까지 파산절차가 종료되지 않습니다. 파산채권자가 채무자를 고소하여 형사사건이 진행 중인 경우에도 그 형사사건의 결과를 보아야 하는 경우가 종종 있어 그 사유만으로도 파산절차가 지연될 수 있습니다.

경매사건에서 채무자에게 배당될 가능성이 전혀 없는 것이 분명한 경우 예를 들어, 경매물건의 감정가보다 경매에 참여한 채권액이 몇 배 정도 많은 경우에는 경매결과를 통해 파산재단에 환수할 재산이 없을 것이 분명하므로, 경매결과를 볼 필요 없이 파산절차를 종료할 수 있을 겁니다. 이런 경우 채무자는 법원 또는 파산관재인에게 이러한 사정을 상세히 설명하고 경매절차 결과 전 종결을 구두 또는 서면으로 요청해도 좋을 것입니다. 형사사건이 진행된 경우에도, 형사사건이 파산절차와 별 관계가 없고, 단지 형사사건에서 유죄의 판결이 확정되면, 그 부분에 한해서 비면책채권이 된다는 사정을 잘 설명하여 형사판결 확정 전에 종결을 요청할 필요가 있습니다.

또 파산신청에 앞서 채무자의 가족들, 즉 부모님·배우자·자녀들에 대한 자료를 미리 확보해 두는 것도 필요합니다. 또 가족들이 재산을 보유하고 있는 경우에 사안에 따라 그 재산취득 내역에 대한 조사가 이루어질 수 있으므로, 미리 협조를 부탁해 두는 것도 파산절차가 신속히 종결되는데 필요한 조치라고 할 것입니다. 만일 이혼한 지 1년밖에 되지 않았으나 이혼한 배우자로부터 협조를 받을 수 없는 상태인 경우와 같이 자료수집에 가족들의 협조를 받을 수 없는 상태라면, 신청대리인과 상의하여 미리 법원에 문서제출명령 신청 등을 해두어 조기에 가족 관련 자료들이 법원을 통해 확보될 수 있도록 노력하는 것도 조기 종결에 필요한 조치 중에 하나입니다.

08 파산신청을 하려고 합니다. 지금 시기에 유의해야 할 사항이나 해서는 안 되는 일이 있나요?

답 본인이 생각하기에 찜찜한 일을 하지 말아야 합니다. 파산신청 즈음에 하는 채무자의 행위는 면책불허가 사유나 부인권 행사의 대상이 될 소지가 높아 법원 및 파산관재인의 주요 조사대상이 됩니다. 부인권 행사의 대상이 된다는 것은 새로운 재판이 열린다는 것으로 파산절차가 번거롭게 된다고 생각하면 됩니다. 파산신청 즈음해서 채무자가 한 행위가 파산절차에서 어떤 우려사항이 발생할 수 있는지에 대하여 아래에서 간략히 살펴보도록 하겠습니다.

○ 재산을 처분한 행위: 부인권 행사의 대상이 되거나, 면책불허가 사유가 될 수 있습니다.

○ 재산을 처분하여 지인의 채무를 변제한 행위: 부인권 행사의 대상이 되거나, 면책불허가 사유가 될 가능성이 높습니다.

○ 채권자의 압류를 피하기 위해서 보험계약의 명의를 변경하는 행위: 부인권 행사의 대상이 되거나 면책불허가 사유가 될 수 있습니다.

○ 카드사 등으로부터 다액의 대출을 받는 일: 면책불허가 사유가 될 가능성이 높습니다.

○ 주거지를 변경하면서 임대차계약서의 명의인을 배우자로 바꾸는 일: 부인권 행사의 대상이 되거나 면책불허가 사유가 될 가능성이 높습니다.

○ 재산에 근저당권을 설정해 주는 일: 부인권 행사의 대상이 되거나, 면책불허가 사유가 될 수 있습니다.

○ 예금통장의 잔고를 대량으로 인출하는 일: 인출된 돈의 사용처에 대하여 강도 높은 조사가 진행되며, 그 사용처가 밝혀지지 않으면 면책불허가 사유가 될 가능성이 높습니다.

○ 보험을 해지하고 보험해약환급금을 교부받는 일: 예금통장 잔고의 대량 인출 행위와 동일하게 취급됩니다.

이 외에도 파산신청 즈음에 해서는 안 되는 일은 많습니다. 자세한 내용은 이 책 부인권 부분과 면책불허가 부분을 참조하면 될 것입니다.

【파산신청서 작성】

09 파산신청서를 작성하는데 유의해야 할 사항이 무엇인가요?

답 파산신청서는 대법원 홈페이지에 접속하여 파산신청서 양식을 다운받아 사용하면 됩니다. 파산신청서는 파산 및 면책신청서와 진술서로 크게 나누어 볼 수 있는데, 다시 진술서는 진술서(양식 1-1), 채권자목록(양식 1-2), 채권자의 주소(양식 1-3), 재산목록(양식 1-4), 현재의 상황(양식 1-5), 수입 및 지출에 관한 목록(양식 1-6)으로 나누어 볼 수 있습니다.

파산신청서에 첨부되어 있는 진술서를 처음 보면, 많은 질문항목이 있어 처음부터 질려서 자신이 직접 작성하는 것을 포기하는 사람들도 많습니다. 그러나 인내심을 갖고 차근차근 살펴보다 보면 의외로 대부분의 질문항목은 적을 것이 없고, 몇 가지 항목만 적으면 된다는 것을 알게 될 것입니다. 변호사나 법무사 등 신청대리인이 작성하는 파산신청서의 80~90%가 대부분의 질문항목에 '해당 사항 없음'으로 기재되어 있는 것을 보더라도 채무자 본인이 참을성을 갖고 찬찬히 해당 질문란을 적어 나가면 충분히 직접 작성할 수 있습니다. 진술서를 작성하다가 의문사항이 있거나 어떤 내용을 적어야 하는지 모르는 부분이 있으면 이 책 제6장 파산 및 면책신청서 작성 부분을 참조하거나 부록 3 동시신청 안내문을 참조하기 바랍니다.

파산신청서를 작성하는데 가장 유의해야 하는 사항은 무엇보다도 사실대로 적는 것입니다. 간혹 채무자 본인이 중요하지 않다고 생각하여 적지 않거나, 문제가 될 수 있는 부분을 은폐하기 위해 일부러 적지 않는 경우도 있습니다. 그러나 진술서 질문사항은 나중에 파산절차에서 채무자가 제출해야 하는 서류를 통해 거의 모두 확인할 수 있도록 설계되어 있습니다. 따라서 진술서에 기재하지 않거나 허위로 기재한 부분은 파산관재인의 조사과정에서 거의 대부분 들통난다고 보면 틀리지 않습니다. 파산관재인이 채무자를 조사한 후 법원에 면책 여부에 대한 의견을 보고서에 제시하여야 하는데, 가장 먼저 검토하는 것이 지금까지 조사한 부분과 파산신청서에 기재된 부분에 차이가 있는지 입니다. 만약 파산관재인이 채무자의 면책을 불허가해야겠다고 생각하면 최우선적으로 파산신청서를 검토하여 허위의 진술이 있는지를 확인한다는 사실을 잊지 말아야 합니다. 괜스레 면책불허가 결정의 빌미를 줄 필요는 없는 것입니다.

그 다음으로는 신청서에 질문사항을 되도록 꼼꼼히 기재해야 한다는 것입니다. 신청서는 법원에서 수년간의 연구와 축적된 사례를 토대로 법정양식으로 만든 것입니다. 진술서의 어떠한 질문항목도 허튼 것이 없다고 할 정도입니다. 그렇기 때문에 파산 및 면책을 신청하는 채무자는 진술서 질문항목을 꼼꼼히 읽어보고 자기에게 해당하는 항목이 있으면, 성실히 적고 필요한 서류를 첨부하여 제출해야 합니다.

대부분의 채무자는 법원에서 제공하는 신청서 양식에 일반인에게 어려운 법률용어와 행정서류명들이 있어 생소할 수 있고, 부채증명서를 발급받아야 하는 등 귀찮거나, 자신이 직접 신청서를 작성하는 것이 아무래도 불안하여 변호사나 법무사에게 신청대리를 맡깁니다. 그러나 신청대리를 변호사나 법무사에게 맡기더라도 파산을 신청하고 면책을 구하는 것은 채무자임을 명심해야 합니다. 이 말은 법원과 파산관재인에게 제출하는 각종 서류를 잘못 제출하여 발생하는 책임은 종국적으로 채무자 자신이라는 것입니다. 그렇기 때문에 신청대리를 맡기더라도 신청대리인이 작성한 파산 및 면책신청서에 자신의 부채, 재산, 현재의 생활상황 등이 정확히 기재되어 있는지 끝까지 살펴보아야 합니다.

10 보통 파산신청서에 부채증명서를 첨부하는데, 부채증명서는 왜 필요하고, 어떻게 발급받나요?

답 부채증명서는 금융기관이나 대부업체가 채무자의 채무를 확인해 주기 위해 발급해 주는 서류의 이름에 불과하고 금융기관이나 대부업체마다 그 서류명도 다 다릅니다. 그런데 부채증명서는 파산신청서에 반드시 첨부해야 할 서류는 아닙니다. 그런데 왜 대부분의 파산신청서에는 부채증명서를 첨부할까요. 그건 다음 몇 가지 이유에서입니다.

먼저, 법원은 파산신청한 채무자에게 파산원인 사실이 있는지 심리한 후 파산선고 여부를 결정해야 합니다. 그래서 채무자의 재산보다 빚이 많다는 사실이 확인되어야 하는데, 채무자가 신청서에 첨부하여 제출하는 '채권자목록'에 기재된 내용만으로는 명백하게 채무내역을 확인하기 어려운 것이 사실입니다. 그래서 통상적으로 채무자의 부채를 확인하기 위해 채권자가 발행하는 부채증명서를 요구하였고, 이것이 관례로 굳어진 측면이 있습니다.

다음으로, 신청대리인이 파산신청서를 작성하는데 용이한 측면이 있다는 것입니다. 신청서에서는 「채권자목록」 항목이 있는데, 여기에 '채권자명', '차용 또는 구입일자', '발생원인' 등 세세한 항목을 기재하도록 하고 있습니다.

금융기관에서 발급해 주는 부채증명서에는 위 항목에 기재할 수 있는 내용이 다수 포함되어 있기 때문에 신청대리인의 업무 편의상 부채증명서 발급을 선호하고 있는 것입니다.

마지막으로, 채권자를 정확히 기재하기 위해서 부채증명서를 발급받는 경우도 있습니다. 채무자는 제1금융권으로부터 대출을 받았기 때문에 채권자가 제1금융권인 은행인 줄 알고 있었는데, 부채증명서를 발급받는 과정에서 그 대출금채권이 양도된 사실이 종종 발견되게 됩니다. 그렇다면 채권자목록에는 대출금 채권을 양수받은 회사를 적어야 하므로, 채권이 양도된 경우 양도된 회사를 확인하기 위해서 부채증명서 발급과정을 거치기도 합니다.

부채증명서는 금융기관이나 대부업체에 소정의 수수료를 내면 발급해 줍니다. 또 인터넷을 검색해 보면 부채증명서 발급을 대행해 주는 회사를 검색할 수 있고, 법원 근처에 부채증명서 발급대행이라는 간판을 내걸고 영업하는 회사도 있습니다. 발급대행을 맡기고자 한다면, 채무자의 인감도장 및 인감증명서 여러 통을 대행회사에 주어야 하므로 어느 정도 시장에서 공신력을 인정받는 대행사에 맡기는 것이 좋습니다.

11 부채증빙 자료는 파산신청서에 꼭 첨부하여야 하나요? 또 부채증명서 외에 부채를 증빙할 수 있는 자료는 무엇이 있나요?

답 부채증빙 자료가 파산신청서에 첨부되지 않았다고 해서 파산신청을 함부로 기각할 수 없다는 것이 대법원 판례입니다. 그러나 부채증빙 자료가 전혀 첨부되지 않으면 채무자의 진술 외에는 부채를 증빙할 수 있는 자료가 없게 되어 법원으로서는 채무자에게 파산원인 사실, 즉 지급불능 상태에 있다는 사실을 확인할 수 없게 되므로, 이를 소명할 수 있는 자료를 제출하라고 할 수 있습니다. 그럼에도 채무자가 이에 불응하면 파산신청을 기각할 수 있습니다. 따라서 되도록 자신의 재산보다 부채가 많다는 사실은 소명하여야 하고, 그 부분에 한해서 부채증빙 자료의 제출은 강제된다고 보아야 할 것입니다.

부채증명서는 은행 등 금융기관은 물론 대부업체 등에서도 발급해 주므로 채권자가 부채증명서를 발급해 주는 기관이면 부채증명서를 발급받아 파산신청서에 첨부하여 제출하면 됩니다.

채권자가 부채증명서를 발급해 주는 기관이 아닌 경우에는, 채권자가 채무자를 상대로 제기한 확정판결이 있으면 그 판결문을, 확정된 지급명령이 있었으면 그 결정문을 제출하면 되고, 차용증·공증서 등 채무부담 사실을 확인할 수 있는 처분문서가 있으면 그 서류를, 채권자가 돈을 이체한 통장이 있으면 그 통장사본을 제출하면 됩니다. 이마저도 없으면, 채권자에게 얼마만한 채무가 있다고 채무자가 확인하는 내용의 채무진술서를, 거래업체의 경우에는 채무자가 알고 있는 현재 잔존채무액 등을 기재하여 채권자에게 송부하였다는 사실을 밝히는 자료송부서 등을 첨부하여 부채증빙 자료로 제출하고 있습니다.

12 채권자의 이름도, 주민등록번호도 모릅니다. 이러한 경우에 채권자목록에는 어떻게 적어야 하고, 나중에 어떻게 채권자를 확인하여 채권자목록을 보정해야 하나요?

답 채무자가 채권자의 이름도, 주민등록번호조차 모르는 경우는 그 채권이 오래전에 발생했을 가능성이 높을 것입니다. 상거래채권은 소멸시효가 5년이고, 일반 민사채권은 소멸시효가 10년이므로, 특별히 채권자가 소멸시효를 중단시키는 조치를 취하지 않았다면 소멸시효가 지난 채권일 수 있으므로, 먼저 그 채권이 현재까지 실효적으로 행사될 수 있는 채권인지를 파악한 후, 만약 시효소멸한 것이 분명하다면 굳이 이름도, 주소도 모르는 채권자를 채권자목록에 기재할 필요는 없습니다.

그런데, 시효소멸한 채권이 아니라면 어쩔 수 없이 그 채권자를 채권자목록에 기재하여야 하고, 파산절차를 통해 그 채권자의 서명과 송달받을 주소를 찾는 여행을 할 수밖에 없습니다. 우선 파산신청시에는 파산신청서 「채권자목록」의 채권자명란에는 '성명불상'(추후보정)이라고 적고, 「채권자의 주소」의 채권자명란에도 마찬가지로 '성명불상'이라고 기재하고, 주소란에는 '추후보정'이라고 일단 적어 놓습니다.

그런 다음에, 그 채권자를 찾는 법적 여행을 준비해야 합니다. 추리소설을 보면 처음부터 사건을 해결하는 경우는 없습니다. 사소한 단서에서부터 차근차근 사건해결의 실마리를 찾아가는 것과 같이 끈기있게 진행하여야 합니다.

만약 채무자가 채권자와 통장거래를 한 적이 있다면, 그 통장거래의 흔적이 채무자의 통장에 고스란히 남아 있을 것입니다. 그러면, 채무자는 거래은행을 상대로 금융정보제출명령을 신청하여 채권자의 은행과 계좌번호를 확인한 다음(은행에 따라 정보제공 여부가 다를 수 있습니다. 만일 은행에서 정보를 제공해 주지 않으면 채무자가 알고 있는 채권자에 대한 다른 흔적에서부터 여행을 시작해야 합니다), 다시 채권자가 거래한 은행을 상대로 금융정보제출명령을 신청하여 채권자의 성명, 주민등록번호와 주소를 확인합니다. 회신결과에 따라 확인된 채권자의 성명과 주민등록번호를 가지고 채권자 목록 및 채권자의 주소를 보정합니다.

여기서부터는 두 가지 방법이 있습니다. 금융정보제출명령에 따른 회신결과 채권자의 성명과 주민등록번호가 기재되어 있으면, 그 성명과 주민등록번호를 특정하여 법원에 주소보정명령신청([양식 15] 참조)을 하고, 주소보정명령신청에 따라 법원이 발부한 보정명령장을 가지고 구청이나 주민센터에서 채권자의 주민등록초본을 발급받은 후 발급받은 주민등록초본을 첨부하여 주소보정서를 제출하는 방식이 있고, 다른 하나는 금융정보제출명령에 따른 금융기관의 회신서에 기재된 채권자의 주소지를 그대로 기재한 주소보정서를 법원에 제출하는 방식입니다. 후자의 경우 법원이 주소보정서에 기재된 주소로 발송하였는데 채권자가 그대로 그 주소에 거주하여 송달이 되는 경우에는 간이, 신속한 방식으로 처리되는 이점이 있으나, 만일 '이사불명' 등의 이유로 송달이 되지 않으면, 법원에 다시 주소보정명령을 신청을 해서 전자의 방식으로 되돌아가야 하는 등 번거로움이 있을 수 있습니다.

금융정보제출명령신청서는 이 책 [양식 11-2]를 참조하시면 됩니다. 여기서 주의할 점은 채무자가 법원에 금융정보제출명령을 신청해서, 법원이 해당 금융기관에 금융정보제출명령을 하여 그 금융기관에서 채무자의 성명 등이 적혀 있는 회신서를 법원에 보냈다고 하여, 채무자에게 위 회신서가 당연히 송부되는 것은 아니라는 것입니다. 채무자는 자신이 법원에 금융정보제공명령신청을 하였으면, 법원에서 해당 금융기관에 금융정보제공명령을 하였는지, 금융정보제공명령신청에 따라 금융기관에서 회신서를 법원에 제출하였는지를 대법원이 관리하는 '나의 사건 검색'을 통해 확인한 후, 회신서가 법원에 제출된 것을 확인하면 법원을 직접 방문하여 위 회신서를 등사해야 한다는 것입니다. '나의 사건 검색' 활용방법은 부록 5의 「채권자에게 송달장소 확인방법」을 참조하기 바랍니다.

채권자의 전화번호를 알고 있는 경우에는 위 금융계좌를 알고 있는 경우와 마찬가지 방법으로 채권자를 찾아갑니다. 다만, 이 경우에는 법원에 신청하는 서류가 '통신정보제공명령신청서'(양식 11-1)라는 것과, 회신대상 기관이 통신회사라는 점만 다를 뿐이고 절차흐름은 동일합니다.

채권자와 거래관계가 있었고, 발행된 세금계산서 등을 통해 채권자의 사업자등록번호를 알고 있는 경우에는 세무서를 상대로 과세정보제공명령신청

(양식 11－3)을 하여 채권자의 인적사항을 확인하는 방법으로 채권자를 찾아가게 되는 것입니다.

이런 방법을 다 사용했는데도, 채권자의 인적사항을 알 수 없는 경우에는 어쩔 수 없이 공고갈음신청(양식 13)을 할 수밖에 없습니다.

13 채권지목록에 개인채권자를 일부러 넣지 않으면 어떤 문제가 있나요?

답 채권자목록에 은행, 카드사, 대부업체 등 기관채권자만 넣고, 개인채권자를 빼는 채무자들이 종종 있습니다. 개인채권자를 일부로 채권자목록에 넣지 않는 이유는 다양합니다. 개인채권자들이 채무자가 파산한 사실을 알면 사적으로 괴롭힐 우려가 있어서, 개인채권자들에게 빌린 돈은 인지상정상 나중에라도 갚아야겠다고 생각해서, 신청대리인 사무실에서 개인채권자를 채권자목록에 포함시키면 재판이 길어지고 면책받기 힘들다고 해서, 개인채권자들이 이의신청을 하여 과거 채무자와 채권자들 간의 감추고 싶은 문제가 대두될까봐 두려워서 등등입니다.

그러나 우리 법은 채무자가 채권자를 일부러 누락하면, 누락된 채권자의 채권은 면책결정에도 불구하고 면책되지 않게 되는 것은 물론, 그 사실만으로 면책불허가 사유가 될 수 있도록 규정하고 있습니다. 그렇기 때문에 특별한 사정이 없는 한 개인채권자도 채권자목록에 전부 기재하는 것이 여러모로 좋습니다.

【파산관재인의 조사】

14 파산절차에서 파산관재인은 무슨 일을 하고, 대체적으로 어떤 사람들이 개인파산관재인을 하나요?

답 파산절차는 채무자의 재산을 처분하여 채권자들에게 골고루 나누어 주는 청산절차를 의미합니다. 파산관재인은 그 명칭에서도 알 수 있듯이 파산절차에서 채무자의 재산을 관리하는 사람이란 뜻입니다. 따라서 파산관재인의 주요 업무는 채무자의 재산을 관리하고 청산할 만한 재산은 이를 처분하여 채권자에게 배당해 주는 것입니다. 그렇기 때문에 파산관재인은 채무자의 재산에 대한 관리 차원에서 채무자의 현재의 재산뿐만 아니라, 마땅히 채무자에게 귀속되어야 하는 재산에 대해서도 관심을 갖고 조사하게 되고, 필요하다면 법적 조치를 취하여 재산을 환수하기도 합니다. 채무자 소유 또는 소유해야 할 재산을 파악하기 위해서는 우선 채무자의 재산에 대한 조사를 할 수밖에 없고, 모든 조사의 첫 단추는 자료의 수집이기 때문에 채무자에게 필요한 서류의 제출을 요청하는 것입니다. 간혹 재산을 가족들에게 이전하고 파산을 하는 채무자도 있기 때문에 필요한 범위 내에서 채무자의 가족들에 대한 조사도 하게 됩니다.

수사기관의 수사는 법원의 영장에 기한 강제수사 방식으로 진행될 수 있으나, 파산관재인이 행하는 조사는 원칙적으로 임의적인 방법에 그칩니다. 따라서 채무자가 협조를 하지 않으면 조사의 실효성을 확보할 수 없기 때문에 법은 '설명의무 위반'을 면책불허가 사유의 하나로 규정하여 채무자의 조사협조를 강제하고 있는 것입니다. 물론 파산관재인의 설명요청이 파산절차에서 필요하고 의미 있는 것에 한정되어야 하는 것은 당연한 것입니다.

파산관재인은 채무자를 조사한 후 채무자의 재산을 환가한 다음 채권자들에게 공평히 배당하는 절차까지 마치면 파산관재인으로서 파산절차에서의 임무를 다 한 것입니다. 그런 다음 법원이 파산관재인에게 면책불허가 사유를 조사하라고 하면, 채무자의 재산에 대한 조사과정에서 면책불허가 사유가 발견되었는지, 면책불허가 사유가 있다고 하더라도 참작할 만한 사유가 있는지 등을 좀 더 검토하고 필요하다면 추가조사를 한 후 법원에 면책허부 관련 의견을 보고하게 됩니다.

현재 개인파산관재인은 일부 회계사 등도 있지만 대부분 변호사로 구성되어 있습니다. 파산사건에 기본적으로 다양한 법적 분쟁의 가능성이 있고, 제기되는 법적 분쟁을 경제적이면서 적절하게 해결하기 위해서는 법률전문가가 파산절차를 수행하는 것이 필요하기 때문입니다.

15 파산관재인 면담일자가 나왔습니다. 파산관재인 조사시 유의할 점이나, 준비해야 할 사항이 있나요?

답 우선, '당당히 임하라'는 조언을 해드리고 싶습니다. 파산된 사실이 자랑할 만한 일은 아니지만, 그렇다고 큰 죄를 지은 것은 아니고 특히나 파산관재인으로부터 돈을 빌린 것도 아닌 마당에 파산관재인에게 주눅들 필요는 없습니다. 파산관재인이 문답형식으로 조사를 하면 질문 내용을 잘 이해하고 필요한 설명을 차근차근 하시면 됩니다.

다음으로, '채무자 본인이 자기의 파산사건에 대하여 철저히 준비하라'는 말씀을 드리고 싶습니다. 이 말은 자신의 파산사건에서 무엇이 문제될 수 있고, 문제되는 부분에 있어서는 어떻게 대응해야 하는지를 면담 전에 신청대리인과 상의라도 해서 충분히 준비해야 한다는 것입니다. 준비 없이 임하는 전투에 이길 수 없는 것은 자명합니다. 그리고 파산신청서에 어떤 서류가 제출되었는지, 파산관재인의 보정요청에 따라 새롭게 제출한 서류가 무엇인지 충분히 숙지하셔야 합니다. 기왕이면 신청대리인으로부터 지금까지 법원 또는 파산관재인에게 제출한 서류 부본을 받아서 면담에 지참하는 것이 좋습니다. 그래야 파산관재인이 면담시까지 제출되지 않은 보정서류가 있다고 하면, 가지고 간 부본을 살펴 그 서류가 제출되지 않았는지, 제출되었는데 기간이나, 항목이 빠진 서류라서 다시 제출하라고 하는지 확인할 수 있는 것입니다.

그리고, '사소한 일에 불필요한 거짓말을 하지 말라'는 것입니다. 파산관재인은 제출된 서류를 검토한 후 의문 나는 부분이 있으면 이를 체크한 다음 면담일에 구두 문답형식으로 채무자에게 질문을 하게 됩니다. 질문을 하였다고 하여 그것이 꼭 큰 문제가 되거나 그것으로 인해 면책불허가가 되는 것은 아닙니다. 법원에 보고서 형식으로 보고해야 하기 때문에 보고서의 엄밀성을 위해 사소한 사안이라도 이를 확인하려고 질문하는 경우도 있습니다. 그런데 채무자가 제출된 객관적인 자료와는 상반되는 진술을 하게 되면, 그때부터는 채무자의 진술을 믿지 못하게 되고 또 다른 부분에서 파산관재인을 속이는 것이 아닌가 싶어 사건을 전체적으로 다시 검토하게 됩니다. 그렇게 되면 사소한 실수라도 밝혀지게 될 것이고 파산절차는 그만큼 지연될 수 있습니다. 사회에서도 신뢰가 중요하듯 파산절차에서도 파산관재인과 채무자 사이에 신뢰는 무엇보다 중요합니다. 따라서 사소한 거짓말로 불필요한 오해를 살 필요 없이 사실대로 말하는 것이 결과적으로 채무자에게 유리합니다.

마지막으로, 파산신청을 하면서 주변으로부터 들은 말들은 일단 접어두고 '지금 파산관재인과의 면담에 집중하라'는 것입니다. 재판부별로 파산관재인별로 조사의 주안점이 조금씩 다를 수 있고, 파산업무의 특성상 어느 정도의 차이가 불가피한 일이기도 합니다. 이렇듯 다양한 해결방법이 열려 있는 파산절차에서 한두 번의 파산경험을 갖고 있는 주변의 사람들이 마치 다 아는 것인냥 이 문제는 이렇게 처리된다고 해결책을 제시해봐야 실상 본인의 파산절차에서는 그대로 진행되는 경우는 드뭅니다. 그만큼 파산절차는 사실을 확정하여 법률관계를 정리하는 재판절차라기보다 경제적 파탄상태에 놓인 개인들을 구제하기 위한 법정 행정절차의 성격이 짙어, 채무자의 상황에 따라 천차만별의 결과가 있을 수 있기 때문입니다. 동일한 파산사건이 없다고 할 정도로 개개 사건마다 다양할 수밖에 없는 것입니다. 따라서 면담과정에 파산관재인이 주안점을 두고 있는 사실이 무엇인지, 채권자집회에서 재판부가 관심을 갖고 있는 사실이 무엇인지를 파악하고 이를 적절히 해결하는 방법이 무엇인지에 집중하는 것이 주변 사람들로부터 번다한 말을 듣는 것보다 실효적일 것입니다.

【면제재산 및 재단포기】

16 파산에도 불구하고 채무자가 보유할 수 있는 재산이 있다는데 어떤 것이 있나요?

답 파산이 선고되면 원칙적으로 채무자의 재산은 모두 처분되어 청산되어야 합니다. 그런데 채무자의 모든 재산이 청산되게 되면 파산절차 진행 중 또는 파산절차가 종료된 후에 채무자 또는 채무자의 가족들의 생계를 유지할 방법이 전혀 없게 됩니다. 파산하려다가 굶어 죽는 불상사가 발생할 수 있는 것입니다. 이런 차원에서 법은 파산선고에도 불구하고 채무자가 보유할 수 있는 재산의 종류와 가액을 정해놓고 있습니다. 이러한 재산을 면제재산이라고 부르는 것입니다. 그런데 면제재산의 범위를 무작정 확대하면 채권자들의 반발이 심해질 수밖에 없습니다. 그렇다고 면제재산의 범위를 축소하게 되면 채무자의 생계가 위협받을 수 있게 되는 것입니다. 그래서 법은 당연히 면제재산이 되는 재산과 법원이 채무자의 신청에 따라 여러 사정을 참작하여 인정할 수 있는 면제재산을 분리하여 규정하고 있는 것입니다.

당연히 면제재산이 되는 재산은 생계와 가계 운영에 필요한 최소한의 재산들입니다. 대부분 압류금지재산과 동일한데, 대표적으로 서울의 경우 임차보증금 중 3,400만원까지의 금액(다만, 소액임차보증금에 해당되어야 합니다), 150만원 이하의 예금, 150만원 이하의 보장성보험의 해지환급금 등입니다.

그런데 위와 같은 법정 면제재산만으로 파산절차 진행 중의 생계유지에 충분하지 않습니다. 그래서 단지 파산절차 동안만이라고 생계를 유지할 수 있는 재산으로 6개월간 생계유지에 필요한 최소한도의 재산으로 900만원까지의 재산을 임의적 면제재산으로 인정하고 있습니다. 당연 면제재산은 채무자의 신청이나 법원의 결정이 없어도 당연히 면제재산이 되는 것으로 채무자가 신경 쓸 필요가 없으나 임의적 면제재산은 채무자의 신청으로 법원이 결정하는 것이기 때문에 900만원 상당의 재산을 보유하고자 하는 채무자는 파산신청 또는 파산선고로부터 14일 이전에 법원에 면제재산신청을 하여야 합니다.

자세한 내용은 이 책 제10장 제1절에 자세히 설명해 놓았으니 참조하시기 바랍니다.

17 파산관재인이 환가포기를 하는 재산도 있다고 하는데 환가포기가 무슨 뜻이고, 어떤 재산이 환가포기 될 수 있나요?

답 환가포기란 파산관재인이 마땅히 파산재단이 되어야 할 채무자의 재산에 대하여 법원의 허가를 얻어 그 재산의 환가를 포기하는 것입니다. 그렇기 때문에 환가 포기된 재산은 파산에도 불구하고 채무자가 보유할 수 있게 됩니다. 이렇게 파산관재인이 법원의 허가를 받아 환가를 포기하게 되면 그 재산은 마치 면제재산과 같이 채무자가 보유할 수 있게 되는데, 그렇게 되면 채권자들의 불만이 있을 수밖에 없습니다. 그래서 특별한 사정이 있는 경우에 한해서만 예외적으로 환가포기를 고려하게 됩니다.

예를 들어, 시골에 있는 채무자 소유의 맹지와 같이 그 가치가 그리 크지 않으면서, 매각 상대방을 찾기도 어렵고, 토지에 대한 공과금 등 관리비만 부담하게 된다면, 결과적으로 파산재단에 부담이 될 수밖에 없기 때문에 이러한 재산은 환가포기를 고려하지 않을 수 없게 됩니다. 소액의 보험해약환급금, 임차보증금들도 채무자의 생계에 필수불가결한 재산이라고 판단되면 환가포기를 할 수 있습니다. 일의적으로 어떠한 재산이 환가포기될 수 있는지를 말할 수 없고 여러 사정을 두루 참작하여야 하므로 자세한 내용은 이 책 제10장 제2절을 참조하기 바랍니다.

【면책불허가와 재량면책】

18 어떠한 경우에 법원은 면책불허가 결정을 하나요?.

답 개인파산제도는 국가가 운영하는 것입니다. 이 말을 달리 표현하면 국가가 사인들 간의 채권·채무관계에 개입한다는 것입니다. 파산재판에 참여한 개인채권자들은 법원(국가)이 무슨 권한으로 내가 피·땀 흘려 번 돈으로 채무자에게 빌려준 것을 없앨 수 있냐고 항의하거나 채무자가 면책되면 자신도 파산할 수밖에 없다고 하소연하기도 합니다. 이럴 때 법원이 할 수 있는 말은 '법이 그렇습니다'라는 것밖에 없습니다. 파산제도가 왜 있을 수밖에 없고, 이 제도가 우리 사회에서 어떠한 기능을 하며, 왜 채권자들이 이를 수인해야 하는지를 설명한다고 하더라도 자신의 피 같은 채권이 한순간에 물거품이 될 수 있다는 사실 앞에서 채무자의 면책을 수긍할 채권자는 거의 없습니다.

채권자가 은행, 신용보증기금과 같이 기관이라고 하더라도 결국 그 손실은 일반국민들에게 전가될 수밖에 없다는 점에서 개인채권자와 같이 법정에 참석하여 눈물의 호소를 하지 않는다고 하여 다른 것은 아닙니다. 면책결정이 채권자의 희생이라는 눈물로 핀 꽃이라는 사실이 면책불허가 사유를 규정한 이유 중 하나입니다.

면책불허가 사유는 법에서 규정하고 있고 이 책 제11장에서 자세히 설명하였습니다. 그러나 법전을 보거나 이 책의 해당 부분을 보기 전에 누구보다도 채무자가 자신에게 면책불허가 사유가 있는지는 잘 압니다. 파산신청을 하면서 뭔가 찜찜한 구석이 있다면 그건 대부분 면책불허가 사유에 해당됩니다. 영화제목을 빌려 표현하면 "좋은 놈, 나쁜 놈, 이상한 놈" 중에 '나쁜 놈'과 '이상한 놈'에 해당하는 경우 면책불허가 사유가 있다고 보면 대충 맞습니다(나쁜 놈, 이상한 놈이라는 표현을 쓴 것은 영화제목을 차용하기 위한 것으로 채무자를 폄훼하려는 의도는 전혀 없습니다).

경제적 파탄의 우려가 있는 시기에 채무자가 재산을 돌려놓기 위해 명의를 변경하는 행위, 있지도 않은 채무를 만들어 이를 갚거나 자신의 유일한 재산을 담보로 제공하는 행위, 파산사실을 속이고 돈을 빌려 갚지 않는 행위 등은 '나쁜 행위'의 유형이라면, 빚으로 산 물건을 싼 값에 파는 행위, 맘에 드는 채권자에게만 빚을 갚는 행위, 파산관재인에 뇌물을 주는 행위, 파산관재인이 설명을 요청하였음에도 적절한 설명을 하지 않는 행위, 빚에 쪼들림에도 불구하고 흥청망청 돈을 쓰는 행위는 '이상한 행위'의 유형이라고 할 수 있습니다. 법원은 이러한 사정이 발견되면 면책불허가 결정을 하게 됩니다. 이러한 채무자까지도 면책을 허가할 수 없기 때문입니다.

그러나 이러한 행위가 있다고 100% 면책불허가가 되는 것은 아닙니다. '어쩔 수 없이 그런 행위를 할 수밖에 없었다'라고 말할 수 있는 모든 사정이 면책허부 결정의 참작사항이 됩니다. 따라서 채무자는 어쩔 수 없었던 사정에 대하여 적극적으로 피력하고, 이를 뒷받침할 수 있는 자료가 있다면 그것이 무엇이든 간에 적극적으로 수집하여 제출하는 노력을 해야 합니다.

법원은 파산 및 면책신청서. 파산관재인 보고서, 채권자의 이의신청서, 채무자의 반론서 등 법원에 제출된 모든 서류를 검토한 후, 법이 정한 면책불허가 사유에 해당하는지, 채무자에게 특별히 참작할 만한 사유가 있는지 등을 종합적으로 살펴본 후, 면책 여부에 대한 결정을 하기 때문입니다.

19 면책불허가 사유가 있어도 면책될 수 있나요?

답 대부분의 채무자들은 조금씩 문제가 있습니다. 다만, 그 경중과 횟수의 차이가 있을 뿐입니다. 법이 정한 면책불허가 사유에 해당하는 행위가 있으면 무조건 면책불허가가 된다면, 파산·면책제도를 이용하여 면책받을 수 있는 채무자는 거의 없다고 말해도 과언을 아닐 것입니다.

그만큼 조금씩의 흠은 있기 마련이고, 사람이 하는 일에 어는 정도의 융통성도 있기 마련입니다. 예를 들어, 파산신청을 할 즈음에 채무자가 자기명의의 보험을 딸 앞으로 이전해 놓았다면, 이러한 행위는 재산의 은닉행위에 해당하여 명백한 면책불허가 사유가 됩니다. 그런데, 그 보험이 보장성보험이고, 해약환급금이 소액이며, 채무자가 건강이 좋지 않아 보험을 유지하지 않으면 막대한 의료비를 부담할 수밖에 없는데, 파산을 하면 보험을 무조건 해지해야 한다고 잘못 생각해서 명의를 딸 앞으로 이전시킨 것이라면, 여러분은 어떻게 생각하십니까. 이런 분을 면책불허가해야 할까요?

이렇듯, 다양한 사회현상을 법조문 몇 개로 의율할 수 없는 것입니다. 그래서 법은 재량면책의 길을 열어두어 채무자에게 면책불허가 사유가 있다고 하더라도 참작할 만한 사정이 있으면 재량면책(재량면책도 면책과 동일한 것입니다)을 할 수 있게 하였습니다.

재량면책 사유에 대하여는 이 책 제11장 제3절에 사례와 함께 자세히 설명해 놓았으니 참조하기 바랍니다.

【비면책채권】

20 면책결정에도 불구하고 면책되지 않는 채권이 있다고 들었습니다. 어떤 채권들인가요?

답 면책결정에도 불구하고 면책되지 않는 채권을 비면책채권이라고 합니다. 불굴의 채권이라고 할 만합니다. 법이 비면책채권을 인정하고 있는 것은 나름에 이유가 있습니다. 이 채권을 면책시키면 국가 재정상의 문제가 발생할 수 있는 채권(대표적으로 조세채권), 다른 사람의 생계와 관련이 있어 함부로 면책시킬 수 없는 채권(근로자의 임금, 퇴직금 채권, 양육자의 양육비 채권 등), 또 면책시키는 것이 도의관념에 반하는 채권(고의의 불법행위 채권, 중과실로 타인의 생명이나 신체를 침해한 불법행위 채권, 악의로 채권자목록에 누락한 채권), 정책적인 이유로 부득이 법이 비면책채권으로 인정한 채권(벌금, 과료 등 형사절차에서 발생한 채권 및 학자금대출금 채권)입니다.

이런 채권들은 채무자가 면책을 받았다고 해도 면책이 되지 않는 채권입니다. 어떤 채권이 비면책채권인지는 채무자가 미리 숙지할 필요가 있습니다. 면책결정문에 채무자의 어떤 채권이 면책되지 않는 채권인지 적혀 있지 않기 때문입니다.

21 면책결정을 받았는데 갑자기 채권자가 자신의 채권은 채권자목록에 빠져 있으니 갚으라고 합니다. 어떻게 해야 하나요?

답 이 문제는 비면책채권 중 "채무자가 악의로 채권자목록에 기재하지 아니한 청구권"의 문제입니다. 여기서 "악의로"란 "나쁜 마음으로"라는 뜻이 아니라 "알면서"라고 보는 것이 맞습니다. 법률용어에서 '악의'라고 하면 '알면서'로 '선의'라고 하면 '모르면서'로 해석하면 대부분 맞습니다. 그러니까 이 문제는 채무자가 파산절차에서 채권자목록을 제출할 때, 누락된 채권자가 있음을 '알면서' 채권자목록에 기재하지 않으면 그건 채무자의 책임이니까 그 채권자의 채권은 면책되지 않도록 한 것입니다. 채무자가 채권자목록에 일부러 기재하지 않은 채권자에게는 채무자의 파산과 관련된 어떠한 서류도 그 채권자에게 송달되지 않으므로 그 채권자는 당연히 채무자가 파산한지도 모른 채, 더구나 그 채권자의 이의신청 기회조차 원천적으로 배제한 채 파산·면책절차가 종료되고, 면책결정을 받았다면 채무자의 그 채권자의 채권을 면책시킬 아무런 이유가 없는 것입니다.

그런데 문제는, 채무자가 '실수로' 채권자목록에 일부 채권자를 기재하지 않은 경우입니다. 채무자가 채권자를 '알면서 일부로' 채권자목록에 기재하지 않았다면 그 책임을 채무자에게 돌리는데 문제가 없지만 '실수로' 기재하지 않은 경우는 문제가 됩니다. 사람은 언제나 실수할 수 있기 때문입니다. 이에 대하여 대법원은 채권자를 "알면서 실수로" 기재하지 않은 경우와, 채권자를 "실수로 몰라서" 기재하지 않은 경우를 나누어 판단하고 있습니다. 전자의 경우 그 채권자의 채권은 면책되지 않지만, 후자의 경우에는 면책된다고 보고 있습니다.

그러나 채무자가 "알면서 실수로" 채권자목록에 기재하지 않은 것인지, "실수로 몰라서" 채권자 목록에 기재하지 않은 것인지를 구분하는 것은 결코 쉬운 일이 아닙니다.

채권이 전전 양도되었는데, 채권양도 통지가 되지 않고 이를 주의 깊게 살펴보지 않아 채권자목록에 현재 채권자명을 기재하지 못한 경우, 연대보증인인 채무자가 주채무자가 채권자에게 변제하였는지 알고 실수로 그 채권자를 채권자목록에 기재하지 않는 경우에는 채무자가 "실수로 몰라서" 채권자목록에 기재하지 않은 것이라고 인정되어 그 채권은 면책될 수 있지만, 채권자가 보낸 등기독촉장이 송달되었음에도 그 채권자를 누락한 경우, 파산신청즈음에 채권자와 교섭한 사정이 밝혀졌음에도 불구하고 그 채권자를 누락한 경우, 파산신청시보다 불과 몇 개월 전에 공증까지 받았음에도 그 채권자를 누락한 경우, 채권자가 채무자의 재산에 이미 가압류나 압류 등의 집행을 한 사실이 있음에도 그 채권자를 누락한 경우에는 채무자가 "알면서 실수로" 채권자목록에 기재하지 않은 것이라고 인정되어 그 채권은 면책되지 않을 수 있습니다.

그런데 채무자가 알면서 특정 채권자를 채권자목록에 누락하여 그 채권이 비면책채권인지 여부는 파산절차에서 다투어지는 것이 아니라, 파산·면책 결정 이후 그 채권자와 채무자 사이의 법적 분쟁 과정에서 다투어지게 됩니다.

누락된 채권자가 채무자가 파산·면책된 사실을 모르고 채무자를 상대로 소송을 제기한 경우에는 그 소송과정에서 채무자가 면책받은 사실을 항변하면, 그 채권자가 자신의 채권을 채무자가 악의로 누락한 사실을 재항변 사유로 삼아 다투는 과정에서 문제될 것이고, 채권자의 지급명령에 이의신청하지 않아 그 지급명령이 확정된 경우에도 그 지급명령에 대한 집행절차에서 채무자가 청구이의를 제기하면서 면책된 사실을 주장하면 채권자가 악의로 누락된 채권임을 항변하는 과정에서 문제될 것이며, 채무자가 먼저 채권자를 상대로 면책확인의 소를 제기하면 그 소송에서 채권자의 항변 사유로 다투어질 것입니다.

【배우자 재산에 대한 처리】

22 배우자 명의의 재산이 있습니다. 이 경우에도 파산신청을 할 수 있나요? 할 수 있다면 배우자 명의의 재산은 파산절차에서 어떻게 처리되나요?

답 우선 이 문제는 이렇게 접근해야 합니다. 먼저 파산신청을 할 수 있느냐는 질문은 파산선고를 받을 수 있느냐의 질문으로 선해하는 것이 맞을 겁니다. 파산신청은 파산신청이 각하되든, 기각되든 할 수 있는 것이니까요. 그리고 파산선고를 받을 수 있느냐의 문제는 채무자에게 파산원인 사실이 있느냐의 문제이지만 실질은 파산신청 각하, 기각사유가 있느냐의 문제로 접근하는 것이 손쉽습니다. 파산신청 각하사유야 살펴볼 만한 것이 없고, 파산신청 기각사유에서는 파산신청이 '남용'에 해당되는지가 문제인데, 법원이 파산신청의 '남용'에 '면책불허가 사유가 있음'도 포함된다고 하고 있기 때문에 검토해 봐야 합니다.

배우자 명의의 재산이 원래 채무자 명의의 재산이었는데 배우자에게 이전된 것이 아니라면 파산선고는 무난히 될 것입니다. 채무자 명의였다가 이전된 것이라면 법원은 파산선고 전에 심문기일을 열어 위 재산이전의 경위를 소명하게 하고, 채무자가 배우자 앞으로 재산을 이전하여 은닉한 것이라고 볼 만한 사정이 있으면, 파산신청을 기각하고, 그렇지 않으면 파산선고를 할 것입니다.

문제는 파산선고 이후에, 파산절차에서 배우자 명의의 재산이 어떻게 처리되는지입니다. 이 문제는 각 재판부별로, 각 파산관재인별로 그 처리방식이 각양각태이기 때문에 함부로 말씀드리기 어려운 문제입니다. 아직 실무에서도 명확히 정리되어 있지도 않습니다. 이렇게 실무가 다양한 것은 나름대로 이유가 있습니다. 우리 민법은 부부별산제를 원칙으로 하고 있지만, 우리의 인식, 법감정과 상충하고 있는 것이 근본적인 이유입니다. 특히 배우자에게 고액의 재산이 있는데도 채무자가 아무런 책임도 지지 않은 채 면책을 받는 것은 채권자의 법감정에 반하는 것입니다. 그런데 배우자 명의의 재산에 채무자의 기여도가 어느 정도 인정된다고 하여 파산절차에서 이를 환수할 마땅한 법적 조치가 없다는 것이 문제를 가중하는 한 측면이기도 합니다. 일부 재판부에서는 채무자의 기여도를 인정하여 배우자 명의의 재산을 취득할 당시 채무자가 기여도에 해당하는 지분을 양도한 것으로 보아 부인의 청구를 인정한 사례도 있으나 법적으로 정립된 방식이라고 보기에는 무리가 있습니다. 굳이 환수하고자 한다면 파산절차 밖으로 나가 배우자 명의의 재산을 공유물로 보거나 명의신탁한 재산으로 보아 민사법원에 공유물 분할청구를 하거나, 명의신탁 해지를 원인으로 명의를 돌려놓으라는 소송을 제기한 다음, 이렇게 돌려놓아진 재산을 가지고 매각절차를 진행하여 환가하는 것인데, 이는 많은 시간과 노력이 필요할 뿐만 아니라 소송의 승패 여부도 가늠하기 어렵습니다.

그렇다고, 어떠한 기준도 없이 재판부나 파산관재인별로 무분별하게 운영되는 것은 아닙니다. 우선 배우자 명의의 재산이 면제재산범위 내의 소액의 재산이라면 굳이 문제삼지 않을 가능성이 높습니다. 면제재산 중 소액 임차보증금 범위 내의 배우자의 재산이 있고, 주거지에 가족들이 공동으로 생활하고 있다면 이를 환가하거나 일부라도 환가되지 않았다고 하여 면책불허가 사유로 삼기는 어렵습니다. 다음으로, 배우자가 결혼 전에 취득한 재산이거나, 배우자가 상속 또는 증여받은 재산으로 배우자의 특유재산임이 분명한 경우에는 그 재산이 고액의 재산이 아니라면 이 경우에도 문제삼기는 어렵습니다. 다만 배우자에게 고액의 재산이 있고, 부부 공동생활 기간이 상당하다면 일정액을 파산재단에 편입하여 파산채권자에게 어느 정도라도 나눠주고 면책을 받는 것이 올바른 해결이 아닐까 싶습니다.

문제는, 배우자가 고액의 재산을 가지고 있는데, 그 취득자금 내역이 소명되지 않는 경우입니다. 파산관재인은 배우자의 재산취득 경위를 집요하게 조사할 수밖에 없고, 조사과정에 채무자의 협조가 부족하면 그 사유로 면책불허가가 될 수도 있습니다. 가장 어렵고 난처한 문제로 법원, 파산관재인, 신청대리인과 많은 얘기와 조언을 듣고 합당하게 해결하는 길밖에 달리 방법이 없습니다.

【집행의 외관 제거】

23 면책결정까지 받은 채무자입니다. 그런데 재산에 가압류가 되어 있는 것은 어떻게 해야 하나요?

답 면책결정을 받았다고 해서 기왕의 가압류 집행이 저절로 해소되는 것은 아닙니다. 그 재산권을 온전히 행사하기 위해서는 채무자가 적극적인 법적 조치를 취해서 가압류의 외관을 제거해야 합니다.

부동산 등 등기되는 재산에 가압류결정이 등재되어 있으면, 법원으로부터 가압류집행해제신청을 하여 그 재산에 등재된 가압류를 말소해야 합니다. 가압류집행해제신청서에 면책결정문 등본, 면책확정증명원, 채권자목록등본을 첨부하여야 합니다. 그러면 법원이 등기소에 촉탁으로 등기부에 기재되어 있는 가압류결정을 말소하게 됩니다. 동산이 가압류된 경우에도 마찬가지로 법원에 위 서류를 첨부하여 가압류집행해제신청을 하면, 법원의 집행해제인용으로 그 가압류 집행은 실효되게 됩니다. 채권에 가압류가 된 경우에는 법원에 가압류집행해제신청을 하면 법원은 제3채무자에게 가압류집행이 해제되었다는 사실을 통지함으로써 가압류집행의 효력을 실효시키고, 채무자는 그 채권을 온전히 행사할 수 있게 되는 것입니다. 압류의 경우도 마찬가지입니다.

자세한 내용은 이 책 제3장 제6절에 설명해 놓았으니 참조하기 바랍니다.

부 록

1. 개인파산 전자소송
2. 개인파산·면책신청서
3. 동시신청 안내문
4. 파산선고 결정문
5. 자료제출 안내문
6. 파산관재인 대한 채무자의 자료제출 check-list
7. 파산관재인 면담시 1회 자료제출요청서
8. 파산관재인보고서(1회)
9. 파산관재인 면담시 2회 자료제출요청서
10. 파산관재인 보고서(속행)
11. 면책허가결정문
12. 면책불허가결정문

1. 개인파산 전자소송

파산 및 면책신청서 제출

파산 및 면책신청서 제출

▶ 파산 및 면책신청서 선택

❶ **개인파산 서류 선택** : 파산 및 면책신청서 선택

파산 및 면책신청서 제출 – 전자소송 동의

전자소송 동의

▶ 전자소송 동의

❶ **전자소송 동의** : 전자소송 동의에 대한 설명

❷ **당사자 작성** : 로그인한 계정이 개인회원인 경우 당사자 작성 버튼이 생성되고, 개인변호사 회원이거나 법무법인 회원인 경우 대리인 작성버튼 생성

파산 및 면책신청서 제출 – 사건정보 입력

사건정보 입력

▶ 문서작성 – 사건정보

❶ **사건정보** : 문서작성을 위한 사건정보 탭

❷ **사건기본정보** : 신청서명을 확인하고 제출법원 선택

❸ **파산면책 동시신청** : 면책신청의 동시/별도 여부 선택

파산 및 면책신청서 제출 – 사건정보 입력

사건정보 입력

▶ 문서작성 – 사건정보

❹ **당사자목록** : 저장된 당사자목록 조회

❺ **당사자 기본정보** : 필수 입력사항을 입력, '내정보 가져오기' 버튼으로 자동입력 가능

❻ **저장** : 당사자 정보 입력 후 저장하면 당사자목록에 추가

파산 및 면책신청서 제출 – 사건정보 입력

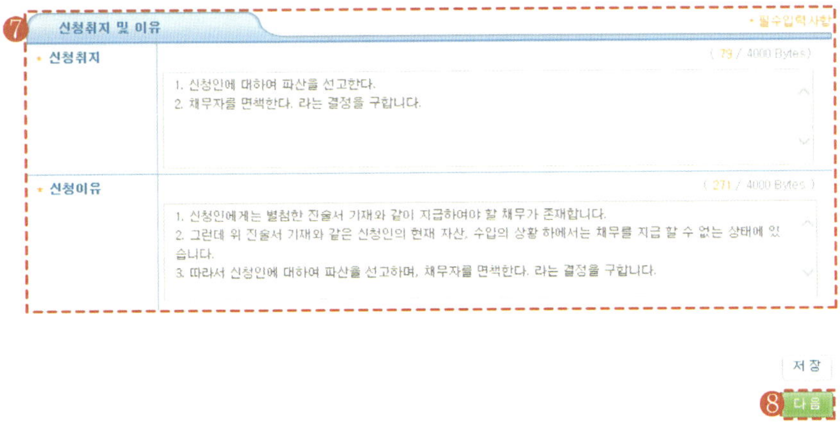

사건정보 입력

▶ 문서작성 – 사건정보

⑦ **신청취지 및 이유** : 파산 및 면책신청에 대하여 자동 입력된 문구 확인

⑧ **다음** : 저장되면 다음 단계로 이동

파산 및 면책신청서 제출 – 채권자목록 제출

채권자목록 제출

▶ 문서작성 – 채권자목록

❺ **채권자 기본정보** : 등록하고자 하는 채권자의 기본정보 입력

❻ **채권자 채권정보** : 채권자의 채권정보 입력

❼ **저장** : 채권자 기본정보와 채권정보를 입력 후 저장하면 채권자목록 정보에 조회

❽ **다음** : 채권자 등록을 마치고 다음 단계로 이동

파산 및 면책신청서 제출 – 첨부파일

첨부파일

▶ 문서작성 – 첨부파일

① **첨부파일** : 문서작성의 마지막 탭

② **첨부서류 제출** : 첨부할 서류가 있는 경우 등록

③ **첨부서류 목록** : 첨부 등록한 서류목록 조회

④ **작성완료** : 문서작성이 완료되며 다음 단계에서 작성한 문서를 확인

보정서 제출

제출문서 선택

▶ 보정서의 경우 제출문서 조회버튼을 클릭하여 관련문서 선택

❶ **제출문서** : 회생파산 보정서를 제출하는 경우 해당 사건번호에 해당하는 제출문서를 조회하고, 선택 가능(제출자 본인이 제출한 문서에 한함)

보정서 제출 – 보정서 제출

보정서 제출

▶ 보정서 제출

❶ **사건기본정보** : 전자소송 동의에 대한 설명

❷ **보정서 입력** : 첨부파일 방식으로 보정서를 첨부하며 PDF파일로 변환

❸ **다음** : 첨부한 보정서를 저장한 후 다음 단계로 이동

보정서 제출 – 첨부서류

첨부서류

▶ 보정서 제출

❶ **첨부서류 제출** : 첨부할 서류가 있는 경우 등록

❷ **첨부서류 목록** : 첨부 등록한 서류 목록 조회

❸ **작성완료** : 문서작성이 완료되며 다음 단계에서 작성한 문서를 확인

절차관계인 서류 제출

절차관계인 제출 서류

▶ 각 절차별 절차관계인 제출 서류 선택

❶ **파산관재인 제출 서류** : 파산관재인이 제출하는 서류로써 e-Form 방식과 첨부파일 방식으로 구분하여 제출 가능(예시 : 개인파산)

❷ **관리인 제출 서류** : 관리인이 제출하는 서류로써 e-Form 방식과 첨부파일 방식으로 구분하여 제출 가능(예시 : 법인회생)

나의 사건현황

나의 사건현황

▶ 전자소송사건의 현재상황 조회

❶ **나의정보** : 사전 포괄동의에 대한 기간과 유효기간 연장 및 철회

❷ **전자소송 진행정보** : 나의사건, 송달문서, 작성중서류 확인

❸ **최근 진행내역** : 최근에 작성한 문서, 최근송달내역, 제출내역, 납부내역 확인

2. 개인파산·면책신청서

파산 및 면책신청서

인지
2,000원

신 청 인(채 무 자)

성 명 : (주민등록번호 : -)

주 소 : (우편번호 :)

거 소 : (우편번호 :)

송달장소 : (우편번호 :)

송달영수인 :

<u>등록기준지</u> :

연락처 : 휴대전화( ), 집전화( ), e-mail( )

신 청 취 지

1. 신청인에 대하여 파산을 선고한다.
2. 채무자를 면책한다. 라는 결정을 구합니다.

신 청 이 유

1. 신청인에게는 별첨한 진술서 기재와 같이 지급하여야 할 채무가 존재합니다.
2. 그런데 위 진술서 기재와 같은 신청인의 현재 자산, 수입의 상황 하에서는 채무를 지급할 수 없는 상태에 있습니다.
3. 따라서 신청인에 대하여 파산을 선고하며, 채무자를 면책한다. 라는 결정을 구합니다.

첨 부 서 류

1. 가족관계증명서, 혼인관계증명서(이혼내역 포함) 각 1부
2. 주소변동내역이 포함된 주민등록등본 1부
3. 진술서(채권자목록, 재산목록, 현재의 생활 상황, 수입 및 지출에 관한 목록 포함) 1부
4. <u>신청서 및 첨부서류 일체의 부본 1부</u>

휴대전화를 통한 정보수신 신청서

위 사건에 관한 파산선고결정, 면책결정 등 정보를 예납의무자가 납부한 송달료 잔액 범위 내에서 휴대전화를 통하여 알려주실 것을 신청합니다.

▣ 휴대전화 번호:

신청인 채무자 (날인 또는 서명)

※ 파산선고 및 이의기간지정 결정(또는 면책심문기일 결정), 면책결정이 있으면 신속하게 위 휴대전화로 문자메시지가 발송됩니다. 문자메시지 서비스 이용금액은 메시지 1건당 17원씩 납부된 송달료에서 지급됩니다(송달료가 부족하면 문자메시지가 발송되지 않습니다). 추후 서비스 대상 정보, 이용금액 등이 변동될 수 있습니다.

20 . . .

신 청 인 ㊞

파산사건번호	
면책사건번호	
배당순위번호	
재 판 부	제 단독

서울중앙지방법원 귀중

[양식 1-1]

진 술 서

서울중앙지방법원 귀중

신 청 인 (인)

신청인은 나음과 같은 내용을 사실대로 진술합니다.
또 본인의 현재의 채무, 자산, 생활의 상황 및 수입·지출 등은, 별지「채권자목록」,「재산목록」,「현재의 생활상황」,「수입 및 지출에 관한 목록」의 각 기재와 같습니다.
위 각 서류에 사실과 다른 내용이 있을 경우 면책불허가될 수 있음을 잘 알고 있습니다.

1. 본인의 과거 경력은 다음과 같습니다.

⑴ 최종 학력

년 월 일 학교 (졸업, 중퇴)

⑵ 과거 경력(최근의 것부터 기재하여 주십시오)

년 월 일부터 년 월 일까지(자영, 근무)
업종 직장명 직위
년 월 일부터 년 월 일까지(자영, 근무)
업종 직장명 직위

2. 본인의 현재까지의 생활상황 등은 다음과 같습니다.

(1) 채무의 지급이 곤란할 정도로 경제사정이 어려워진 이후에 일부 채권자에게만 변제한 경험 (있음, 없음) (변제한 채권자의 성명, 변제시기, 금액을 전부 기재하여 주십시오)

____

____

(2) 사기죄, 사기파산죄, 과태파산죄로 고소되거나 형사재판을 받은 경험 (있음, 없음)

____

____

(3) ㈎ 과거에 파산신청을 하였다가 취하하거나 기각당한 경험 (있음, 없음)

년 월 일 ( )지방법원에 파산신청을 하였는데 (취하함, 기각당함)

㈏ 과거에 파산선고를 받은 경험 (있음, 없음)

년 월 일 ( )지방법원에서 파산선고를 받음

㈐ 그 파산선고에 이어서 면책을 받은 경험 (있음, 없음)

년 월 일 ( )지방법원에서 면책결정을 받았고, 년 월 일 위 결정이 확정됨

(4) ㈎ 개인회생절차를 이용한 경험 (있음, 없음)(개인회생절차 중이면 기각될 수 있음)

년 월 일 ( )지방법원에서 인가결정을 받음(사건번호:)

년 월 일 ( )지방법원에서 폐지결정을 받음

(폐지사유:)

☆ 폐지사유(예를 들어 소득 감소, 가족 의료비 증가 등)에 관한 소명자료를 첨부하여 주십시오.

㈏ 그 개인회생절차에서 면책을 받은 경험 (□있음 □없음)

년 월 일 ( )지방법원에서 면책결정을 받았고, 년 월 일 위 결정이 확정됨

(5) 슬롯머신, 경마, 경륜, 포커 등 도박행위를 한 경험 (□있음 □없음)

▷ 어떤 도박을 하였는지 ( )

▷ 도박을 한 시기 (년 월 일부터 년 월 일까지)

▷ 도박을 한 횟수 및 금액 개월 평균 ( )회, 평균 ( )원 정도

(6) 과거 자신의 월수입의 반 이상이 소요되는 호텔, 콘도, 골프장, 고급 음식점에 다닌 경험 (□있음 □없음)

▷ 어떤 곳에 갔는지 ( )

▷ 간 시기 (년 월 일부터 년 월 일까지)

▷ 간 횟수 및 사용금액 1개월 평균 ( )회 정도, 평균 ( )원 정도

(7) 과거 2년간 국내·해외여행 경험 (□있음 □없음)

▷ 여행 횟수 및 사용 금액 합계 ( ) 회 정도, 총액 ( ) 원 정도

(8) 과거 2년간 500만원 이상의 물건을 구입한 경험 (□있음 □없음)

(물건의 품명, 구입시기, 가격 등을 전부 기재하여 주십시오)

____

____

(9) 과거 물건을 할부나 월부로 구입하고 대금을 전부 지급하지 않은 상태에서 처분(매각, 입질 등)을 한 경험 (□있음 □없음) (물건의 품명, 구입시기, 가격, 처분 시기 및 방법을 전부 기재하여 주십시오)

____

____

(10) 이번 항목은 개인 영업을 경영한 경험이 있는 분만 기재하여 주십시오.

▷ 영업 중 상업장부의 기재

□ 정확히 기장하였다. □ 부정확하게 기장하였다. □ 기장하지 아니하였다.

▷ 영업 중에 도산을 면하기 위하여 상품을 부당하게 염가로 매각한 사실

(□있음 □없음)

(언제 무엇을 매입원가의 몇 %로 할인판매를 하였는지를 기재하여 주십시오)

3. 채권자와의 상황은 다음과 같습니다.

(1) 채권자와 채무지급방법에 관하여 교섭한 경험 (□있음 □없음)

▷ 그 결과 합의가 성립된 채권자수 (   )명

▷ 합의에 기하여 지급한 기간 (년   월   일부터   년   월   일까지)

▷ 매월 지급한 총액   1개월 평균 (   )원 정도

▷ 지급 내역 (누구에게 얼마를 지급하였는지를 기재하여 주십시오)

---

(2) 소송·지급명령·압류·가압류 등을 받은 경험 (□있음 □없음)

▷ (   )지방법원 (   )지원   사건번호 (호)   상대방(   )

▷ (   )지방법원 (   )지원   사건번호 (호)   상대방(   )

4. 파산신청에 이르게 된 사정(채무 증대의 경위 및 지급이 불가능하게 된 사정)

(1) 많은 채무(연대보증에 의한 채무나 신용카드 이용에 의한 채무를 포함한다)를 지게 된 이유는 다음과 같습니다(두 가지 이상 선택 가능).

□ 생활비 부족(부양가족수 :   ), (부족한 생활비 : 주거비, 의료비, 교육비, 기타)

□ 주택구입자금 차용(주택 구입 시기 :   ), (주택 처분 시기 :   )

(구입한 주택의 명세 :   )

□ 낭비 등(음식·음주, 투자·투기, 상품 구입, 도박 등)

□ 사업의 경영 파탄(다단계 사업 포함)

(사업 시기 :   년   월   일부터   년   월   일까지)

(사업종류 :   )

□ 타인(친족, 지인, 회사 등)의 채무 보증

□ 사기 피해를 당함(기망을 한 사람 및 채무자와의 관계 :   ,   ) (피해액수 :   원)

□ 그 밖의 사유 :

(2) 지급이 불가능하게 된 계기는 다음과 같습니다(두 가지 이상 선택 가능)

□ 변제해야 할 원리금이 불어나 수입을 초과하게 됨

□ 실직함

□ 경영 사정 악화로 사업 폐업함

□ 급여 또는 사업 소득이 감소됨

□ 병에 걸려 입원함

□ 그 밖의 사유 :

(3) 지급이 불가능하게 된 시점 :　　　년　월　일

(4) 구체적 사정

시기(연월일)	채권자, 차용(보증) 액수, 차용한 돈의 사용처, 지급이 불가능하게 된 사정 등

(언제, 어떠한 사정 하에 누구로부터 얼마를 차용하여 어디에 사용하였는지, 언제 어떠한 사정 하에 무엇을 구입하였는지, 어떠한 사정 하에 지급이 불가능하게 되었는지를 오래된 것부터 시간 순서에 따라 기재하여 주십시오. 별지를 사용하여도 됩니다.)

5. 지급이 불가능하게 된 시기 이후에 차용하거나 채무가 발생한 사실 (있음, 없음)

시기(연월일)	차용(채무 발생) 원인, 금액, 조건 등

(있다면 차용 또는 채무발생의 시기, 원인, 금액, 조건 등을 기재하여 주십시오. 별지를 사용하여도 됩니다.)

[양식 1-2]

채권자목록

순번	채권자명	차용 또는 구입일자	발생 원인	최초 채권액	사용처	보증인	잔존 채권액	
							잔존 원금	잔존 이자·지연손해금

※ 채권의 '발생원인'란에는 아래 해당번호를 기재함
① 금원차용(은행대출,사채 포함), ② 물품구입(신용카드에 의한 구입 포함), ③ 보증(피보증인 기재), ④ 기타

합계	잔존 원금	잔존 이자·지연손해금

채권자목록 기재요령

※양식※

순번	채권자명	차용 또는 구입일자	발생 원인	최초 채권액	사용처	보증인	잔존 채권액	
							잔존 원금	잔존 이자·지연손해금
1	ㅇㅇ카드(주)	01.1.7–05.1.31	②	6,000,000	생활비	김이순	5,234,567	789,456
1–1	김이순	02.5.8	①	6,000,000			미정	미정
2	ㅇㅇ은행(주)	02.5.8	①	10,000,000	창업자금		10,000,000	2,456,789
9	최ㅇㅇ	03.6.9	①	5,000,000	병원치료비		5,000,000	1,150,000

※ 채권의 '발생원인'란에는 아래 해당번호를 기재함 ① 금원차용(은행대출, 사채 포함), ② 물품구입(신용카드에 의한 구입 포함), ③ 보증(피보증인 기재), ④ 기타	합계	잔존 원금	잔존 이자·지연손해금
	24,630,812	20,234,567	4,396,245

※ 기재요령 ※

채권자목록에 기재하여야 할 사항을 한 가지라도 기재하지 아니하거나 허위 또는 부정확하게 기재하는 경우에는 파산·면책절차가 진행되지 아니하거나 면책절차에서 불리하게 작용할 수 있으니 주의하시기 바랍니다.

1. 채권자목록은 채무별로 순번을 달리하여 기재하십시오. 다만, 같은 채권자에 대한 여러 개의 채무는 연이어 기재하되, 발생원인이 오래된 것부터 날짜 순서에 따라 기재하십시오.
2. 『채권자명』란에는 법인과 개인을 구분하여 채권자의 성명이나 법인명칭을 정확히 기재하십시오. 채권자의 성명은 호적등본 또는 주민등록등본이나 법인등기부등본상 주소와 일치하여야 하며, 법인의 경우에는 대표자까지 기재하여야 합니다(<u>※잘못된 기재례 : 순이 엄마, 영주댁, OO상사</u>).
3. 채무자를 위하여 보증을 해 준 사람이 있으면 그 보증인도 『보증인』란에 정확하게 기재하여야 합니다. 보증으로 인한 구상채무는 보증인이 보증한 채무의 바로 다음에 기재하되, 『순번』란에는 보증한 채권의 순번에 가지번호를 붙여 표시하고, 『잔존채권액·잔존원금 / 잔존 이자·지연손해금』란에는 '미정'이라고 기재하십시오.
4. 『차용 또는 구입일자』란에는 <u>원래 차용 또는 구입일자</u>를 기재하고 채권양도시 양도일자를 그 옆에 (　　)를 표시하여 추가하며, 『발생원인』란에는 표 하단에 기재된 발생원인의 해당번호를,

『최초 채권액』란에는 채무발생 당시의 금액을, 『사용처』란에는 구체적 사용용도 또는 구입물품을 각 기재하십시오.

5. 『잔존 채권액·잔존원금/잔존 이자·지연손해금』란에는 파산신청(면책신청) 당시까지 채무자(채무자)가 갚지 못하고 있는 채무의 원금과 이자·지연손해금을 각 채권자별로 구분하여 기재하고, 하단의 『합계』란에는 채무의 총액을 기재하며, 『잔존원금』, 『잔존 이자·지연손해금』란에는 각각의 합계액을 반드시 기재하십시오.

[양식 1-3]

채권자의 주소

1. 채권자의 주소는 신청일 당시의 주소로 번지까지 정확하게 기재하고, 채무자를 위하여 보증을 해 준 사람이 있으면 그 보증인의 주소까지 정확히 기재하여야 합니다.
2. 채권자가 금융기관이나 기타 법인인 경우에는 본점 소재지 또는 거래지점의 소재지를 정확하게 기재하여야 합니다.

순번	채권자명	주소	전화번호	팩스	비고 (우편번호)	공고갈음 신청 또는 면책동의

송달되지 않는 채권자에 대한 공고갈음 신청

<table>
<tr><td>송달되지 않는
채권자 성명</td><td></td><td>채권자목록의
순번</td><td></td></tr>
<tr><td>채권자가 송달받을 주소를
알지 못하는 이유</td><td colspan="3">□ 연락두절
연락두절기간 현재로부터
□1개월 이내 □6개월 이내 □1년 이내 □1년 초과

□ 기타 (구체적 이유를 아래에 기재)</td></tr>
<tr><td>채권자의 주소를
파악하기 위하여
그동안 채무자가
행한 조치가 있다면 이를
기재</td><td colspan="3">(채무자가 행한 조치를 간략히 기재)</td></tr>
</table>

※ 법인 채권자의 경우 법인등기부 등본을 제출하여야 합니다.

※ 해당 □란에 ∨표시하십시오

※ 채권자별로 1명당 위 양식을 사용하고, 여러 채권자에 대한 내용을 1장에 기재하지 마십시오.

면책동의서

송달되지 않는 채권자 성명		채권자목록의 순번	
기명 또는 서명날일	____________________(인)		

※ 채권자별로 1명당 위 양식을 사용하고, 여러 채권자에 대한 내용을 1장에 기재하지 마십시오.

※ 채권자의 인감도장을 날인하고 채권자의 인감증명서를 첨부하면 신속한 진행에 도움이 됩니다.

[양식 1-4]

재 산 목 록

※ 먼저, 다음 재산목록 요약표에 해당 재산이 있는지 √하고, 「□ 있음」에 √한 경우에는 아래 해당 항목에서 자세히 기재바랍니다. 이 양식을 파일형태로 이용할 경우 아래 표 중 「□ 있음」에 √한 부분만 출력하여 제출하여도 됩니다. 따라서 모두 「□ 없음」에 √한 경우에는 아래 표 다음 부분을 생략할 수 있습니다 (실제로는 재산 처분이 있었음에도 불구하고 '지급불가능 시점의 1년 이전부터 현재까지 재산 처분 여부'의 '없음'에 √해 놓고는 부동산등기부등본 등 소명자료를 뒷부분에 편철해 놓는 경우가 있는데 이와 같이 재산목록 요약표와 소명자료 또는 진술서의 기재내용이 서로 불일치한 경우에는 허위진술 내지 불성실한 신청으로 간주되어 불이익한 처분을 받을 수 있습니다).

재산목록 요약표

1. 현금	□없음 □있음	6. 매출금	□없음 □있음	11. 지급불가능 시점의 1년 이전부터 현재까지 재산 처분 여부	□없음 □있음
2. 예금	□없음 □있음	7. 퇴직금	□없음 □있음	12. 최근 2년간 받은 임차보증금	□없음 □있음
3. 보험	□없음 □있음	8. 부동산	□없음 □있음	13. 이혼재산분할	□없음 □있음
4. 임차보증금	□없음 □있음	9. 자동차·오토바이	□없음 □있음	14. 상속재산	□없음 □있음
5. 대여금	□없음 □있음	10. 기타 재산(주식, 특허권, 귀금속 등)	□없음 □있음	15. 친족의 재산	□없음 □있음
파산관재인 선임 희망 여부		□ 희망 □ 불희망			

1. 현금 : 금액 (원)

2. 예금

□없음 □있음 □과거 6개월간의 통장사본 제출 또는 거래내역서 제출

□제출한 자료 없음

금융기관명( ) 계좌번호( ) 잔고 (원)

금융기관명( ) 계좌번호( ) 잔고 (원)

☆ 은행 이외의 금융기관에 대한 것도 포함합니다.

☆ 예금잔고가 소액이라도 반드시 기재하고 파산신청시의 잔고(정기예금분을 포함)와 최종 금융거래일로부터 과거 6개월간의 입출금이 기장된 통장 사본 또는 예금거래내역서를 첨부하여 주십시오.

3. 보험(생명보험, 화재보험, 자동차보험 등)

□없음 □있음 □보험회사 작성의 증명서 제출
□제출한 자료 없음

보험회사명( ) 증권번호( ) 해약반환금 (원)

보험회사명( ) 증권번호( ) 해약반환금 (원)

☆ 파산신청 당시에 가입하고 있는 보험은 해약반환금이 없는 경우에도 반드시 전부 기재하여 주십시오.

☆ 보험증권사본과 파산신청시의 해약반환금 예상액(없는 경우에는 없다는 사실)을 기재한 보험회사 작성의 증명서를 첨부하여 주십시오.

4. 임차보증금

□없음 □있음 □임대차계약서사본 제출 □기타 반환예상액 관련자료 제출
□제출한 자료 없음

임차물건( ), 임차보증금 (원), 반환예상금 (원)

☆ 반환예상금란에는 채무자가 파산신청일을 기준으로 임대인에게 임차물건을 명도할 경우 임대인으로부터 반환 받을 수 있는 임차보증금의 예상액을 기재하여 주십시오.

☆ 임대차계약서의 사본 등 임차보증금 중 반환예상액을 알 수 있는 자료를 첨부하여 주십시오.

☆ 상가 임대차의 경우에는 권리금이 있으면 반드시 권리금 액수를 기재해 주시기 바랍니다.

5. 대여금·구상금·손해배상금·계금 등

□없음 □있음 □계약서사본 제출 □대여금 등을 알 수 있는 기타자료 제출
□변제받는 것이 어려운 이유를 기재한 진술서 및 소명자료 제출
□제출한 자료 없음

채무자명( ) 채권금액 ( ) 회수가능금액 (원)

채무자명( ) 채권금액 ( ) 회수가능금액 (원)

☆ 계약서의 사본 등 대여금 등을 알 수 있는 자료를 첨부하고, 변제 받는 것이 어려운 경우에는 그 사유를 기재한 진술서 및 소명자료를 첨부하여 주십시오(회수가 어렵다고 하더라도 반드시 기재하시고, 대여금뿐만 아니라 구상금, 손해배상금, 계금 등 어떠한 명목으로라도 제3자로부터 받아야 할 돈이 있으면 기재하시기 바랍니다).

6. 매출금(개인사업을 경영한 사실이 있는 분은 현재까지 회수하지 못한 매출금 채권)

□없음　　　□있음 □영업장부사본 제출 □매출금을 알 수 있는 기타자료 제출
□변제받은 것이 곤란한 경우 그 사유를 기재한 진술서 및 소명자료 제출
□제출한 자료 없음

채무자명(　　　)　채권금액 (　　　원)　회수가능금액 (　　　원)

채무자명(　　　)　채권금액 (　　　원)　회수가능금액 (　　　원)

☆ 영업장부의 사본 등 매출금을 알 수 있는 자료를 첨부하고, 변제 받는 것이 곤란한 경우에는 그 사유를 기재한 진술서 및 소명자료를 첨부하여 주십시오.

7. 퇴직금

□없음　　　□있음 □사용자 작성의 증명서 제출
□퇴직금채권담보차용의 경우 차용에 관한 자료 제출
□제출한 자료 없음

근무처명(　　　　)　　퇴직금예상액 (　　　원)

☆ 파산신청시에 퇴직하는 경우에 지급 받을 수 있는 퇴직금예상액(퇴직금이 없는 경우에는 그 취지)을 기재한 사용자 작성의 증명서를 첨부하여 주십시오. 만일 퇴직금채권을 담보로 하여 돈을 차용하였기 때문에 취업규칙상의 퇴직금보다 적은 액수를 지급 받게 되는 경우에는 차용에 관한 자료를 첨부하여 주십시오.

8. 부동산(토지와 건물)

□없음　　　□있음 □등기부등본 제출 □재산세과세증명서 제출 □시가확인서 제출
□피담보채권의 잔액증명서 제출
□경매절차 진행상태에 대한 자료 제출 □배당표 제출
□제출한 자료 없음

종류(토지·건물)　소재지 (　　　　　　)

시　가 (　　　원)　등기된 담보권의 피담보채권 잔액(　　　원)

종류(토지 ·건물)　소재지 (　　　　　　)

시　가 (　　　원)　등기된 담보권의 피담보채권 잔액(　　　원)

☆ 등기부등본 등과 재산세과세증명서, 인근 중개업소나 인터넷에서 확인한 적어도 2곳 이상의 시가확인서 등 시가증명자료를 첨부하여 주십시오.

☆ 저당권 등 등기된 담보권에 대하여는 은행 등 담보권자가 작성한 피담보채권의 잔액증명서 등의 증명자료를 첨부하여 주십시오(가압류나 압류는 등기된 담보권이 아니므로 그 가액을 표시할 때는 가압류나 압류임을 명시하여 주시기 바랍니다).

☆ 경매진행 중일 경우에는 경매절차의 진행상태를 알 수 있는 자료를, 배당이 완료된 경우에는 배당표를 제출하여 주십시오.

9. 자동차(오토바이를 포함한다)

□없음 □있음 □자동차등록원부 제출 □시가증명자료 제출
□피담보채권의 잔액증명서 제출
□제출한 자료 없음

차종 및 연식( ) 등록번호( ) 시가 (원)

등록된 담보권의 피담보채권 잔액(원)

☆ 자동차등록원부와 시가 증명자료를 첨부하여 주십시오.

10. 기타 재산적 가치가 있는 중요 재산권(주식, 회원권, 특허권, 귀금속, 미술품 등)

품목명( ) 시가 (원)

품목명( ) 시가 (원)

11. 진술서 4.(3) 기재 지급 불가능 시점의 1년 이전부터 현재까지 사이에 처분한 1,000만원 이상의 재산(다만, 여러 재산을 처분한 경우 그 합계액이 1,000만원 이상이면 모두 기재하여야 하고, 부동산은 1,000만원 미만이라도 기재하여야 한다.)

□없음 □있음 □처분시기와 대가를 증명할 수 있는 등기부등본 제출
□ 계약서사본 제출 □영수증사본 제출
□처분대가의 사용처를 증명할 수 있는 자료 제출 □배당표 제출
□제출한 자료 없음

☆ 처분의 시기, 대가 및 대가의 사용처를 상세히 기재하여 주시기 바랍니다. 그리고 여기서 말하는 재산의 처분에는 보험의 해약, 정기예금 등의 해약, 퇴직에 따른 퇴직금수령 등도 포함합니다. 주거이전에 따른 임차보증금의 수령에 관하여는 다음의 12항에 기재하여 주시기 바랍니다.

☆ 특히 부동산이나 하나의 재산의 가액이 1,000만원 이상의 재산을 처분한 경우에는 처분시기와 대가를 증명할 수 있는 등기부등본, 계약서사본, 영수증사본과 처분대가의 사용처를 증명할 수 있는 자료를 첨부하시기 바랍니다(경매로 처분된 경우에는 배당표를 제출하여 주십시오).

12. 최근 2년 이내에 주거이전에 따른 임차보증금을 수령한 사실

□없음 □있음 □임대차계약서사본 제출 □임차보증금 사용처 증명자료 제출
□제출한 자료 없음

☆ 임대차계약서사본과 수령한 임차보증금의 사용처를 증명할 수 있는 자료를 첨부하시기 바랍니다.

13. 최근 2년 이내에 이혼에 따라 재산분여(할)한 사실

□없음 □있음 □분여한 재산의 가치를 나타내는 자료 제출 □제출한 자료 없음

□제출한 자료 없음

☆ 분여한 재산과 그 시기를 기재하여 주십시오. 그리고 분여한 재산의 가치를 나타내는 자료를 첨부하여 주시기 바랍니다(이혼 당시 배우자의 보유 재산이 어느 정도인지 아래 15.항의 양식을 참조하여 기재하여 주십시오).

14. 친족의 사망에 따라 상속한 사실

□없음 □있음

□다른 상속인이 주된 상속재산을 취득하였다는 사실을 증명하는 자료제출

□다른 상속인이 소유자로 되어 있는 등기부등본 제출

□처분의 경과와 대가의 사용처를 증명하는 자료 제출 □제출한 자료 없음

년 월 일 부·모 ______________의 사망에 의한 상속

상속상황

㉠ 상속재산이 전혀 없었음

㉡ 신청인의 상속포기 또는 상속재산 분할에 의하여 다른 상속인이 모두 취득하였음

㉢ 신청인이 전부 또는 일부를 상속하였음

주된 상속재산과 그 처분의 경과

☆ ㉡ 또는 ㉢항을 선택한 분은 주된 상속재산을 기재하여 주시기 바랍니다.

☆ ㉡항을 선택한 분은 다른 상속인이 주된 상속재산을 취득하였다는 사실을 증명하는 자료를 첨부하여 주십시오. 부동산인 경우에는 다른 상속인이 소유자로 되어 있는 등기부등본을 첨

부하여 주십시오.

☆ ⓒ항을 선택한 분으로 상속한 주된 재산을 이미 처분한 분은 그 처분의 경과와 대가의 사용처를 상세히 기재하고, 그 사실을 증명하는 자료를 첨부하여 주십시오.

15. 배우자, 부모, 자녀 명의의 1,000만원 이상의 재산(1인 명의 재산이 1,000만원 이상일 때)

□없음 □있음 □등기부등본 제출 □재산세과세증명서 제출 □시가증명자료 제출

□재산취득자금 마련경위에 대한 소명자료 제출

□제출한 자료 없음

재산의 종류 ( )

재산의 명의자 ( ), 채무자와의 관계 ( )

재산의 시가 ( ), 재산에 관한 피담보채무 ( )

재산 취득 시기 ( )

재산 취득 자금 마련 경위 ( )

☆ 재산이 부동산인 경우에는 등기부등본 등과 재산세과세증명서, 인근 중개업소나 인터넷에서 확인한 적어도 2곳 이상의 시가확인서 등 시가증명자료를 첨부하여 주십시오.

☆ 재산 취득시기가 지급이 불가능하게 된 시점으로부터 2년 이내인 경우에는 재산 취득 자금 마련 경위에 관한 소명자료(예를 들어 재산 명의자의 취득 자금에 관한 금융 거래 명세 등)를 첨부하여 주십시오.

[양식 1-5]

현재의 생활상황

1. 현재의 직업【자영, 고용, 무직】

 업종 또는 직업( ) 직장 또는 회사명 ( )

 지 위 ( ) 취 직 시 기 (년 월)

2. 수입의 상황(신청인의 월수입 합계 원)

■ 자영수입(원) □없음 □있음 □종합소득세확정신고 제출

 □제출한 자료 없음

☆ 종합소득세 확정신고서(최근 2년분)를 첨부하여 주십시오.

■ 월 급여 (원) □없음 □있음 □급여증명서 제출

 □근로소득세원천징영수증사본 제출

 □제출한 자료 없음

☆ 급여증명서(최근 2년분)와 근로소득세 원천징수영수증의 사본을 첨부하여 주십시오.

■ 연 금 (원) □없음 □있음 □수급증명서 제출

 □제출한 자료 없음

☆ 수급증명서를 첨부하여 주십시오.

■ 생활보호(원) □없음 □있음 □수급증명서 제출

 □제출한 자료 없음

☆ 수급증명서를 첨부하여 주십시오.

■ 기 타 (원) □없음 □있음 □수입권 자료 제출

 □제출한 자료 없음

☆ 구체적으로 기재하고 수입원을 나타내는 자료를 첨부하여 주십시오.

3. 가족·동거인의 상황

□가족·동거인 중 수입이 있는 자 없음

□가족·동거인 중 수입이 있는 자 있음

 □급여명세서사본 제출 □근로소득세원천징수영수증사본 제출

 □종합소득세확정신고서 제출

 □제출한 자료 없음

성명	신청인과의 관계	연령	동거여부	직업	월수입
		세	동거·별거		원
		세	동거·별거		원
		세	동거·별거		원
		세	동거·별거		원
		세	동거·별거		원
		세	동거·별거		원

☆ 가족·동거인 중 수입이 있는 자에 대하여는 2항과 마찬가지로 급여명세서사본, 종합소득세 확정신고서 등을 첨부하여 주십시오.

4. 주거의 상황

거주를 시작한 시점 (년 월 일)

거주관계 : 아래 ㉠ - ㉥ 중 선택 (□㉠ □㉡ □㉢ □㉣ □㉤ □㉥)

㉠ 임대 주택(신청인 이외의 자가 임차한 경우 포함)

㉡ 사택 또는 기숙사

㉢ 신청인 소유의 주택

㉣ 친족 소유의 주택에 무상으로 거주

㉤ 친족 이외의 자 소유의 주택에 무상으로 거주

㉥ 기타 ( )

㉠, ㉡항을 선택한 분에 대하여,

관리비를 포함한 임대료 (원) 임대보증금 (원)

연체액 (원)

신청인 이외의 자가 임차인인 경우 임차인 성명 ( ) 신청인과의 관계 ( )

㉣, ㉤항을 선택한 분에 대하여,

소유자 성명 ( ) 신청인과의 관계 ( )

신청인 이외의 자가 소유자이거나 임차인인데 함께 거주하지 않는 경우 그 경위를 기재하십시오. ( )

□임대차계약서사본 제출 □사용허가서사본 제출

□제출한 자료 없음

☆ ㉠ 또는 ㉡항을 선택한 분은 임대차계약서 또는 사용허가서 사본을 첨부하여 주시기 바랍니다.

□등기부등본 제출

□제출한 자료 없음

☆ ⓒ 또는 ⓓ항을 선택한 분은 등기부등본을 첨부하여 주십시오.

□소유자 작성의 거주증명서 제출

□제출한 자료 없음

☆ ⓓ 또는 ⓔ항을 선택한 분은 소유자 작성의 거주 증명서를 첨부하여 주십시오.

5. 조세 등 공과금의 납부 상황(체납 조세가 있는 경우 세목 및 미납액을 기재하십시오)

소득세	미납분	(없음	있음 — 미납액	원)
주민세	미납분	(없음	있음 — 미납액	원)
재산세	미납분	(없음	있음 — 미납액	원)
의료보험료	미납분	(없음	있음 — 미납액	원)
국민연금	미납분	(없음	있음 — 미납액	원)
자동차세	미납분	(없음	있음 — 미납액	원)
기타 세금	미납분	(없음	있음 — 미납액	원)

[양식 1-6]

수입 및 지출에 관한 목록

1. 가계수지표(20 . . 월분)(신청일이 속한 달의 직전 달 기준)

수 입			지 출	
항 목		금 액	항 목	금 액
급여 또는 자영 수입	신청인	원	주거비(임대료, 관리비 등)	원
	배우자	원	식비(외식비 포함)	원
	기타( )	원	교육비	원
연금	신청인	원	전기·가스·수도료	원
	배우자	원	교통비(차량유지비 포함)	원
	기타( )	원	피복비	원
생활보호		원	의료비	원
기타		원	기타	원
수입합계		원	지출합계	원

2. 채무자의 가용소득(개인회생절차를 신청할 경우 소득에서 생계비를 뺀 나머지 소득)

	구 분	금액(단위 : 원)					
1	채무자의 월 평균 소득[1)]						
2	생계비(부양가족을 기준으로 한 보건복지부 공표 최저생계비의 150%)[2)]	1인	2인	3인	4인	5인	6인
		798,874	1,360,245	1,759,681	2,159,119	2,558,556	2,957,992
	부양가족 이름, 연령, 관계						
3	채무자의 가용소득 (1－2)						

1) 최근 1년 동안의 대략적인 소득을 평균하여 기재하십시오.
2) 본인을 포함한 부양가족(스스로 최저생계비 이상의 소득을 올리는 사람은 부양가족이 아닙니다)의 수에 해당하는 곳에 ○표 하십시오.

3. 동시신청 안내문

개인파산 및 면책신청에 관한 안내문

2012. 2. 1.부터 서울중앙지방법원의 개인파산 및 면책 신청서 양식 및 안내문이 변경되었습니다.

〈주요 변경 내용〉

■ **새로운 개인파산절차 시행에 따른 신청취지의 변경**

새로운 개인파산절차의 시행에 따라 법원은 파산선고와 동시에 원칙적으로 파산관재인을 선임하고, 예외적으로 채무자가 비용(30만원 이하)을 예납금으로 납부할 경제적 능력이 없음을 입증한 경우에 한하여 파산관재인을 선임하지 아니하고 파산선고와 동시에 파산폐지를 하게 되므로, 신청취지 중 파산폐지에 관한 부분을 삭제하였습니다.

■ **신청서 및 진술서의 부분 1부 제출**

채무자는 신청서 및 진술서(채권자목록, 재산목록, 현재의 생활 상황, 수입 및 지출에 관한 목록 포함) 등 신청시 제출하는 서류 일체의 부본 1부를 더 제출하여야 합니다. 새로운 개인파산절차에서는 원칙적으로 파산관재인이 선임되므로 채무자가 파산관재인용 부본 1부를 제출하면 신속한 절차진행에 도움이 됩니다.

1. 개인파산(個人破産)과 면책(免責)의 개념

가. 개인파산이란?

개인인 채무자가 개인사업 또는 소비활동의 결과 자신의 재산으로 모든 채무를 변제할 수 없는 상태에 빠진 경우에 그 채무의 정리를 위하여 스스로 파산신청을 하는 경우 이를 개인파산이라고 합니다.

나. 면책이란?

면책이란, 자신의 잘못이 아닌 자연재해나 경기변동 등과 같은 불운(不運)으로 인하여 파산선고를 받은 '성실하나 불운한' 채무자에게 새로운 출발의 기회를 주기 위한 것으로서 파산절차를 통하여 변제되지 아니하고 남은 채무에 대한 채무자의 변제책임을 파산법원의 재판에 의하여 면제시킴으로써 채무자의 경제적 갱생을 도모하는 것으로 개인에게만 인정되는 제도입니다.

다. 개인파산의 목적

개인파산제도의 주된 목적은, 모든 채권자가 평등하게 채권을 변제받도록 보장함과 동시에, 채무자에게 면책절차를 통하여 남아 있는 채무에 대한 변제 책임을 면제하여 경제적으로 재기·갱생할 수 있는 기회를 부여하는 것입니다. 개인파산제도는 성실하지만 불운하게도 과도한 채무를 지게 되어 절망에 빠지고 생활의 의욕을 상실한 채무자에게는 좋은 구제책이 될 수 있습니다.

개인파산을 신청하는 이유는 주로 파산선고를 거쳐 면책결정까지 받음으로써 채무로부터 해방되기 위한 것이므로, **개인파산을 신청하기 전에 자신에게 면책불허가 사유가 있는지 여부를 잘 검토하시기 바랍니다.** 이 안내문을 읽으실 때에도 면책불허가 사유를 중점적으로 읽으시기 바랍니다.

2. 파산 및 면책 신청의 방법

가. 파산 및 면책은 자신의 모든 채무를 변제할 수 없는 지급불능상태에 빠진 사람이라면 영업자와 비영업자 모두 신청할 수 있습니다. 은행대출, 신용카드 사용, 사채 등 원인을 불문하고, 금액의 많고 적음도 상관없으며 신용불량자가 아니라도 신청할 수 있습니다.

나. 채무자는 파산 및 면책 신청서류를 작성하여 자신의 주소지를 관할하는 지방법원 본원(단, 주소지가 서울특별시에 있는 경우에는 서울중앙지방법원이 관할법원입니다)의 접수계(파산과가 설치되어 있는 법원의 경우에는 파산과 접수계를 말합니다)에 접수시키면 됩니다. 파산 및 면책신청서가 없는 경우에는 파산신청서와 면책신청서를 각각 작성하여 함께 제출하여도 됩니다.

다. 파산 및 면책 신청서류는 전국 각 지방법원 본원 민사신청과(서울중앙지방법원은 파산과)에 상세한 기재례와 함께 비치되어 있으며, 대법원 홈페이지(http://scourt.go.kr ⇒ 전자민원센터 ⇒ 재판서류양식 ⇒ 개인파산 및 면책) 또는 각 지방법원 본원 홈페이지를 방문하셔서(서울중앙지방법원의 홈페이지의 경우 http://seoul.scourt.go.kr ⇒ 양식 ⇒ 개인파산 및 면책) 다운받아 사용할 수도 있습니다.

3. 파산선고의 불이익

파산선고가 내려지면 채무자는 다음과 같은 불이익을 받게 됩니다. **그러나 이러한 불이익은 채무자 본인에게 한정되고, 가족 등 다른 사람에게는 아무런 불이익이 없습니다.**

가. 공·사법(公·私法)상의 자격 제한

(1) 사법상 후견인, 친족회원, 유언집행자, 수탁자가 될 수 없습니다.
다만, 권리능력, 행위능력 및 소송능력은 제한받지 아니합니다.

(2) 공법상 공무원, 변호사, 공인회계사, 변리사, 공증인, 부동산중개업자, 사립학교 교원, 건축사 등이 될 수 없습니다. 다만, 대통령, 국회의원, 지방자치단체장의 선거권 및 피선거권은 계속 보유합니다. 자격증에 관한 자세한 사항은 자격증을 발급해주는 기관에 문의하시기 바랍니다.

(3) 상법상 합명회사, 합자회사 사원의 퇴사 원인이 됩니다. 주식회사, 유한회사와 위임관계에 있는 이사의 경우 그 위임관계가 파산선고로 종료되어 당연퇴임하게 됩니다. 회사의 사규나 취업규칙에 파산선고를 받는 것이 당연 **퇴**

직 사유로 규정되어 있는지 확인하시기 바랍니다.

나. 신원조회대상

파산을 선고받은 채무자가 전부면책을 받지 못하거나 면책결정이 취소된 경우 또는 면책신청이 각하되거나 기각된 경우에 한하여 채무자의 신원증명업무를 관장하는 등록기준지 시·구·읍·면장에게 파산선고사실이 통지되어 신원조회 시 파산선고사실이 나타나게 됩니다(**가족관계등록부에 기록되는 것은 아닙니다**).

다. 불이익의 제거

위와 같은 불이익은 전부면책결정이 확정되면 그러한 불이익은 모두 소멸합니다. 면책이 되지 않은 채무자가 뒤에서 설명하는 복권이 된 경우도 마찬가지입니다.

4. 파산 및 면책 절차의 흐름

가. 개인파산의 경우, 예납금이 납부되면 파산선고와 동시에 파산관재인을 선임하여 채무자의 재산 및 소득에 대한 조사를 진행하고 면책불허가 사유에 대한 조사도 함께 진행합니다. 다만 예외적으로 채무자가 관재인보수를 위한 비용(30만원 이하)을 납부할 경제적 능력이 없다는 입증을 하면 파산선고와 동시에 파산절차를 종료하는 의미의 파산폐지결정을 하고, 채권자에게 이의신청기간 통지를 하는 등 면책절차를 진행합니다.

나. 파산 및 면책 절차의 경과순서

(1) 파산 및 면책 신청서가 제출되면, 법원은 파산선고를 하기 전에 관할위반, 파산신청 남용에 대한 조사를 하고 예납금이 납부되면 조속히 파산선고와 동시에 파산관재인을 선임하고 채권자집회 및 의견청취기일 또는 면책심문기일을 지정합니다.

(2) 파산관재인은 채무자의 재산 및 소득에 대한 조사, 면책불허가 사유에 대한 조사를 실시하여 제1회 채권자집회 기일 전에 법원에 보고서를 제출합니다.

(3) 면책심문종결일부터 30일 이내인 이의신청기간 내(면책심문기일이 지정된 경우) 또는 법원이 정한 이의신청기간 내(면책심문기일이 지정되지 아니한 경우)에 채권자로부터 이의가 있거나 파산관재인의 조사에 미흡한 점이 발견되어 추가적인 조사가 필요한 경우에는 추가조사를 위하여 채권자집회 및 이의채권자가 출석하는 의견청취기일이 속행될 수도 있습니다.

※ 만일 전부면책을 받지 못한 경우에는 안내문의 목차 "10. 복권" 편을 참고하시기 바랍니다.

※ **면책신청에 관한 재판이 확정될 때까지 채무자의 재산에 대하여 파산채권에 기한 강제집행, 가압류 또는 가처분은 금지 또는 중지되고, 면책결정 확정으로 중지된 강제집행 등은 당연 실효됩니다.**

5. 법원에서 교부하는 파산 및 면책 신청서류의 구성과 작성방법

가. 파산 및 면책 동시신청의 장점

파산 및 면책 신청서류를 같은 날에 동시에 신청함으로써 개별신청시 드는 서류 작성상의 번거로움도 덜 수 있고, 나아가 개별신청보다 더 신속하게 절차가 진행되는 등 여러 가지로 채무자에게 유리합니다.

파산 및 면책을 동시에 신청할 경우 그 신청서에 첨부할 서류는 가족관계증명서, 혼인관계증명서 및 주민등록등본, 진술서로 이루어져 있습니다. 진술서에는 ① 채권자목록(채권자주소록), ② 재산목록, ③ 현재의 생활상황, ④ 수입 및 지출에 관한 목록의 4가지 서면이 포함되어 있습니다.

나. 파산 및 면책 신청서류의 작성방법

빈칸에 해당사항을 기재하고, 각 질문사항에 대하여 "□ 있음 □ 없음" 란에 √ 표시 또는 ■ 표시를 하는데, "□ 있음"에 표시한 경우에는 반드시 해당란에 그 구체적인 내용을 기재하여야 합니다. 파산 및 면책 신청서류 양식에 기재할 공간이 부족한 경우에는 해당란에 "별지 기재와 같음"이라고 기재한 후 파산 및 면책 신청서와 같은 크기(A4)의 종이에 해당사항을 기재하여 신청서류의 끝부분에 첨부하여 주십시오.

(1) 파산 및 면책 신청서

신청인(채무자)란에는 성명을 한글로 정확하게 기재하고, 주민등록번호, 주소 및 등록기준지를 주민등록등본 및 가족관계증명서에 적힌 대로 정확히 기재합니다.

(2) 진술서

채무자는 파산법원으로 하여금 채무자의 지급불능상황을 보다 상세히 파악하게 하기 위하여 파산 및 면책 신청시에 본인이 직접 다음과 같은 사항에 관하여 사실 그대로 기재한 진술서를 제출하여야 합니다. 파산 및 면책 신청서류의 두 번째 장부터가 진술서 양식입니다.

㈎ 제1항 : 최종 학력(학교명도 기재), 경력 등의 사항을 정확하게 기재하여야 합니다. 과거 경력은 자영하던 사업, 근무하던 직장 등을 최근의 것부터 순서대로 기재합니다.

㈏ 제2항 : 신청인의 현재까지의 생활을 되돌아보고 해당되는 사항이 있으면 기재합니다. **채무의 지급이 곤란할 정도로 경제 사정이 어려워진 이후에, 재산을 처분하거나 일부 채권자에게만 편파 변제한 경험, 개인회생절차를 이용한 경험 등**을 정확하게 기재하여야 합니다.

㈐ 제3항 : 이전에 채권자들과 채무의 지급방법(분할지급 등)에 관하여 교섭을 한 경우에 기재합니다. 교섭결과 합의가 성립되어 지급된 경우에는

그 지급내역을 구체적으로 기재합니다. 소송·지급명령·압류·가압류명령 등을 받은 경우에는 법원명·사건번호·상대방(소송 등을 제기한 상대방 이름)을 기재하고 법원에서 송달받은 가압류 결정문, 지급명령, 이행권고 결정, 소장 등의 사본을 첨부합니다.

㈑ 제4항 : 신청인이 제기한 파산 및 면책 신청이 타당한지 여부를 판단하는 데 중요한 자료가 됩니다. **채무 증대의 경위 및 지급이 불가능하게 된 사정**에 관하여 해당 사유의 □ 안에 √ 표시 또는 ■ 표시를 하고, 지급이 불가능하게 된 시점을 기재한 다음, 구체적 사정을 날짜 순서에 따라 기재하여야 합니다(예를 들어, '2006. ○. ○. ○○은행에서 5천만원을 차용하여 ~에서 분식집을 개업하였음. 임차보증금으로 2천 5백만원, 권리금으로 2천만원, 시설비로 5백만원 지급'과 같이 요약적인 기재 가능).

㈒ 제5항 : 채무를 지급할 수 없게 된 이후에 새로이 차용하거나 채무가 발생한 사실을 상세하게 기재하여야 합니다.

(3) 채권자목록

파산과 면책을 별도로 신청할 경우에는 각 신청서에 채권자목록을 별도로 제출하여야 하지만, 파산과 면책을 동시에 신청하는 경우에는 채권자목록을 하나만 작성하여도 됩니다. 채권자목록은 신청인의 채무상태를 파악하기 위한 중요한 자료입니다. 채권자목록 뒤에 설명되어 있는 <채권자목록 기재방법>을 잘 읽어보신 후 작성하시고, **같은 채권자에 대한 여러 개의 채무는 연이어 기재하되, 오래된 것부터 날짜 순서에 따라 기재하십시오.** 채권자목록 양식은 채권자를 최대 17명까지 기재할 수 있도록 작성되어 있습니다. 그 이상의 채권자가 있는 경우에는 필요한 수만큼 미리 채권자목록을 복사하여 사용하시기 바랍니다. **채무자를 위하여 보증을 해 준 사람이 있으면 그 보증인도 구상채권자로서 별도의 채권자란에 가지번호(예 : 1-1, 5-1 등)를 붙여 정확하게 기재하여야 합니다.**

채권자의 주소는 번지까지 정확하게 기재하여야 합니다. 보증인이 있는 경우에는 해당 채권자(보증인이 보증을 한 채권자)의 보증인란에 그 보증인의 성명을 반드시 기재하여야 합니다.

또한 '채권자 주소록'란에는 위와 같이 채권자목록에 기재된 모든 채권자의 주소를 반드시 정확하게 기재하여야 합니다. **보증인도 역시 채권자에 해당되므로 그 주소를 반드시 정확하게 기재하여야 합니다.**

신용카드사용자는 해당 카드회사 또는 은행을 방문하여 신용카드사용내역서(**신용카드를 마지막으로 사용한 날로부터 과거 1년간**의 신용카드사용 내역이 기재되어 있는 것)를 발급받은 후 그 사용내역서의 첫 장 아래쪽 여백에 채권자목록의 순번과 카드회사명을 기재하여 순번에 따라 첨부하여 주십시오. 금융기관에서 대출을 받거나 사채를 사용한 경우에는 차용증(약정서), 독촉장이나 부채증명원 등 채무액을 소명할 수 있는 자료를 첨부하시기 바랍니다.

주소를 알 수 없는 채권자에 대하여 송달에 갈음하는 공고신청서, 면책동의서를 제출하면 신속한 면책절차 진행에 도움이 됩니다.

※ **채권자목록에 기재하여야 할 채권자 이름 및 주소를 일부라도 기재하지 아니하거나, 허위 또는 부정확하게 기재한 경우에는 파산·면책절차가 지연될 수 있습니다. 만약 채무자가 특정인이 자신의 채권자라는 사실을 알고 있으면서 그 채권자를 채권자목록에 기재하지 아니하면 면책결정을 받더라도 그 채권자에 대한 채무는 면책되지 않는 불이익을 입을 수 있으므로, 채무자는 자신이 알고 있는 채권자를 채권자목록에서 누락하지 않도록 주의하여야 합니다.**

(4) 재산목록

재산목록은 신청인의 재산 보유상태를 정확히 파악하기 위한 서류이므로 신청시의 보유재산을 빠짐없이 기재하여야 합니다. 재산목록 요약표의 각 항목의 "□ 있음 □ 없음"란에 √ 또는 ■ 표시를 하여야 합니다. "□ 있음"에 표시를 한 경우에는 해당란에 그 내용을 구체적으로 기재하고 나머지 자료에 대한 □에 대하여도 √ 또는 ■ 표시하고 그 자료를 첨부하여야 합니다. 첨부자료는 재산목록에 기재한 순서에 따라 정리하여야 합니다. "□ 없음"에 √ 또는 ■ 표시를 한 경우에는 해당란을 기재할 필요가 없습니다.

보험에 가입하여 신청서를 작성할 당시에도 **보험이 유지되고 있는 경우**에는 3항에 해약반환금을 기재하시고, 보험회사로부터 해약반환금 예상액이 기재된 서류를 작성받아 제출하십시오.

부동산, 차량 등의 등기·등록 명의가 신청인으로 되어 있지만 실제로는 타인 소유에 속하는 재산도 모두 기재한 후 그렇게 된 경위를 구체적으로 설명하여야 하며, 시가증명자료와 부동산 등기부 등본 또는 자동차등록원부를 반드시 첨부하십시오.

※ **재산목록에 기재할 재산을 고의로 누락하면 사기파산죄로 처벌될 수 있고, 면책불허가사유에도 해당되므로 누락되는 일이 없도록 주의하여야 합니다.**

(5) 현재의 생활상황

신청인의 현재 생활상황을 정확히 파악할 수 있도록 빠짐없이 기재하고 ☆표에서 설명하는 자료를 첨부합니다. 특히 주거상황에 관하여서는 그 내용을 성확히 기재하고 첨부자료가 누락되는 일이 없도록 주의하시기 바랍니다.

(6) 수입 및 지출에 관한 목록

누구의 수입으로 어떻게 생계를 꾸려 나가고 있는지 알 수 있도록 신청일이 속한 달의 전달의 수입·지출 내역을 가계수지표의 해당란에 기재하여야 합니다. 따라서 「수입·지출」란에는 신청인 본인의 수입·지출 이외에 가계를 같이하고 있는 사람의 수입·지출도 함께 기재하여야 합니다.

또한 채무자의 가용소득란에는 채무자가 개인회생절차를 신청한다고 가정할 경우의 가용소득(월 평균 소득에서 부양가족을 기준으로 한 보건복지부 공표 최저생계비의 1.5배를 뺀 소득)을 기재합니다.

6. 파산·면책 신청시 첨부할 서류 (파산관재인용 부본 1부 추가)

가. 가족관계증명서, 혼인관계증명서 및 주소변동내역이 포함된 주민등록등본(외국인의 경우 외국인등록증명서) 각 1부

나. 진술서(채권자목록, 재산목록, 현재의 생활상황, 수입 및 지출에 관한 목록) 1부 : 파산 및 면책 신청서 양식에 첨부되어 있으므로 5.항에서 설명한 대로 작성하여 첨부하면 됩니다.

다. 기타 첨부서류 : 파산 및 면책 신청서 양식 중 각 "□ 있음"란 옆에서 설명하는 첨부서류를 제출하여야 합니다. 다만, 자료를 첨부할 수 없는 경우에는 그 이유를 기재한 진술서와 그에 대신할 수 있는 자료가 될 만한 것을 첨부합니다.

라. 위임장 및 인감증명서 각 1부 : **대리인에 의하여 파산 및 면책 신청을 하는 경우**에는 위임장 및 인감증명서를 첨부합니다(대리인에 의하여 파산 및 면책 신청을 하였더라도 **심문기일에는 반드시 본인이 출석하여야 합니다**).

※ **신청서 및 진술서(채권자목록, 재산목록, 현재의 생활 상황, 수입 및 지출에 관한 목록 포함) 등 파산·면책시 접수한 서류 일체의 본 1부**를 파산관재인용으로 추가로 제출하여야 합니다.

7. 파산 및 면책 동시신청시 소요 비용

파산과 면책을 동시에 신청한다 하더라도 원칙적으로 사건은 파산사건 및 면책사건이라는 별개의 두 사건입니다. 따라서 동시신청의 경우에도 실제 절차비용을 납부할 경우에는 아래 비용을 각 파산신청 사건 및 면책신청 사건 별로 구분하여 계산, 납부한 후 각 절차에 해당하는 '정부수입인지', '송달료납부서'를 별개로 제출하여야 합니다.

가. 신청수수료 : 2,000원→'정부수입인지'를 구입하여 파산 및 면책 신청서에 풀로 붙임.

※ 파산신청서와 면책신청서를 각각 작성할 경우에는 각 신청서에 1,000원의 인지를 붙이기 바랍니다. 정부수입인지는 각 법원 구내 은행 또는 우체국에서 구입할 수 있습니다.

나. 송달료 납부서 2부 : 각 법원 구내 은행에 납부한 후 '송달료납부서'를 받아서

접수계에 제출.

파산송달료 37,000원 + (채권자수 × 3,700원 × 3)

면책송달료 37,000원 + (채권자수 × 3,700원 × 3)

다. 공고 비용 예납금 : 필요 없음

공고는 대법원 홈페이지(http://www.scourt.go.kr) 법원공고란에 게시되므로 구 파산법상 필요하였던 공고 비용 예납금은 납부하지 않아도 됩니다.

라. 파산절차 진행을 위한 예납금 : 원칙적으로 30만원 이하의 예납금을 납부하여야 합니다. 예납금의 구체적인 액수는 예납명령 등을 통하여 확인할 수 있습니다. (예납명령을 받고 예납을 하지 않는 경우 파산신청이 기각됩니다).

8. 면책불허가 사유

가. 모든 채무자가 법원으로부터 면책을 허가 받을 수 있는 것은 아닙니다. 즉, 법원은 채무자를 심문하거나 채권자로부터도 의견을 청취한 다음 면책을 허가할 것인지를 판단합니다. 그리고 다음에서 예시한 일정한 사유가 있는 경우에는 채무자 회생 및 파산에 관한 법률 제564조에 의해 원칙적으로 면책허가결정을 받을 수 없습니다.

나. 면책불허가 사유는 아래와 같습니다. 면책이 허가되지 아니한 경우에는 파산의 원인이 된 채무를 모두 변제하여야 할 뿐만 아니라 파산을 선고받은 채무자로서 법률에 정하여진 여러 가지 제약을 받게 되므로 **파산 및 면책 신청을 하기 전에 미리 면책불허가 사유가 있는지 신중히 검토하시기 바랍니다.**

(1) **채무자가 자기 재산을 숨기거나 부수거나 다른 사람 명의로 바꾸거나 헐값에 팔아버린 행위**

(2) **채무자가 채무를 허위로 증가시키는 행위**

(3) **채무자가 과다한 낭비 또는 도박 등을 하여 현저히 재산을 감소시키거나 과대한 채무를 부담하는 행위**

(4) **채무자가 신용거래로 구입한 상품을 현저히 불리한 조건으로 처분하는 행위**

(5) **채무자가 파산원인인 사실이 있음을 알면서 어느 채권자에게 특별한 이익을 줄 목적으로 채무자의 의무에 속하지 않거나 그 방법 또는 시기가 채무자의 의무에 속하지 않는데도 일부 채권자에게만 변제하거나 담보를 제공하는 행위(아직 변제기가 도래하지 않은 일부 채권자에게만 변제하거나 원래 대물변제 약정이 없는데도 일부 채권자에게 대물변제하는 행위를 포함)**

(6) **채무자가 허위의 채권자목록 그 밖의 신청서류를 제출하거나 법원에 대하여 그 재산 상태에 관하여 허위의 진술을 하는 행위**

(7) **채무자가 파산선고를 받기 전 1년 이내에 파산의 원인인 사실이 있음에도 불구하고 그 사실이 없는 것으로 믿게 하기 위하여 그 사실을 속이거나 감**

추고 신용거래로 재산을 취득한 사실이 있는 때

(8) 과거 일정 기간(개인파산 면책 확정일부터 7년, 개인회생 면책 확정일부터 5년) 내에 면책을 받은 일이 있는 때

9. 면책의 효력

가. 채무자에 대한 효력

면책허가결정이 확정되면 채무자는 당연히 복권되고, 공·사법상의 신분상 제한이 소멸됩니다. 그러나 채무 중 일부에 대하여서만 면책을 허가하는 일부 면책허가결정은 동시에 일부 면책불허가결정의 성질을 띠고 있어 "면책의 결정이 확정된 때"에 해당하지 아니하므로 당연히 복권되지 않습니다. 일부 면책허가결정을 받으신 분은 면책 받지 못한 채무를 변제하신 후 복권절차를 신청함으로써 파산선고로 인한 불이익을 제거할 수 있습니다.

나. 파산채권자에 대한 효력

채무자는 면책허가결정이 확정되면 파산채권을 변제하여야 하는 책임이 면하게 됩니다. 면책결정(일부면책은 제외)이 확정되면 전국은행연합회 신용정보관리규약 제6조 제5항에 의하여 "연체 등" 정보는 해제가 되나, 파산으로 인한 면책결정 사실이 특수기록정보로 5년간 등록됩니다. 면책결정이 확정되면 법원은 전국은행연합회에 면책결정 확정통지를 하게 되므로 이를 통하여 면책결정 확정 후 채권 금융기관의 추심행위는 상당 정도 억제될 수 있을 것입니다.

면책결정이 확정된 이후 파산채권자가 면책된 사실을 알면서 채무자의 재산에 대하여 강제집행, 가압류 또는 가처분을 한 경우에는 채권자를 금 500만원 이하의 과태료에 처할 수 있습니다.

다. 면책에서 제외되는 채무

면책허가결정이 확정되더라도 다음의 각 청구권에 대한 변제 책임은 소멸하지 않으므로, 채무자는 이를 계속하여 변제하여야 합니다.

(1) 조세

(2) 벌금, 과료, 형사소송비용, 과징금, 과태료

(3) 채무자가 고의로 가한 불법행위로 인한 손해배상

(4) 채무자가 중대한 과실로 타인의 생명 또는 신체를 침해한 불법행위로 인하여 발생한 손해배상

(5) 채무자의 근로자의 임금·퇴직금 및 재해보상금

(6) 채무자의 근로자의 임치금 및 신원보증금

(7) 채무자가 악의로 채권자목록에 기재하지 아니한 청구권

(8) 채무자가 양육자 또는 부양의무자로서 부담하여야 하는 비용

라. 보증인에 대한 효력

면책은 파산채권자가 채무자의 보증인, 기타 채무자와 더불어 채무를 부담하는 자에 대하여 가지는 권리 및 파산채권자를 위하여 제공한 담보에는 영향을 미치지 아니합니다. 보증인은 면책과 상관없이 자신의 보증채무를 변제하여야 합니다. 그러나 보증인은 보증채무를 변제하더라도 면책 받은 채무자에게 구상권(대신 갚은 돈의 청구)을 행사할 수 없습니다.

마. 한 번 내려진 **면책결정이 취소될 수도 있습니다.**

면책결정이 확정된 후에도 **사기파산죄에 관하여 채무자에 대한 유죄의 판결이 확정된 때와 채무자가 부정(不正)한 방법으로 면책을 얻은 경우**에는 파산채권자의 신청에 의하거나 파산법원의 직권으로 면책이 취소될 수 있습니다.

10. 복권(復權)

가. 복권(復權)이란

면책이 불허된 경우(일부면책 포함)에 채무자가 변제 기타 방법에 의하여 파산채권자에 대한 채무의 전부에 관하여 변제나 면제, 상계 등으로 그 채무를 면한 때에는 채무자의 신청과 법원의 심리절차를 거쳐 복권됩니다.

나. 복권의 효력

복권이 되면 파산선고를 받기 전과 같은 상태로 돌아가며, 파산선고로 인한 공·사법(公·私法)상의 불이익이 없어집니다.

다. 복권신청시 소요되는 비용

(1) 신청수수료 : 1,000원 → 정부수입인지를 구입하여 복권신청서에 풀로 붙임.

(2) 송달료 : 37,000원 + (채권자수 × 3,700원 × 3) → 각 법원 구내 은행에 납부한 후 송달료납부서를 받아서 접수계에 제출.

(3) 정부수입인지는 각 법원 구내 은행 또는 우체국에서 구입할 수 있습니다.

★ 개인파산·면책사건의 소송구조 지정변호사 제도

○ 경제적 여유가 없는 서민이 소송구조를 통하여 변호사의 도움을 받아 편리하게 개인파산을 신청하기 위한 제도입니다.

○ 법원의 소송구조신청(민원) 창구에서 소송구조 대상인 사실을 증명하는 서류(아래 소명자료 참조)를 준비하여 신청하면 됩니다.

○ 소송구조 대상자

- 「국민기초생활보장법」에 따른 수급자 ⇨ 수급자 증명서(시·군·구청 발행)
- 「국민기초생활보장법」에서 정한 기준중위소득의 60% 이하 소득자임을 소명하는 자 ⇨ 급여명세서 등 증빙서류
- 「한부모가족지원법」에 따른 보호대상자 ⇨ 한부모가족 증명서(시·군·구·읍·면·동사무소 발행)

- 60세 이상인 자 ⇨ 주민등록등본
- 「장애인복지법」에 따른 장애인 ⇨ 장애인 증명서(시·군·구청 발행) 또는 장애인복지카드

○ 소송구조를 받는 소송비용은 변호사 비용 및 송달료에 한합니다(공고료, 인지 등 절차비용은 본인 부담)

○ **소송구조 이용절차**

❶ 법원안내 창구방문 (증명서류구비)	➜	❷ 변호사지정 및 구조안내문 발급	➜	❸ 지정변호사 사무실 방문	➜
❹ 지정변호사의 소송구조 신청대리	➜	❺ 법원의 소송구조 결정	➜	❻ 개인파산·면책 신청준비 및 대리	

① 이용자가 법원 소송구조신청 창구에 자신이 소송구조대상임을 증명하는 서류를 준비하여 서비스 신청

② 담당 법원직원(접수창구)은 증명서류 확인 후 비치된 소송구조 안내대장에 신청인 이름을 기재하고 지정변호사를 순번제로 배정하고, 소송구조 안내문에 해당 지정변호사를 체크하여 이용자에게 교부

③ 이용자는 곧바로 배정받은 소송구조 지정변호사의 사무실로 직접 찾아가 소송구조신청부터 변호사의 도움을 받음

④ 지정변호사는 즉시 소송구조신청서를 접수

⑤ 재판부는 소송구조사건에 대하여 소송구조요건 해당시 즉시 소송구조결정

⑥ 소송구조 결정 후 지정변호사는 개인파산·면책 신청준비 및 대리

※ 변호사비용 외의 송달료에 대한 소송구조 신청은 소송구조 지정변호사를 통하지 않고 직접 신청이 가능함(개인파산, 회생사건 송달료 소송구조신청 양식 이용)

※ **자세한 내용은 법원 홈페이지 또는 각급법원 홈페이지 개인파산·회생 소송구조 안내 참조**

★ 무료법률상담안내

대한법률구조공단에서는 경제적으로 어렵거나 법을 모르기 때문에 법의 보호를 충분히 받지 못하는 사람들에게 법률상담, 변호사 및 공익법무관에 의한 소송대리 및 형사변호, 기타 법률사무에 관한 각종 지원을 하고 있으며, 그 중 법률상담은 전 국민을 대상으로 법률문제 전반에 대하여 무료로 하고 있습니다.

☎ **전국 법률구조공단 상담전화 : 국번 없이 132**

서울중앙지방법원 개인 파산 및 면책사건 담당부서

- (우)137－750, 서울 서초구 서초대로 219 서울중앙지방법원 별관 남관 1층
  ☎ 1단독 530－1489/ 2단독 530－1488/ 3단독 530－2851 / 4단독 530－2831 / 5단독 530－2279 / 6단독 530－1742 / 7단독 530－1490 / 8단독 530－161

제주지방법원 개인 파산 및 면책사건 담당부서

- (우)63223, 제주특별자치도 제주시 남광북5길 3(이도이동) 2층 민사신청과 분실
  ☎ 064－729－2213, 2226

4. 파산선고 결정문

서울중앙지방법원
결 정

사 건 2016하단**** 파산선고
2016하단**** 면책

신 청 인 이○○ (64****－2******)
주소 ******************
등록기준지 *****************

선고일시 2015. 5. 18.

주 문

1. 채무자 이○○에 대하여 파산을 선고한다.
2. 변호사 이○○(1971. *. **.)을 파산관재인으로 선임한다.
3. 채권신고기간 및 채권조사기일은 추후 지정한다.
4. 위 면책사건에 관하여 면책신청에 대한 이의신청기간을 2015. 07. 10.까지로 정한다.
5. 제1회 채권자집회·파산폐지에 관한 의견청취·파산관재인의 임무종료에 따른 계산보고·채무자에 대한 의견청취의 각 기일 및 장소를 2015. 07. 17. 14:00 서울법원종합청사 4별관 제6호 법정으로 한다.
6. 이 사건 파산을 간이파산으로 한다.
7. 파산관재인은 위 면책신청사건에 대하여 채무자에 대한 면책불허가사유 유무를 조사하여 2015. 7. 10.까지 조사보고서를 제출하고, 제5항의 의견청취기일에 출석하여 그 결과를 보고하여야 한다.
8. 송달하여야 하는 장소를 알기 어려운 파산채권자에 대한 송달은 공고로써 갈음한다.

이 유

채무자 회생 및 파산에 관한 법률 제305조, 제355조, 제312조, 제365조, 제367조, 제545조, 제563조, 제549조, 제560조, 제562조, 제10조를 각 적용하여 주문과 같이 결정한다.

판사 박○○

등 본 입 니 다.
2015. 5. 18
서울중앙지방법원
법원주사 손○○

5. 자료제출 안내문

서울중앙지방법원 제?파산단독
자료제출안내문

2016하단○○○○ 파산선고사건의 채무자 이○○

1. 파산관재인의 요청에 대한 채무자의 설명의무

채무자는 파산관재인의 요청에 관하여 필요한 설명을 하여야 합니다(채무자 회생 및 파산에 관한 법률 제321조). 만일 정당한 이유 없이 설명을 하지 아니하거나 허위의 설명을 한 때에는 1년 이하의 징역 또는 1천만원 이하의 벌금에 처하여 질 수 있고(같은 법 제658조), 면책불허가의 불이익을 받을 수 있습니다(같은 법 제564조 제1항 제1호).

2. 자료 제출 기한 (수령일로부터 7일)

채무자는 이 서면을 교부받은 날로부터 7일 이내에 아래 서류를 별지 양식 뒷면에 첨부하여 **파산관재인 사무소로** 제출하여야 합니다.

별지 양식에 대한 한글파일 또는 워드파일이 필요하실 경우, 파산관재인 사무실에 문의하시기 바랍니다.

※이미 법원에 아래 문건을 제출한 경우 법원에 제출한 문건의 내용을 확인한 다음, 문건 내용이 아래의 기간(과거 10년, 과거 3년 등)과 다를 경우에는 새로이 발급받아 제출하여야 합니다.

3. 참고사항

동 보정명령에 기한 서류는 채무자가 기본적으로 제출하게 되는 1차 서류인바, 관재인 면담 후 추가 보정서류가 발생할 수 있습니다(관재인 요청시 추가 제출)

파산관재인	06596) 서울 서초구 법원로4길 13, 3층 (서초동, 춘광빌딩)
변호사 이00	☎ 02) 591-5437~8 (팩스) 02) 591-5442
사무소 연락처	onoff200@naver.com

< 아 래 >

① 채무자의 가족관계증명서, 혼인관계증명서

② 채무자와 채무자의 부모, 배우자, 자녀의 주민등록초본 (파산신청일로부터 과거 10년 전부터 현재까지의 주거변동사항이 반영된 것이어야 함, 부모사망시 말소자 초본 포함함)

③ 채무자의 파산신청일로부터 과거 10년 전부터 현재까지의 무관할 세목별과세증명서 [동사무소 발급, ※과거 10년 전부터 현재까지의 주민등록지가 광역시, 도, 시, 군, 구(지방자체단체인 구) 단위로 변경된 경우, 위 단위 이상의 주민등록지에 대

하여 모두 발급받아야 함. 예를 들어 10년간 서초동, 역삼동, 논현동, 무교동, 다동으로 주민등록지가 변경된 경우, 서초구, 강남구, 중구의 무관할 세목별과세증명서를 모두 제출하면 됨]

④ 채무자의 부모, 배우자, 자녀의 파산신청일로부터 과거 5년전부터 현재까지의 무관할 세목별과세증명서 (※발급방법은 ③과 같음, 자녀의 경우 성년, 미성년 불문하고 부모, 배우자가 2년 내 사망하거나 2년 내 이혼한 경우 포함함. ⑥, ⑦번도 동일함)

⑤ 채무자의 과거 5년간 자동차등록원부(갑구, 을구 모두 포함)

⑥ 채무자의 부모, 배우자, 자녀의 자동차등록원부 (갑구, 을구 모두 포함)

⑦ 채무자, 부모, 배우자, 자녀의 지적전산자료조회결과

⑧ 채무자의 과거 5년간 소유 부동산등기부등본

⑨ 채무자의 과거 5년간 채무자 거주지 부동산등기부등본

⑩ 채무자의 생존자 보험가입내역조회 및 보험가입내역조회에 기재된 생명보험의 해지, 시효, 유지 및 예상 해약환급금 내역 확인서 (손해/자동차/운전자/여행자·단체/주말휴일상해 제외)

⑪ 채무자의 현재부터 과거 10년간 사실증명(☑사업자등록증명, ☑휴업사실증명, ☑폐업사실증명, ☑납세 및 체납사실증명, ☑소득금액증명, ☑부가가치세과세표준증명, ☑부가가치세면세사업자수입금액증명, ☑표준재무제표증명(개인,법인), 총 8항목을 체크하고 세무공무원이 교부해주는 서류를 제출)

⑫ 채무자의 과거 5년부터 현재까지의 은행통장거래내역(공과금, 카드사용, 급여이체 등이 기재된 통장의 예금거래내역서를 제출함, 채무자의 신분증을 과거 5년부터 현재까지의 공과금, 카드, 급여 등과 관련한 거래 금융기관에 제시하면 발급가능함, 가족명의통장으로 거래되었다면 가족의 금융거래내역서를 제출)

⑬ 채무자의 과거 5년간 현재까지의 사업용으로 사용한 은행통장거래내역(범위: 폐업한 경우 폐업일로부터 2년 전부터 현재까지, 다만 파산신청일로부터 5년 전의 거래내역은 제외)

⑭ 과거 3년간 채무자 소유 재산이 경매처분된 사실이 있는 경우 해당 경매절차의 배당표, 사건별수불내역서, 공탁금출급증명서

⑮ 과거 3년간 채무자 거주지의 임대차(월세)계약서 사본(채무자가 임차인인 경우에만 해당) **※확정일자부 계약서를 제출하고 확정일자가 없는 경우에는 그 이유를 기재하여 별도 서면으로 제출**

⑯ 과거 3년간 채무자 거주지 매매계약서 사본

⑰ 과거 5년간 사업장 매매계약서 사본, 임대차계약서 사본

⑱ 과거 3년간 매매대금 및 임대차보증금 출처, 사용처에 관한 금융자료

☞ 부동산을 매매한 경우 매매계약서, 매매대금 또는 임대차보증금의 입출금 내역을 알 수 있는 통장사본, 계좌이체내역서 등

⑲ 채무자의 가계수지표 (끝)

(별지)

파산관재인에 대한 채무자의 자료제출

2016하단○○○○ 파산선고 사건의 채무자 이○○ ________________(자필서명)

※ 채무자가 기재내용을 확인하고 반드시 자필 서명하여 제출하십시오.

위 채무자는 20　　년　　월　　일 아래와 같은 서류를 파산관재인 ? 변호사에게 제출합니다.

1. 아래표의 해당 □ 란에 ∨ 표시하고 뒷면에 이번에 새로이 제출하는 서류를 순서대로 첨부하여 제출합니다.

순번	서류목록	파산 신청시 제출	이번에 뒷면에 첨부하여 새로이 제출	제출 못하거나 일부만 제출한 이유	발급 기관
1	채무자의 가족관계증명서	□	□제출	–	구청 등
2	채무자의 혼인관계증명서	□	□제출	–	
3	채무자의 주민등록초본 **(과거 주소 전체)**	□	□제출	–	
4	부모의 주민등록초본/사망시 말소자 초본 **(과거 주소 전체)**	□	□부(父)제출 □모(母)제출	□기타(　　　　)	
5	배우자의 주민등록초본 **(과거 주소 전체)**	□	□제출	□해당사항 없음(미혼) □기타(　　　　)	
6	자녀의 주민등록초본 **(과거 주소 전체)**	□	□자녀 전부 제출 □자녀 일부 제출	□해당사항 없음(자녀없음) □기타(　　　　)	
7	채무자의 무관할 세목별과세증명서 **(현재부터 과거 10년)** (부동산·차량·회원권의 취득세, 면허세, 주민세, 건축물 재산세, 자동차세, 농지세, 종합토지세, 도시계획세 등) **모든 세목이 포함되도록 표시하여 발급**	□	□과거 거주지전부 □과거 거주지일부	**※발급요령–이하 동일** –과거 10년 전부터 현재까지의 주민등록지가 특별시, 광역시, 그 외 시, 군 구(지방자치단체) 단위로 변경된 경우, **(예)** –서울에서 10년 거주 시 서울시만 발급 –경기도 등 지방에서 3년 거주 후 서울로 이주 시 지방의 시군구를 방문하거나 팩스민원으로 3년분 발급받고, 7년분은 서울시 발급	

8	부모의 무관할 세목별과세증명서 **(현재부터 과거5년)**	□	□**부(父) 제출** □과거 거주지 전부 □과거 거주지 일부 □**모(母) 제출** □과거 거주지 전부 □과거 거주지 일부	□기타**(해외체류, 구치소·교도소 수용자, 장기별거, 연락두절 등)**
9	배우자의 무관할 세목별과세증명서 **(현재부터 과거5년)**	□	□과거 거주지 전부 □과거 거주지 일부	□해당사항 없음(미혼) □기타(병역, 해외체류, 구치소·교도소 수용자, 장기별거, 연락두절 등)
10	자녀의 무관할 세목별과세증명서 **(현재부터 과거5년)**	□	□**자녀 전부 제출** □과거 거주지 전부 □과거 거주지 일부 □**자녀 일부 제출** □과거 거주지 전부 □과거 거주지 일부	□해당사항 없음(자녀없음) □기타**(병역, 해외체류, 구치소·교도소 수용자, 장기별거, 연락두절 등)**
11	채무자의 과거 5년간 차량등록원부(갑, 을구 모두포함)	□	□제출	□해당사항 없음(차량소유 없음)
12	부모의 차량등록원부 (갑, 을구 모두포함)	□	□부(父)제출 □모(母)제출	□해당사항 없음(차량소유 없음) □기타( )
13	배우자의 차량등록원부 (갑, 을구 모두포함)	□	□제출	□해당사항 없음(미혼, 차량소유 없음) □기타( )
14	자녀의 차량등록원부 (갑, 을구 모두포함)	□	□자녀 전부 제출 □자녀 일부 제출	□해당사항 없음(자녀없음, 차량소유없음) □기타( )
15	채무자의 개인별 토지소유등록 현황 또는 미등록자 현황	□	□제출	**※주의사항** **소유유무 관계없이 제출, 무소유(미등록)는 미제출 사유에 해당 안됨**
16	부모의 개인별 토지소유 등록현황 또는 미등록자 현황	□	□부(父)제출 □모(母)제출	□기타( )
17	배우자의 개인별 토지소유등록현황 또는 미등록자 현황	□	□제출	□해당사항 없음(미혼) □기타( )

18	자녀의 개인별 토지소유등록 현황 또는 미등록자 현황	□	□자녀 전부 제출 □자녀 일부 제출	□해당사항 없음(자녀없음) □기타(**병역, 해외체류, 구치소·교도소 수용자, 장기별거, 연락두절 등)**	
19	채무자의 과거 5년간 소유부동산등기부등본	□	□제출	□해당사항 없음(부동산소유 없음)	**구청·등기소 등**
20	채무자의 과거 5년간 거주지 부동산등기부등본	□	□과거 거주지 전부 □과거 거주지 일부	–	
21	채무자의 생존자 보험가입내역조회	□	□제출	**생명보험협회(www.klia.or.kr)·손해보험협회(www.knia.or.kr) 홈페이지에서 공인인증서를 통해 조회.** 생명보험협회(☎2262－6570)는 생명보험가입내역만 조회가능(손해보험가입내역은 손해보험협회(☎3702－8630)에서 조회)	**생명보험협회**
	보험가입내역조회에 기재된 생명보험의 해지, 실효, 유지 및 예상해약환급금 내역 **(손해/자동차/운전자/여행자·단체/주말휴일상해 제외)**		□제출	조회할 모든 생명보험사를 직접 방문해서 발급서류를 관재인 사무소에 제출	각 보험회사
22	채무자의 사실증명 (현재부터 과거10년) **(오른쪽의 8항목을 체크하고 세무공무원이 교부해주는 서류를 관재인 사무실에 제출)**	□	□제출	**☑ 사업자등록증명 ☑ 휴업사실증명 ☑ 폐업사실증명 ☑ 납세 및 체납사실증명 ☑ 소득금액증명 ☑ 부가가치세과세표준증명 ☑부가가치세면세사업자수입금액증명 ☑ 표준재무제표증명(개인, 법인)**	**세무서** 전화 126
23	과거 5년부터 현재까지의 채무자의 은행통장거래내역 **(공과금, 카드사용, 급여이체 등이 기재된 통장의 예금거래내역서를 제출, 가족명의 통장으로 거래되었다면 가족의 금융거래내역서를 제출)**	□	□과거 자료 전부 □과거 자료 일부	□해당사항 없음(은행거래 없음) □기타( )	**은행 농협 수협 축협 신협** 증권사

24	과거 5년간 채무자의 사업용 은행통장거래내역 [채무자가 파산신청일로부터 5년 전부터 현재까지 개인기업을 경영한 경우 채무자가 사업용으로 사용한 은행통장 거래내역(범위: 폐업한 경우 폐업일로부터 2년부터 현재까지, 다만 파산신청일로부터 5년 전의 거래내역은 제외)]	□	□과거 자료 전부 □과거 자료 일부	□해당사항 없음(기업경영 없음) □기타(　　　　　　)	CMA 우체국 마을금고
25	과거 5년간 채무자 재산 경매처분시 배당표, 사건별수불내역서, 공탁금출급증명원	□	□과거 자료 전부 □과거 자료 일부	□해당사항 없음 (경매처분 없음, 공탁금 없음 등) □기타(　　　　　　)	경매 법원
26	과거 3년간 채무자 거주지의 임대차(월세)계약서사본 (채무자가 임차인인 경우에만 해당) ※확정일자부 계약서를 제출하고 확정일자가 없는 경우에는 그 이유를 기재하여 별도 서면으로 제출	□	□과거 거주지 전부 □과거 거주지 일부 □확정일자부 전부 □확정일자부 일부	□해당사항 없음(임차부동산 아님) □분실(　　　　　　) □기타(　　　　　　)	
27	과거 3년간 채무자 거주지 매매계약서 사본	□	□과거 계약서 전부 □과거 계약서 일부	□해당사항 없음(소유부동산 아님) □분실(　　　　　　) □기타(　　　　　　)	채무자 보유 자료
28	과거 5년간 사업장 매매계약서, 임대차계약서	□	□과거 자료 전부 □과거 자료 일부	□해당사항 없음(기업경영 없음) □분실(　　　　　　) □기타(　　　　　　)	
29	과거 3년간 매매대금 및 임차보증금 출처, 사용처에 관한 금융자료 **매매계약서(부동산을 매매한 경우), 매매대금 및 임차보증금의 출처 및 사용처, 관련 금융자료(통장사본,계좌이체내역 등)**	□	□과거 자료 전부 □과거 자료 일부	□해당사항 없음(계약사실 없음) □분실(　　　　　　) □기타(　　　　　　)	

2. 채무자의 가계수지표

생계비의 조달		액수(만원)	생계비의 지출	액수(만원)
급여 또는 자영수입	신청인		주거비(임대료, 관리비등)	
	배우자		식비(외식비 포함)	
	기타(　　　)		교육비	
연금	신청인		전기·가스·수도료	
	배우자		교통비(차량유지비포함)	
	기타(　　　)		피복비	
생활보호			의료비	
기타(　　　)			기타	
수입합계			지출합계	

3. 법원과 관재인이 제출을 요청한 서류를 제출하지 못한 이유 등에 대하여 아래와 같이 설명합니다(예를 들면, 과거 3년간 채무자 거주지의 매매대금 또는 임차보증금의 출처 및 사용처에 대한 자료를 제출하지 못하는 이유, 임대차계약서에 확정일자부 날인이 없는 이유 등).

(설명사항을 상세히 기재)(공간이 부족할 경우는 별지에 기재하여 다음 장으로 첨부)

(끝)

파산관재인 안내문

파산관재인 변호사 이원구

■ 파산관재인 사무실의 주소와 전화번호 등

전화번호	☎ 02) 591-5437~8 (단순한 업무문의는 신청대리인 사무실에 하고 <u>파산관재인사무실에 전화문의하는 것은</u> <u>자제</u>해주시기 바랍니다)	팩스	02－591－5442
주소	서울특별시 서초구 법원로4길 13, 3층 (서초동, 춘광빌딩)		
이메일	onoff200@naver.com		

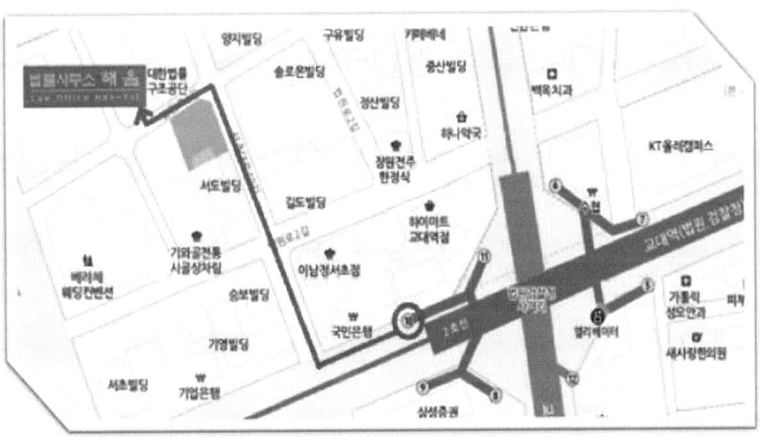

교대역(2호선, 3호선) **10번 출구**로 나오셔서 국민은행을 지나 우회전 후 법원방향으로 60m 정도(2블럭) 걸어오신 뒤에 어린이놀이터 끼고 좌회전. 대한법률구조공단건물 바로 옆 건물 **3층**.

■ **채무자 주소보정의 중요성**

파산관재인이 다음 기일(예컨대, 제1회 집회기일)전까지 채무자에 대한 심사를 마치고 보고서 작성·제출까지 완료하더라도, 채권자들에 대한 통지절차가 완료되지 않으면, 절차가 끝나지 않고 계속하여 속행되게 됩니다.(재판이 끝나지 않습니다) 따라서 ① 채무자는 직접 또는 신청대리인을 통하여 **대법원 홈페이지의 '나의 사건 검색'란에 자신의 사건번호를 입력하여 사건진행상황을 검색**하고, ② 그 검색결과 채권자 중 일부에 대하여 통지가 도달되지 않은 것으로 표기되어 있으면, 법인채권자의 경우 **법인등기부등본, 개인채권자의 경우 주민등록초본을 첨부하여 파산부 접수창구에 주소보정서를 접수**하기 바랍니다.

■ **제도안내**

○ **우편물 촉탁제도**
파산선고 이후 채무자들 앞으로 도달되는 우편물은 관재인사무실로 도달됩니다. 개인적인 사항에 관하여 수령하여야 할 우편물이 있는 경우 관재인사무실로 연락하여 수령하시기 바랍니다.

○ **면제재산제도의 안내**
파산채무자의 재산 중 일정한 범위의 재산(① 일정한 범위의 임차보증금, ② 6개월간의 생활비) 에 대하여 채무자가 계속 사용할 수 있도록 하는 경우가 있습니다.
면제재산 신청은 **파산선고일로부터 14일 이내에 법원에** 하시기 바랍니다.

■ **파산관재인 면담시의 진행방법**

○ 파산관재인은 파산신청기록, 채무자가 제출한 서류를 검토한 후 채무자에게 연락하여 **파산선고일로부터 약 2주~1달 사이에 파산관재인 면담약속(최소 1회 이상)을 잡게 됩니다.** 이 때 채무자는 파산관재인사무소의 주소를 미리 확인하여 약속시간에 파산관재인사무소로 출석하기 바랍니다.

○ 파산관재인사무소에 출석하는 경우 **채무자의 인장, 신분증을 소지**하기 바랍니다.

■ 채무자가 파산선고일로부터 7일 이내
파산관재인 사무실에 제출해야 될 1차 서류들의 제출방법

○ 보정명령에 따른 자료제출기간
파산선고일에 수령한 '서울중앙지방법원 파산2단독 보정명령서'에 기재되어 있는 서류를 파산선고일로부터 7일 이내에 파산관재인사무실에 제출

○ 제출서류의 발급방법
'서울중앙지방법원 파산2단독 보정명령서'에 기재되어 있는 서류를 준비하실 때에는 첨부한 '자료발급방법 안내', '자료발급방법 상세안내서'를 참고하여 준비하시면 됩니다.

○ **제출서류목록의 제출**(제출서류목록은 **볼펜**으로 기재)
보정명령 서류를 제출할 때에는 파산선고일에 수령한'서울중앙지방법원 파산2단독 보정명령서'에 첨부된 **'파산관재인에 대한 채무자의 자료제출' 양식**에 ① 제출 여부를 표시하며, ② 그 순서에 맞게 편철하여 제출할 것, ③ 만약 제출서류목록에 제출의무가 있음에도 불구하고 제출하지 못하는 서류가 있으면, 해당 서류의 이름을 기재하고, 해당란(제출 유무)에 표시하며, 당해 서류를 제출하지 못하는 이유를 자세히 설명하고, 해당 설명에 부합하는 소명자료를 제출하여야 함

○ 스테이플러(호치케스) 제거 및 제출서류의 복사본의 보관
선고 이후 준비하셔서 보내주셔야 할 서류들은 반드시 ① 스테이플러(호치케스)를 다 빼시고, ② 복사를 하신 후, ③ 제출서류의 복사본 1부는 채무자가 보관, ④ 1부는 파산 관재인에게 제출하세요.(관재인 사무실에서는 복사본 1부을 만들어 드리는 것이 불가능합니다. 따라서 제출 전에 미리 복사해 두시기 바랍니다.)

○ 추가자료 요청 가능
법원의 보정명령에 기한 서류는 채무자가 기본적으로 제출하게 되는 1차 서류인바, 관재인 면담 후 추가 보정서류가 발생할 수 있습니다(관재인 요청시 추가 제출)

자료발급방법 안내

1. 구청

발급 서류	안내
가족관계증명서 혼인관계증명서 주민등록초본 무관할세목별과세증명서 자동차등록원부 지적전산자료조회결과	① 채무자, 채무자의 부모, 채무자의 자녀, 채무자의(전)배우자 모두 발급 ② 과거 주소전체변동 사항이 기재된 주민등록초본 발급 ③ 채무자의 과거 10년 및 부모, 배우자, 자녀의 과거 5년간의 사항이 기재된 무관할 세목별과세증명서 발급 ④ 2년 이내 사망, 이혼 한 경우에도 발급 ⑤ 소유유무와 관계없이 지적전산자료조회결과 제출

2. 등기소

발급 서류	안내
부동산 등기부등본	① 주민등록초본에 나오는 주소 (파산신청일부터 3년전까지의 주소) ② 파산신청일부터 5년전까지 소유하였던 부동산 ③ 지적전산자료조회결과에 나타난 부동산 ④ 본인 아니어도 발급가능함

3. 생명보험협회

발급 서류	안내
생존자보험 가입조회 보험해약환급금 증명서	① 채무자 본인조회 발급 ② 모든 보험의 보험해약환급금증명서 발급 (예: 교보생명, 삼성생명) ③ 해약한 경우에도 발급 ④ 보험계약 유지시 예상보험해약환급금내역서 발급 ⑤ 손해보험협회에서도 발급가능

4. 세무서

사실증명 →

① 채무자 본인의 과거 10년간의 사항이 기재된 사실증명 발급
② 납세사실이 없는 경우에도 발급
③ **8항목을 체크하고 세무공무원이 교부해주는 서류**

5. 은행

금융자료
(은행거래내역) →

① 파산신청일로부터 과거 5년부터 현재까지의 채무자 본인의 통장거래내역, 개인사업용 은행통장 발급(가족명의통장도 제출)
② 과거 3년간 부동산매매대금, 임차보증금 입금계좌

6. 법원

경매절차 배당표
사건별 수불내역서
공탁금출급증명원 →

① 채무자의 부동산 등 재산이 5년 이내에 경매로 처분된 경우 및 현재 경매절차가 진행되고 있을 시 경매절차 배당표, 사건별 수불내역서, 공탁금출급증명원 발급
(경매절차가 진행중인경우 파산관재인에게 반드시 알려야 함)

7. 채무자 보유 또는 부동산 중개소 등

임대차 계약서 사본
매매계약서 사본 →

① 채무자의 과거3년부터 현재까지의 거주지 임대차계약서 사본
② 채무자나 채무자가족 소유 부동산을 매매한 경우 매매계약서 사본
③ 과거5년간 사업장을 운영한 경우도 사업장 매매계약서 또는 임대차계약서 사본 제출

자료발급 방법
상세안내서

1. 구청 방문

1번부터 6번까지(가족관계증명서, 혼인관계증명서,주민등록 초본) 발급방법

① 가족관계증명서를 발급받는다.

② 주민등록초본을 발급 받는다.
가족관계증명서를 참조하여 채무자 본인과 가족관계증명서에 나타나는 사람(채무자의 부, 모, 배우자, 자녀)의 주민등록초본을 발급받는다.
자녀가 미성년인 경우에도 주민등록초본을 발급받는다.
만일 채무자가 2년 이내에 이혼을 한 경우, 이혼한 배우자(전 남편 또는 전 부인)의 주민등록초본을 발급받는다.
만일 가족 중 사망한 사람이 있는 경우에는 말소자 초본을 발급받는다.
주민등록초본은 과거주소전체의 변동사항이 기재된 것으로 발급받는다.

③ 혼인관계증명서를 발급받는다.
혼인을 하지 않은 경우에도 발급받는다.

7번부터 10번까지(무관할 세목별과세증명) 발급방법

① 채무자 본인의 과거 **10년간**의 무관할 세목별과세증명서를 발급받는다.

② 가족관계증명서에 나타나는 사람(채무자의 부, 모, 배우자, 자녀)의 5년간의 무관할 세목별과세증명서를 발급받는다.

③ 자녀가 미성년인 경우에도 발급받는다.

④ 만일 채무자가 2년 이내에 이혼을 한 경우, 이혼한 배우자(전 남편 또는 전 부인)의 무관할 세목별과세증명을 발급받는다.

⑤ 가족(채무자의 부, 모, 배우자, 자녀) 중 **병역, 해외체류, 구치소·교도소 수용자, 장기별거, 연락두절 등의 사유로 발급이 불가능한 경우에는 이를 표시하고, 제출하지 않아도 됨.**

⑥ 과거 10년 전부터 현재까지의 주민등록지가 광역시, 도, 시, 군, 구(지방자체단체인 구) 단위로 변경된 경우, 위 단위 이상의 주민등록지에 대하여 모두 발급받아야 함.
예를 들어 서울에서 10년 거주 시 서울시만 발급
－경기도 등 지방에서 3년 거주 후 서울로 이주 시 지방의 시군구를 방문하거나 팩스민원으로 3년분 발급받고, 7년분은 서울시 발급

⑦ 이 경우 변동된 주소지에 해당하는 관할 구청에 직접가지 않아도, 방문한 구청에서 팩스민원을 통하여 발급이 가능.

⑧ 부동산·차량·회원권의 취득세, 면허세, 주민세, 건축물 재산세, 자동차세, 농지세,

종합토지세, 도시계획세 등 **모든 세목이 포함되도록 표시하여 발급 받아야 합니다.**

11번부터 14번까지(자동차등록원부) 발급방법

① 발급받은 무관할 세목별과세증명서를 보고, 자동차세를 낸 것이 나오면 해당 자동차 번호에 해당하는 자동차등록원부를 발급받는다.

② 자동차등록원부는 **(갑구, 을구)**가 모두 나타난 것으로 발급받아야 한다.

③ 폐차를 하거나, 다른 사람에게 소유권이 이전된 경우에도 무관할 세목별과세증명서에 나타난 것은 모두 자동차등록원부를 발급받아야 한다.

④ 자동차등록원부는 자동차소유주가 아닌 경우에도 누구나 발급받을 수 있다.

15번부터 18번까지(지적전산자료조회결과) 발급방법

① 구청 토지과(지적과, 부동산 정보과), 또는 조상땅 찾기 코너에 간다.

② 채무자 본인 및 채무자의 가족관계증명서에 나타난 채무자의 가족(채무자의 부, 모, 배우자, 자녀)에 대한 지적전산자료조회결과를 발급받는다.

③ 만일 소유하고 있는 토지가 없는 경우에는 지적전산자료조회결과를 발급받는다.

④ 만일 2년 이내에 사망한 사람이 있으면, 사망한 사람의 경우에도 지적전산자료조회결과를 발급 받는다.

⑤ 만일 채무자가 2년 이내에 이혼을 한 경우, 이혼한 배우자(전 남편 또는 전 부인)의 지적전산자료조회결과를 발급받는다.

⑥ 자녀가 미성년자인 경우에도 발급 받는다.

⑦ 채무자 및 가족이 직접 방문하여야 합니다. 만일 직접 방문이 어려울 경우, 위임을 받아서 발급받을 수 있다.

구청에서 발급받을 수 있는 자료는 모두 인터넷 http://www.minwon24.go.kr에서 발급 가능함. 1588-2188
다만 지적전산자료조회결과는 구청에 직접 방문하여 발급만 가능.

2. 등기소 방문
(또는 인터넷 출력가능 http://www.iros.go.kr/ PMainJ.jsp, **전화** 1544-0770)

19번부터 20번까지(등기부등본) 발급방법

① 주민등록초본 참조
채무자의 주민등록초본에 나오는 주소의 (건물, 토지)의 부동산 등기부등본 발급받는다.(파산신청한 날부터 5년전까지 주소의 등기부등본 발급)

② 무관할 세목별과세증명 참조
이미 발급받은 무관할 세목별 과세증명서를 검토하여, 발급받은 시점으로부터 5년 전 까지 살펴본 후, 등록세(부동산), 취득세(부동산), 양도소득세(부동산)의 내역이 있으면, 해당 부동산의 (건물, 토지)의 부동산 등기부등본을 발급받는다.

이때 해당 토지에 건물이 존재하지 않는 경우에는 건물 등기부등본은 발급받지 않고, 토지 등기부등본만 발급받는다.

③ 지적전산자료조회결과 참조

이미 발급받은 지적전산자료조회결과를 검토하여, 현재 소유하고 있는 것으로 나타난 부동산 (건물, 토지)의 부동산 등기부등본을 발급받는다.

이때 해당 토지에 건물이 존재하지 않는 경우에는 건물 등기부등본은 발급받지 않고, 토지 등기부등본만 발급받는다.

④ 부동산 등기부등본은 본인의 부동산이 아닌 경우에도 누구나 발급받을 수 있습니다.

⑤ 구청에서 발급이 가능한 경우도 있다.

3. 생명보험협회 방문 또는 손해보험협회 방문.

21번(생존자 보험가입내역조회, 예상해약환급금내역) 발급방법

① 채무자의 생존자보험가입조회를 발급받는다.

〈생명보험협회 수도권지역본부〉

(전화 02-2262-6570, www.klia.or.kr)

지하철 1호선 종로5가역 2번 출구 200m 직진 후 사거리에서 좌회전 한국기독교연합회관 7층에 있습니다.

〈손해보험협회〉

(전화 02-3702-8630, www.knia.or.kr)

지하철 1호선 종각역 2번출구, 3호선 안국역 6번출구, 5호선 광화문역 2번출구, 코리안리빌딩 6,7층에 있습니다.

② 보험해약환급금증명서 또는 예상보험해약환급금내역서 발급

이미 발급받은 생존자보험가입조회에 나타난 모든 보험의 생명보험의 해지, 실효, 유지 및 예상해약환급금 내역을 발급받는다.

③ 보험해약환급금증명서는 각 보험사(예를 들면, 교보생명, 삼성생명 등)에서 개별적으로 발급받습니다.

④ 이미 해약한 경우에도 발급받아야 한다.

⑤ 현재 보험계약이 유지되고 있는 경우에는 예상보험해약환급금내역서를 발급받아야 한다.

4. 세무서 방문

(인터넷 http://www.nts.go.kr 또는 국번없이 126에 전화하여 문의)

22번(사실증명) 발급방법

① 사실증명 발급신청서 작성
아래의 항목을 체크하여 발급신청

☑ **사업자등록증명**
☑ **휴업사실증명**
☑ **폐업사실증명**
☑ **납세 및 체납사실증명**
☑ **소득금액증명**
☑ **부가가치세과세표준증명**
☑ **부가가치세면세사업자수입금액증명**
☑ **표준재무제표증명(개인, 법인)**

② 공무원이 교부해주는 서류를 발급받아 파산관재인 사무실에 제출
③ 세금을 낸 사실이 없어도 위의 항목을 체크하여 발급신청을 하면 발급해주는 서류가 있다.

5. 은행방문

23번부터 24번까지(은행통장거래내역) 발급방법, 29번**(매매대금 및 임차보증금의 출처 및 사용처, 관련 금융자료) 발급방법**

① 파산신청일로부터 과거 5년부터 현재까지의 채무자의 은행통장거래내역을 발급받는다(채무자의 신분증을 과거 5년부터 현재까지의 공과금, 카드, 급여 등과 관련한 거래 금융기관에 제시하면 발급).
② 채무자가 가족 명의 통장을 사용하고 있다면, 사용하고 있는 은행통장거래내역을 발급받아 제출(명의자가 신분증 지참하여 은행에서 발급받음).
③ 과거 5년간 개인사업을 한 사실이 있는 경우, 사업용 은행통장 거래내역(폐업일로부터 2년 전부터 제출할 것, 다만 파산신청일로부터 5년 전의 거래내역은 제외). 개인사업을 운영한 사실이 없으면 제출하지 않아도 된다.
④ 과거 3년간 부동산 매매를 한 경우, 매매대금이 입금된 은행통장거래내역(만일 다른 사람의 통장을 이용한 경우에도 협조를 받아 제출할 것).
⑤ 과거 3년간 임차보증금을 지급받거나, 지급한 경우, 임차보증금이 입금된 은행통장거래내역(만일 다른 사람의 통장을 이용한 경우에도 협조를 받아 제출할 것).
⑥ 은행거래내역은 위 여러 가지 계좌에 그 내용이 서로 포함되어 있을 경우, 각각 형광펜으로 표시하여 제출할 것(보증금, 계약금, 급여, … 등으로 표시할 것).

6. 법원방문

(인터넷 http://www.scourt.go.kr, **전화** 02-3480-1100)

25번(배당표, 사건별수불내역서, 공탁금출급증명서) 발급방법

① 채무자의 부동산 등 재산이 5년 이내에 경매로 처분된 경우, 경매절차의 배당표, 사건별 수불내역서, 공탁금출급증명원을 발급받습니다.

② 채무자의 재산이 경매로 처분된 사실이 없으면 발급받지 않아도 됩니다.

③ 채무자의 부동산 등 재산이 현재 경매절차가 진행되는 경우에도, 경매절차의 배당표, 사건별 수불내역서, 공탁금출급증명원을 발급받습니다.

④ 현재 진행 중이라면, 경매절차에 따라서 아직 위와 같은 서류를 발급받을 수 없는 경우도 있습니다.

⑤ 현재 경매절차가 진행되는 경우에는 반드시 파산관재인에게 알려주시기 바랍니다.

7. 기타

26번부터 28번까지(계약서 사본) 발급방법

① 현재 거주지의 임대차계약서 사본

보관하고 있는 임대차계약서 사본제출

만일 보관하고 있는 임대차계약서가 없는 경우에는, 임대인이 보관하고 있는 임대차계약서를 복사하여 오거나, 부동산중개소에서 보관하고 있는 임대차계약서를 복사하여 제출할 것

확정일자가 없는 경우는 별도로 그 이유를 기재하여 서면으로 제출

현재거주지가 임차부동산이 아닌 경우 제출할 필요 없음

② 과거 3년간 채무자 거주지의 매매계약서 사본

채무자 또는 채무자의 가족의 소유였는데 매매한 경우 계약서 사본을 제출

보관하고 있는 매매계약서 사본제출

만일 보관하고 있는 매매계약서가 없는 경우에는, 부동산중개소에서 보관하고 있는 매매계약서를 복사하여 제출할 것

③ 과거 3년간 채무자 거주지의 임대차계약서 사본

만일 채무자가 무상거주 할 경우, 무상거주를 허용한 사람의 임대차계약서 사본을 제출

④ 과거 5년간 사업장을 운영한 경우

사업장 매매계약서 사본 또는 임대차계약서 사본

매매계약서 또는 임대차 계약서가 없는 경우에는 부동산중개소에서 보관하고 있는 매매계약서 또는 임대차 계약서를 복사하여 제출

서울중앙지방법원 파산2단독 파산선고 안내문

파산재단에 대한 관리처분권 상실과 채무자의 신분상 제약

- 채무자는 파산절차 종료시까지, 파산선고시에 가지는 모든 재산(파산재단)의 관리처분권을 상실하고, 위 권리는 파산관재인에게 전속합니다(제384조). 파산선고 후에 채무자가 재단소속 재산에 관하여 행하는 법률행위는 파산채권자에게 대항할 수 없습니다(제329조 제1항). 다만, 파산선고 후 새로 취득한 재산 및 압류금지재산에 대한 관리처분은 가능합니다.
- 채무자는 채무자 회생 및 파산에 관한 법률에 의하여 복권(면책확정 포함)될 때까지 후견인(민법 제937조), 유언집행자(민법 제1098조), 수탁자(신탁법 제11조), 공법상 공무원(국가공무원법 제33조, 지방공무원법 제31조), 변호사(변호사법 제5조), 공인회계사(공인회계사법 제4조), 변리사(변리사법 제4조), 공증인(공증인법 제13조) 등이 될 수 없습니다.

채권자 주소의 보정 (신속한 면책절차 진행을 위한 방법)

● **채권자에 대한 송달 여부의 확인 방법**

- 채권자는 법원이 정한 기간 안에 면책신청에 관하여 법원에 이의를 신청할 수 있습니다.(같은 법률 제562조)
- 채권자의 이의신청권을 보장하기 위해서는 법원의 이의신청기간결정이 채권자에게 송달되어야 하고, **송달이 되지 않은 경우 다시 송달, 채권자 주소변경 등의 절차 진행을 위해 면책결정이 지체됩니다. 아래의 주소보정 방법에 따라 신속히 주소보정 또는 공고(공시송달)신청을 마쳐주어야 면책절차가 신속히 진행됩니다.**
- 채무자는 파산선고한 날짜로부터 2주가 지나면 **대법원 홈페이지(www.scourt.go.kr)**로 접속한 다음, "나의 사건검색" 창에서 법원선택 → 사건번호, 당사자명 입력 → 화면 상단의 "사건진행내용" 클릭 → 진행내용의 "송달"선택 후 "확인" 클릭의 순으로 **채권자에 대하여 송달이 되었는지 확인**할 수 있습니다(별지 안내문 참조).

● **채권자 주소의 보정방법**

① **채무자가 채권자의 주소를 아는데 송달이 되지 않은 경우**

대법원 홈페이지 → 전자민원센터 → 양식모음으로 접속하여, "Search"란에 "주소보정"을 입력·검색한 다음, "[민사] 주소보정서" <별지 양식 1>을 다운로드받아 작성하여 서울법원종합청사 별관 1층 종합민원실에 1부를 접수하면 됩니다.

② **채권자에 대한 송달이 되지 않고 채무자가 채권자의 주소를 알 수 없는 경우**

- 휴대 전화번호를 알고 있는 경우 : 통신사에 채권자의 인적사항에 대하여 조회하는 내용의 사실조회를 법원에 신청한 후 그 결과에 따라 주소를 보정하면 됩니다.
- 예금계좌를 알고 있는 경우 : 해당 금융기관에 채권자의 인적사항(주민등록번호, 주소, 연락처)을 조회하는 내용의 금융정보제출명령을 법원에 신청한 후 그 결과에 따라 주소를 보정하면 됩니다.
- 채권자가 보증인인 경우 : 채권자를 보증인으로 입보받은 금융기관에 채권자의 인적사항을 조회하는 내용의 금융정보제출명령을 법원에 신청한 후 그 결과에 따라 주소를 보정하면 됩니다.
- 채권자가 운영하는 사업체의 상호를 알고 있는 경우 : 관할 세무서에 해당 채권자의 사업자등록과 관련하여 채권자의 인적사항이 기재된 서류에 대한 제출명령을 법원에 신청한 후 그 결과에 따라 주소를 보정하면 됩니다.
- 공고갈음신청 : **위와 같은 모든 방법으로도 채권자의 주소를 알 수 없는 경우**에는 공고갈음신청을 할 수 있습니다. 다만 채무자가 사실은 채권자의 주소를 알고 있으면서도 이를 감추고 공고갈음신청을 하는 경우에는 나중에 면책취소는 물론 형사처벌을 받을 수 있습니다. <별지 양식 2>에 따라 ① 해당 채권자에 대한 채무의 발생일자, 발생원인, 액수, ② 해당 채권자의 주소를 알지 못하는 이유, ③ 해당 채권자의 주소를 파악하기 위하여 그동안 채무자가 한 조치를 기재한 서면을 **채권자별로 제1회 채권자집회 기일 4주 전까지** 서울법원종합청사 별관 1층 종합민원실에 **원본 1부와 부본 1부 총 2부**를 제출하여야 합니다.

● **기타 안내사항**

- 송달이 되지 않은 채권자에 대한 주민등록등본(초본), 법인의 경우 법인등기부등본을 <별지 양식 1> 또는 <별지 양식 2>에 함께 첨부하여 제출하면 신속한 면책결정에 도움이 됩니다.
- 송달되지 않는 채권자의 면책동의서 <별지 양식 3> 1부를 서울법원종합청사 별관 1층 종합민원실에 제출하면 주소를 보정하지 않아도 됩니다. **가능한 제1회 채권자집회 기일 4주 전까지** 제출하여야 빠른 진행에 도움이 됩니다.

〈별지 안내문〉

채권자에 대한 송달 여부 확인방법

1. 대법원 홈페이지(http://www.scourt.go.kr/main/Main.work)에 접속

2. 대법원 홈페이지의 나의 사건검색에 사건번호, 채무자명 입력

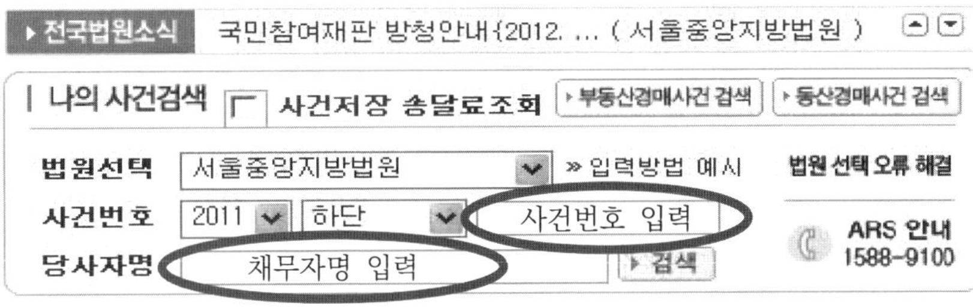

3. 나의 사건검색에서 사건진행내용 클릭

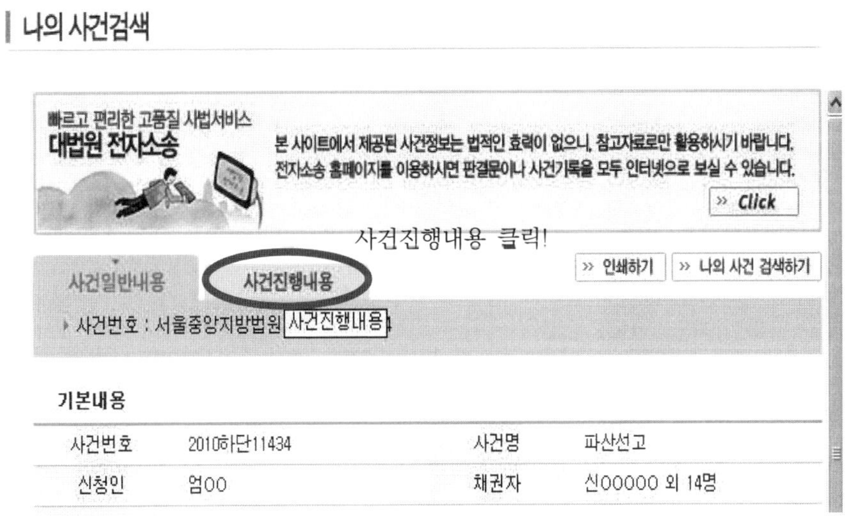

4. 진행내용의 ① "송달" 선택, ② "확인" 체크, ③ 송달 여부 확인

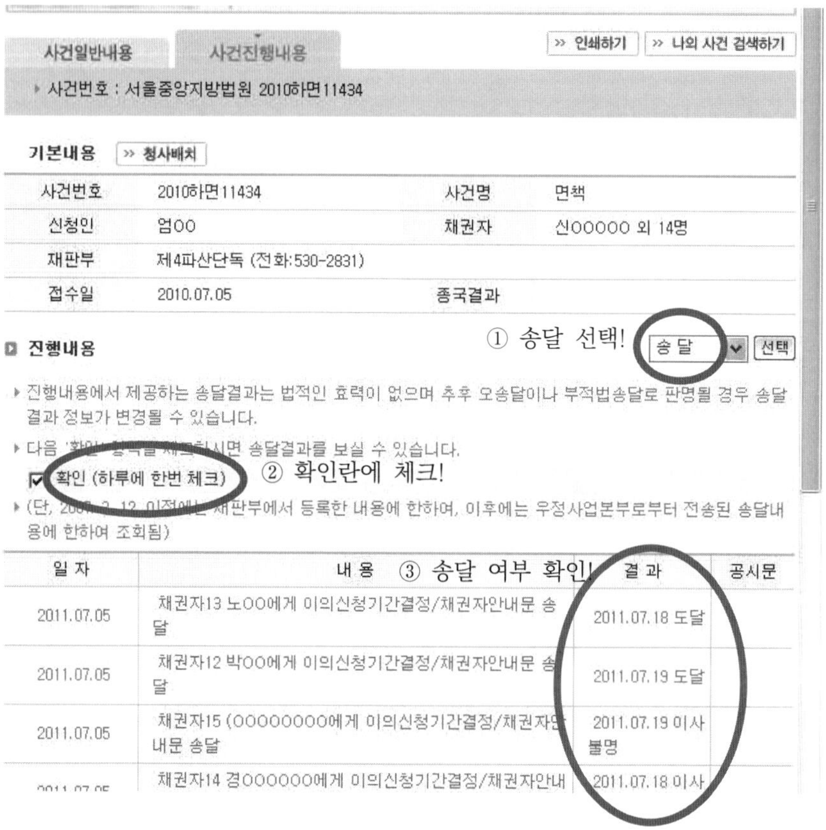

※ 송달내역이 파산사건번호인 "20○○하단○○○" 사건검색에서 나타나지 않을 때는 면책사건번호인 "20○○하면○○○" 사건검색에서 위와 같은 방법으로 확인할 수 있습니다.

6. 파산관재인 대한 채무자의 자료제출 check-list

<table>
<tr><th>순번</th><th>서류목록</th><th colspan="3">(전부·일부) 제출여부 확인</th><th>추가 검토사항</th><th>미제출의 정당한 사유 존부 확인</th></tr>
<tr><td rowspan="2">1</td><td rowspan="2">채무자의 가족관계증명서</td><td colspan="3">제출 □</td><td></td><td rowspan="21"></td></tr>
<tr><td colspan="3">미제출 □</td><td></td></tr>
<tr><td rowspan="2">2</td><td rowspan="2">채무자의 혼인관계증명서</td><td colspan="3">제출 □</td><td></td></tr>
<tr><td colspan="3">미제출 □</td><td>미혼 □
2년 이전 이혼 □
2년 이내 이혼 □</td></tr>
<tr><td rowspan="2">3</td><td rowspan="2">채무자의 주민등록초본
(과거 주소 전체)</td><td colspan="3">제출 □</td><td>주소변동내역 전부 □
주소변동내역 일부 □</td></tr>
<tr><td colspan="3">미제출 □</td><td></td></tr>
<tr><td rowspan="4">4</td><td rowspan="4">부모의 주민등록초본/사망시 말소자 초본
(과거 주소 전체)</td><td rowspan="2">부</td><td rowspan="2">생(生)□
망(亡)□</td><td>제출 □</td><td>주소변동내역 전부 □
주소변동내역 일부 □</td></tr>
<tr><td>미제출□</td><td>10년 이전 사망 □→제적등본 제출□, 미제출□</td></tr>
<tr><td rowspan="2">모</td><td rowspan="2">생(生)□
망(亡)□</td><td>제출 □</td><td>주소변동내역 전부 □
주소변동내역 일부 □</td></tr>
<tr><td>미제출□</td><td>10년 이전 사망 □→제적등본 제출□, 미제출□</td></tr>
<tr><td rowspan="2">5</td><td rowspan="2">배우자의 주민등록초본
(과거 주소 전체)</td><td colspan="3">제출 □</td><td>주소변동내역 전부 □
주소변동내역 일부 □</td></tr>
<tr><td colspan="3">미제출 □</td><td>미혼 □
사망 □
2년 이전 이혼 □
2년 이내 이혼 □</td></tr>
<tr><td rowspan="3">6</td><td rowspan="3">자녀의 주민등록초본
(과거 주소 전체)</td><td colspan="3">자녀 전부 제출 □</td><td>주소변동내역 전부 □
주소변동내역 일부 □</td></tr>
<tr><td colspan="3">자녀 일부 제출 □
(미제출 자녀명:)</td><td>주소변동내역 전부 □
주소변동내역 일부 □</td></tr>
<tr><td colspan="3">미제출 □</td><td>자녀없음 □</td></tr>
</table>

<table>
<tr><td rowspan="4">7</td><td rowspan="4">채무자의 무관할 세목별 과세증명서
(현재부터 과거 10년)</td><td colspan="3" rowspan="3">제출 □</td><td>과거 10년 □
과거 10년 이내 □</td><td rowspan="4"></td></tr>
<tr><td>전체세목 □
일부세목 □</td></tr>
<tr><td>전체지역 □
일부지역 □</td></tr>
<tr><td colspan="3">미제출 □</td><td></td></tr>
<tr><td rowspan="8">8</td><td rowspan="8">부모의 무관할 세목별과세증명서
(현재부터 과거5년)</td><td rowspan="4">부</td><td rowspan="4">생(生) □
망(亡) □</td><td rowspan="3">제출□</td><td>과거 5년 □
과거 5년 이내 □</td><td rowspan="8"></td></tr>
<tr><td>전체세목 □
일부세목 □</td></tr>
<tr><td>전체지역 □
일부지역 □</td></tr>
<tr><td>미제출□</td><td>5년 이전 사망 □</td></tr>
<tr><td rowspan="4">모</td><td rowspan="4">생(生) □
망(亡) □</td><td rowspan="3">제출□</td><td>과거 5년 □
과거 5년 이내 □</td></tr>
<tr><td>전체세목 □
일부세목 □</td></tr>
<tr><td>전체지역 □
일부지역 □</td></tr>
<tr><td>미제출□</td><td>5년 이전 사망 □</td></tr>
<tr><td rowspan="4">9</td><td rowspan="4">배우자의 무관할 세목별 과세증명서
(현재부터 과거5년)</td><td colspan="3" rowspan="3">제출 □</td><td>과거 5년 □
과거 5년 이내 □</td><td rowspan="4"></td></tr>
<tr><td>전체세목 □
일부세목 □</td></tr>
<tr><td>전체지역 □
일부지역 □</td></tr>
<tr><td colspan="3">미제출 □</td><td>미혼 □
5년 이전 사망 □
2년 이전 이혼 □
2년 이내 이혼 □</td></tr>
</table>

<table>
<tr><td rowspan="7">10</td><td rowspan="7">자녀의 무관할 세목별과 세증명서
(현재부터 과거5년)</td><td colspan="2" rowspan="3">자녀 전부 제출 □</td><td>과거 5년 □
과거 5년 이내 □</td><td rowspan="7"></td></tr>
<tr><td>전체세목 □
일부세목 □</td></tr>
<tr><td>전체지역 □
일부지역 □</td></tr>
<tr><td colspan="2" rowspan="3">자녀 일부 제출 □
(미제출 자녀명:)</td><td>과거 5년 □
과거 5년 이내 □</td></tr>
<tr><td>전체세목 □
일부세목 □</td></tr>
<tr><td>전체지역 □
일부지역 □</td></tr>
<tr><td colspan="2">미제출 □</td><td>자녀없음 □
5년 이전 사망 □</td></tr>
<tr><td rowspan="3">11</td><td rowspan="3">채무자의 과거 5년간 차량등록원부(갑,을구 모두 포함)</td><td colspan="2" rowspan="2">제출 □</td><td>전체 차량 제출 □
일부 차량 제출 □</td><td rowspan="3"></td></tr>
<tr><td>갑,을구 모두 제출 □
갑구만 제출 □</td></tr>
<tr><td colspan="2">미제출 □</td><td>차량없음 □</td></tr>
<tr><td rowspan="6">12</td><td rowspan="6">부모의 차량등록원부
(갑,을구 모두포함)</td><td rowspan="3">부</td><td rowspan="2">제출 □</td><td>전체 차량 제출 □
일부 차량 제출 □</td><td rowspan="6"></td></tr>
<tr><td>갑,을구 모두 제출 □
갑구만 제출 □</td></tr>
<tr><td>미제출 □</td><td>차량없음 □
사망 □</td></tr>
<tr><td rowspan="3">모</td><td rowspan="2">제출 □</td><td>전체 차량 제출 □
일부 차량 제출 □</td></tr>
<tr><td>갑,을구 모두 제출 □
갑구만 제출 □</td></tr>
<tr><td>미제출 □</td><td>차량없음 □
사망 □</td></tr>
</table>

<table>
<tr><td rowspan="3">13</td><td rowspan="3">배우자의 차량등록원부
(갑,을구 모두포함)</td><td colspan="2" rowspan="2">제출 □</td><td>전체 차량 제출 □
일부 차량 제출 □</td><td rowspan="3"></td></tr>
<tr><td>갑,을구 모두 제출 □
갑구만 제출 □</td></tr>
<tr><td colspan="2">미제출 □</td><td>미혼 □
차량없음 □
사망 □
2년 이전 이혼 □
2년 이내 이혼 □</td></tr>
<tr><td rowspan="5">14</td><td rowspan="5">자녀의 차량등록원부
(갑,을구 모두포함)</td><td colspan="2" rowspan="2">자녀 전부 제출 □</td><td>전체 차량 제출 □
일부 차량 제출 □</td><td rowspan="5"></td></tr>
<tr><td>갑,을구 모두 제출 □
갑구만 제출 □</td></tr>
<tr><td colspan="2" rowspan="2">자녀 일부 제출 □
(미제출 자녀명)</td><td>전체 차량 제출 □
일부 차량 제출 □</td></tr>
<tr><td>갑,을구 모두 제출 □
갑구만 제출 □</td></tr>
<tr><td colspan="2">미제출 □</td><td>차량없음 □
자녀없음 □
사망 □</td></tr>
<tr><td rowspan="2">15</td><td rowspan="2">채무자의 지적전산자료 조회결과</td><td colspan="2">제출 □</td><td></td><td rowspan="2"></td></tr>
<tr><td colspan="2">미제출 □</td><td></td></tr>
<tr><td rowspan="4">16</td><td rowspan="4">부모의 지적전산자료조회결과</td><td rowspan="2">부</td><td>제출 □</td><td></td><td rowspan="4"></td></tr>
<tr><td>미제출 □</td><td></td></tr>
<tr><td rowspan="2">모</td><td>제출 □</td><td></td></tr>
<tr><td>미제출 □</td><td></td></tr>
<tr><td rowspan="2">17</td><td rowspan="2">배우자의 지적전산자료 조회결과</td><td colspan="2">제출 □</td><td></td><td rowspan="2"></td></tr>
<tr><td colspan="2">미제출 □</td><td>미혼 □
2년 이전 이혼 □
2년 이내 이혼 □</td></tr>
</table>

<table>
<tr><td rowspan="3">18</td><td rowspan="3">자녀의 지적전산자료조회결과</td><td>자녀 전부 제출 □</td><td></td><td rowspan="3"></td></tr>
<tr><td>자녀 일부 제출 □
(미제출 자녀명)</td><td></td></tr>
<tr><td>미제출 □</td><td>자녀 없음 □</td></tr>
<tr><td rowspan="2">19</td><td rowspan="2">채무자의 과거 5년간 소유부동산등기부등본</td><td>제출 □</td><td>등기사항 전부증명서 □
등기사항 일부증명서 □</td><td rowspan="2"></td></tr>
<tr><td>미제출 □</td><td>부동산 없음 □</td></tr>
<tr><td rowspan="3">20</td><td rowspan="3">채무자의 과거 5년간 거주지 부동산등기부등본</td><td>전부 제출 □</td><td>등기사항 전부증명서 □
등기사항 일부증명서 □</td><td rowspan="3"></td></tr>
<tr><td>일부 제출 □
(미제출 거주지)</td><td>등기사항 전부증명서 □
등기사항 일부증명서 □</td></tr>
<tr><td>미제출 □</td><td></td></tr>
<tr><td rowspan="5">21</td><td rowspan="2">채무자의 생존자 보험가입내역조회</td><td>제출 □</td><td></td><td rowspan="5"></td></tr>
<tr><td>미제출 □</td><td></td></tr>
<tr><td rowspan="3">보험가입내역조회에 기재된 생명보험의 해지, 실효, 유지 및 예상해약환급금 내역
(손해/자동차/운전자/여행자·단체/주말휴일상해 제외)</td><td>전부 제출 □</td><td>내역 전부 확인 □
내역 일부 미확인 □
(미확인 보험내역 :)</td></tr>
<tr><td>일부 제출 □
(미제출 내역)</td><td>내역 전부 확인 □
내역 일부 미확인 □
(미확인 보험내역 :)</td></tr>
<tr><td>미제출 □</td><td>보험없음 □
해당 보험없음 □</td></tr>
<tr><td rowspan="3">22</td><td rowspan="3">채무자의 사실증명
(현재부터 과거10년)</td><td>전부 제출 □</td><td></td><td rowspan="3"></td></tr>
<tr><td>일부 제출 □
(미제출 내역)</td><td>사업사실 없음 □</td></tr>
<tr><td>미제출 □</td><td></td></tr>
</table>

<table>
<tr><td rowspan="2">23</td><td rowspan="2">과거 5년부터 현재까지의 채무자의 은행통장거래내역</td><td>제출 □</td><td>■ 통장 거래기간 확인 □
■ 입출금 내역 전부 포함 확인 □
■ 공과금, 카드사용, 급여이체 내역 존부 확인 □
■ 이체계좌 중 채무자 명의의 다른 계좌 제출여부 확인 □</td><td rowspan="2"></td></tr>
<tr><td>미제출 □</td><td></td></tr>
<tr><td rowspan="2">24</td><td rowspan="2">과거 5년간 채무자의 사업용 은행통장거래내역</td><td>제출 □</td><td>■ 통장 거래기간 확인 □
■ 입출금 내역 전부 포함 확인 □
■ 이체계좌 중 채무자 명의의 다른 계좌 제출여부 확인 □</td><td rowspan="2"></td></tr>
<tr><td>미제출 □</td><td>사업 없음 □</td></tr>
<tr><td rowspan="3">25</td><td rowspan="3">과거 5년간 채무자 재산경매처분시 배당표, 사건별수불내역서, 공탁금출급증명원</td><td>전부제출 □</td><td>배당표 □
사건별 수불내역서 □
공탁금출급증명서 □</td><td rowspan="3"></td></tr>
<tr><td>일부제출 □
(미제출 물건 :)</td><td>배당표 □
사건별 수불내역서 □
공탁금출급증명서 □</td></tr>
<tr><td>미제출 □</td><td></td></tr>
<tr><td rowspan="3">26</td><td rowspan="3">과거 5년간 채무자 거주지의 임대차(월세)계약서사본
(채무자가 임차인인 경우에만 해당)</td><td>전부 제출 □</td><td>확정일자부 □
미확정일자부 □
중개인의 중개 □
중개인 미중개 □</td><td rowspan="3"></td></tr>
<tr><td>일부 제출 □
(미제출 거주지 :)</td><td>확정일자부 □
미확정일자부 □
중개인 중개 □
중개인 비중개 □</td></tr>
<tr><td>미제출 □</td><td>임차부동산 없음 □</td></tr>
</table>

27	과거 5년간 매매한 부동산 매매계약서 사본	제출 □	중개인의 중개 □ 중개인의 비중개 □	
		미제출 □	매매부동산 없음 □	
28	과거 5년간 사업상 매매계약서, 임대차계약서	전부 제출 □	중개인 중개 □ 중개인 비중개 □	
		일부 제출 □	중개인 중개 □ 중개인 비중개 □	
		미제출 □	사업 없음 □	
29	과거 5년간 매매대금 및 임차보증금 출처, 사용처에 관한 금융자료	제출 □	■ 입출금 내역 전부 포함 확인 □ ■ 거래금액과 입출금 내역 일치 확인 □	
		미제출 □	처분 내역 없음 □	

7. 파산관재인 1회 면담시 자료제출요청서

파산관재인 변호사 이원구 사무소
자료제출요청

(137-884)서울 서초구 법원로4길 13, 3층(서초동,춘광빌딩)

☎ 02) 591-5437~8 팩스 02) 591-5442　　　파산관재인 변호사 이원구 (인)

onoff200@naver.com

2016하단0000 파산선고 사건 관련

1. **파산관재인의 요청에 대한 채무자의 설명의무**
   채무자는 파산관재인의 요청에 관하여 필요한 설명을 하여야 합니다(채무자 회생 및 파산에 관한 법률 제321조). 만일 정당한 이유 없이 설명을 하지 아니하거나 허위의 설명을 한 때에는 1년 이하의 징역 또는 1천만원 이하의 벌금에 처하여 질 수 있고(같은 법 제658조), 면책불허가의 불이익을 받을 수 있습니다(같은 법 제564조 제1항 제1호).

2. **답변 및 자료제출 기한 (수령일로부터 7일)**
   채무자는 이 서면을 교부받은 날로부터 7일 이내에 아래 서류 또는 관재인이 설명을 요청한 사항에 대한 구체적인 답변과 그와 관련된 소명자료를 파산관재인 사무소로 제출하여야 합니다.

< 아 래 >

1. 채무자의 前배우자 이○○의 주민등록초본, 5년간 세목별과세증명서, 개인별토지소유미등록자현황(또는 개인별토지소유현황)을 제출해주세요.
2. 채무자와 前배우자 이○○의 이혼화해권고결정문을 제출해주시고, 이혼시 재산분할, 위자료에 대해 소명하세요.
3. 채무자의 5년간 주소지 부동산등기부등본을 제출해주세요.
4. 채무자가 소유했던 신성그랜드타워 302호의 매도자금 사용내역을 구체적 자료를 첨부하여 소명하세요(매매계약서 사본, 대출변제내역서, 은행거래내역 등).
5. 자녀 박○○가 소유했거나 소유하고 있는 서울시 동대문구 장안동 ○○○-○ 장안○○○빌 C동 506호, 서울시 동대문구 장안동 ○○○ 장안○○○빌 A동 502호, 서울시 노원구 공릉동 ○○○-○ 진명○○○ 4층 412호의 부동산등기부등본을 제출해주시고, 취득자금내역을 구체적 자료를 첨부하여 소명하세요(매매계약서 사본, 대출내역서, 은행거래내역, 소득금액증명 등).
6. 채무자의 자녀 박○○가 소유하고 있는 싼타페 자동차의 취득자금내역을 구체적 자료를 첨부하여 소명하세요(매매계약서 사본, 대출내역서, 할부내역서, 은행거래내역, 소득금액증명 등).

위 안내문을 수령하였음을 확인합니다. 20____. _____. ____.

2016하단○○○○　채무자 박○○ ____________________ (서명 또는 날인)

8. 파산관재인 보고서(1회)

<table>
<tr><td>재판장</td><td rowspan="2">**제1회 채권자집회 보고서**
채무자 김○○의 파산관재인 사무소

서울 서초구 법원로4길 13, 3층 (서초동, 춘광빌딩)
☎ 02) 591-5437~8/ 팩스 02) 591-5442
/ onoff200@naver.com</td><td>서울중앙지방법원
파산2단독 귀중

관재인 변호사 이원구 ㉑</td></tr>
<tr><td></td><td></td></tr>
</table>

2016하단00000 파산선고 2016. 04. 18. 파산선고 **채무자 김○○**
2016하면00000 면책 2016. 6. 10. 14:00 제1회채권자집회 (000000-0000000)

파산절차				환가포기신청		면책절차		불허사유		채권자 이의	
폐지신청	㉑	고가물 보관 신청	㉑	부동산	㉑	면책의견	㉑	1호㉑ □650조 □651조 □653조 □656조 □658조	4호 ㉑	있음	㉑
속행신청	㉑	속행 희망 기일	. . . :	동산	㉑	재량면책	㉑	2호㉑	5호 ㉑	없음	㉑
채권조사기일신청	㉑	법원 환가 포기 허가	20 . . . 판사 이○○	기타	㉑	면책불허	㉑	3호㉑	6호 ㉑	이의자 (명)	
						의견보류	㉑				

<table>
<tr><th colspan="2">채무자 제출자료에 대한 의견</th><th>보정명령 외 추가제출자료</th></tr>
<tr><td>미제출 자료</td><td>□ 없음 □ 있음</td><td rowspan="3"></td></tr>
<tr><td>미제출 자료 내역</td><td></td></tr>
<tr><td>자료 미제출 관련 의견</td><td>□ 설명의무 위반에 해당
□ 미제출에 정당한 이유 있음
(이유기재)</td></tr>
</table>

<table>
<tr><td rowspan="6">최근 주거 이력</td><td>연 도</td><td colspan="2">주거지</td><td>자가·임차·무상거주</td></tr>
<tr><td>년~년</td><td colspan="2"></td><td></td></tr>
<tr><td>년~년</td><td colspan="2"></td><td></td></tr>
<tr><td>년~년</td><td colspan="2"></td><td></td></tr>
<tr><td>년~년</td><td colspan="2"></td><td></td></tr>
<tr><td>현재</td><td colspan="2"></td><td></td></tr>
<tr><td rowspan="4">직업 이력</td><td>연 도</td><td>자영업·직장 등</td><td>직 위</td><td>월수입(만원)</td></tr>
<tr><td>년~년</td><td></td><td></td><td></td></tr>
<tr><td>년~년</td><td></td><td></td><td></td></tr>
<tr><td>현재</td><td></td><td></td><td></td></tr>
</table>

파탄 시기 및 원인	

과거 신청 경험		이혼	이혼시기	
			이혼방법	□ 협의이혼 □ 재판상이혼 □ 재산분할있음 □ 재산분할없음

배우자 부모 자녀 동거 친족	성 명	관계	나이	직 업	월수입(만원)	부양 여부	동거 여부

파산 채권	총액수 (만원)		채권자수		채권자	차용 연도	액수 (만원)	사용처

재단채권	총액수(원)		조사	□	내역				

현 채무자 명의 재산	목 록	시가(만원)	구입시기	구입대금의 출처

과거 5년 채무자 명의 재산	목 록	매각시기	매각 상대방	액수 (만원)	사용처

전현 배우자 재산	목 록	명의자	시가(만원)	구입 시기	구입대금의 출처

부모 재산	목 록	명의자	시가(만원)	구입 시기	구입대금의 출처

자녀 재산	목 록	명의자	시가(만원)	구입 시기	구입대금의 출처

	목 록	시가(만원)	환가포기 이유
환가 포기 재산			

■ 파산·면책절차 종료 또는 속행에 대한 의견

관재인의 조사결과 및 의견	
□ 파산폐지신청시 계산보고 (계산보고할 경우 ☑ 표시)	총수입액: 원, 총지출액: 원, 잔액: 원

■ 면책 허부에 대한 의견

구분	관재인의 조사결과 및 의견
면책 허부 관련 의견	
이의 채권자 및 이의 요지	

업무수행일지 (관재인용)

채무자 김○○의 파산관재인 변호사 ______________________ (서 명)
이원구

2016하단0000 **파산선고** 2016. 04. 18. 파산선고 **채무자 김○○**
2016하면0000 **면책** 2016. 06. 10. 14:00 제1회채권자집회 (000000-000000)

일 시	업무내용	비고 (기타업무내용, 대상물 등)
	□ 자료제출·설명요청 □ 면담 (□ 대면 □ 전화) □ 기타	
	□ 자료제출·설명요청 □ 면담 (□ 대면 □ 전화) □ 기타	
	□ 자료제출·설명요청 □ 면담 (□ 대면 □ 전화) □ 기타	
	□ 자료제출·설명요청 □ 면담 (□ 대면 □ 전화) □ 기타	
	□ 자료제출·설명요청 □ 면담 (□ 대면 □ 전화) □ 기타	
	□ 자료제출·설명요청 □ 면담 (□ 대면 □ 전화) □ 기타	
	□ 자료제출·설명요청 □ 면담 (□ 대면 □ 전화) □ 기타	
	□ 자료제출·설명요청 □ 면담 (□ 대면 □ 전화) □ 기타	
	□ 자료제출·설명요청 □ 면담 (□ 대면 □ 전화) □ 기타	

업무수행일지 (보조인용)

채무자 김○○의 파산관재인 변호사 이원구의 업무보조인

보조인성명	생년월일	업무보조기간	서 명

2016하단0000 **파산선고** 2016. 04. 18. 파산선고 **채무자 김○○**
2016하면0000 **면책** 2016. 6. 10. 14:00 제1회채권자집회 (000000-000000)

일 시	업무보조내용	비고 (기타보조내용, 대상물 등)
	□자료제출요청서 교부 □직접교부 □우편 □팩스 □이메일 □채무자 제출서류 접수 □일정고지 □ 기타	
	□자료제출요청서 교부 □직접교부 □우편 □팩스 □이메일 □채무자 제출서류 접수 □일정고지 □기타	
	□자료제출요청서 교부 □직접교부 □우편 □팩스 □이메일 □채무자 제출서류 접수 □일정고지 □기타	
	□자료제출요청서 교부 □직접교부 □우편 □팩스 □이메일 □채무자 제출서류 접수 □일정고지 □기타	
	□자료제출요청서 교부 □직접교부 □우편 □팩스 □이메일 □채무자 제출서류 접수 □일정고지 □기타	

	□자료제출요청서 교부 □직접교부 □우편 □팩스 □이메일 □채무자 제출서류 접수 □일정고지 □기타	
	□자료제출요청서 교부 □직접교부 □우편 □팩스 □이메일 □채무자 제출서류 접수 □일정고지 □기타	
	□자료제출요청서 교부 □직접교부 □우편 □팩스 □이메일 □채무자 제출서류 접수 □일정고지 □기타	
	□자료제출요청서 교부 □직접교부 □우편 □팩스 □이메일 □채무자 제출서류 접수 □일정고지 □기타	
우편물 등 접수 및 채무자 교부		
	□우편물 수령 □우편물 채무자에게 교부 □기타	
	□우편물 수령 □우편물 채무자에게 교부 □기타	
	□우편물 수령 □우편물 채무자에게 교부 □기타	
	□우편물 수령 □우편물 채무자에게 교부 □기타	
	□우편물 수령 □우편물 채무자에게 교부 □기타	

9. 파산관재인 면담시 2회 자료제출요청서

자료제출 요청서

2015하단·하면 ○○○○ 사건 채무자 ○○○에 대하여 파산관재인은 아래와 같은 자료제출 또는 소명을 요청하오니 7일 이내에 자료제출 또는 소명을 하여 주시기 바랍니다.

파산관재인 이 원 구 (인)

– 아 래 –

1. 채무자 명의였던 '서울 광진구 중곡동 ○○○-1 ○○○○○타워 302'를 20○○. ○. 18. 사건외 황○○에게 매도하였음. 위 매도대금 480,000,000원의 사용처 등에 대하여 아래와 같이 소명하십시오.
   ① 매각대금 입금계좌 등 금융자료
   ② 매각대금의 사용처 등을 확인할 수 있는 금융계좌

– 매각대금의 사용처에 대하여는 표 등을 사용하여 소명하여 주시기 바랍니다.

예)

사용일자	사용금액	상대방	지급이유	소명자료	비고

2. 채무자의 전 배우자 이○○는 이혼(20○○. ○○. ○○.)전인 20○○. ○○. ○○. 채무자의 전거주지 '서울 동대문구 ○○동 580 ○○○빌 A동 ○○○호'를 매수하였음. 그 매매대금의 규모(분양계약서, 메메계약서 등), 그 매수대금의 마련경위(금융자료)를 소명하십시오.

3. 채무자의 자녀 박○○는 20○○. ○○. 13. 채무자의 전 거주지 '서울 동대문구○○동 580 ○○○빌 A동 ○○○호'를 매수하였음. 201○. ○. 30. 매도함. 그 매매대금의 규모(분양계약서, 매매계약서 등), 그 매수대금의 마련경위(금융자료)를 소명하십시오. 또 매각대금의 사용처를 소명하십시오.

4. 채무자는 '서울 중랑구 ○○로 40길 ○○'에 소유자 '박○○'로부터 무상거주한다고 하면서 '무상거주사실 확인서'를 제출하였음. 위 '박○○'와의 관계(지인이라고 기재하였으나, 언제, 어떻게 알게 되었는지 등 구체적으로 소명), 무상거주를 하게 된 경위에 대하여 구체적으로 소명하십시오.

5. 채무자의 전 배우자 이○○는 2005. ○○. ○○. '서울 광진구 ○○동 ○○○ ○○○아파트 6○○호'를 매수함. 매수대금의 규모(매매계약서)와 매수대금의 마련경위(금융자료)를 소명하십시오. 20○○. ○○. ○○. 채무자의 자녀 박○○에게 채권최고액 150,000,000원의 근저당권을 설정한 후 201○. 10. ○○. 해지하였음. 그 경위를 소명하십시오. 201○. 10. ○○. 주식회사 국민은행에 채권최고액 288,000,000원의 근저당권을 설정하였음. 대출금을 확인할 수 있는 자료(대출내역서)와 대출금의 사용처를 소명하십시오.

6. 채무자의 전 배우자 이○○는 '서울 노원구 ○○동 396-7 ○○○○○ 101호', '같은 607호'를 201○. ○. 10., 같은 해 ○. 1에 각 케이비부동산신탁주식회사, 코리아신탁주식회사로부터 신탁재산 귀속을 원인으로 취득하였다가 201○. ○. 10., 201○. ○○. 20. 박○○, 최○○에게 1억 2,000만원 상당으로 매각하였음. 위 매매계약서, 매매대금의 사용처를 금융자료를 첨부하여 위 표로 정리하여 소명하십시오.

7. 이○○는 '경기 김포시 ○○읍 ○○리 2○○-8'을 2005. ○○. 11. 20○○. 2. 22. 각 지분취득하였다가, 201○. 3. 30. 케이비부동산신탁주식회사 신탁하였음. 위 지분 취득시 작성한 매매계약서 제출하고, 매매대금의 마련경위를 금융자료를 첨부하여 소명하고, 201○. 3. 30.체결한 부동산신탁계약서를 제출하고, 부동산신탁경위를 구체적으로 소명하십시오.

8. 또 이○○는 200○. 9. 2. '서울 중구 ○○로5가 22-○ 충무로○○○○○타워 1209"를 매수함. 매수대금의 규모(매매계약서)와 매수대금의 마련경위(금융자료)를 소명하십시오. 201○. ○○. 10. 채무자의 자녀 박○○에게 매매예약가등기를 경료하여주었는 데, 그 경위를 소명하십시오. 2013. ○○. ○○. 이○○에게 1억 8,000만원에 매도하였는데 매도대금의 사용처를 금융자료를 첨부하여 표로 정리하여 소명하십시오.

9. 자녀 ○○는 201○. ○. 30. '서울 동대문구 ○○동 ○○9 ○○빌 제에이동 ○02호"를 매수함. 매수대금의 규모(매매계약서)와 매수대금의 마련경위(금융자료)를 소명하십시오. 특히 전세금 해지로 1억 원으로 마련하였다고 하는 바, 전세계약서, 전세금을 받은 금융자료를 제출하십시오.

10. 자녀 박○○는 '서울 노원구 ○○동 396-7 ○○○○ 412호'를 2012. ○○. 23., 코리아신탁 주식회사로부터 신탁재산 귀속을 원인으로 취득하였다가 2014. ○. 18., 서정림에게 1억 3,000만원 상당으로 매각하였음. 매매대금의 사용처를 금융자료를 첨부하여 위 표로 정리하여 소명하십시오.

2015. . .

영수인 재무자 ○ ○ ○ (인)

10. 파산관재인 보고서(속행)

재판장

제2회 채권자집회 보고서
채무자 박○○ 파산관재인 사무소

서울중앙지방법원
파산2단독 귀중

서울 서초구 법원로4길 13, 3층 (서초동,춘광빌딩)
☎ 02) 591－5437~8/ 팩스 02) 591－5442
/ onoff200@naver.com

관재인
변호사 이원구 ㊞

2016하단00000 **파산선고** 2016. 04. 18. 파산선고 **채무자 박○○**
2016하면00000 **면책** 2016. 08. 26. 17:00 제2회채권자집회 (000000-0000000)

채무자 제출자료에 대한 의견		보정명령 외 추가제출자료
미제출 자료	□ 없음 □ 있음	
미제출 자료 내역		
자료 미제출 관련 의견	□ 설명의무 위반에 해당 □ 미제출에 정당한 이유 있음	

■ 속행 후 추가조사한 내용

관재인의 조사결과 및 의견

■ 환가 업무 진행경과(임의매각시도, 경매신청, 화해계약, 부인의 청구 등)

재산	환가를 위한 업무수행	진행계획

환가 포기 재산	목 록	시가(만원)	환가포기 이유

■ **파산·면책절차 종료 또는 속행에 대한 의견**

관재인의 조사결과 및 의견	
□ 파산폐지신청시 계산보고	총수입액: 원, 총지출액: 원, 잔액: 원

■ **면책 허부에 대한 의견**

구분	**관재인의 조사결과 및 의견**
면책 허부 관련 의견	
이의 채권자 및 이의 요지	

■ 채무자가 보정명령 외에 추가로 제출한 서류의 목록

11. 면책허가결정문

서 울 중 앙 지 방 법 원
결 정

사　　건　2016하면○○(2016하단○○) 면책
채 무 자　○○○(123456－*******)
　　　　　주소 서울 ○○구 ○○로 ○○
　　　　　등록기준지 인천 ○○구 ○○로 ○○

주　문

채무자를 면책한다.

이　유

이사건 기록에 의하면, 채무자에게 채무자 회생 및 파산에 관한 법률 제564조 제1하에서 정한 면책불허가사유에 해당하는 사실이 인정되지 아니하므로 주문과 같이 결정한다.

2016. ○○. ○○.
판사 ○ ○ ○

12. 면책불허가결정문

서 울 중 앙 지 방 법 원
결 정

사 건 2016하면○○(2016하단○○) 면책
채 무 자 ○○○(123456－*******)
주소 서울 ○○구 ○○로 ○○
등록기준지 인천 ○○구 ○○로 ○○

주 문

이 사건 면책을 허가하지 아니한다.

이 유

이 사건 기록에 의하면, 채무자가 지급불능상태에서 자신이 소유하고 있던 빌라를 채무자의 배우자에게 명의를 이전한 사실을 인정할 수 있다.

채무자의 위와 같은 행위는 자기의 이익을 도모할 목적으로 파산재산에 속하는 재산을 은닉하는 경우로서 채무자 회생 및 파산에 관한 법률 제564조 제1항 제1호, 제650조 제1호 소정의 면책불허가사유에 해당하고, 달리 재량면책을 할 사유가 발견되지 않는다. 따라서 이 사건 면책신청을 허가하지 아니한다.

2016. ○○. ○○.
판사 ○ ○ ○

양식

[양식 1-1] 금지명령신청서(보험해약환급금)

금 지 명 령 신 청 서(보험)

사 건 20○○하단○○○호 파산선고
신청인(채무자) ○ ○ ○ (123456 - *******)
○○시 ○○구 ○○동 ○○아파트 ○○-○○
(송달장소) ○○시 ○○구 ○○동 ○○번지

신 청 취 지

신청인에 대한 이 법원 20○○하단○○○ 파산사건에 관하여 파산선고가 있을 때까지 파산채권에 기하여 별지목록 기재 보험금(보험해약환급금)에 대하여 하는 강제집행·가압류 또는 가처분의 각 절차 또는 행위를 금지한다.
라는 결정을 구합니다.

신 청 원 인

1. 신청인은 귀원 20○○하단○○○호 파산사건의 신청 채무자입니다.
2. 신청인은 위 파산사건에서 채무자 회생 및 파산에 관한 법률 제383조 제2항에 따라 신청인의 별지목록 기재 유체동산에 대하여 면제재산결정 신청을 하였습니다.
3. 그런데 신청인이 파산선고 신청 후 파산선고 결정이 나기까지는 수개월간의 시간의 경과가 요구되는바, 그 기간 사이에 신청인의 최소한의 생활안정의 기반이 되는 6개월간의 생계비에 사용할 특성재산인 보험금(보험해약환급금)에 대하여 강제집행·가압류 또는 가처분이 될 염려가 있습니다.
4. 위 건강보험은 해약환급금 잔액이 겨우 금 5,342,000원만 남아 있으며, 이 중 150만원은 압류금지 채권에 포함됩니다. 나머지 잔액은 채무자가 현재 아무런 재산이 없는 가정주부로서 가령 해약한다 하더라도 채무자의 생활비 등 6개월간의 생계비에 사용할 특정재산에 해당하여 소비하여야 할 것으로 보이며, 또한 채무자는 첨부한 진단서에서 보는 바와 같이, 향후 치료하여야 할 질환이 있어 만약 해약한다면 또 다시 병원비 등 채무가 늘어날 소지가 있고 이는 기존 채무를 면책받아 재기하려는 파산제도의 본래 취지에도 맞지 아니한다고 사료됩니다.

5. 따라서 신청인은 신청인 소유의 보험금(보험해약환급금)에 대한 강제집행·가압류 또는 가처분을 금지시켜야 할 필요가 있으므로, 채무자 회생 및 파산에 관한 법률 제 383조 제8항에 의하여 이 신청에 이르게 된 것입니다.

첨 부 서 류

1. 면제재산신청서 사본 1통

20○○. ○. ○.

채무자 ○ ○ ○ (인)

○○지방법원 제○파산단독 귀중

[별지] 6개월간의 생계비에 새용할 특정재산 내역

건강보험(○○생명보험주식회사 : 무배당 CI보험, 증권번호 000000000) 의 해약환급금 잔액 금 5,342,000원.

[양식 1-2] 금지명령신청서(유체동산)

금 지 명 령 신 청 서(유체동산)

사　　　건　20○○하단○○○호　파산선고
신청인(채무자)　○ ○ ○ (123456 – 1234567)
　　　　　　　○○시 ○○구 ○○동 ○○아파트 ○○-○○
(송달장소) ○○시 ○○구 ○○동 ○○번지

신 청 취 지

신청인에 대한 이 법원 20○○하단○○○ 파산사건에 관하여 파산선고가 있을 때까지 파산채권에 기하여 별지목록 기재 유체동산에 대하여 하는 강제집행·가압류 또는 가처분의 각 절차 또는 행위를 금지한다.
라는 결정을 구합니다.

신 청 원 인

1. 신청인은 귀원 20○○하단○○○호 파산선고 사건의 신청 채무자입니다.
2. 신청인은 위 파산사건에서 채무자 회생 및 파산에 관한 법률 제383조 제2항에 따라 신청인의 별지목록 기재 유체동산에 대하여 면제재산 결정 신청을 하였습니다.
3. 그런데 신청인이 파산선고 신청 후 파산선고 결정이 나기까지는 수개월간의 시간의 경과가 요구되는바, 그 기간 사이에 신청인의 최소한의 생활안정의 기반이 되는 6개월간의 생계비에 사용할 특정재산인 유체동산에 대하여 강제집행·가압류 또는 가처분이 될 염려가 있습니다.
4. 따라서 신청인은 신청인 소유의 유체동산에 대한 강제집행·가압류 또는 가처분을 금지시켜야 할 필요가 있으므로, 채무자 회생 및 파산에 관한 법률 제 383조 제8항에 의하여 이 신청에 이르게 된 것입니다.

첨 부 서 류

1. 면제재산신청서 사본 1통

20○○. ○. ○.

채무자 ○ ○ ○ (인)

○○지방법원 제○파산단독 귀중

[별지] 유체동산 목록

순	품 명	제조사 및 모델	개수	잔존 가격(원)	비 고
1	냉장고	LG, 디오스188L	1	350,000	
2	에어콘	LG, 23평형	1	700,000	
3	김치냉장고	LG, 123L	1	200,000	
4	TV	삼성, 43인치	1	150,000	
5	세탁기	삼성, 15kg	1	80,000	
6	가스렌지	린나이	1	20,000	
	합 계			1,500,000원	

[양식 1-3] 금지명령신청서(임차보증금)

금 지 명 령 신 청 서(임차보증금)

사　　　건　20○○하단○○○호　파산선고
신청인(채무자)　○ ○ ○ (123456 – 1234567)
　　　　　　　○○시 ○○구 ○○동 ○○아파트 ○○－○○
(송달장소) ○○시 ○○구 ○○동 ○○번지

신 청 취 지

신청인에 대한 이 법원 20○○하단○○○ 파산사건에 관하여 파산선고가 있을 때까지 파산채권에 기하여 별지목록 기재 주거용건물의 임차보증금반환청구권에 대하여 하는 강제집행·가압류 또는 가처분의 각 절차 또는 행위를 금지한다.
라는 결정을 구합니다.

신 청 원 인

1. 신청인은 귀원 20○○하단○○○호 파산사건의 신청 채무자입니다.
2. 신청인은 위 파산선고사건에서 채무자 회생 및 파산에 관한 법률 제383조 제2항에 따라 신청인의 별지목록 기재 주거용건물의 임차보증금반환청구권에 대하여 면제재산 결정 신청을 하였습니다.
3. 그런데 신청인이 파산선고 신청 후 파산선고 결정이 나기까지는 수개월간의 시간의 경과가 요구되는바, 그 기간 사이에 신청인의 최소한의 생활안정의 기반이 되는 주거용건물의 임차보증금반환청구권에 대하여 강제집행·가압류 또는 가처분이 될 염려가 있습니다.
4. 따라서 신청인은 신청인 소유의 주거용건물의 임차보증금반환청구권에 대한 강제집행·가압류 또는 가처분을 금지시켜야 할 필요가 있으므로, 채무자 회생 및 파산에 관한 법률 제 383조 제8항에 의하여 이 신청에 이르게 되었습니다.

첨 부 서 류

1. 임대차계약서 1통

20○○. ○. ○.

채무자 ○ ○ ○ (인)

○○지방법원 제○파산단독 귀중

[별지] 주거용건물의 임차보증금 내역

임차보증금	금 15,000,000원
주택임대차계약의 내용	① 임대차계약일자 (20○○. 2. 15. 재계약) ② 임대차기간 (19○○. 10. 15.부터, 현재까지) ③ 임차목적물의 소재지(시 구 아파트) ④ 임차보증금 (15,000,000원) ⑤ 임료의 액수 및 연체기간 (월 원, 개월간 연체) ⑥ 임대인의 성명 ( ) ⑦ 주민등록일자 (19○○. 10. 15.) ⑧ 확정일자(. . . 확정일자받음, 확정일자 무)

[양식 1-4] 금지명령신청서(자동차)

금 지 명 령 신 청 서(자동차)

사　　　건　20○○하단○○○호 파산선고
신청인(채무자) ○ ○ ○ (123456 – 1234567)
　　　　　　　○○시 ○○구 ○○동 ○○아파트 ○○－○○
(송달장소) ○○시 ○○구 ○○동 ○○번지

신 청 취 지

신청인에 대한 이 법원 20○○하단○○○ 파산사건에 관하여 파산선고가 있을 때까지 파산채권에 기하여 별지목록기재 자동차에 대하여 하는 강제집행·가압류 또는 가처분의 각 절차 또는 행위를 금지한다.
라는 결정을 구합니다.

신 청 원 인

1. 신청인은 귀원 20○○하단○○○호 파산사건의 신청 채무자입니다.
2. 신청인은 위 파산선고사건에서 채무자 회생 및 파산에 관한 법률 제383조 제2항에 따라 신청인의 별지목록기재 자동차에 대하여 면제재산 결정 신청을 하였습니다.
3. 그런데 신청인이 파산선고 신청 후 파산선고 결정이 나기까지는 수개월간의 시간의 경과가 요구되는바, 그 기간 사이에 신청인의 최소한의 생활안정의 기반이 되는 6개월간의 생계비에 사용할 특정재산인 자동차에 대하여 강제집행·가압류 또는 가처분이 될 염려가 있습니다.
4. 따라서 신청인은 신청인 소유의 유체동산에 대한 강제집행·가압류 또는 가처분을 금지시켜야 할 필요가 있으므로, 채무자 회생 및 파산에 관한 법률 제 383조 제8항에 의하여 이 신청에 이르게 되었습니다.

첨 부 서 류

1. 면제재산신청서 사본 1통
1. 자동차등록원부 1통
1. 장애인진단서(남편) 1통

20○○. ○. ○.

채무자 ○ ○ ○ (인)

○○지방법원 제○파산단독 귀중

[별지] 자동차 목록

별지 자동차 목록

1. 자동차 등록번호 56더00000
1. 차 명 벤츠S550V
1. 최 초 등 록 일 2008 －00 － 00
1. 년 식 2007
1. 원 동 기 형 식 273 961
1. 차 대 번 호 WDDND71X47A059441
1. 사 용 본 거 지 경기 00시 00로139번길
1. 소 유 자 ○○○. 끝.

[양식 2-1] 중지명령신청서(유체동산)

중 지 명 령 신 청 서(유체동산)

사　　　건　20○○하단○○○호 파산선고
신청인(채무자) ○ ○ ○ (123456 - 1234567)
　　　　　　　○○시 ○○구 ○○동 ○○아파트 ○○-○○
(송달장소) ○○시 ○○구 ○○동 ○○번지

신 청 취 지

신청인에 대한 이 법원 20○○하단○○○ 파산사건에 관하여 파산선고가 있을 때까지 신청인에 대한 ○○지방법원 20○○타기○○ 유체동산가압류절차를 중지한다.
라는 결정을 구합니다.

신 청 원 인

1. 신청인은 귀원 20○○하단○○○호 파산선고 사건의 신청 채무자입니다.
2. 신청인은 위 파산사건에서 채무자 회생 및 파산에 관한 법률 제383조 제2항에 따라 신청인 소유의 6개월간의 생계비에 사용할 특정재산인 유체동산에 대하여 면제재산 결정신청을 하였습니다.
3. 그런데 신청인이 파산선고 신청 후 파산선고 결정이 나기까지는 수개월간의 시간의 경과가 요구되는바, 그 기간 사이에 신청인의 최소한의 생활안정의 기반이 되는 위 유체동산에 대하여 신청취지 기재와 같이 가압류가 되었고, 이에 따라 강제집행이 될 염려가 있습니다.
4. 따라서 신청인은 ○○지방법원 20○○타기○○ 유체동산가압류절차를 중지시켜야 할 필요가 있으므로 채무자 회생 및 파산에 관한 법률 제383조 제8항에 의하여 이 신청에 이르게 되었습니다.

첨 부 서 류

1. 유체동산가압류 조서(목록포함) 1통

20○○. ○. ○.

위 신청인 ○ ○ ○ (인)

○○지방법원 제○파산단독 귀중

[양식 2-2] 중지명령신청서(임차보증금)

중 지 명 령 신 청 서(임차보증금)

사　　　건　20○○하단○○○호 파산선고
신청인(채무자) ○ ○ ○ (123456 - 1234567)
　　　　　　　○○시 ○○구 ○○동 ○○아파트 ○○-○○
(송달장소) ○○시 ○○구 ○○동 ○○번지

신 청 취 지

신청인에 대한 이 법원 20○○하단○○○ 파산사건에 관하여 파산선고가 있을 때까지 신청인에 대한 ○○지방법원 20○○타채○○호 사건의 압류·추심명령절차를 중지한다.
라는 결정을 구합니다.

신 청 원 인

1. 신청인은 귀원 20○○하단○○○호 파산선고 사건의 신청 채무자입니다.
2. 신청인은 위 파산선고사건에서 채무자 회생 및 파산에 관한 법률 제383조 제2항에 따라 신청인의 별지목록 기재 주거용건물의 임차보증금반환청구권에 대하여 면제재산결정 신청을 하였습니다.
3. 그런데 신청인이 파산선고 신정 후 파산선고 결정이 나기까지는 수개월산의 시산의 경과가 요구되는바, 그 기간 사이에 신청인의 최소한의 생활안정의 기반이 되는 주거용건물의 임차보증금반환청구권에 대하여 신청취지와 같이 압류 및 추심명령이 발령되었습니다.
4. 따라서 신청인은 신청인의 주거용건물의 임차보증금반환청구권에 대한 압류 및 추심명령을 중지시켜야 할 필요가 있으므로, 채무자 회생 및 파산에 관한 법률 제383조 제8항에 의하여 이 신청에 이르게 되었습니다.

첨 부 서 류

1. 임대차계약서 1통

20○○. ○. ○.

위 신청인 ○ ○ ○ (인)

○○지방법원 제○파산단독 귀중

[별지] 주거용건물의 표시 및 임차보증금 내역

주거용건물의 표시 ○○시 ○○구 ○○동 ○○번지 ○○아파트 ○○－○○ 임차보증금 금 15,000,000원

[양식 3-1] 가압류 집행취소 신청서

부동산 가압류 집행취소신청서

사 건 20○○카단○○○○ 부동산가압류
신 청 인(채무자) ○ ○ ○ (123456 – 1234567)
○○시 ○○구 ○○동 ○○

피신청인(채권자) ○○○
○○시 ○○구 ○○동 ○○
제3채무자 ○○○○ 주식회사
○○시 ○○구 ○○로 1가 ○○○

신 청 취 지

위 당사자 사이의 귀원 20○○카단○○○○호 부동산 가압류 사건에 관하여 귀원이 20○○. ○. ○.자로 결정한 부동산가압류 결정은 그 집행을 취소한다. 라는 재판을 구합니다.

신 청 이 유

1. 피신청인(채권자)이 신청인(채무자)에 대하여 가지는 ○○지방법원 20○○차전○○○○ 지급명령 사건의 집행력이 있는 확정결정 정본에 기하여 신청인의 별지 목록 부동산을 ○○지방법원 20○○카단○○○호 부동산 가압류결정이 20○○. ○. ○. 결정(이하, '이 사건 결정'이라고 합니다)되었습니다.
2. 채무자는 20○○. ○. ○○. ○○지방법원 20○○하단 ○○○○, 같은 법원 20○○하면 ○○○○ 파산 및 면책 신청하여 20○○. ○. ○○. 파산선고를 받았고, 20○○. ○○. ○○. 면책결정을 받아 그 즈음 확정되었습니다.
3. 채무자 회생 및 파산에 관한 법률 제348조 1항에 의하여 파산선고로 인하여 파산채권에 기하여 파산재단에 속하는 재산에 대하여 행하여진 강제집행, 가압류 및 보전처분은 효력을 잃게 되고 또한 파산채권에 기하여 파산재단에 속하는 재산에 대하여 새로운 강제집행 및 보전처분을 할 수 없습니다. 또 같은 법률 제566조에

는 면책받은 채무자는 파산채권자에 대한 채무의 전부에 대하여 그 책임이 면제된다고 규정하고 있습니다.

4. 이 사건결정의 피보전권리인 채권자의 채무자에 대한 채권은 이 사건 파산 및 면책결정으로 인하여 실효되어 본건 가압류 집행은 당연히 취소가 되어야 하므로 이 사건 신청에 이르게 되었습니다.

첨 부 서 류

1. 부동산 가압류 결정문 사본	1통
1. 파산선고결정문	1통
1. 면책결정문	1통
1. 면책결정 확정증명원	1통
1. 채권자표	1통

20○○. ○. ○.

위 채무자 ○○○

○○지방법원 제○파산단독 귀중

[양식 3-2] 채권압류 및 추심명령 집행취소 신청서

채권압류 및 추심명령 집행취소신청서

사 건 20○○타채○○○○ 채권압류 및 추심명령
신 청 인(채무자) ○ ○ ○ (123456 – 1234567)
○○시 ○○구 ○○동 ○○

피신청인(채권자) ○○○
○○시 ○○구 ○○동 ○○
제3채무자 ○○○○ 주식회사
○○시 ○○구 ○○로 1가 ○○○

신 청 취 지

위 당사자 사이의 귀원 20○○타채○○○○호 채권압류 및 추심명령 사건에 관하여 귀원이 20○○. ○. ○.자로 결정한 채권압류 및 추심명령은 그 집행을 취소한다.
라는 재판을 구합니다.

신 청 이 유

1. 피신청인(채권자)이 신청인(채무자)에 대하여 가지는 ○○지방법원 20○○차전○○○○ 지급명령 사건의 집행력이 있는 확정결정 정본에 기하여 신청인의 제3채무자 ○○주식회사에 대한 공사대금 등을 피압류채권으로 한 ○○지방법원 20○○타채○○○호 채권압류 및 추심명령이 20○○. ○. ○. 결정(이하, '이 사건 결정'이라고 합니다)되었습니다.
2. 채무자는 20○○. ○. ○○. ○○지방법원 20○○하단 ○○○○, 같은 법원 20○○하면 ○○○○ 파산 및 면책 신청하여 20○○. ○. ○○. 파산선고를 받았고, 20○○. ○○. ○○. 면책결정을 받아 그 즈음 확정되었습니다.
3. 채무자 회생 및 파산에 관한 법률 제348조 1항에 의하여 파산선고로 인하여 파산채권에 기하여 파산재단에 속하는 재산에 대하여 행하여진 강제집행, 가압류 및 보전처분은 효력을 잃게 되고 또한 파산채권에 기하여 파산재단에 속하는 재산에 대하여 새로운 강제집행 및 보전처분을 할 수 없습니다. 또 같은 법률 제566조에

는 면책받은 채무자는 파산채권자에 대한 채무의 전부에 대하여 그 책임이 면제된다고 규정하고 있습니다.

4. 이 사건결정의 피보전권리인 채권자의 채무자에 대한 채권은 이 사건 파산 및 면책결정으로 인하여 실효되었으므로 이 사건 결정에 의한 집행은 당연히 취소가 되어야 하므로 이 사건 신청에 이르게 되었습니다.

첨 부 서 류

1. 채권압류 및 추심명령결정문 사본 1통
1. 파산선고결정문 1통
1. 면책결정문 1통
1. 면책결정 확정증명원 1통
1. 채권자표 1통

20○○. ○. ○.

위 채무자 ○○○

○○지방법원 제○파산단독 귀중

[양식 4-1] 면책확인의 소(채권자목록에 포함된 채권)

소 장

원 고 ○ ○ ○ (1223456 – *******)
○○시 ○○면 ○○○○-○○
피 고 ○○보증기금
○○시 ○○구 ○○동 814
대표자 사장 ○○○

면책확인의 소

청 구 취 지

1. 원고의 피고에 대한 20○○. ○. ○. 구상금 채무는 ○○법원의 파산 및 면책결정에 의하여 면책되었음을 확인한다.
2. 소송비용은 피고가 부담한다.
라는 판결을 구합니다.

청 구 원 인

1. 피고의 원고에 대한 구상금 채권
피고는, 원고가 소외 주식회사 ○○은행으로부터 대출을 받음에 있어 보증을 하였고, 20○○. ○○. ○. 보증사고가 발생하여 금 324,000,000원을 대위변제하였으므로, 이에 대하여 원고에 대한 구상금 채권(이하, '이 사건 채권'이라고 합니다)이 있다고 합니다.

2. 원고의 파산신청 및 면책 내역
원고는 20○○. ○. ○. ○○지방법원에 파산신청을 하여 같은 해 3. 21. ○○지방법원 20○○하단○○○○파산선고를 받았고, 같은 해 7. 13. ○○지방법원 20○○하면○○○○호로 면책결정을 받은 사실이 있습니다(갑 제2호증).

3. 원고의 피고 채무에 대한 책임의 부존재

이 사건 채권은 위 파산 및 면책결정의 채권자표에 기재된 채권으로 위 면책결정으로 채무자 회생 및 파산에 관한 법률 제566조에 의하여 그 책임이 면제된다고 할 것입니다.

4 결론

따라서 이 사건 채권은 이미 파산 및 면책결정에 의하여 그 책임을 면하게 되었다고 할 것이므로 그 취지의 확인을 구하기 위하여 부득이 본 건 소에 이르게 된 것입니다.

입 증 방 법

1. 갑 제1호증　파산 및 면책결정 정본　1통
1. 갑 제2호증　면책결정 확정증명원　1통
1. 갑 제3호증　채권자 표　1통

그 밖의 입증방법은 차후 수시로 제출하겠습니다.

첨 부 서 류

1. 위 입증방법　1통
1. 납부서　1통
1. 소장부본　1통

20○○. ○. ○.

위 원고　○○○　(인)

○○지방법원　귀중

[양식 4-2] 면책확인의 소(채권자목록에 누락된 채권)

소 장

원 고 ○ ○ ○ (1223456 – 1234567)
○○시 ○○면 ○○○○-○○
피 고 ○○○○대부 유한회사
○○시 ○○구 ○○동 222
대표이사 ○○○

면책확인의 소

청 구 취 지

1. 원고의 피고에 대한 별지목록 기재 채무는 ○○법원의 파산 및 면책결정에 의하여 면책되었음을 확인한다.
2. 소송비용은 피고가 부담한다.

라는 판결을 구합니다.

청 구 원 인

1. 피고의 원고에 대한 양수금 채권 내역

피고의 양수금 채권은 원고에 대한 ○○카드 주식회사의 카드사용대금 채권의 전전 양수금 채권입니다. 이를 구체적으로 살펴보면,
채권자 ○○카드주식회사는 2005. 7. 13. (주) □□□□매니지먼트에 이 사건 채권을 양도하였고(1차 양도), (주)□□□□매니지먼트는 2005. 7. 29. 다시 ◌◌매니지먼트 유한회사에 양도하였으며(2차 양도), ◌◌매니지먼트 유한회사는 2006. 1. 11. □□□□저축은행(주)에 양도하였고(3차 양도), 진흥산업저축은행(주)는 2011. 11. 30. (주)○○○○○○대부에 양도하였으며(4차 양도), (주)○○○○○○대부는 2013. 8. 8. (유)□□□□□대부에 양도하였고(5차 양도), (유)□□□□□대부는 2013. 8. 12. 피고에게 양도하였습니다(갑 제1호증).

2. 원고의 파산 및 면책결정

원고는 2008. 7. 3. □□지방법원에 20□□하단□□46호, 20○○하면○○49호로 파산·면책신청을 하였고, 위 법원은 2009. 6. 3. 파산선고를, 2010. 1. 7. 면책결정을 하였

으며, 2010. 1. 22. 전국은행연합회에 면책결정확정통보가 송달되었습니다(갑 제5호증의 1, 2. 나의사건 검색결과).

3. 원고의 피고 채무에 대한 책임의 부존재

위에서 본 바와 같이 원고는 개인 파산을 신청하여 면책을 결정받은 사실이 있고, 파산신청 당시 원고는 소외 ○○카드주식회사에 대한 채무가 전전양수된 사실을 전혀 알 수 없었습니다. 그렇기 때문에 원고는 파산신청시 채권자 목록에 위 ○○카드주식회사만을 기재하였을 뿐, 피고를 채권자목록에 기재하지 않은 것입니다.

5. 결론

따라서 원고는 피고가 주장하는 양수금 채무에 대하여 이미 파산 및 면책결정에 의하여 그 책임을 면하게 되었다고 할 것이므로 그 취지의 확인을 구하기 위하여 부득이 본 건 소에 이르게 된 것입니다.

입 증 방 법

1. 갑 제1호증 파산 및 면책결정 정본 1통
1. 갑 제2호증 면책결정 확정증명원 1통
1. 갑 제2호증 파산신청서의 채권자목록 1통

그 밖의 입증방법은 차후 수시로 제출하겠습니다.

첨 부 서 류

1. 위 입증방법 1통
1. 납부서 1통
1. 소장부본 1통

20○○. ○. ○.

위 원고 ○○○ (인)

○○지방법원 귀중

[별지]

별지

1. **채무의 종류**

원고의 소외 ○○카드회사에 대한 카드대금 미납채무의 전전 양수금 채무.

2. **채 무 액**

금 34,343,000원 및 위 금원 중 12,543,000원에 대하여 19○○. 10. 27.부터 다 갚는 날까지 연 18%의 비율에 의한 지연손해금

[양식 5-1] 청구이의의 소

소 장

원 고 ○ ○ ○
경북 문경시 ○○읍 상리1길 ○○-○○

피 고 (주) □□□□
서울 강남구 □□로 □□길 15(○○동, ○○빌딩)
대표자 이사 ○ ○ ○

청구이의의 소

청 구 취 지

1. 피고의 원고에 대한 서울중앙지방법원 20○○차전 26○○○○ 집행력 있는 지급명령결정정본에 기한 강제집행은 이를 불허한다.
2. 소송비용은 피고가 부담한다.

라는 판결을 구합니다.

청 구 원 인

1. 확정된 지급명령의 존재

피고의 원고에 대한 귀원 20○○차전 26○○○○ 지급명령이 2015. 11. 9. 발령되었습니다(갑 제1호증, 지급명령결정서). 원고가 위 지급명령에 이의신청을 하지 못하여 그 즈음 위 지급명령은 확정되었습니다.

2. 부동산 강제경매절차의 진행

피고는 위 확정된 지급명령을 집행권원으로 하여 원고 소유의 '○○시 ○○○읍 ○○리 44-7 ○○아파트 제다동 206호'에 대하여 ○○지방법원 ○○지원에 부동산강제경매신청을 하였고, 위 ○○지원은 2015. 12. 21. 20○○타경 31○○○호로 부동산강제경매 개시결정(갑 제2, 3호증, 부동산강제경매결정서, 등기사항전부증명서)을 하여 2016. 3. 23. 배당요구종기가 지정된 상태입니다(갑 제4호증, 경매사건 검색).

3. 피고의 청구채권 및 그 책임의 복멸(면책)

가. 피고의 청구 채권

피고의 청구 채권은 원고에 대한 ○○카드 주식회사의 카드사용대금 채권의 전전 양수금 채권입니다. 구체적으로 살펴보면,

채권자 ○○카드주식회사는 2005. 7. 13. (주) □□□□매니지먼트에 이 사건 채권을 양도하였고(1차 양도), (주)□□□□매니지먼트는 2005. 7. 29. 다시 ◌◌매니지먼트 유한회사에 양도하였으며(2차 양도), ◌◌매니지먼트 유한회사는 2006. 1. 11. □□□□저축은행(주)에 양도하였고(3차 양도), 진흥산업저축은행(주)는 2011. 11. 30. (주)○○○○○○대부에 양도하였으며(4차 양도), (주)○○○○○○대부는 2013. 8. 8. (유)□□□□□대부에 양도하였고(5차 양도), (유)□□□□□대부는 2013. 8. 12. 피고에게 양도하였습니다(갑 제1호증).

나. 파산·면책결정

원고는 2008. 7. 3. □□지방법원에 20□□하단□□46호, 20○○하면○○49호로 파산·면책신청을 하였고, 위 법원은 2009. 6. 3. 파산선고를, 2010. 1. 7. 면책결정을 하였으며, 2010. 1. 22. 전국은행연합회에 면책결정확정통보가 송달되었습니다(갑 제5호증의 1, 2. 나의사건 검색결과).

다. 면책결정의 효력

면책결정을 받은 채무자는 파산절차에 의한 배당을 제외하고는 파산채권자에 대한 채무의 전부에 관하여 그 책임이 면제됩니다(채무자 회생 및 파산에 관한 법률 제566조 본문). 따라서 면책된 채권에 기한 본건 강제집행절차는 불허되어야 합니다.

4. 결 어

피고의 집행권원인 양수금 채권은 2010. 1. 7. 법원의 면책결정으로 면책되었으므로 위 양수금 채권에 기한 강제집행은 불허되어야 할 것임이 명백합니다.

입 증 방 법

1. 갑 제1호증	지급명령 결정서
1. 갑 제2호증	부동산강제경매 결정서
1. 갑 제3호증	등기사항전부증명서
1. 갑 제4호증	경매사건 검색결과
1. 갑 제5호증의 1, 2	각 나의사건 검색결과

첨 부 서 류

1. 위 입증방법 각 1부
1. 납부서 1부

2016 1 .

원고 ○○○ (인)

○○지방법원 귀중

[양식 5-2] 강제집행정지결정신청서

강제집행정지결정신청

신 청 인 ○ ○ ○
경북 문경시 ○○읍 상리1길 ○○-○○

피 신 청 인 (주) □□□□
서울 강남구 □□로 □□길 15(○○동, ○○빌딩)
대표자 이사 ○ ○ ○

신 청 취 지

위 당사자 사이의 귀원 2016가단 청구이의 사건의 본안판결 선고 시까지 귀원 2015차전 260009호 집행력 있는 지급명령결정정본에 기한 강제집행은 이를 정지한다.
라는 재판을 구합니다.

신 청 이 유

1. 확정된 지급명령의 존재

피신청인의 신청인에 대한 귀원 20○○차전 26○○○○ 지급명령이 2015. 11. 9. 발령되었습니다(소갑 제1호증). 신청인은 위 지급명령에 이의신청을 하지 못하여 그 즈음 위 지급명령은 확정되었습니다(소갑 제1호증, 지급명령결정서).

2. 부동산 강제경매절차의 진행

피신청인은 위 확정된 지급명령을 집행권원으로 하여 신청인 소유의 '○○시 ○○○읍 ○○리 44-7 ○○아파트 제다동 206호'에 대하여 ○○지방법원 ○○지원에 부동산강제경매신청을 하였고, 위 ○○지원은 2015. 12. 21. 20○○타경 31○○○호로 부동산강제경매 개시결정(소갑 제2, 3호증, 부동산강제경매결정서, 등기사항전부증명서)을 하여 2016. 3. 23. 배당요구종기가 지정된 상태입니다(소갑 제4호증, 경매사건 검색).

3. 피신청인 청구 채권 및 책임의 복멸(면책)

가. 피신청인 청구 채권

피신청인 청구 채권은 신청인에 대한 ○○카드 주식회사의 카드사용대금 채권의 전전 양수금 채권입니다. 구체적으로 살펴보면,

채권자 ○○카드주식회사는 2005. 7. 13. (주)□□□□매니지먼트에 이 사건 채권을 양도하였고(1차 양도), (주)□□□□매니지먼트는 2005. 7. 29. 다시 ◌◌매니지먼트 유한회사에 양도하였으며(2차 양도), ◌◌매니지먼트 유한회사는 2006. 1. 11. □□□□저축은행(주)에 양도하였고(3차 양도), 진흥산업저축은행(주)는 2011. 11. 30. (주)○○○○○○대부에 양도하였으며(4차 양도), (주)○○○○○○대부는 2013. 8. 8. (유)□□□□□대부에 양도하였고(5차 양도), (유)□□□□□대부는 2013. 8. 12. 피고에게 양도하였습니다(갑 제1호증, 지급명령결정문).

나. 파산·면책결정

신청인은 2008. 7. 3. □□지방법원에 20□□하단□□46호, 20○○하면○○49호로 파산·면책신청을 하였고, 위 법원은 2009. 6. 3. 파산선고를, 2010. 1. 7. 면책결정을 하였으며, 2010. 1. 22. 전국은행연합회에 면책결정확정통보가 송달되었습니다(갑 제5호증의 1, 2. 나의사건 검색결과).

다. 면책결정의 효력

면책결정을 받은 채무자는 파산절차에 의한 배당을 제외하고는 파산채권자에 대한 채무의 전부에 관하여 그 책임이 면제됩니다(채무자 회생 및 파산에 관한 법 제566조 본문). 따라서 면책된 채권에 기한 강제집행절차는 불허되어야 하는 바, 청구이의 사건의 확정시까지는 위 채권에 기한 강제집행은 정지되어야 할 것입니다.

4. 결 어

피신청인의 집행권원인 양수금 채권은 2010. 1. 7. 법원의 면책결정으로 면책되었으므로 위 양수금 채권에 기한 강제집행은 불허되어야 할 것임이 명백합니다. 다만 위 양수금 채권이 면책여부를 다투는 청구이의 사건의 판결확정 시까지 위 강제집행절차는 정지되어야 함으로 신청인은 이 사건 신청에 이르게 된 것입니다.

담보의 제공과 관련하여서는 이 사건 부동산에 대한 강제집행절차의 진행의 지연으로 인한 피신청인은 손해가 그리 크지 않은 반면, 강제집행절차가 그대로 진행되어 신청인 소유 부동산이 제3자에게 매각된 경우, 신청인은 청구이의 판결이 승소확정되었다고 하더라도 위 재산을 회수하기 불가능하여 그 손해가 막대한 점, 신청인이 2010년경 파산·면책된 사실이 분명한 점 등을 참작하시어 보증보험증권의 제출 방식의 담보제공명령을 하여주시기를 부탁드립니다.

소 명 방 법

1. 소갑 제1호증	지급명령 결정서
1. 소갑 제2호증	부동산강제경매 결정서
1. 소갑 제3호증	등기사항전부증명서
1. 소갑 제4호증	경매사건 검색결과
1. 소갑 제5호증의 1, 2	각 나의사건 검색결과

첨 부 서 류

1. 위 소명방법	각 1부

2016 1 .

신청인 ○○○ (인)

○○지방법원 귀중

[양식 6-1] 즉시항고장(파산기각결정-법 제309조 제1항 제1호)

즉시항고장

항고인 겸 채무자 ○○○
○○시 ○○구 ○○동 ○○

항고의 대상인 결정

○○지방법원 20○○하단○○ 파산사건에 관하여 같은 법원이 20○○.○.○.자로 한 파산기각결정

항고의 취지

1. 원 결정을 취소한다.
2. 이 사건을 ○○지방법원으로 환송한다.

라는 결정을 구합니다.

항고의 이유

1. 파산신청과 그 기각결정

항고인 겸 채무자(이하, '채무자'라고 합니다)는 20○○. ○. ○. ○○지방법원에 파산신청을 하였고, 원심법원은 20○○. ○. ○. 20○○하단○○호로 이 사건 파산신청에 대한 기각결정을 하였으며, 채무자는 이 결정을 20○○. ○. ○.에 송달받았습니다.

2. 원 결정의 이유

원결정은 채무자가 법원의 예납명령을 이행하지 않았다고 하여 이 사건 파산신청에 대하여 기각결정을 하였습니다.

3. 불복하는 이유

채무자는 법원의 예납명령 당시에 예납비용을 마련하기 위하여 백방으로 노력하였으나 이 돈을 마련할 수 없었습니다. 지금에서야 가까스로 예납비용을 마련하여 납부하였습니다(소갑 제1호증, 예납금납부영수증).

4. 결 론

채무자가 어렵게 이 사건 예납금을 납부하였으므로 이를 살펴 부디 채무자에게 다시 파산 및 면책절차를 진행할 수 있도록 하여 주시기 바랍니다.

소 명 방 법

1. 소갑 제1호증 예납금납부서

20○○. ○. ○.

채무자 ○○○ (인)

○○지방법원 제○파산단독 귀중

[양식 6-2] 즉시항고장(파산기각결정-법 제309조 제1항 제3호)

즉시항고장

항고인 겸 채무자 ○○○
○○시 ○○구 ○○동 ○○

항고의 대상인 결정

○○지방법원 20○○하단○○ 파산사건에 관하여 같은 법원이 20○○.○.○.자로 한 파산기각결정

항고의 취지

1. 원 결정을 취소한다.
2. 이 사건을 ㅇㅇ지방법원으로 환송한다.

라는 결정을 구합니다.

항고의 이유

1. 파산신청과 그 기각결정

항고인 겸 채무자(이하, '채무자'라고 합니다)는 20○○. ○. ○. ○○지방법원에 파산신청을 하였고, 원심법원은 20○○. ○. ○. 20○○하단ㅇㅇ호로 이 사건 파산신청에 대한 기각결정을 하였으며, 채무자는 이 결정을 20○○. ○. ○.에 송달받았습니다.

2. 원 결정의 부당성

원결정이 채무자에 대한 파산신청을 기각한 이유는 채무자에게 파산원인 사실이 존재하지 않는다는 것인 바, 이는 아래에서 보는 바와 같이 부당합니다.

(1) 원심결정의 요지

원심은 채무자가 군대를 제대한 1983년생의 남자로서 신체적·정신적으로 건강한 노동능력을 가지고 있고, 현재 미혼으로 어머니를 부양하고 있는 외에 다른 부양가족이 없으며, 가족이 임차한 아파트에 무상거주하고 있는 점 등에 비추어 파산원인에

대한 소명이 부족한 경우에 해당한다고 하여 원결정을 하였습니다.

(2) 파산원인의 존재

그러나 채무자는 현재 지병으로 인하여 변변한 직장생활을 할 수 없는 상태이고, 장애인인 어머니를 부양하는 데에는 적어도 100만원 이상의 소득이 있어야 하는 바, 채무자의 현재의 학력, 경력 및 생활상태에 비추어 100만원 정도의 수입을 받을 수 있는 직장을 구할 수 있는 상태에 있지 않습니다. 그럼에도 원심이 만연히 채무자가 젊다는 이유만으로 파산원인인 사실이 없다고 판단한 것은 부당하다고 하지 않을 수 없습니다.

3. 결 론

따라서 이 사건 파산신청은 인용되어야 함에도 불구하고 원심법원은 파산신청기각결정을 하였으므로 신청인 겸 채권자는 신청취지와 같은 결정을 받고자 이 사건항고에 이르게 된 것입니다.

20○○. ○. ○.

채무자 ○○○ (인)

○○지방법원 제○파산단독 귀중

[양식 6-3] 즉시항고장(파산기각결정-법 제309조 제1항 제5호)

즉시항고장

항고인 겸 채무자 ○○○
○○시 ○○구 ○○동 ○○

항고의 대상인 결정

○○지방법원 20○○하단○○ 파산사건에 관하여 같은 법원이 20○○.○.○.자로 한 파산기각결정

항고의 취지

1. 원 결정을 취소한다.
2. 이 사건을 ○○지방법원으로 환송한다.

라는 결정을 구합니다.

항고의 이유

1. 파산신청과 그 기각결정

항고인 겸 채무자(이하, '채무자'라고 합니다)는 20○○. ○. ○. ○○지방법원에 파산신청을 하였고, 원심법원은 20○○. ○. ○. 20○○하단○○호로 이 사건 파산신청에 대한 기각결정을 하였으며, 채무자는 이 결정을 20○○. ○. ○.에 송달받았습니다.

2. 원 결정의 부당성

원결정은 채무자가 법원의 보정명령을 이행하지 않았다고 하여 이 사건 파산신청을 기각하였는바, 이는 아래에서 보는 바와 같이 부당합니다.

(1) 원심결정의 요지

원심은 「친족의 재산란」에 기재된 재산목록상의 재산에 대한 취득자금 내역 및 「채권자에 대한 부채증명자료」의 제출을 요구하는 보정명령을 하였음에도 채무자가 이를 보정하지 않았다는 이유로 원결정을 하였습니다.

(2) 원 결정의 부당성

그러나 원심의 보정명령은 법 제302조 제2항 및 채무자 회생 및 파산에 관한 규칙 제72조가 정한 파산신청시에 첨부하여야 하는 필요서류에 해당하지 않습니다. 그럼에도 이를 보정하지 않았다는 이유만으로 이 사건 결정을 한 것은 부당하다고 하지 않을 수 없습니다.

3. 결 론

따라서 이 사건 파산신청은 인용되어야 함에도 불구하고 원심법원은 파산신청기각 결정을 하였으므로 채무자는 신청취지와 같은 결정을 받고자 이 사건항고에 이르게 된 것입니다.

20○○. ○. ○.

채무자 ○○○ (인)

○○지방법원 제○파산단독 귀중

[양식 6-4] 즉시항고장(파산기각결정-법 제309조 제2항)

즉시항고장

항고인 겸 채무자 ○○○ (123456 – *******)
주소 ○○시 ○○구 ○○동 ○○번지

항고의 대상인 결정

○○지방법원 20○○하면○○○ 면책사건에 관하여 같은 법원이 20○○. ○. ○○자로 한 면책기각결정

항고의 취지

1. 원 결정을 취소한다.
2. 이 사건을 ○○지방법원으로 환송한다.
라는 결정을 구합니다.

항고의 이유

1. 파산신청과 그 기각결정

항고인 겸 채무자(이하, '채무자'라고 합니다)는 20○○. ○. ○○. ○○지방법원에 파산 및 면책신청을 하였고, 원심법원은 20○○. ○. ○○. ○○하단○○○호로 파산신청 기각결정을 하였으며, 채무자는 이 결정을 20○○. ○. ○○. 송달받았습니다.

2. 원결정의 부당성

(1) 원심은, 채무자가 채권자에게 채무를 부담하고 있는 상황에서 배우자의 상속재산에 관한 자신의 상속지분 일체를 포기하여 장남으로 하여금 단독으로 상속받도록 하고, 장남이 그 상속재산을 단독으로 상속한 후 일부 상속재산을 처분하기까지 하였음에도 파산신청서에 그 내용을 기재하지 않았을 뿐만 아니라 상속재산이 없다고 기재하여 본인의 재산상태에 관하여 허위의 진술을 하는 등 면책불허가사유에 해당하는 행위를 저지르면서 한 파산신청은 파산신청의 남용에 해당하여 법 제309조 제2항

에 따라 파산신청을 기각하였습니다.

(2) 그러나, 채무자가 배우자의 상속재산에 관한 자신의 상속지분 전부를 장남에게 단독으로 상속받도록 한 것은 배우자의 유언에 의하여 어쩔 수 없이 한 것에 불과하고, 채무자의 장남은 어려서부터 소아마비를 앓아 현재까지 변변한 직장도 없이 생계를 유지해야 하는 형편이었기 때문에 배우자가 위와 같이 유언한 것이며, 위 유언에 따라 채무자는 이를 이행한 것에 불과합니다. 채무자가 위 상속재산에 대하여 파산신청서에 기재하지 않은 것은 위와 같은 상속행위가 파산신청으로부터 2년 전에 이루어진 것이기 때문에 파산신청서에 기재할 란이 없었기 때문이었고, 향후 파산관재인이 선임되어 조사하게 되면, 이러한 사정을 충분히 설명하려고 하였습니다. 그럼에도 원심이 섣불리 단순히 채무자가 상속지분을 포기한 행위만을 문제삼아 이 사건 결정에 이른 것은 부당하다고 할 것입니다.

3. 결 론

따라서 이 사건 파산 및 면책신청은 인용되어야 할 것임에도 불구하고 원심법원은 파산기각결정을 하였으므로 채무자는 신청취지와 같은 결정을 받고자 이 사건항고에 이르게 된 것입니다.

소 명 방 법

1. 소갑 제1호증 상속재산분할합의서 1통
1. 소갑 제2호증 진단서(소아마비) 1통
1. 소갑 제3호증 유언장 1통
그 밖의 것은 차후 수시로 제출하겠습니다.

첨 부 서 류

1. 위 입증방법 1통
1. 신청서부본 1통

20○○. ○. ○○.

채무자 ○ ○ ○ (인)

○○지방법원 제○파산단독 귀중

[양식 7] 즉시항고장(면책기각결정-법 제559조 제1항 제4호)

즉시항고장

항고인 겸 채무자 ○○○ (123456 – *******)
주소 ○○시 ○○구 ○○동 ○○번지

항고의 대상인 결정

○○지방법원 20○○하단○○○ 파산사건에 관하여 같은 법원이 20○○. ○. ○○자로 한 면책기각결정

항고의 취지

1. 원 결정을 취소한다.
2. 이 사건을 ㅇㅇ지방법원으로 환송한다.
라는 결정을 구합니다.

항고의 이유

1. 면책신청과 그 면책기각결정

항고인 겸 채무자(이하, '채무자'라고 합니다)는 20○○. ○. ○○. ○○지방법원에 파산 및 면책신청을 하였고, 원심법원은 20○○. ○. ○○. ㅇㅇ하단○○○호로 파산선고를 하였으며, 20○○. ○. ○○. ○○하면○○○호로 면책기각결정을 하였고, 채무자는 이 결정을 20○○. ○. ○○. 송달받았습니다.

2. 원결정의 부당성

(1) 원심은, 채무자가 의견청취기일에 2회 불출석하였다는 이유로 제559조 제1항 제4호에 따라 면책기각결정을 하였습니다.

(2) 그러나, 채무자가 의견청취기일에 2일 이상 불출석한 것은 (불가피한 사유 설명)에 인한 것으로 이로 보아 채무자의 면책신청이 성실하지 않았다고 볼 수는 없다고 할 것입니다.

3. 결 론

채무자가 의견청취기일에 2회 불출석한 것은 위와 같은 사정에 의하여 불가피하였던 것으로 이를 참작하여 부디 채무자에게 면책을 받을 수 있는 기회를 주시기 바랍니다.

20○○. ○. ○○.

채무자 ○ ○ ○ (인)

○○지방법원 제○파산단독 귀중

[양식 8-1] 즉시항고장(면책불허가결정-법 제564조 제1항 제1호, 제650조 제1호)

즉시항고장

항고인 겸 채무자	○○○ (123456 – *******)
주소	○○시 ○○구 ○○동 ○○번지

항고의 대상인 결정

○○지방법원 20○○하단○○○ 파산사건에 관하여 같은 법원이 20○○. ○. ○○자로 한 면책불허가결정

항고의 취지

1. 원 결정을 취소한다.
2. 채무자를 면책한다.

라는 결정을 구합니다.

항고의 이유

1. 면책신청과 그 면책불허가결정

항고인 겸 채무자(이하, '채무자'라고 합니다)는 20○○. ○. ○○. ○○지방법원에 파산 및 면책신청을 하였고, 원심법원은 20○○. ○. ○○. ○○하단○○○호로 파산선고를 하였으며, 20○○. ○. ○○. ○○하면○○○호로 면책불허가결정을 하였고, 채무자는 는 이 결정을 20○○. ○. ○○. 송달받았습니다.

2. 원결정의 부당성

(1) 원심은, 20○○. ○. ○○.채무자가 강제집행을 회피할 목적으로 처인 이○○에게 채무자의 유일한 재산이었던 '서울시 ○○구 ○○동 1243 제1호 중 1/2지분'(이하, '이 사건 지분'이라고 합니다)을 증여하였는데, 이러한 채무자의 행위는 법 제564조 제1호, 제650조 제1호에서 정한 '채무자가 자기 또는 타인의 이익을 도모하거나 채권자

를 해할 목적으로 파산재단에 속하는 재산을 은닉하는 행위 등'에 해당한다는 이유로 면책불허가결정을 하였습니다.

(2) 그러나, 채무자가 이 사건 지분을 채무자의 처 이○○에게 증여하는 것은, 이 사건 지분이 채권자들에 의하여 경매로 매각될 경우 유찰에 따른 저가경락이 예상되어 임의매각을 통해 제값을 받아 더 많은 채무를 변제하고자 하였는데, 채무자의 금융기관에 대한 채무가 연체되어 있어 채무자의 명의로는 임의매각이 불가능할 것으로 예상하고, 이○○에게 이 사건 지분을 증여한 것이며, 실제로 200○. ○.경 현□□에게 1억 1,000만원에 매도한 후 전세보증금과 대출금을 공제한 나머지 대금 5,000만원으로 채무자의 채권자들에게 변제하였으므로 이와 같은 채무자의 행위를 '재산의 은닉'으로 보아 면책불허가결정을 한 것은 부당하다고 할 것입니다.

3. 결 론

따라서 이 사건 이 사건 면책불허가결정은 부당하다고 할 것이므로 채무자는 신청취지와 같은 결정을 받고자 이 사건항고에 이르게 된 것입니다.

20○○. ○. ○○.

채무자 ○ ○ ○ (인)

○○지방법원 제○파산단독 귀중

[양식 8-2] 즉시항고장(면책불허가결정-법 제564조 제1항 제3호)

즉시항고장

항고인 겸 채무자　　　○○○ (123456 – *******)
주소　　　○○시 ○○구 ○○동 ○○번지

항고의 대상인 결정

○○지방법원 20○○하단○○○ 파산사건에 관하여 같은 법원이 20○○. ○. ○○자로 한 면책불허가결정

항고의 취지

1. 원 결정을 취소한다.
2. 채무자를 면책한다.
라는 결정을 구합니다.

항고의 이유

1. 면책신청과 그 면책불허가결정

항고인 겸 채무자(이하, '채무자'라고 합니다)는 20○○. ○. ○○. ○○지방법원에 파산 및 면책신청을 하였고, 원심법원은 20○○. ○. ○○. ○○하단○○○호로 파산선고를 하였으며, 20○○. ○. ○○. ○○하면○○○호로 면책불허가결정을 하였고, 채무자는 는 이 결정을 20○○. ○. ○○. 송달받았습니다.

2. 원결정의 부당성

(1) 원심은, 채무자가 파산신청 당시 그 신청서에 첨부된 진술서에 파산신청 2년 이내에 채무자 소유의 부동산 중 처분한 것이 없다고 밝혔으나, 파산신청 1개월 전인 2004. 1. 14. 자신의 장모이었던 황□□에게 채무자 소유의 "포항시 ○○구 ○○면 ○○리 352 ○○아파트 ○○동 1203호"를 증여한 것이 밝혀졌으므로, 채무의 위 행위는 법 제564조 제3호에서 정한 '재산상태에 대한 허위진술'에 해당한다는 이유로 면책불

허가결정을 하였습니다.

(2) 그러나, 위 ○○아파트는 채무자 명의로 등기는 되어 있으나, 실질적으로 채무자가 목사로 봉직하고 있는 □□교회의 재산으로, 위 교회가 전도사인 김○○에게 지급하기로 약정하고도 지급하지 못한 생활비 변제를 위하여 위 아파트를 이전하여 준 것이어서 위 진술서에 기재하지 않은 것이고, 위 ○○아파트의 소유권 이전 내역을 기재하지 않은 이유는 파산신청 및 진술서 작성을 의뢰한 변호사 사무실에서 진술서를 작성하여 법원에 제출할 때 누락된 것인데 채무자가 이를 확인하지 못한 것일 뿐 고의로 허위진술을 한 것을 아닙니다. 따라서, 이와 같은 채무자의 행위를 '재산에 대한 허위진술'으로 보아 면책불허가결정을 한 것은 부당하다고 할 것입니다.

3. 결 론

그러므로, 이 사건 이 사건 면책불허가결정은 부당하다고 할 것이므로 채무자는 신청취지와 같은 결정을 받고자 이 사건항고에 이르게 된 것입니다.

소 명 방 법

1. 소갑 제1호증
1. 소갑 제2호증

20○○. ○. ○○.

채무자 ○ ○ ○ (인)

○○지방법원 제○파산단독 귀중

[양식 9] 예납비용 납부기한 연기 요청서

예납비용 납부기한 연기 요청서

사 건 2011하단○○○○ 파산선고
2011하면○○○○ 면책

신 청 인 ○ ○ ○

위 사건에 관하여, 신청인은 귀원의 예납명령 결정을 송달받고 예납금 30만원을 납부하고자 노력하였으나, 신청인이 현재 기초생활수급자로서 근근히 생활하고 있으며, 더군다나 일용직으로 근무한 급여도 비용 납부일인 20○○. ○○. ○. 보다 20일 후인 20○○. ○. ○.경에 지급받을 수 있으므로 비용 납부일을 1개월간 연장해 주시기를 요청드리오니 허가하여 주시기 바랍니다.

20○○. ○. ○.

위 신청인 ○○○ (인)

○○지방법원 제○파산단독 귀중

[양식 10] 예납금 면제신청서

파산관재인 선임비용 면제신청서

사 건 20○○하단○○○○ 파산선고
20○○하면○○○○ 면책

신청인(채무자) ○ ○ ○

신청인(채무자)은 현재 기초생활수급자이고, 부양가족으로 3명이 있어 총 4인 가족이 750,000원의 소득으로 근근히 생계를 꾸려가고 있는바, 파산관재인 선임비용 금 30만원을 납부하게 되면 당월 생계가 곤란하게 되므로 파산관재인 선임비용을 면제하여 주시고 동시폐지결정을 하여 주시기 바랍니다.

첨 부 서 류

1. 수급자증명서 1통
1. 가족관계증명서 1통

20○○. ○. ○.

위 신청인 ○○○ (인)

○○지방법원 파산부 귀중

[양식 11-1] 통신정보제공명령신청서(채권자의 휴대전화번호를 아는 경우)

통신정보제공명령신청

사 건 20○○하면○○○○ 면책
20○○하단○○○○ 파산선고

신청인(채무자) ○ ○ ○

위 사건에 관하여 신청인은 채권자 ○○○의 인적사항을 명확히 가기 위하여 다음과 같이 사실조회 신청을 합니다.

- 다 음 -

1. 본 신청의 목적
신청인은 채권자 ○○○의 주민등록번호와 현 주소를 확인하여 채권자 ○○○를 특정하기 위함.

2. 조회할 곳
가. SK텔레콤 주식회사
서울 중구 을지로65 SK-T타워
나. 주식회사 KT
성남시 분당구 정자동 206번지
다. LG 유플러스
서울 중구 남대문로 5가 827 유플러스 타워

3. 제공할 통신정보의 내역
별지 기재와 같습니다.

20○○. ○. ○.

채무자 ○○○ (인)

○○지방법원 제○파산단독 귀중

[별지] 통신정보의 내역

별지

제공할 통신정보의 내역

채권자 ○○○의 인적사항을 확인하기 위하여,

휴대전화(전화번호 : 010-****-****)의 가입자의 인적사항(① 주민등록번호, ② 주소 등)일체. 끝.

[양식 11-2] 금융정보제공명령신청서(채권자의 계좌번호를 아는 경우)

금융정보제공명령신청

사　　건　　　20○○하면○○○○ 면책
　　　　　　　20○○하단○○○○ 파산선고

신청인(채무자)　○ ○ ○

위 사건에 관하여 신청인은 채권자 ○○○의 인적사항을 명확히 가기 위하여 다음과 같이 사실조회 신청을 합니다.

- 다　음 -

1. 본 신청의 목적
신청인은 채권자 ○○○의 주민등록번호와 현 주소를 확인하여 채권자 ○○○를 특정하기 위함.

2. 조회할 곳
주식회사 국민은행
경기 광명시 철산로30번길 23(철산동) 우편번호(14239)

3. 제공할 금융정보의 내역
별지 기재와 같습니다.

20○○. ○. ○.

채무자　　○○○ (인)

○○지방법원 제○파산단독 귀중

[별지] 금융정보의 내역

별지

제공할 금융정보의 내역

채권자 ○○○의 인적사항을 확인하기 위하여,

국민은행 계좌(계좌번호 :000000-00-000000)의 예금주 ○○○의 인적사항(①주민등록번호, ② 주소 등)일체. 끝.

[양식 11-3] 과세정보제공명령신청서(채권자 개인사업체 상호를 알고 있는 경우)

과세정보제공명령신청

사 건 20○○하면○○○○ 면책
20○○하단○○○○ 파산선고

신청인(채무자) ○ ○ ○

위 사건에 관하여 신청인은 채권자 ○○○의 인적사항을 명확히 가기 위하여 다음과 같이 사실조회 신청을 합니다.

- 다 음 -

1. 본 신청의 목적
신청인은 채권자 ○○○의 주민등록번호와 현 주소를 확인하여 채권자 ○○○를 특정하기 위함.

2. 조회할 곳
서초세무서
서울 강남구 테헤란로 114

3. 제공할 과세정보의 내역
별지 기재와 같습니다.

20○○. ○. ○.

채무자 ○○○ (인)

○○지방법원 제○파산단독 귀중

[별지] 과세정보의 내역

별지

제공할 과세정보의 내역

채권자 ○○○의 인적사항을 확인하기 위하여,

개인사업체 ○○○상사(사업자등록번호: 000-00-00000)의 사업주 ○○○의 인적사항(① 주민등록번호, ② 주소 등)일체. 끝.

[양식 12] 보정서(주소)

주 소 보 정 서

사　　건　20○○하면○○○○　면책
　　　　　20○○하단○○○○　파산선고

신 청 인　○ ○ ○
(채무자)

1. 채권자 3. ○○○
   송달가능한 주소 (○○시 ○○구 ○○동 ○○번지)

2. 채권자 8. ○○○
   송달가능한 주소 (○○시 ○○구 ○○동 ○○번지)

위와 같이 주소보정 신청을 합니다.

신 청 인　○○○　(인)

○○지방법원 제○파산단독 귀중

[양식 13] 송달에 갈음하는 공고신청서

송달에 갈음하는 공고신청서

사 건 20○○하면○○○○ 면책
20○○하단○○○○ 파산선고

신 청 인

1. 채권자 9. ○○○에 대한 송달에 갈음하는 공고신청

채권자 8. ○○○은 주민등록 등본상의 최후주소지(○○시 ○○구 ○○동 ○○-○○)에 실제 거주하지 아니하여 주민등록말소가 된 상태여서 신청인으로서는 채권자 8. ○○○에 대하여 송달할 장소를 백방으로 알아보았으나, 실패하여 본건 공고로써 송달에 갈음할 수 있도록 허가하여 주시기 바랍니다.

첨 부 서 류

1. 말소자초본(채권자 ○○○) 1통
1. 채무발생 및 주소파악 경위서 1통

20○○. ○. ○.

신청인 ○ ○ ○ (인)

○○지방법원 (파산 단독) 귀중

채권자 ○○○에 대한 채무발생 및 주소파악 경위서

1. 채권자명 (대부업 또는 사채업자, 지인, 친인척 기타)
2. 채무발생일, 채무발생경위(채권자와 알게 된 사정 포함), 채권금액, 채무발생으로 취득한 금원의 사용처
3. 알고 있는 채권자의 연락처(연락가능, 불가능)
4. 알고 있는 주소지(송달가능, 불가능)
   송달불가능할 경우 사유
5. 주소파악을 위한 노력 및 경위(선택하여 기재하십시오)
   ① 알고 있는 주소지 방문(　　　　　)
   ② 전화연락하여 파산면책신청사실을 알리고 사정을 설명하였으나 주소고지를 거절(　　　　　　　)
   ③ 전화연락을 시도하였으나 연락이 닿지 아니함(　　　　　)
   ④ 알고 지내던 지인들에게 수소문했으나 못찾음(　　　　　)
   ⑤ 자료송부요청서를 발송해 보았음(　　　　　)

※만약 채무자들의 주민등록번호를 알고 있다면(차용증서, 공정증서 등 관련서류, 판결문, 결정문 등)주소보정명령을 통하여 주민등록초본을 제출하는 방법으로 주소보정조치를 할 수 있습니다.

1. 채무 소명자료(예: 통장거래내역, 차용증, 현금보관증, 공증서류, 독촉장, □첨부, □미첨부)
2. 최종연락시기 및 접촉하였을 때의 정황
3. 최근 5년 내에 채권 변제에 관하여 협의를 시도하거나 변제를 한 사실이 있는지 여부, 있다면 그 경위

[양식 14-1] 면제재산 신청서(임차보증금, 법 제383조 제2항 제1호)

면제재산 결정신청서(임차보증금)

사 건 20○○하단○○호 파산선고
20○○하면○○호 면책
신청인(채무자) ○ ○ ○
(송달장소) ○○시 ○○구 ○○동 ○○번지

신청인은 채무자 회생 및 파산에 관한 법률 제383조 제2항에 따라 채무자 소유의 별지 목록 기재 임차보증금을 면제재산으로 정한다는 결정을 구합니다.

신청인 소유의 별지 목록 기재 임차보증금은 소액임차보증금의 범위 내이나, 임대인의 요청으로 인하여 확정일자를 받지 못하였습니다. 그러나, 위 임차보증금은 신청인 및 가족들의 생활을 위한 최소한의 주거용 재산으로 이를 감안해 주시기를 바라는 마음에 본건 신청에 이른 것입니다.
(※아래 해당되는 부분에 V표를 하고, 면제재산결정 신청을 하는 재산목록 및 소명자료를 첨부하시기 바랍니다.)

☑ 1. 주거용건물 임차보증금반환청구권에 대한 면제재산결정 신청
(제383조 제2항 제2호)
※ 첨부서류
가. 별지 면제재산목록 (채권자수 + 3부)
나. 소명자료 : ☑ 임대차계약서 1부
☑ 주민등록등본 1통
□ 기타 [ ] 통

□ 2. 6개월간의 생계비에 사용할 특정재산에 대한 면제재산결정 신청
(제383조 제2항 제2호)
※ 첨부서류
가. 별지 면제재산목록 (채권자수 + 3부)
나. 소명자료 : □ [자동차등록원부] 통
□ 기타 [자동차견적서] 통

20○○. ○. ○.

신청인(채무자) ○ ○ ○ (인)

○○지방법원 제○파산단독 귀중

[별지]

목 록

면제재산 금액	금 15,000,000원
주택임대차계약의 내용	① 임대차계약일자 (20○○. 2. 15. 재계약) ② 임대차기간 (19○○. 10. 15.부터, 현재까지) ③ 임차목적물의 소재지(시 구 아파트) ④ 임차보증금 (15,000,000원) ⑤ 임료의 액수 및 연체기간 (월 원, 개월간 연체) ⑥ 임대인의 성명 ( ) ⑦ 주민등록일자 (19○○. 10. 15.) ⑧ 확정일자(. . . 확정일자받음, 확정일자 무)

[양식 14-2] 면제재산 신청서(보험금, 법 제383조 제2항 제1호)

면제재산 결정신청서(보험금)

사 건 20○○하단○○호 파산선고
20○○하면○○호 면책
신청인(채무자) ○ ○ ○
(송달장소) ○○시 ○○구 ○○동 ○○번지

신청인은 채무자 회생 및 파산에 관한 법률 제383조 제2항에 따라 채무자소유의 별지 목록 기재 재산을 면제재산으로 정한다는 결정을 구합니다.
(※아래 해당되는 부분에 V표를 하고, 면제재산결정 신청을 하는 재산목록 및 소명자료를 첨부하시기 바랍니다.)

□ 1. 주거용건물 임차보증금반환청구권에 대한 면제재산결정 신청
(제383조 제2항 제2호)
※ 첨부서류
가. 별지 면제재산목록 (채권자수 + 3부)
나. 소명자료 : □ 임대차계약서 부
□ 주민등록등본 통
□ 기타 [ ] 통

☑ 2. 6개월간의 생계비에 사용할 특정재산에 대한 면제재산결정 신청
(제383조 제2항 제2호)
※ 첨부서류
가. 별지 면제재산목록 (채권자수 + 3부)
나. 소명자료 : □ [해약환급금증명서] 1통
□ 기타 [ ] 통

20○○. ○. ○.

신청인(채무자) ○ ○ ○ (인)

○○지방법원 제○파산단독 귀중

[별지]

목 록

면제재산 금액	금 5,463,332원
6개월간의 생계비에 사용할 특정재산내역	1) 특정재산내역 : 채무자 명의의 삼성화재해상보험(증권번호 ○○○○○○○○)의 해약환급금 잔액 금 5,463,332원 2) 면제재산신청사유 : 위 보험은 보장성보험으로, 해약환급금 150만원은 압류금지채권으로서 당연면제재산에 포함됩니다. 이를 초과하는 부분의 해약환급금 잔액은 채무자의 생활비 등 6개월간의 생계비에 사용할 특정재산에 해당하여 소비하여야 할 것으로 보이며, 또한 채무자는 현재 앓고 있는 질환이 있어 위 보험을 유지할 이익이 크다고 할 것입니다. 이러한 취지를 두루 살피시어 재판장님의 선처를 부탁드립니다.

[양식 14-3] 면제재산 신청서(예금, 법 제383조 제2항 제2호)

면제재산 결정신청서(생계비 포함)

사　　　건　20○○하단○○호 파산선고
　　　　　　20○○하면○○호 면책
신청인(채무자)　○ ○ ○
(송달장소) ○○시 ○○구 ○○동 ○○번지

신청인은 채무자 회생 및 파산에 관한 법률 제1호, 제383조 제2항에 따라 채무자소유의 별지 목록 기재 재산을 면제재산으로 정한다는 결정을 구합니다.
(※아래 해당되는 부분에 V표를 하고, 면제재산결정 신청을 하는 재산목록 및 소명자료를 첨부하시기 바랍니다.)

□ 1. 주거용건물 임차보증금반환청구권에 대한 면제재산결정 신청
(제383조 제2항 제2호)
※ 첨부서류
가. 별지 면제재산목록 (채권자수 + 3부)
나. 소명자료 : □ 임대차계약서　　　　부
□ 주민등록등본　　　　통
□ 기타 [　　　　　]　　통

☑ 2. 6개월간의 생계비에 사용할 특정재산에 대한 면제재산결정 신청
(제383조 제2항 제2호)
※ 첨부서류
가. 별지 면제재산목록 (채권자수 + 3부)
나. 소명자료 : ☑ [○○은행예금통장 사본]　　통
□ 기타 [　　　　　　　　]　　통

20○○. ○. ○.

신청인(채무자)　　○ ○ ○ (인)

○○지방법원 제○파산단독 귀중

[별지]

목 록

면제재산 금액	금 4,300,000원
6개월간의 생계비에 사용할 특정재산내역	채무자 명의의 ○○은행 000－000－00000000 계좌의 예금 금 4,300,000원

[양식 14-4] 면제재산 신청서(유체동산, 법 제383조 제2항 제2호)

면제재산 결정신청서(유체동산)

사　　　건　20○○하단○○호 파산선고
　　　　　　20○○하면○○호 면책
신청인(채무자)　○ ○ ○
소송대리인 변호사 ○ ○ ○
(송달장소) ○○시 ○○구 ○○동 ○○－○○

신청인은 채무자 회생 및 파산에 관한 법률 제 580조 제3항, 제1항 제1호, 제383조 제2항에 따라 채무자소유의 별지 목록 기재 재산을 면제재산으로 정한다는 결정을 구합니다.

(※아래 해당되는 부분에 V표를 하고, 면제재산결정 신청을 하는 재산목록 및 소명자료를 첨부하시기 바랍니다.)

□ 1. 주거용건물 임차보증금반환청구권에 대한 면제재산결정 신청
(제383조 제2항 제2호)
※ 첨부서류
가. 별지 면제재산목록 (채권자수 ＋ 3부)
나. 소명자료 : □ 임대차계약서　　　1부
□ 주민등록등본　　　1통
□ 기타 [　　　　　]　　통

☑ 2. 6개월간의 생계비에 사용할 특정재산에 대한 면제재산결정 신청
(제383조 제2항 제2호)
※ 첨부서류
가. 별지 면제재산목록 (채권자수 ＋ 3부)
나. 소명자료 : □ [자동차등록원부]　　　통
☑ 기타 [유체동산 견적서]　　1통

20○○. ○. ○.

신청인(채무자)
소송대리인 변호사　○ ○ ○ (인)

○○지방법원 제○파산단독 귀중

[별지] 목록(6개월간의 생계비에 사용할 특정재산내역-가재도구)

순	품 명	제조사 및 모델	개수	잔존 가격(원)	비 고
1	냉장고	LG, 디오스188L	1	350,000	
2	에어콘	LG, 23평형	1	700,000	
3	김치냉장고	LG, 123L	1	200,000	
4	TV	삼성, 43인치	1	150,000	
5	세탁기	삼성, 15kg	1	80,000	
6	가스렌지	린나이	1	20,000	
	합 계			1,500,000원	

[양식 15] 보정명령신청서(채권자의 주민등록번호를 알 경우)

보정명령신청서

사 건 20○○하면○○○○ 면책
20○○하단○○○○ 파산선고

신청인(채무자) ○ ○ ○

위 사건에 관하여 신청인은 채권자 ○○○(주민등록번호 : 350125－*******)에 대한 주민등록증 초본을 발급받기 위하여 귀원에 보정명령을 신청하오니 보정명령을 발령하여 주시기 바랍니다.

채권자 ○○○의 주민등록번호 : 350125－*******

20○○. ○. ○.

채무자 ○○○ (인)

○○지방법원 제○파산단독 귀중

[양식 16] 복권신청서

복 권 신 청 서

인지 1000원

신 청 인(채 무 자) : ○ ○ ○ (주민등록번호 : 123456 – *******)
주 소 : ○○시 ○구 ○○동 000–00 (우편번호 : ○○○–○○○)
등록기준지 : ○○시 ○구 ○○동 408번지

신 청 취 지

'채무자를 복권한다.'라는 결정을 구합니다.

신 청 이 유

1. 신청인은 ○○지방법원 20○○. ○. ○.자 20○○하단○○○○ 결정으로 파산선고를 받고, 같은 법원 20○○. ○. ○.자 20○○하면○○○○ 결정으로 면책불허가결정을 받았습니다.
2. 신청인은 그 후 파산채권자에 대한 잔존 채무를 모두 변제하였습니다(또는, 파산채권자들의 채무를 일부 변제하고, 나머지 잔여채무에 대하여는 파산채권자들과 면제의 합의를 하였습니다).
3. 따라서 이 사건 결정을 구합니다.

첨 부 서 류

1. 가족관계증명서 및 주민등록등본 각 1부
2. 파산선고결정등본 및 일부면책(면책불허가)결정등본 각 1부
3. 변제내역서(또는, 변제내역서, 면제합의서) 각1부

20○○. ○. ○.
신 청 인 ○ ○ ○ ㊞

복권사건번호	
배당순위번호	
재 판 부	제 단독

○○지방법원 제○파산단독 귀중

[양식 17] 문서송부촉탁신청서

문서송부 촉탁신청서

사 건 20○○하단○○○호 파산선고
신청인(채무자) ○ ○ ○ (123456 - 1234567)
○○시 ○○구 ○○동 ○○아파트 ○○-○○

위 사건에 관하여 신청인은 파산 및 면책신청의 원활한 진행을 위하여 다음과 같이 문서송부 촉탁신청서를 신청합니다.

다 음

1. 서류발급 촉탁신청 대상기관
   기관명 : 서초구청
   주 소 : 서울 서초구 남부순환로 2584 (서초동)
   연락처 : 02-2155-6114
2. 서류발급 대상자의 인적사항
   성 명 : ○○○
   주민등록번호 : 791102-*****
   채무자와의 관계 : 자녀
3. 서류발급 요청내역
   ① 주민등록증 초본(주소전부 변동내역 포함)
   ② 2011~2015년 지방세 세목별과세증명서
   ③ 지적전산자료조회결과
4. 첨부서류 -파산관재인 자료제출요구서

2015. 12. 23.

신청인(채무자) ○ ○ ○

○○지방법원 제○파산단독 귀중

[양식 18] 보정서(채권자목록 추가1)

보정서
(채권자목록추가)

사 건 20○○하면○○○○ 면책
20○○하단○○○○ 파산선고

신청인(채무자) ○ ○ ○

위 사건에 관하여 신청인은 채권자의 누락으로 인하여 채권자목록이 변경되어 아래의 내용을 추가합니다.

아 래

1. 추가할 채권자 및 채권금액

채권자명	차용또는구입일자	발생원인	최초 채권액	사용처	보증인	잔존 채권액	
						잔존 원금	잔존이자 지연손해금
○○카드 주식회사	20○○.경	3 (주)○○		생활비		4,350,000	234,000

2. 채권자의 주소

채권자	주소	전화	팩스	우편번호
○○카드 주식회사	○○시 ○구 ○○동	00-0000-0000		000-000

3. 채권발생과 누락경위 : 채무자가 사용한 카드가 많아 파산신청시에 카드회사로부터 부채증명서를 발급받아 제출하였으나, 최근에 ○○카드 주식회사로부터 미납 카드대금 납부 독촉을 받아 위 카드회사를 채권자 목록에서 누락한 사실을 알게 되었습니다. 이에 본건과 같이 채권자목록에 추가하게 되었습니다.

첨 부 서 류

1. (수정된) 채권자목록 1통
1. (수정된) 채권자의 주소 1통
1. 독촉장 1통

20○○. ○. ○.

신청인 ○○○ (서명 또는 날인)

○○지방법원 제○파산단독 귀중

[양식 19] 파산면책 동의서

파산면책 동의서

사 건 20○○하면○○○○ 면책
20○○하단○○○○ 파산선고

신청인(채무자) ○ ○ ○

귀원 위 사건에 관하여 채권자 7. ○○○은 채권자의 진지한 의사에 의하여 채무자 ○○○의 파산면책에 동의합니다.

20○○. ○. ○.

위 동의인(채권자) ○○○ (인)

* 첨부서류 : 채권자의 인감증명 1통

○○지방법원 제○파산단독 귀중

[양식 20] 무상거주사실 확인서

무상거주사실 확인서

1. 무상거주자(신청인) 인적사항

성명	주민등록번호	연락처
무상거주지 주소		

2. 거주기간 및 소유자(임차인)

거주기간	
건물 소유자 또는 임차인	성　　명 : 주민등록번호 : 신청인과의 관계 : 연락처 :

위와 같이 무상거주하고 있음을 확인합니다.

201 년 월 일

건물 소유자(임차인) : (인)

첨부 : 인감증명서(주민등록증 사본)

[양식 21-1] 자료송부청구서

자료송부청구서

채권자 ○ ○ ○ 귀하

청 구 인(채무자) :
주민등록번호 :
주소 :

채무자는 채무자 회생 및 파산에 관한 규칙 제82조에 기하여 채권자에게 채무자에 대해 가진 파산채권의 존부 및 액수, 피담보채권액 및 피담보목적물의 가액, 담보부족전망액 등에 관한 자료의 송부를 별지와 같이 청구합니다.

채권자는 별지로 첨부된 자료송부서에 의거하여 2016. . .까지 아래의 송달장소로 송부하여 주시기 바랍니다.

※ 송달장소 :

20○○. ○. ○.

채무자 ○○○ (인)

• 채권자의 인적사항
주소 :
연락처 :

* 첨부서류 : 자료송부서

[양식 21-2] 자료송부서

자료송부서

1. 채무자 인적사항

채 무 자 :

주 소 :

2. 채권내역(기준일 : 년 월 일)

<table>
<tr><td rowspan="4">1</td><td colspan="3">채권의 원인</td><td rowspan="2">원금
현잔액
(①)</td><td rowspan="2">이자
현잔액
(②)</td><td rowspan="2">합계
(①+②)</td></tr>
<tr><td>대출일자</td><td>대출과목</td><td>대출금액</td></tr>
<tr><td></td><td></td><td></td><td></td><td></td><td></td></tr>
<tr><td colspan="6">채권의 내용/ ①, ② 산정근거(이자율)</td></tr>
<tr><td rowspan="4">2</td><td colspan="3">채권의 원인</td><td rowspan="2">원금
현잔액
(①)</td><td rowspan="2">이자
현잔액
(②)</td><td rowspan="2">합계
(①+②)</td></tr>
<tr><td>대출일자</td><td>대출과목</td><td>대출금액</td></tr>
<tr><td></td><td></td><td></td><td></td><td></td><td></td></tr>
<tr><td colspan="6">채권의 내용/ ①, ② 산정근거(이자율)</td></tr>
</table>

3. 담보부 대출

<table>
<tr><td>채권번호</td><td>피담보내용 및 목적물</td><td>피담보채권액</td><td>피담보
목적물의 가액</td><td>담보부족예상액</td></tr>
<tr><td rowspan="2"></td><td></td><td></td><td></td><td></td></tr>
<tr><td></td><td></td><td></td><td></td></tr>
</table>

주) 1. 위 1의 채권내역 중 담보부대출을 기재함.

4. 채권자의 인적사항

채권자 명 :

주민등록번호(사업자등록번호):

주소 :

연락처 :

채무자 ○ ○ ○ 귀하

[양식 22] 채무진술서

채무진술서

사　　건 :
채무자(신청인) :
채권자 :

채권자 목록에 기재된 위 채권자에게 아래와 같은 채무가 있음을 진술합니다. 만약 위 진술사실에 거짓이 있으면 이로 인한 불이익을 감수하겠습니다.

- 아 래 -

채권번호	채권자	발생일자	원금	이자	주소	비고

20○○. ○. ○.
채무자 ○○○ (인)

서울중앙지방법원 귀중

사항색인

ㅈ

법조색인

판례색인

대법원

하급심

[저자 약력]

이 원 구

서울 영일고등학교 졸업
한양대학교 공과대학 졸업
제44회 사법시험 합격(사법연수원 34기)
법무법인 창조 변호사
(현) 법률사무소 해율 변호사
민주사회를 위한 변호사모임 회원
서울중앙지방법원 개인파산관재인

채무자를 위한 개인파산

초판인쇄 2016년 12월 5일
초판발행 2016년 12월 10일

지은이 이원구
펴낸이 박노일

총괄기획 김중용
편 집 심성보·김인숙

펴낸곳 pnc publishing and culture 피엔씨미디어
경기도 고양시 일산동구 강송로 153 310-1501
등록 제396-2012-000203호
전 화 070)7550-3758 팩 스 02)718-8554
홈페이지 www.pncmedia.co.kr 이메일 pnc@pncmedia.co.kr
ISBN 979-11-5730-368-7 93360

정 가 45,000원